Meine Heimat

Pommern

Die letzten Tage

Erinnerungen an Flucht und Vertreibung

Meine Heimat

Pommern

Die letzten Tage

Erinnerungen an Flucht und Vertreibung

Herausgegeben
von Klaus Granzow

Weltbild Verlag

Bildnachweis
Baronin Maydell/Granzow: 13, 14 – Stiftung Pommern, Pommersches Bildarchiv: 21, 22, 23, 24, 25, 26, 27, 28 – Süddeutscher Verlag, Bilderdienst: 10, 11, 17, 18, 20, 29, 30 – Ullstein-Bilderdienst: 1, 2, 3, 4, 5, 6, 7, 8, 9, 12, 19.

Genehmigte Sonderausgabe für Weltbild Verlag GmbH, Augsburg 1990

Gesamtherstellung: Wiener Verlag, Himberg bei Wien
Printed in Austria
ISBN 3-89350-093-6

Inhalt

Vorwort

Letzte Tage in Pommern

Pommern ist im Laufe seiner wechselvollen Geschichte oftmals Schauplatz kriegerischer Ereignisse gewesen. Von den Schrecken und Verwüstungen des Dreißigjährigen Krieges künden noch heute die Zeilen des bekannten Kinderliedes:
»Maikäfer flieg, mein Vater ist im Krieg,
meine Mutter ist in Pommerland, Pommerland ist abgebrannt,
Maikäfer flieg!«
Doch was in Pommern in den letzten Tagen und Wochen des Zweiten Weltkrieges und in den darauffolgenden Monaten unter russischer und polnischer Herrschaft geschah, übertraf an Grausamkeit alles bis dahin erfahrene Leid, das Menschen anderen Menschen antun können. Die Sieger übten Rache und Vergeltung. Sie setzten die Verbrechen fort, die zuvor in deutschem Namen an Russen, Polen und Juden verübt worden waren. Doch während die Untaten der Deutschen in der Öffentlichkeit und in der Geschichtsschreibung einen breiten Raum einnehmen, werden die der Siegermächte zumeist verschwiegen und sogar geleugnet. Doch Verbrechen bleibt Verbrechen und Mord bleibt Mord.
Die Opfer waren nicht die Schuldigen von gestern, sondern wehrlose Frauen, Kinder und Greise. Jeder Deutsche war in den Augen der Sieger schuldig, ja sogar Widerstandskämpfer mit eindeutiger Haltung gegen den Nationalsozialismus wurden beim Einmarsch der Roten Armee von sowjetischen Soldaten erschossen.
In den ersten kalten Januartagen des Jahres 1945 wurde Pommern für viele Ost- und Westpreußen zum Fluchtweg. Mit Schrecken sahen die Pommern das Elend der Flüchtenden und hofften noch insgeheim, daß ihnen dieses Schicksal erspart bliebe. Aber bereits in den ersten Märztagen hieß es auch für sie, sich auf den Treck zu begeben. Es ging zunächst nach Westen. Doch als die Rote Armee östlich der Oder zur Küste vorstieß, flohen die Menschen zurück nach Osten auf die rettenden Schiffe im Raum Danzig-Gotenhafen-Hela.

Insgesamt retteten über 1000 Schiffe der Kriegs- und Handelsmarine mehr als 2,4 Millionen Menschen. Doch 245 Schiffe gingen verloren und über 33 000 Menschen fanden den Tod. Die größten Schiffskatastrophen ereigneten sich vor der pommerschen Küste bei Stolpmünde. Die »Wilhelm Gustloff« sank mit 5384, die »Goya« mit 6666, die »Steuben« mit 3608 Menschen an Bord. Einige der Überlebenden berichten von den Tragödien, die sich im eiskalten Wasser der Ostsee abspielten und von den kaum glaublichen Wundern ihrer Rettung.
In der vorliegenden Dokumentation folgen zur Orientierung über die militärische Lage Schilderungen von deutscher und sowjetischer Seite. Die Verteidigung und Eroberung Pommerns erlebt ihren Höhepunkt im Kampf um Kolberg, das im Siebenjährigen Krieg mehrfach von den Russen und 1807 vergeblich von den Franzosen belagert wurde.
Dann aber berichten pommersche Menschen, was sie erdulden und erleiden mußten, als die Front sie überrollte. Man spürt noch heute aus jeder Zeile das Grauen und Entsetzen über die Gewalttaten der Sieger. Wenn auch viele nur stockend und widerstrebend die miterlebten und überstandenen Greuel schildern können, so sind doch alle bemüht, die Wahrheit zu bekennen, zur Mahnung an alle Überlebenden und Unwissenden. Keiner der Zeugen, die Mord und Totschlag mit ansehen und Vergewaltigung und Unterdrückung erleiden mußten, ruft nach Rache und Vergeltung. Sie alle wollen eine *Aussöhnung durch Wahrheit.*
Den Abschluß bilden Auszüge aus Romanen und Erzählungen, die über die letzten Tage in Pommern geschrieben wurden. Sie dienen als Beispiel und sind nicht die einzigen. Es ist zu hoffen, daß die Leidenszeit und die Vertreibung der Deutschen aus ihrer angestammten Heimat – Pommern wurde im Jahre 1181 deutsche Provinz – in Zukunft stärker Eingang in die Literatur findet, je größer der historische Abstand wird.
Bevor nun die Berichte und Zeugenaussagen unserer Zeitgenossen beginnen, soll das Wort eines Mannes zitiert werden, der vor 2500 Jahren Ähnliches erlebte. Es steht im 5. Klagelied Jeremiae:
»Gedenke Herr, wie es uns geht, schau und sieh unser Schmach! Unser Erbe ist den Fremden zuteil geworden und unsere Häuser den Ausländern. Wir sind Waisen und haben keinen Vater, unsere Mütter sind wie Witwen. Unser Wasser müssen wir um Geld trinken, unser Holz müssen wir bezahlen. Mit dem Joch auf unserem Hals treibt man uns, und wenn wir schon müde sind, läßt man uns doch keine Ruhe. Wir haben uns

müssen Ägypten und Assur ergeben, auf daß wir Brot satt zu essen haben.

Unsere Väter haben gesündigt und sind nicht mehr, wir aber müssen ihre Schuld tragen. Knechte herrschen über uns und ist niemand, der uns von ihrer Hand errette.

Bringe uns, Herr, zu Dir zurück, daß wir wieder heimkommen; erneuere unsere Tage wie von alters! Hast Du uns ganz verworfen und bist allzusehr über uns erzürnt?«

Klaus Granzow

I

Pommern als Fluchtweg

Menschen auf dem Treck

Marion Gräfin Dönhoff

Ritt durch Pommern

Wir waren etwa vierzehn Tage unterwegs, da kamen wir eines Abends in Varzin an, einem großen Besitz im Kreise Rummelsberg, den der Kanzler Bismarck aus seiner Dotation nach 1866 erworben hatte: prachtvolle große Wälder, eine vorbildlich geleitete Landwirtschaft.
Nogat und Weichsel lagen hinter uns, und ich hatte geglaubt, daß man hier erst einmal würde verweilen können. Endlich ankommen – ein erlösender Gedanke. Wir ritten durch das Parktor den etwas ansteigenden Weg zum Schloß hinauf. Oben vor dem Hauptportal standen ein Trekker und zwei große Gummiwagen, hochbepackt mit Kisten. Also sind schon andere Trecks hier eingekehrt, dachte ich: hoffentlich ist noch Platz im Hause. Aber zu meiner größten Überraschung erfuhr ich, daß dies kein ostpreußisches Fluchtgepäck war, sondern vielmehr das Bismarck'sche Archiv, das evakuiert werden sollte. Also auch hier Aufbruch. Und ich hatte immer geglaubt, hinter der Weichsel gäbe es Ruhe.
Damals lebte noch die Schwiegertochter des Kanzlers, eine kleine, feingliedrige, höchst amüsante uralte Dame, die in ihrer Jugend oft Anlaß zu mancherlei Stirnrunzeln gewesen war: Sie hatte Jagden geritten, Zigarren geraucht und sich durch Witz und Schlagfertigkeit ausgezeichnet. Sie war auch jetzt noch ungemein fesselnd, so fesselnd, daß ich mich nicht entschließen konnte – was durchaus geboten schien – am nächsten Tage weiterzuziehen. Also blieben wir zwei Tage. Zwei denkwürdige Tage. Draußen zogen die Flüchtlinge langsam durch das Land, und immer, wenn die letzten vorüber waren, schlossen sich Einheimische an und wurden selbst zu Flüchtlingen.
Auch hier war man gerade an diesem Wendepunkt angelangt. Der Trecker, den wir hatten stehen sehen, war bereits ohne die alte Gräfin losgefahren, die nicht dazu zu bewegen war, Varzin zu verlassen. Alle Warnungen und Vorstellungen fruchteten nichts. Sie war sich ganz klar darüber, daß sie den Einmarsch der Russen nicht überleben würde. Sie wollte ihn auch nicht erleben, und darum hatte sie im Park ein Grab

ausheben lassen (weil dazu nachher niemand mehr Zeit haben würde).

Sie wollte in Varzin bleiben und sich bis zum letzten Moment an der Heimat freuen. Und das tat sie mit großer Grandezza. In ihrer Umgebung war alles wie immer. Der alte Diener, der auch nicht weg wollte, servierte bei Tisch. Es gab einen herrlichen Rotwein nach dem anderen – Jahrgänge, von denen man sonst nur in Ehrfurcht träumt. Mit keinem Wort wurde das, was draußen geschah und was noch bevorstand, erwähnt. Sie erzählte lebhaft und nuanciert von alten Zeiten, von ihrem Schwiegervater, vom kaiserlichen Hof und von der Zeit, da ihr Mann, Bill Bismarck, Oberpräsident von Ostpreußen gewesen war.

Als ich dann schließlich Abschied nahm und wir weiterritten, sah ich mich auf halbem Wege zum Gartentor noch einmal um. Sie stand gedankenverloren in der Haustür und winkte noch einmal mit einem sehr kleinen Taschentuch. Ich glaube, sie lächelte sogar – genau konnte ich es nicht sehen.

Wenige Tage später, es war auch in Pommern, etwas abseits von der großen Straße, kamen wir gegen Abend wieder auf einem Gutshof an. Ich stieg ab, ging die Freitreppe hinauf und klingelte, während Org im Dämmerlicht die beiden Pferde hielt. Die Besitzer hatten die beiden Gestalten und ihre Pferde offenbar durch ein Fenster beobachtet. Ich trug eine hohe schwarze Pelzmütze und einen Pelz, der mit graugrünem Tuch bezogen war und von einem Gürtel zusammengehalten wurde. Mag sein, daß er ein wenig wie ein Offiziersmantel wirkte. Es war übrigens mein alter Fahrpelz, den ich mit Hilfe eines Taschenmessers in einen Reitpelz verwandelt hatte, das heißt, ich hatte ihn kurzerhand vom Saum bis zum Gürtel hinauf aufgeschlitzt.

Es dauerte merkwürdig lang, bis die Tür geöffnet wurde. Der Hausherr öffnete sie selbst. Sehr bleich, sehr konzentriert. Ich sagte, wer ich sei: immer noch Schweigen, keine Aufforderung, hereinzukommen. Dann drehte er sich plötzlich um und rief ins Treppenhaus hinauf: »Es sind nicht die Russen!« Und dann strömte die erleichterte Familie zusammen, und wir tauschten Gerüchte aus – denn Nachrichten hatten weder sie noch ich.

Das Haus war voller Flüchtlinge: Verwandte, Bekannte, zufällig Hereingeschneite wie wir. Es war eine lange Tafel am Abend, erleuchtet von ein paar Kerzen – elektrisches Licht gab es nicht mehr. Der Hausherr sprach mit großem Ernst das Tischgebet. Er saß an der Spitze des Tisches und teilte mit einer gewissen Feierlichkeit die Suppe aus. Die Wehmut des Abschiedes schwang in allem mit, in jeder Geste, in jedem Wort, auch im Schweigen.

Waren östlich der Weichsel die Häuser und Scheunen, in denen wir für ein paar Stunden oder eine Nacht Unterkunft fanden, stets schon verlassen, so war im Gegensatz dazu in Pommern alles noch intakt – was man damals so »intakt« nannte. Aber die Einheimischen fürchteten, es könnte auch ihnen eines Tages so gehen wie uns – obgleich es mir ganz unvorstellbar erschien, daß auch die Pommern würden flüchten müssen.

Wie nahe die Stunde auch ihres Schicksals gerückt war, ahnten an jenem Abend weder sie noch ich. Es war Mitte Februar. Am 26. Februar trat General Schukow zum Angriff auf Pommern an. Am 28. Februar waren seine Panzer – Flüchtlinge und Einheimische niederwalzend – bereits in Köslin und Schlawe. Von den deutschen Panzern, die sie aufhalten sollten, hatte jeder noch zehn Granaten. Die Besatzungen waren todmüde und kämpften ohne Hoffnung. Gegen einen deutschen Panzer standen zehn russische.

Manch einer in Pommern hatte uns fast ein wenig neidisch zum Abschied gewinkt. Manch einer hätte gern wenigstens die Kinder und jungen Mädchen und ein paar Wertsachen mit uns auf den Weg geschickt. Aber auch hier wieder das gleiche wie in Ostpreußen: es war streng verboten. Und Leute, die aus vermeintlichem Patriotismus denunzierten, gab es überall, darum wagte niemand, dem Gebot zuwiderzuhandeln.

Noch nie hat der Führer eines Volkes so gründlich das Geschäft des Gegners betrieben, noch nie hat ein oberster Kriegsherr seine Soldaten durch so dilettantisches Führen selbst zu Hunderttausenden in den Tod getrieben. Noch nie hat derjenige, der behauptete, Landesvater zu sein, sein Volk eigenhändig an die Schlachtbank geschmiedet und jedes Entrinnen verhindert. Er, der meinte, der deutsche Lebensraum sei zu klein, er, der ausgezogen war, ihn zu erweitern, hatte Millionen Deutscher ihrer vielhundertjährigen Heimat beraubt und Deutschland auf ein Minimum reduziert. Lange ehe der Krieg ausbrach, gab es in Berlin einen Witz, bei dem Stalin von seinem Gauleiter Hitler sprach.

An der Oder versuchten deutsche Truppen das Eis zu sprengen, um auf diese Weise so etwas wie eine Panzersperre zu errichten. Es ging nicht.

Dann versuchte man es mit Sägen, so wie es in meiner Kindheit überall auf dem Lande geschah, ›wenn Eis gemacht wurde‹, das dann in Kellern oder Mieten für den Sommer konserviert wurde. Aber auch das gelang nicht. Bei fast 30 Grad Kälte froren die Stücke immer wieder zusammen, ehe man sie noch herausziehen konnte.
Als wir endlich kurz vor Stettin gelangt waren, schoß es so stark und, wie mir schien, so nah, daß ich nicht versuchen wollte, durch die Mausefalle hindurchzugelangen – wir beschlossen, was viele Trecks taten, ganz hinauf an die Küste und über die Inseln Usedom und Wollin zu reiten und dann durch Vorpommern und die Mark.
Einmal schlossen wir uns drei Offizieren an, die sich in der Gegend auskannten und auf Nebenstraßen zu einem Ziel strebten, in dessen Nähe auch ich gelangen wollte, weil ich dort einen Teil meiner Familie zu finden hoffte. Endlich den großen Treckstraßen entronnen. Unsere Pferde, durch die anderen animiert, schafften in drei Tagen 150 Kilometer.
Aber als wir schließlich spät abends auf dem Gut in der Uckermark ankamen, stellte sich heraus, daß 800 polnische Offiziere in dieser Nacht dort Station machten und alle Gebäude, Haus, Ställe und Scheunen belegt waren. Diese Unglücklichen hatten Jahre in irgendeinem großen Gefangenenlager zugebracht und ein Teil von ihnen war jetzt beim Abtransport von den Russen überrollt worden. Tausendzweihundert polnische Offiziere waren dabei geschnappt worden. Die restlichen Kameraden schienen sich düstere Vorstellungen von deren Schicksal zu machen, denn ihr einziges Sinnen und Trachten ging dahin, nach Westen zu entkommen. Wer alles in diesen Strudel des Unterganges mit hineingezogen wurde!
Selten hatte ich auf einen Moment so zugelebt wie auf das Wiedersehen mit meiner Schwägerin und den Kindern. Auch freute ich mich seit Wochen darauf, endlich einmal baden und andere Sachen anziehen zu können, denn meinen Rucksack hatte ich schon am zweiten Tag nach dem Aufbruch preisgegeben – weil er zu hinderlich gewesen war. Aber nun stellte es sich heraus, daß die Familie seit drei Tagen weg war. Aufgebrochen, geflüchtet. Ich konnte es gar nicht fassen, daß man in der Gegend von Prenzlau flüchten mußte. Und wo würden eigentlich alle diese Menschen bleiben? Wovon leben?
Also ging es wieder weiter – ›ankommen‹, das war offenbar eine Vokabel, die man aus seinem Wortschatz streichen mußte. Es ging weiter durch

die Mark, durch Mecklenburg, Niedersachsen nach Westfalen. Drei große Flüsse, die einmal unser östliches Deutschland charakterisierten, hatte ich überquert: Weichsel, Oder und Elbe. Bei Vollmond war ich in Ostpreußen aufgebrochen, inzwischen war Neumond, wieder Vollmond und wieder Neumond geworden.

Im tiefsten Winter war ich zuhause vom Hof geritten; als ich schließlich bei Metternichs in Vinsebeck in Westfalen ankam, war es Frühling. Die Vögel sangen. Hinter den Drillmaschinen staubte der trockene Acker. Alles rüstete zu neuem Beginn. Sollte das Leben wirklich weitergehen – so als sei nichts passiert?

Katharina Below

Die letzten Schreckenstage in Thurow

Psalm 91 – gilt dem Volk Gottes wie dem Einzelnen. Auch wenn Gottes Weg durch Sturm und Ungewitter geht, dennoch – er sitzt im Regiment und führet alles herrlich hinaus. Amen.
Am 20. Januar war Kino im vollbesetzten Saal. Ahnungslos waren die Leute. Hing nicht das Kriegsschwert über ihren Häuptern? Ich schlief ruhig in der Nacht mit dankbarem Herzen. Hatte ich doch alle meine Lieben in Gottes Hände gelegt. Am 21. morgens zwischen 7 und 8 Uhr wurde heftig an die Tür geklopft: »Frau Below, Sie müssen aufstehen, in 2 Stunden soll Thurow räumen, die Russen sind in Schneidemühl.« Es war ein großer Schreck und es klang ganz *unglaublich.* Später wurde der Räumungsbefehl wieder aufgehoben. Ja, wo sollten wir hin? Aber es sickerte das Gerücht hindurch, daß alle Gutsbesitzer packten und Trecks zusammenstellten. Frau Dumke weinte und schrie am Sonntag und Montag und brachte mir allerhand Nachrichten. Ich blieb ganz ruhig. Frau Dumke erzählte allen Leuten: »Alle sind in großer Aufregung, nur Frau Below und Frau Bloch sind ruhig im Vertrauen auf Gottes Hilfe.« Ja, wer sollte sonst beistehen? Erich F. riet mir, hierzubleiben, als ich ihn bat, mich im Auto mitzunehmen. Er meinte, ich stürbe unterwegs bei dieser Kälte, bis 32 Grad. Ja, das glaubte ich auch. Am Mittwoch abend kamen Fürstenbergs. Sie hatten vergebens mit Erich telefoniert. Sie sagten: »*Wir* verlassen *Sie* nicht, packen Sie Pakete, wir wollen diese befördern mit einem Schlitten nach Neustettin. Dann wollen wir zusammen nach Hamburg und Egenbüttel fahren.« Ich mußte aber für diese Reise einen Erlaubnisschein vom Bürgermeister haben. Ich packte die ganze Nacht. Am anderen Tag brachte F. den Schein. Ich sollte mit dem Postzug der Angestellten mitfahren. Da ich aber nicht zur Post gehörte, galt mein Schein nicht. Fürstenbergs gaben sich viel Mühe. Am 27. schickte Herr F. Herrn Röpke. In einer Viertelstunde käme der letzte Flüchtlingszug. Ich solle mitfahren. »Können Sie mich mitnehmen?« fragte ich, »ohne einen Schlitten mit meinem Koffer komme ich bei diesem Wetter nicht zum Bahnhof durch.«

Antwort: »Unmöglich!« Jeder Einwohner hatte mit sich zu tun. Ach, wie gerne wäre ich mal zu Blochs gelaufen. Aber das Unwetter machte es mir unmöglich. Ich konne nicht aus der Tür vor Schneegestöber und Kälte, und ich mit meinem Frost an Händen und Füßen. Wie *nie* in meinem Leben habe ich mich *einsam* und verlassen gefühlt, und doch und doch kämpfte ich mich durch mit dem Wort: »Ich bin bei Dir – fürchte Dich nicht!« Wer unter dem Schirm des Höchsten steht – mit diesen Kernsprüchen redete der Herr zu mir. Und *loslösen* heißt es, woran dein Herz hängt. *Laß es los!*

Die Russen kamen immer näher. Fast die ganzen Nächte waren voller Unruhe. Auf der Straße folgte Treck um Treck. Im Vorderzimmer waren Flüchtlinge aus Stettin. Sie hatten die Schlüssel mitgenommen. Nun wurde die Tür aufgebrochen und 20 Personen suchten darin Zuflucht. Auf dem provisorischen Herd im Korridor wurde 4mal in der Nacht gekocht. Es waren 4 Familien, vom langen Fluchtweg schmutzig und verdreckt. Es roch nach Speck und nach Menschen. Ich mußte husten. Und konnte nicht in Johannes sein Zimmer, wo er und Otto so viele Sachen aufbewahrt hatten. Dann kamen auch noch 9 junge Soldaten. Einige waren erst 17 Jahre alt, aus Bromberg auf der Flucht. Sie wohnten im Oberzimmer. Ich versorgte sie mit Kartoffeln und Gemüse und Eingemachtem aus dem Keller. Sie waren ausgehungert und müde. Ich erzählte ihnen von Gott und Jesus. Nur einer von ihnen konnte das »Vater Unser«. Das Schneewasser schwamm in der Waschküche und in der Küche. Brot gab es nirgends zu kaufen. Viel Unruhe um mich herum. Da nun all mein Packen vergebens war, schafften Frau Dumke und ich alle Koffer und Pakete in den Keller. Auch ihre Koffer. Ja, wie war uns dabei zumute! Ob wir das alles noch mal wiedersehen werden?

Und was haben wir noch alles in der Scheune und im Stall versteckt. Wie voll waren alle meine Schränke und wie voll waren alle Zimmer, Küche und Kammer und Keller. Soll ich mein kleines Paradies verlassen? Aber wohin, wohin soll ich mich wenden? Ich habe nur die eine Möglichkeit: »Herrgott, ich rufe Dich an in meiner Not.« Schon kam die Antwort.

Die Soldaten waren fort, da kam am Sonnabend noch eine Dame und bat um Aufnahme für eine Nacht. Sie waren 14 Tage unterwegs. Hatten im 1. Weltkrieg in Rumänien alles verloren. Jetzt kamen sie aus der Thorner Gegend. 12 Kühe, 25 Schweine, Gänse, Hühner, Enten, Haus, Hof und Pferde hatten sie im Stich gelassen. Sie kamen mit 2 Wagen, ihrem 3jähri-

gen Töchterchen und einer Arbeiterfamilie, Mann, Frau, Tochter und ein Pole. Sie hieß Fr. Liebe. Ihr Mann war Soldat. Der zweite Wagen enthielt Lebensmittel, Kleider, die Arbeiterfamilie. Gerade, als ich fragte: »Herr, was soll ich tun?« trat diese Frau herein und sagte: »In einer Stunde fahren wir, dürfen wir noch einmal Kartoffeln kochen usw.« Und ich holte Kaffee und wußte nun, was ich tun sollte, ich wollte mit diesem kleinen Treck nach Neustettin mitfahren. Meine 2 kleinsten Koffer wurden nun ein- und ausgepackt, wieder ein- und ausgepackt. Zuletzt half mir Frau Dumke. Sie steckte noch mein warmes, braunes Kleid hinein, aber nahm die große Familienbibel heraus, leider, leider. Nur mein Losungsbuch und das neue Testament ließ sie im Koffer. Eine Wärmflasche und mein schwarzes Seidenkleid wollte sie mitnehmen für mich nach Stettin, da wollten wir uns bei Käthe treffen. Wir konnten uns nicht adieu sagen. Die Flüchtlingsfrau stand schon fertig und half mir in den Mantel. Trotz dieser Unruhe, in diesem furchtbaren Augenblick war ich wie auf *unsichtbaren Flügeln getragen. Ich fiel noch einmal auf die Knie,* dankte dem treuen Heiland für Freud und Leid. Bekam innerlich Antwort. *Er* war mir *so* nahe, ich war wie losgelöst von allem, ein unaussprechliches Geheimnis umleuchtete mich. So gerüstet verließ ich *unser* irdisches Paradies. Heilig, heilig, heilig ist der Herr und seine Wege sind richtig.
Es war Sonntag vormittag. Keine Glocke erklang und lud die Menschen zum Gottesdienst ein. Statt dessen waren am Himmel jagende Wolken. Schneestürme umtobten das Dorf und den Wagen, den ich besteigen sollte. Aber gerade, als ich mühselig mit doppelter Bekleidung, über mich selbst fast lachend, den Wagen erkletterte, schien für einen Moment die liebe Sonne und grüßte in meine Seele hinein: »Fürchte dich nicht, ich bin bei Dir alle Tage. Amen, das walte Gott!«
Und nun ging es langsam im Schneckentempo die Straße nach Neustettin entlang. In den Straßen konnten sich keine Wagen begegnen oder ausweichen. Schneeberge zu beiden Seiten. Vor und hinter uns Wagen um Wagen, Handwagen mit alten und kranken Menschen und Kindern, in Betten gehüllt. Auch zu Fuß sah ich eingemummte Gestalten. O Herr, Herr, erbarme Dich. Auch vollgepackte Autos versuchten mühselig vorwärts zu kommen. Nie vergesse ich diesen endlosen Flüchtlingszug im Winter 1945. Wie viel Jammer und Tränen hat es gegeben. Viele waren schon seit Wochen unterwegs. Frau Liebe erzählte mir, daß sie sich in jedem Ort beim Bürgermeister melden mußte. Ihr Wagen wurde von ei-

nem Polen gelenkt. Nach etwa 2–3 Stunden landeten wir bei der Post in Neustettin. Es war wohl 1 Uhr mittags. Die Wagen fuhren weiter in Richtung Mecklenburg. Mein Dank und meine Gebete begleiteten sie. Wo sind sie gelandet, möchte ich wohl wissen.
Ja, und nun stand ich da – einsam und verlassen auf weißer Flur in Schnee und Kälte. Jetzt kamen mir doch die Tränen und meine Hände und Füße schmerzten.
Auf dem Bahnhof war alles übervoll. Kein Platz im Wartesaal II. Klasse. Im III. ein Gedränge, Schreien, Durcheinander und eine dicke Luft zum Ersticken und Durchschneiden. Und heiß war es hier!
Seit Tagen kampierten die Menschen hier und warteten vergeblich auf einen Zug, wo sie mitgenommen werden konnten. Man erzählte mir, daß auch die Evakuierten aus Stettin hier tagelang warten mußten. Frau Schaches mit ihren beiden Kindern mußte hier auch gewesen sein. Denn als Herr Schaches zu mir kam, um Frau und Kinder abzuholen, konnte er sie nirgends finden. O, dieser Schreck! Alles war durcheinander. Ob er sie noch gefunden hat? Als die Trecks aus Königsberg und Danzig durch unsere Dorfstraße rumpelten, da kamen mir die Tränen. Aber wir Thurower dachten nicht daran, daß es uns auch so ergehen könnte.
Am 21.1.45 kamen noch, trotz des Unwetters, einige Kinder zu mir und ich hielt Kindergottesdienst. Es war das allerletzte Mal, ehe der Herr mir diese geliebte Arbeit aus der Hand genommen hat. Ich dachte auch an die jungen Soldaten, mit denen ich gebetet und gesungen habe. Wo sind sie geblieben?

Cordula Koepcke

Im Osten ist der Himmel rot

Es verspricht eine unruhige Nacht zu werden. Im Blauen Zimmer sind zwei Stabsärzte einquartiert, und in dem Zimmer, in dem mein ältester Bruder immer gewohnt hat, sollen zwei Krankenschwestern untergebracht werden. Ihnen stehen fast die Tränen in den Augen, als sie die weißbezogenen Betten sehen: »Das haben wir seit sechs Wochen nicht mehr gehabt!«

Im Eßzimmer sind ebenfalls Betten aufgestellt. Dort schlafen Evakuierte, die am nächsten Morgen nach Westen aufbrechen wollen. Vor zwei Jahren flüchteten sie vor den Bomben zu uns, jetzt fliehen sie vor den Russen. Während wir noch überlegen, ob wir anderentags mit ihnen gehen sollen, scheint es plötzlich, als wolle sich der Himmel mit einem leuchtenden Abendrot überflammen. Aber die Richtung stimmt nicht, die Sonne geht nicht im Osten unter. Dort ist jetzt der Himmel rot vom Schein brennender Häuser.

An das Donnern der die Schallmauer durchbrechenden Raketenwaffen, mit denen in Peenemünde experimentiert wird, haben wir uns schon gewöhnt. Und nun kommt ein anderes Donnern auf uns zu.

Dann hören wir die Glocken. Es ist ein Geläut, wie ich es nie zuvor vernahm, ein Stoßen und Jagen, als ließe man sie gar nicht richtig ausschwingen. Aus alten Chroniken weiß ich, was das bedeutet. Die Glokken läuten Sturm. Aber bald mischt sich noch ein anderer Ton hinein, dumpf, bedrohlich, erregend. Es ist das Tuten von Dampfern. Im Sommer ist es alltäglich, aber im Winter und im Frühjahr?

So ist also diese von ein paar alten Männern und halbwüchsigen Jungen aufgeschlagene Rinne doch zu etwas gut. Die Russen schießen schon in die Stadt hinein, die an mehreren Ecken brennt. Aber unentwegt fahren Dampfer und Motorboote hin und her und schaffen Menschen auf die Insel. Die völlig verzweifelten Flüchtlinge berichten, daß sie noch alle mit Geld versorgt worden seien. Der Bankdirektor selbst zahle immer noch aus, sogar an die, welche kein Konto haben.

Am Morgen brechen wir früh auf, während es in unserem Hause summt wie in einem Bienenstock, weil ständig neue Soldaten eingewiesen werden. Mit zwei Handwagen reihen wir uns in den Fußgängertreck ein. Gegen Mittag haben wir noch nicht einmal neun Kilometer geschafft und sind doch schon fünf Stunden unterwegs. Am späten Nachmittag hält Feldgendarmerie uns auf. Die Fuhrwerke müssen an die Seite fahren, denn auf ihnen kann man immerhin notdürftig übernachten. Aber die Fußgänger sollen nach Möglichkeit noch vor Einbruch der Dunkelheit Misdroy erreichen.
Wenige Augenblicke, nachdem die Fuhrwerke an die Seite gedrängt worden sind, ertönt ein Schrei: »Haben Sie nicht mein Kind gesehen?« Ein kleiner Junge – rote Kappe, grüner Schal, brauner Mantel – ist abhanden gekommen. Die Mutter trägt ein Paar in Papier gewickelte Pantoffeln im Arm. Ich denke, sie hat ihr Kind eben aus den Augen verloren. Aber als ich sie danach frage, sieht mich die Frau mit leeren Augen an:
»Als wir über das Haff fuhren, schoß es sehr stark, und die Russen waren schon ganz nah, da war er plötzlich weg.« – »Sind Sie denn über das Eis gekommen, über das Stettiner Haff?« – »Übers Eis, übers Eis«, murmelt die Frau, »es trug fast nicht mehr, einige Wagen sind eingebrochen, die Russen waren ganz nah, da war er weg.«
Die Frau spricht ostpreußischen Dialekt. Sollte sie wirklich unser Haff meinen? Dort sollen die Russen allerdings auch schon sein. Ich schüttele den Kopf, ich habe nichts gesehen. Da wankt sie weiter, immer weiter zurück. Die Pantoffeln hält sie fest unter den Arm geklemmt, und überall fragt sie: »Haben Sie nicht meinen Jungen gesehen? Als wir über das Haff fuhren, habe ich ihn verloren.«
Gerade ist diese Frau fort, stellt sich vor mir ein Kinderwagen quer. Irgend jemand hat die junge Frau, die ihn schob, angerempelt, weil sie stehen geblieben ist, um ihrem Säugling etwas zu trinken zu geben. In einer Babyflasche hält sie ein bernsteinfarbenes Getränk bereit – Tee. Aber er ist eiskalt, und das Kind verweigert die Aufnahme. Ich schaue in den Wagen, und obgleich ich so etwas noch nie sah, weiß ich, daß dieses Kind nicht mehr trinken kann – es stirbt. Die vor Angst fast irrsinnige Mutter schmeichelt, bittet, fleht und hofft. Da drängen die Scharen von hinten nach, und schon sind wir vorüber.
Alle diese Gestalten haben etwas Apokalyptisches. Der Anblick wirkt betäubend. Immer neue Schreckensbilder tauchen auf und werden,

kaum daß sie recht wahrgenommen sind, schon wieder von anderen verdrängt.
Dennoch erreichen wir das nächste Dorf und finden sogar ein Nachtquartier. Gegen Mittag des folgenden Tages gibt es eine Unterbrechung. Jemand hat versucht, aus der Reihe der Treckwagen hinauszufahren und sich weiter vorn einzuschmuggeln. Dagegen verwahren sich die anderen, und ehe man sich recht besinnt, haben ein paar Männer die Messer gezogen und stechen aufeinander ein.
In diesem Augenblick ertönt ein Signal, und ohne zu wissen, was es bedeutet, drücken wir uns instinktiv an die Seite. Sekunden später sitzen wir samt unseren hochbepackten Handwagen im Chausseegraben, während Militärtransporte in schnellem Tempo an uns vorüberbrausen. Aber sie fahren nach Westen, und als einige ältere Männer mit unmißverständlichen Gesten in die Gegenrichtung deuten, tippen sich die Soldaten auf den Lastwagen gegen die Stirn, als wollten sie sagen, dahin begäben sich nur noch Idioten.
Aufatmend erblicken wir endlich den Strom, der unsere Insel von Usedom trennt. Die Brücke darf nur von Fuhrwerken benutzt werden. Wir müssen mit der Fähre oder einem Boot übersetzen und kommen gerade noch mit, fast landen wir im Wasser. Die stöhnenden Seufzer eines schwerkranken Mannes, die letzten Atemzüge eines sterbenden Kindes und das Wehgeschrei der gepeinigten Mutter im Ohr, erreichen wir das andere Ufer. Vielleicht haben wir das Schlimmste überstanden, aber im Osten ist der Himmel immer noch rot.
Strom und Stadt im Rücken, pilgern wir über die Chaussee, die man einst die Bäderstraße nannte, vorüber an Orten, deren Namen festumrissene Begriffe sind: Ahlbeck, Heringsdorf, Bansin, Kölpinsee, Koserow, Zinnowitz. Ein leichter Frühlingswind fächelt die Baumkronen. Sonnenlicht fließt in breiter Spur die Straße entlang, deren glatten Asphalt kein Flüchtlingstreck walzt.
Uns aber läßt ein nervöses Zittern der Luft, ein fernes Grollen etwas von dem ahnen, was sich hinter uns abspielt, während wir selbst durch unbetroffenes Land ziehen. Sechs Jahre Krieg – aber behäbige Gehöfte lagern blitzsauber in den frühlingshaft schimmernden weiten Feldern. Weiße Hotels blicken über die schäumende Küste auf die Ostsee hinaus.
Aufs neue geraten wir in den Strudel des Elends, sobald wir versuchen, mit der Bahn fortzukommen, ohne unser Gepäck einzubüßen. Als uns

die Woge der Auflösung endlich freigibt, wähnen wir uns im sicheren Hafen.

Das ist ein Irrtum, aber vorerst werden ein paar ruhige Atemzüge im aufblühenden Frühling gewährt, ein tröstlich stilles Osterfest löst die Spannung des Entsetzens. Dann erst bricht das Unheimliche, Verzweiflungsvolle über uns herein, ehe wir uns entschließen können, auf den von zurückflutenden Truppen blockierten Straßen weiterzuziehen.

Wie ein Sturmwind, dem nichts widerstehen kann, rast es heran. Bräunliche Gestalten, schwer bewaffnet, sind plötzlich über uns. Geist, Körper und Seele werden mit langsamem Sterben bedroht. Der Mensch in der Raserei und der Mensch ohne Gott, das ist die Folge fortgesetzter Demoralisierung durch Krieg, Ideologie und Propaganda. Das gilt für alle Völker, wir wissen das.

Aber wissen und erleben, das ist zweierlei.

Es ist der Abend des 1. Mai, eines sanft verdämmernden Frühlingstages, als die erste Russenfuhre auf den vorpommerschen Gutshof prescht. Sich zu besinnen, bleibt wenig Zeit. Schon hasten gedrungene Gestalten in bräunlichgrauen Uniformen durch das Haus, offensichtlich der Vortrupp, der nach versprengten deutschen Soldaten fahndet. Die Stromversorgung fällt schon seit Tagen aus. Talglichter, mit denen in jeden Winkel geleuchtet wird, bilden einen gefährlichen Ersatz.

Diese Männer verschwinden, wie sie kamen – in Windeseile. Aber in ihrem Gefolge tauchen eigenartig ausstaffierte Wesen auf. Es sind die polnischen Arbeiterinnen, die offenbar schon im Nachbarort geplündert haben. In ihrer Begleitung befindet sich ein betrunkener russischer Offizier. Sie widmen sich vor allem den Kleiderschränken. Und dann fallen sie wie die Heuschrecken ein, ein wilder, gefährlicher Schwarm, zu Pferde und mit Panzern, mit zigeunerhaften Fuhrwerken, die von kleinen struppigen Panjepferdchen gezogen werden, und dann wieder mit hochtechnisierten Fahrzeugen.

Inzwischen tobt eine Horde von etwa siebzig Männern durch das mit Flüchtlingen, vor allem Frauen und Kindern, belegte Haus. Nicht lange, und das Schluchzen der Kinder mischt sich mit den gellenden Schreien der Frauen, und es werden immer mehr der Eindringlinge.

Am Schreibtisch im Herrenzimmer sitzt derweil ein russischer Offizier, den das alles nichts anzugehen scheint, während die Mannschaften sich durch den Genuß von mitgebrachtem Alkohol befeuern und zu immer

neuen Erkundigungszügen durch das Haus aufbrechen. In einer dunklen Kammer liegen drei Kinder, in Trainingsanzüge gekleidet, in einem Bett. Im anderen Bett wird eine junge Frau versteckt.
Die List ist erfolgreich. In der spärlichen Beleuchtung ihrer trüben Taschenlampen oder qualmenden Kerzenstümpfe halten die betrunkenen Soldaten, die ständig aus- und eingehen, auch sie für ein Kind. Einer packt sie an ihrer Jacke, um sie wie einen Hund am Nackenfell emporzuheben, zu schütteln und dann einfach fallen zu lassen. Sie ist geistesgegenwärtig, sagt kein Wort und fällt wie ein nasser Sack.
»Kleines Kind schläft fest«, meint der Russe. Deutsch haben sie also schon etwas gelernt von Ostpreußen bis Pommern. Aber das ist eine Bewahrung unter vielen vergeblichen Versuchen. Als der Morgen graut und es ruhiger im Hause wird, liegen sechs Tote auf der Wiese. »Das nicht nötig«, meint der Major aus dem Herrenzimmer, »wir nicht gewesen.« Daß sie es nicht gewesen sind, stimmt. Aber wer ist hier eigentlich schuldig und wer unschuldig?
Er sagt es, als er kommt, um die wenigen deutschen Männer zusammenzuholen, die sich noch in diesem Hause befinden. Sie sollen an der Hofeinfahrt ein Grab für einen Russen schaufeln, den seine Kameraden mit einem Panzer überfahren haben. Nun sind wir nur noch vier Kinder im Alter von vier bis dreizehn Jahren, eine alte, über siebzigjährige Frau und deren Tochter. Wo sind die anderen? Wer ist tot, und wer lebt noch?
Die beiden Frauen sind viel zu apathisch, um irgendeinen Entschluß fassen zu können. Aber in diesem mit Russen angefüllten Haus längere Zeit bleiben zu müssen, ist ein grauenhafter Gedanke. Deshalb schlage ich vor, daß wir versuchen sollten, in eines der Landarbeiterhäuser zu gelangen. Alle sind einverstanden. Ich ziehe den Kleinen die aus einem knöcheltiefen Dreck gezogenen Mäntel an, und dann schwanken wir die Treppe hinab, sechs Gespenster, die letzten von fünfzig Deutschen, wie wir später feststellen.
Als wir an der Küche vorbeikommen, sehe ich durch die sperrangelweit geöffnete Tür einen toten Russen auf dem Tisch liegen, offensichtlich der, für den das Grab bestimmt ist. Da der Tisch den Maßen des Hünen aber nicht entspricht, ragen Kopf und Beine steif in die Luft.
Keine fünf Schritte von ihm entfernt steht einer seiner Kameraden und brät Spiegeleier. Die Gegenwart des Toten dabei stört ihn nicht im geringsten.

Mir krampft sich das Herz zusammen. Die Nacht hindurch haben wir das Toben gehört, die Schreie, das Wimmern der Kinder und die wilden Gestalten wie Schatten gesehen, wenn sie in unsere Kammer einbrachen. Aber erst jetzt wird offenbar, wie sich das große schöne Haus in einer einzigen Nacht verändert hat. Wie kommt es, daß wir leben, daß ich es überstanden habe?

Unangefochten gelangen wir bis zur Haustür. Die meisten Russen scheinen noch ihren Rausch auszuschlafen. Andere sitzen auf ihren Wagen und dösen vor sich hin, während einige wenige sich an Pferden und Panzern zu schaffen machen. Uns wird keine Beachtung geschenkt, wenn man von ein paar abschätzenden Blicken absieht. Glücklicherweise erscheinen wir in unserem elenden Aufzug keiner näheren Besichtigung wert.

Wenig später brechen die Russen auf. Es sind prachtvolle Gestalten darunter, denen man die Undiszipliniertheit der Nacht nicht ansieht, und zum Teil sehr schöne Pferde. Jedenfalls ist dies keine nur mit der Knute zusammengehaltene Armee, wie man uns noch ganz zum Schluß einzureden versuchte, auch keine abgekämpfte, die die letzten Reserven aufgeboten hat. Dies ist eine Truppe, die im Besitz bester Kräfte vorwärtsdrängt und nicht gesonnen scheint, so bald haltzumachen.

So schnell wie der Schwarm gekommen ist, fliegt er auch auf. Nicht einmal eine Wache haben sie zurückgelassen. Dafür aber die strikte Anordnung, das Russengrab mit Blumen zu bepflanzen und zu pflegen, und zweitens, den kriegsgefangenen Belgiern und Franzosen, die auf dem Gut gearbeitet haben, zwei Zimmer im Hause einzurichten.

Das ist allerdings durch die heillose Verwüstung erschwert, welche die Russen zurückgelassen haben. Im Wohnzimmer begegnen uns inmitten einer schrecklichen Wüstenei die eben ausgebrüteten Küken, die in der Küche in der Nähe des warmen Herdes übernachten sollten. Man hat sie aus ihrem Korb geworfen, und die nicht zertreten wurden, haben von dem überall verschütteten Schnaps getrunken und stolpern torkelnd über die mit zertrümmertem Mobiliar, beschmutzter Wäsche und zerschmettertem Porzellan bedeckten Teppiche.

Den Franzosen und Belgiern ist es ganz offensichtlich peinlich, auf solche Weise befreit worden zu sein. Da sie wie wir voraussahen, daß die kommende Nacht ebenso schlimm, wenn nicht schlimmer werden wird, haben sie eine belgische und französische Fahne verfertigt und auf dem

Dach des Hauses gehißt. Sie hoffen, dadurch wenigstens etwas Schutz geben zu können. Im Hause zu wohnen, lehnen sie übrigens ab, sie bleiben in ihren bisherigen Unterkünften.

Am Nachmittag spannen sie, ohne daß es von ihnen verlangt wurde, einen Wagen an. Sie holen die Toten von der Wiese und bringen sie zum Friedhof, wo sie noch am selben Tag in einem großen Gemeinschaftsgrab beigesetzt werden, mit sämtlichen Blumen bedeckt, die der überreich blühende Garten hergibt.

Gegen Abend räumen wir das Haus und ziehen zu einem benachbarten Bauern in die Scheune. Da dieses Gehöft etwas abseits der Hauptstraße liegt, bleibt es auch ruhig. Wie wir am anderen Morgen erfahren, haben sich die nach unserem Abzug erschienenen Russen, als sie das Gutshaus leer fanden, den Arbeiterhäusern zugewandt, die in der ersten Nacht überhaupt nicht betreten wurden. Dort hausten sie so, daß niemand, der es erleben mußte, noch recht bei Sinnen ist.

Einige Tage später gelingt es uns, von versprengten deutschen Soldaten Pferd und Wagen zu kaufen. Nach Westen zu gelangen, erscheint unmöglich. Da wir also unter den Russen leben müssen, wollen wir das wenigstens zu Hause. Eines Morgens laden wir auf, was wir noch besitzen und fahren heim, nicht gen Westen, sondern gen Osten.

Frühling ist über das Land gebreitet. In dicken Dolden, schwer auch von Farbe und Süßigkeit, biegt sich der Flieder über Zäune und Hecken. Duftender Jasmin umrankt Tore und Mauern. Seidigblau ist der Himmel. Die Lerchen singen, Kuckucksruf ertönt aus dem Walde. Es wird Pfingsten.

Noch nie ist der Frühling so schön gewesen wie in diesem Jahr. Oder scheint dies nur so? Weil es in uns so dunkel ist, empfinden wir das Licht doppelt hell. Weil wir innerlich frieren, fühlen wir die strahlende Wärme des Pfingsttages mit Dankbarkeit. Die Tiefe menschlicher Gebrechlichkeit haben wir durchlitten. Um so mehr labt sich unser Gemüt an dem sich immer gleichbleibenden Kreislauf der Natur. Wenigstens etwas gibt es also, was auf dieser Erde noch Bestand hat.

Superintendent Otto Gehrke

Das Flüchtlingselend in der Stadt Stolp, Flucht über See von Stolpmünde nach Swinemünde

Mitte Januar 1945 kamen die ersten »Flüchtlinge« aus Ostpreußen nach Stolp, es waren Menschen aus den Gebieten um Tilsit. In wohlgeordneten Transporten mit Eisenbahn kamen sie an und hatten auch reichlich Gepäck mitnehmen können. Sie wurden in Stolp und in den umliegenden Dörfern einquartiert und von den Bewohnern meist gern und willig aufgenommen. Dann aber setzte Ende Januar 1945 der große Flüchtlingsstrom ein aus Ost- und Westpreußen. In ununterbrochener Folge zogen die Wagen und Schlitten, bepackt mit der mitgenommenen Habe der Flüchtlinge und mit Frauen und Kindern, auf den Chausseen durch Städte und Dörfer immer weiter nach Westen. Ein Elendszug erschütterndster Art war es. Müde, abgetriebene Pferde vor den Wagen, frierende, kranke und verzweifelte Menschen auf den Wagen oder neben den Wagen hergehend, über die Wagen als Schutz Teppiche und Planen gespannt, so zogen sie in nie abreißender Folge weiter, immer weiter nach dem Westen. An Straßenkreuzungen mußte meist gehalten werden. Dort gaben Polizeibeamte ihnen die Richtung an, wohin sie weiter fahren sollten. In der Nähe unseres Pfarrhauses an der Wilhelmstraße war solch eine Wegkreuzung. Von den haltenden Trecks kamen Frauen und Kinder in unser Haus, baten um heißen Kaffee oder heiße Milch oder um die Möglichkeit, sich Speisen aufwärmen zu können. Willig und gern wurde ihnen ihre Bitte erfüllt.
Andere Frauen und Kinder gingen während der Haltepause der Trecks in Geschäfte und kauften Brot und andere Lebensmittel. Dabei kam es häufig vor, daß sie zurückkommend ihre Wagen und Angehörigen nicht mehr fanden. Inzwischen mußte die Wagenkolonne in verschiedenen Richtungen weiterfahren, ohne Rücksicht auf die Bitten der Wagenlenker, so lange zu warten, bis die Angehörigen zurück waren. So kam es, daß viele ihre Kinder und Frauen verloren, weil niemand diesen sagen konnte, in welcher Richtung ihr Wagen weitergeleitet worden war.
Während der Nächte hielten die Trecks in Dörfern, in Wäldern, an ge-

schützten Ecken in den Städten. Froh und dankbar waren diese Menschen, wenn sie einmal ein Bett angeboten bekamen und sich ordentlich mit warmem Wasser waschen oder gar baden konnten. Meine Frau hatte immer warmes Wasser, heißen Kaffee und andere warme Speisen bereit. Auf vielen Gütern des Landkreises, wo täglich Hunderte von Wagen mit Pferden gegen Abend um Nachtquartier baten, kamen sie in Scheunen und Ställen unter, wurden meistens ordentlich mit einer in großen Kesseln gekochten Erbsensuppe gespeist, die Pferde erhielten Futter. Manche Güter haben Hunderte von Zentnern an Hafer unentgeltlich ausgegeben für Pferdefutter. Aber wenn diesen fliehenden deutschen Brüdern und Schwestern auch nach Möglichkeit geholfen wurde, so nahm die Zahl der Kranken und Sterbenden in diesen Trecks doch erheblich zu. Immer mehr Wagen mußten aus dem heimatlichen Verbande der Trecks ausscheiden, weil sie entweder wegen Krankheit eines oder mehrerer Familienmitglieder nicht mehr weiterfahren konnten oder weil ältere Leute gestorben waren und nun beerdigt werden mußten oder Kinder erfroren waren und ein Grab finden mußten, oder weil die Pferde so ermattet waren, daß sie nicht mehr weiter ziehen konnten oder der Wagen zusammengebrochen war und auf die Reparatur gewartet werden mußte. Ich kann die Zahl der Toten nicht nennen, die auf der Flucht mit Trecks in Stolp und im Landkreise Stolp beerdigt werden mußten, sie ist aber sehr groß. Es wird immer, so lange ich lebe, dieser Elendszug der Flüchtlinge in der Erinnerung bleiben; so oft ich das Wort »Treck« höre, steht er mir wieder vor Augen.

Der Flüchtlingsstrom aus dem Osten kam aber nicht nur in Trecks, sondern auch in überfüllten Eisenbahnzügen. Tagelang hatten die Fliehenden auf ihren Heimatbahnhöfen oft warten müssen, bis sie in einen Eisenbahnzug hineinkommen konnten. Meistens bestanden diese Züge aus Güterwagen. In wochenlanger Fahrt waren diese armen Menschen in ungeheizten Waggons, die keine Sitzgelegenheiten hatten, unterwegs. Kranke und Sterbende und Tote wurden auf den Haltestellen ausgeladen. Meine Schwiegermutter, fast 80 Jahre alt, war von Marienwerder/Westpreußen bis Stolp acht Tage mit einem Zuge in einem Güterwagen gefahren. Sie kam sterbenskrank bei uns an und ist bald darauf auch heimgegangen. Dies ist nur ein Fall unter tausend ähnlichen. In Jeseritz, einer Bahnstation vor Stolp, einem Dorf, das zu meiner St. Petrigemeinde gehörte, fanden Bahnbeamte, nachdem ein Flüchtlingszug abge-

fahren war, der lange vor dem Haltesignal gehalten hatte, am Bahndamm 30 Kinderleichen, die aus dem Zuge hinausgebracht waren. Diese 30 Kinderleichen habe ich auf dem Friedhof in Jeseritz beerdigt.
Weil Tag und Nacht die Trecks durch Stolp und die Städte und Dörfer von Ostpommern zogen und die Eisenbahnzüge mit Flüchtlingen dem Westen entgegenrollten, blieb es nicht verborgen, daß die deutsche Front im Osten zusammengebrochen war und es kein Aufhalten für die russische Armee bis zur Oder wohl geben würde. Unruhe, Angst und Furcht verbreiteten sich nun mehr und mehr unter der Bevölkerung, namentlich in der Stadt. Die Eltern der Konfirmanden baten um eine rechtzeitige Konfirmation. Wir Pastoren kamen überein, für diejenigen Konfirmanden, deren Eltern es wünschten, sofort die Konfirmation vorzunehmen. So habe ich am Sonntag Sexagesimae, dem 4. Februar 1945, in der St. Petrikirche in Stolp einen Teil der Konfirmanden eingesegnet. Mütter, die mit ihren Kindern aus Stolp »evakuiert« werden sollten, baten um die Taufe für die Kleinen, die eben geboren waren. So kam es, daß ich z.B. an einem Sonntag im Februar 1945 31 Taufen zu halten hatte. Täglich wurden Haustaufen erbeten. Es zeigte sich hierbei, wie stark die Stadt und der Landkreis mit »Flüchtlingen« schon belegt war, zu denen noch Mütter und Kinder kamen, die aus dem Ruhrgebiet dorthin »evakuiert« worden waren und die nun drängten, dorthin zurückzukommen. Auf dem Bahnhof von Stolp wurden Eisenbahnzüge zusammengestellt, um diejenigen Personen, welche Stolp verlassen durften, nach dem Westen zu befördern. Teilweise haben diese Menschen bis zu 24 Stunden in den Zügen warten müssen, bis eine Lokomotive den Zug übernehmen konnte. Von Stolp bis Stettin sind diese Züge 3–4 Tage unterwegs gewesen, eine Strecke, die mit normalem Personenzug in sechs Stunden durchfahren wurde. Ein Zeichen dafür, daß die Eisenbahnstrecke völlig mit Militärtransportzügen in Anspruch genommen war und zum Teil verstopft war bei der Fülle von Flüchtlingszügen.
Ende Februar 1945 hatten die Russen von Süden über Pyritz–Stargard vorbrechend die Ostseeküste erreicht und damit den Kessel Elbing–Schneidemühl–Kolberg gebildet, der nur zur Ostsee hin offen war. Es bestand keine Möglichkeit mehr, zu Lande über die Oder hinauszukommen. Von Süden und Westen her drängte der Russe auf Danzig zu. Der mit viel Mühe und Arbeit errichtete »Pommernwall« erwies sich als zwecklos, denn nicht von Osten her kam der Russe, sondern er kam vom

Westen her gegen den »Pommernwall«, in dem dann kaum ein Soldat zur Verteidigung angesetzt war. Wer nun noch dem Russen entrinnen wollte, konnte es nur noch mit Schiff über die Ostsee. Noch waren die Chausseen vollgestopft mit den Trecks, die sich nun immer noch vermehrten aus den der Front naheliegenden Orten. Aber wohin sollten sie noch? Nach Westen ging es nicht mehr, nach Süden und Osten auch nicht. Ratlos fuhren viele Wagen hin und her. Auf den Chausseen und Landstraßen entstand ein fürcherliches Durcheinander. Zwei Kolonnen zogen nach Westen nebeneinander, zwei Kolonnen fuhren nebeneinander nach Osten. Niemand wußte mehr wohin. Die Eisenbahn fuhr noch zwischen Stolp und Danzig. Viele versuchten mit Schiffen von Stolpmünde, Leba oder Gotenhafen aus dem Kessel herauszukommen.
Am Dienstag, dem 6. März, verließen viele Einwohner, mit Koffern und Rucksäcken bepackt, die Stadt. Sie drängten in die Eisenbahnzüge, welche in Richtung Danzig noch fuhren, oder gingen zu Fuß in Richtung Lauenburg–Danzig. Viele zogen Handwagen hinter sich her oder schoben Kinderwagen. Bald war die ganze Stadt im Aufbruch. Am Mittwoch, dem 7. März 1945, wurde früh gegen 8 Uhr der Räumungsbefehl gegeben. Ich fragte beim Standortältesten, dem Oberst v. Kleist, an, ob tatsächlich der Räumungsbefehl aufrecht erhalten würde und die Stadt verteidigt werden sollte. Der Adjutant, Major Wagner, gab mir die Antwort: »Es ist leider der Befehl vom Oberkommando gegeben worden, die Stadt räumen zu lassen und sie bis zum letzten Mann zu verteidigen. Doch außer einigen wenigen Volkssturmmännern und zusammengewürfelten Truppenverbänden haben wir nichts, vor allem keine Artillerie.« Ich begab mich darauf zum Landratsamt, um zu erfahren, welche Maßnahmen dort getroffen wären. Ich fand das Landratsamt in heller Auflösung. Der Kreisoberinspektor Bachmann stand auf der Treppe, konnte kein Wort über die Lippen bringen, die Tränen liefen ihm die Wangen herunter. Keiner konnte eine vernünftige Anordnung mehr treffen. Durch die Stadt Stolp fließt das Flüßchen Stolpe. Die Brücken über diesen Fluß waren in der Stadt für eine Sprengung vorbereitet. Es hieß, bis zur Dunkelheit müßte die Stadt geräumt sein, da dann sämtliche Brücken gesprengt würden und danach keine Möglichkeit mehr wäre, etwa aus dem westlichen Teil der Stadt herauszukommen.
Mit diesen Nachrichten kam ich nach Hause, konnte noch einige Pastoren telefonisch benachrichtigen und mit ihnen aufgrund unserer Be-

sprechungen vom Montag, dem 5. März, verabreden, uns in Richtung Stolpmünde aus der Stadt zu begeben. Meine Frau, unsere beiden Töchter, die wir in Stolp zu Hause hatten, und alle unsere Hausgenossen bereiteten die Flucht vor und packten Koffer und Rucksäcke. Ich begab mich zum Friedhof, wo ich an diesem Vormittag drei Beerdigungen halten sollte. Ich fand die Friedhofskapelle verschlossen, niemand von den Friedhofsangestellten war mehr da, keine Leichenträger und keine Totengräber. Nur 1–3 Angehörige der Toten waren vor der Friedhofskapelle. Es gelang uns, die Kapelle zu öffnen und die betreffenden Särge unter den vielen anderen herauszufinden. Ich habe nacheinander drei kurze Trauerfeiern gehalten, aber zu Grabe konnte ich keinen Toten mehr geleiten, da niemand da war, der die Särge zu den vorbereiteten Gräbern bringen konnte. Etwa 30 Särge, vorwiegend mit verstorbenen Soldaten, standen in der Friedhofskapelle oder außen um sie herum. Sie sind erst nach dem Russeneinfall beigesetzt worden.
Als ich vom Friedhof zurückgekehrt war, brachte ich die Kirchenbücher, wichtige Archivalien und Rechnungsbücher in den Keller des Pfarrhauses. Das älteste Aktenstück war die Matrikel vom Jahre 1590, die von der Kirchenvisitation berichtete, welche damals in fast allen Kirchengemeinden in Ostpommern stattgefunden hatte und davon kundete, daß die Reformation Martin Luthers überall festen Fuß gefaßt hatte. Die Vermögensstücke der Kirchengemeinde, wie Sparkassenbücher, Wertpapiere u.a. packte ich in einen Koffer, den ich auf die Flucht mitnahm. Ich verständigte noch den Kirchenältesten Wolff, der mir gegenüber wohnte, und gab ihm auch einen Hausschlüssel. Der Kirchendiener Knop hatte schon morgens an diesem Mittwoch den Kirchenschlüssel gebracht und sich verabschiedet mit dem Bemerken, er wolle in Richtung Glowitz, um dort bei Verwandten das Weitere abzuwarten.
Es war mir bisher immer gestattet worden, mein Auto zu benutzen, weil ich umfangreiche Vertretungsdienste im Landkreis zu leisten hatte und als Standortpfarrer viel unterwegs sein mußte. In dieses Auto packte ich nun Koffer und Rucksäcke z.T. oben auf das Verdeck, wo sie fest verschnürt wurden, und alsdann stiegen meine Frau, unsere beiden erwachsenen Töchter, unsere Hausgehilfin, eine alte Tante meiner Frau und ich, also 6 Personen, in diesen 4sitzigen Hanomag-Kurier-Wagen ein. So schwer beladen fuhren wir ab, verließen unser sehr behagliches Heim mit 10 vollständig möblierten Räumen, all die Dinge, an die sich so

schöne Erinnerungen banden, Bilder und Kunstgegenstände, Bücher und alte Familienstücke, schauten über den herrlichen zwei Morgen großen Garten hinweg und nahmen Abschied von der lieben St. Petrikirche. Liebe Gemeindeglieder traten an uns im Vorbeigehen heran, als wir ins Auto stiegen – sie selbst mit Rucksäcken und Koffern bepackt und Handwagen ziehend – und verabschiedeten sich. In den Tagen vorher kamen immer wieder liebe Gemeindeglieder und drängten uns, vor allem unsere beiden erwachsenen Töchter hinter die Oder zu schaffen, damit sie nicht den Russen in die Hände fielen. Aber alle Versuche, diese beiden Töchter mit Eisenbahn, Flugzeug oder anderen Gelegenheiten aus Stolp herauszubringen, waren fehlgeschlagen. Sie blieben bei uns. Jetzt verließen wir gemeinsam unser liebes Stolp. Wann würden wir zurückkehren können? In welchem Zustand würden wir unser Pfarrhaus und unsere Kirche wiedersehen?

Wir fuhren nun durch die Wilhelm-, Wasser-, Hindenburg- und Amtsstraße zur Stolpmünder Chaussee, vorbei an fliehenden Menschen, fahrenden Trecks und einzelnen Soldaten. Die Chaussee war voller Wagenkolonnen, die teils nördlich teils südlich zogen, dazwischen unendlich viele wandernde Menschen. Es gelang mir, das Auto durch alle Hindernisse hindurch in verhältnismäßig kurzer Zeit den 18 km langen Weg von Stolp nach Stolpmünde unbeschädigt zu lenken. Ich hielt in der Nähe des Hafens, in dem einige Schiffe lagen, die mit Soldaten, Arbeitsdienstmännern und Flüchtlingen beladen wurden. Die Inhaberin einer Reederei, Frau Geiß, empfing uns mit den Worten: »Gott sei Dank, daß Sie da sind. Wir haben versucht, Sie noch telephonisch über eine Militärdienst-Telephonleitung zu bekommen.« Wir hofften, daß auch die andern Pastoren aus Stolp verabredetermaßen dorthin kommen würden. Nur Pastor Lic. de Boor mit Frau kam noch.

Es ist unklar geblieben, weswegen die beiden anderen Pastoren, Wernicke und Spittel, mit ihren Frauen und Angehörigen nicht den Weg nach Stolpmünde genommen haben. Der eine ist in Richtung Lauenburg und der andere in Richtung Schmolsin gezogen. Beide sind umgekommen.

Frau Geiß hatte einen ihrer kleinen Dampfer mit den Angehörigen ihrer Reederei beladen lassen, und ein zweiter kleiner Dampfer »Martha« wurde mit Flüchtlingen besetzt in solcher Fülle, daß jeder auf seinem Flecken stehen mußte. Eine meiner Töchter und unsere Hausgehilfin

hatten in einem Rettungsboot Platz gefunden, das der Dampfer mit sich führte. Frauen mit kleinen Kindern wurden in den Laderaum gebracht, wo Stroh aufgeschüttet war. Wir bekamen an Deck Stehplätze. Da es sehr stürmisch geworden war und ein starker Frost herrschte, zögerte der Kapitän mit seinem mit etwa 700 Menschen beladenen Schiff den Hafen zu verlassen. Als es dunkel geworden war und wir ringsum die Feuerscheine von brennenden Dörfern sahen und die Schüsse der Panzer immer näher kamen aus Richtung Schlawe, entschloß sich der Kapitän doch auszulaufen. Es wurde eine grausige Fahrt! Sobald wir in die offene See gekommen waren, kamen die Brecher über das Vorderschiff, die Mäntel und Decken, welche die Menschen schützen sollten, waren schnell mit einer dicken Eiskruste versehen. Natürlich war alles seekrank. Der Kapitän hielt Kurs in der Nähe der Küste auf Swinemünde zu. Unsere Fahrt längs der pommerschen Ostseeküste in dunkler Nacht bei abgeblendeten Lichtern werden wir nie vergessen. U-Boot- und Minengefahr auf der einen Seite, den Blick auf die Küste hin, vorbei an brennenden Ostseedörfern, vorbei an dem lichterloh brennenden Kolberg, und auf der anderen Seite ein Spielball der stürmischen See, waren wir alle dennoch ruhig und gefaßt. Ich habe keinen Laut der Klage gehört. Wir spürten es: Wir sind ganz in Gottes Hand. Wir wußten aber auch: »Weiß ich den Weg auch nicht, Du weißt ihn wohl.«
Ohne einen Unfall fuhren wir am 8. März 1945 nachmittags gegen 14 Uhr in den Hafen von Swinemünde ein. Das Schiff legte an, aber es durfte nicht ausgeladen werden. Swinemünde war übervoll von Flüchtlingen, der Kapitän sollte weiter nach Stralsund fahren. Er konnte sich nicht entschließen, wegen der U-Boot- und Minengefahr auf offener See weiterzufahren, vielmehr steuerte er das Haff hinauf bis Ückermünde, und von dort wurden wir durch die Peene nach Stralsund gelotst. Hier kamen wir am 9. März abends bei Dunkelheit an. Erst am nächsten Morgen konnte das Schiff verlassen werden.

Ramon Gliewe

Flucht aus Stolp zur Westerplatte

Es war am 6. März 1945. Mein Bruder turnte auf meinem Bett, in dem ich krank lag, und erzählte harmlos von all dem fremden Leben, das er in der Stadt gesehen hatte. Er war mit meiner Mutter aus der Stadt gekommen. Meine Mutter trug noch Schneeflocken auf ihrem Mantel. Sie fror und zitterte und setzte sich auf meinen Bettrand nieder.
»Niemand weiß, wo die Russen sind«, sagte sie. »Niemand kann mir Auskunft geben. Aber es kommen überall schon Soldaten zurück, und in der Friedrichstraße stehen Bauern, die den Russen gerade noch entkommen sind. Sie sind auf der Straße mit Maschinengewehren beschossen worden. Sie haben viele Verwundete bei sich und auch ein paar Tote. Auf der NSV sind alle weg. Ich weiß nicht mehr, was wir tun sollen. Ich weiß es nicht mehr.«
Kurz nach dem Mittagessen ging meine Mutter ein zweites Mal in die Stadt. Wenn ich einmal aus dem Bett aufstand und ans Fenster ging, sah ich die lange Straße hinunter einen Treck hinter dem anderen. Die ganze Schlawer Straße hinauf ging der Zug, der nun schon seit Wochen unter unseren Fenstern vorbeirüttelte und polterte. Aber er hatte jetzt eine andere Richtung. Die Menschen flohen jetzt nach Osten zurück. Alle sahen schäbig, elend und müde aus. Unter den Fußgängern sah ich viele Frauen, die kleine Kinder an der Hand zerrten. Ich wunderte mich, daß so kleine Kinder schon laufen konnten. Immer wieder kamen Menschen in unser Haus, damit sie einen kleinen Schutz vor der Winterkälte hatten. Sie lagen und saßen jetzt sogar im Treppenflur auf Decken und Strohbündeln. Am Nachmittag kam unser Doktor. Er erzählte, daß mindestens hunderttausend Flüchtlinge in unserer Stadt und die Russen ganz nahe seien. Dazu noch die Soldaten. Er erzählte, daß auf dem Kirchhof große Massengräber geschaufelt waren, um all die vielen Menschen aufzunehmen, die gestorben oder erfroren waren.
Später gab es Fliegeralarm, und mein Bruder kam zu mir aufs Bett gekrochen. Ein harter Krach ließ unsere Fenster klirren, dann war wieder alles

ruhig. Um 8 Uhr kam endlich meine Mutter zurück. Sie sah mich mit großen müden Augen an. Aber sie hatte Glück gehabt. Sie hatte einen Oberstabsarzt, einen Freund meines Vaters, getroffen. Und wir durften in vier Stunden in einem Lazarettzug mitkommen, der noch nach Danzig fahren sollte. »Das ist die allerletzte Möglichkeit«, sagte meine Mutter. »Morgen können die Russen schon hier sein. Niemand hält sie auf. Alles flieht. Ob der Zug noch bis Danzig kommt, daß weiß niemand.«
Ich schleppte mich aus dem Bett. Ich hatte wieder hohes Fieber. Wir zogen alles an, was auf den Leib ging. Und in der Aufregung packten wir viele nutzlose Dinge ein. Mein Bruder konnte noch nicht glauben, daß es endgültig losgehen sollte, und er weinte um seine Spielsachen. Nur einen kleinen silberbronzierten Rennwagen, den er erst zu Weihnachten bekommen hatte, durfte er mitnehmen. Uns allen waren die Tränen sehr nahe. Aber all die anderen Menschen in unserem Haus beneideten uns, daß wir fort konnten. Sie hatten vor Sorge und Angst ganz graue Gesichter. Wir packten unsere Sachen auf meinen Schlitten. Meine Mutter trug zwei Koffer und einen großen Rucksack. Auch mein Bruder hatte einen kleinen Rucksack aufgeschnallt. Ich war so schwach, daß ich nur eine kleine Tasche tragen konnte.
Draußen fror es wieder. Die Straße war glatt. Die Füße rutschten aus. Mein kleiner Bruder fiel immer wieder hin. Weinend ließ er sich von meiner Mutter auf dem Schlitten mitziehen. Es war zehn Uhr. Aber die Bahnhofstraße und die Geerstraße waren voller Menschen und Tiere und Wagen wie am Tag. Dazwischen fuhren Motorräder und graue Lastwagen. Abgedunkelte Scheinwerfer geisterten über alles hin. Man hörte fast kein Wort. Alle dachten nur daran, weiterzukommen und nicht liegenzubleiben. Viele drängten wie wir zum Bahnhof. Aber der war abgesperrt. Wir kamen aber mit unserem Schein durch und stolperten über die verschneiten Schienen zum Güterbahnhof. Da stand der Lazarettzug. Es waren lauter Viehwagen. Aus ihren Dächern ragten eiserne Rohre. Sie qualmten. Es war ein endlos langer Zug. Es war kein Mensch weit und breit zu sehen. Wir standen bei unseren Sachen und froren. In der Ferne knallten Schüsse und irgendwelche Lichter oder Brände flammten auf. Endlich stolperte ein Sanitätsunteroffizier über die Schwellen. Der nahm sich unser an und führte uns zu einem Wagen, in dem eine Pritsche frei war. Der Soldat hob auch unser Gepäck in den Wagen.

Im Wagen herrschte ein furchtbarer Gestank. Ein paar Petroleumlampen erhellten notdürftig den Raum. In einer Ecke stand ein kleiner eiserner Ofen, dessen Rohr fast glühte. Und auf Pritschen und einfachen schmutzigen Strohschütten lagen fünfzehn Soldaten. Es waren alles Schwerverwundete. Neben den Pritschen standen Eimer, die mit einer stinkenden Brühe gefüllt waren. Einige Verwundete stöhnten und wimmerten in ihre dünnen Wolldecken hinein. Meiner Mutter wurde übel. Und sie mußte sich draußen erbrechen. Ein Soldat stöhnte fortgesetzt und rief nach Wasser. An den Uniformstücken und dem herumhängenden Koppelzeug sah ich, daß es Waffen-SS war. Der Unteroffizier erzählte uns, daß in diesem Zug der Rest von zwei aus Griechenland herangeführten Divisionen sei.

»Die armen Hunde«, sagte er, »sind fast alle malariakrank hergekommen. Alles schwere Fälle. Und wir haben keinen einzigen Arzt mehr in dem Zug. Wir kommen direkt von der Front und sollten hier die erste ärztliche Hilfe haben.«

Aber kein Arzt kam. Es war auch kein Verbandsstoff da und keine Tabletten. All die schrecklichen Wunden waren nur mit Toilettenpapier versorgt. Nachdem wir eine halbe Stunde im Zug gesessen hatten, kamen noch ein paar Frauen mit einem Kind. Sie waren schon von Pollnow her unterwegs. Ein Lastwagen hatte sie mitgenommen. Sie weinten vor Schmerzen, weil sie sich auf dem offenen Wagen die Hände erfroren hatten. Das fremde Kind war noch etwas kleiner als mein Bruder. Kurz nach zwölf Uhr heulten die Sirenen noch einmal. Ein paar Bomben fielen in die Stadt. Und wir bekamen eine furchtbare Angst, daß es doch schon zu spät sein könnte.

Nach drei Uhr in der Nacht fuhren wir vom Stolper Bahnhof in Richtung Danzig ab. Es kam jetzt etwas Fahrtwind in den Zug und der Gestank von Blut, Eiter, Petroleum und Kot wurde erträglicher.

Das gleichmäßige Rucken der Achsen machte mich müde. Als ich wieder erwachte, dämmerte bereits der Morgen und der Docht der Petroleumlampen war ganz heruntergeschraubt. Etwas später hielt der Zug, und ein Infanterist kam zu uns herein. Er trug den linken Arm in einer Binde. An der rechten Hand fehlten ihm die Mittelfinger. Er setzte sich zu meiner Mutter und den Frauen.

»Seien Sie froh«, sagte er mit heiserer erschöpfter Stimme, »daß Sie herausgekommen sind. Wir sind bei Rummelsburg wieder in Orten gewesen, wo der Iwan schon einmal drinnen war. Ich habe den ganzen Krieg von Anfang an mitgemacht, auch in Rußland, und ich habe viel gesehen. Wir wollen uns nicht besser machen als wir sind. Ich bin auch im Partisanenkampf gewesen. Und wir haben Dörfer abgebrannt und Leute erschossen, weil wir sonst überhaupt nicht mehr mit den Partisanen fertig wurden, und weil es nur noch darum ging: du oder ich. Aber mir soll einer die deutschen Soldaten zeigen, die mit hilflosen und wehrlosen Menschen je so umgegangen wären, wie die. Und es soll mir einer die deutschen Soldaten zeigen, die jemals eine Frau gewaltsam angetastet haben. Man kann sie zählen und sie haben auf ihre Strafe nicht zu warten brauchen.« Er stützte den Kopf auf die heile Hand und sah traurig meinen Bruder an. »Das ist alles nur noch Wahnsinn«, sagte er, »aber was sollten wir dagegen tun?! Wir hatten keine Munition mehr und keinen Sprit. In Treten sollten wir mit zwei Panzerfäusten pro Mann den Iwan aufhalten und von den Dingern ging nur jedes fünfte los. Wir sind wie die Karnickel gejagt worden. Und wie die Karnickel haben sie uns abgeschossen. Und die Verwundeten. Da unten liegen sie noch zu Tausenden. Wie sollten wir sie wegschaffen. Die SS kommt noch weg, weil Himmler Oberbefehlshaber ist. Uns hat man nur so aus Gnade mitgenommen. Aber die von der SS sind ja auch lauter arme Schweine, die sich überall herumschlagen dürfen und langsam nicht mehr wissen wofür. Und wenn sie nicht mehr wollen und können, dann hängen sie die Kassierkommandos genau so an die Chausseebäume wie uns. Die Bäume an der Straße nach Rummelsburg hängen voll. Es sind halbe Kinder dabei.« Er sprach ganz leise und saß noch eine Weile bei uns, dann ging er hinaus, als der Zug einmal hielt.

Um 12 Uhr mittags am 7. März waren wir in Lauenburg. Hier sollten die Verwundeten verpflegt werden. Es war aber nur ein Kübel mit kaltem Tee da. Meine Mutter lief mit einem Kochgeschirr, um für die Soldaten etwas zu holen. Sie kam aber schon zu spät. Dann stiegen noch zwei Frauen zu uns in den Wagen, so daß wir uns in unserer Ecke nicht mehr bewegen konnten. Die eine hatte einen verbundenen Kopf. Aber sie schwieg und erzählte nichts. Vom Bahnhof aus konnten wir über die Stadt sehen. Vor dem Bahnhof drängte sich eine große Menge mit Bündeln und Koffern und Pappschachteln. Und die Straßen waren vollgestopft mit Pferden und Wagen und Fußgängern, die daherhasteten. Und ununterbrochen fiel Schnee. Als wir weiterfuhren, stieg ein ganz junger

SS-Mann zu uns herein. Vom linken Arm war ihm nur ein schlecht verbundener Stumpf übriggeblieben. Er hatte einen löcherigen Wollsocken über den blutigen Verband geschoben. Seine Schulter war schon blauschwarz. Aber er fragte mich ruhig nach meinem Alter.
»Ich war ein Jahr älter«, sagte er, »als ich Soldat geworden bin. Wir sind fast alle aus Siebenbürgen. Das war einmal. Meine Eltern haben die Russen mit Kolben erschlagen, weil ich zur Waffen-SS eingezogen worden bin. Jetzt ist der Arm hin. Aber der rechte reicht noch für eine MP...«
Er lächelte düster. »Hoffentlich dauert der Krieg noch so lange, daß ich meine Rechnung fertigmachen kann ...«
Es schneite in immer dichteren Flocken. Ein paarmal sahen wir auf den Straßen Hunderte von Wagen hinter Pferden und Treckern. Es waren auch alte Kutschen und Zigeunerwagen dabei, und die Fußgänger hielten sich an den Wagen fest und ließen sich mitziehen.
Kurz vor Neustadt blieb der Zug wieder liegen. Die hügelige Landschaft lag unter einer dichten weißen Decke. Ein paarmal hörten wir es hart und trocken knallen. Der Sanitätsunteroffizier kam wieder zu uns und erzählte, daß ein paar Volksstürmer am Bahndamm mit Panzerfäusten übten. Dann fuhren wir durch bis Gotenhafen. Auch hier stauten sich Zivilisten und Soldaten. Man konnte sie nicht mehr zählen. Auf dem Güterbahnhof war es noch ruhig. Es war zwischen vier und fünf Uhr nachmittags, und wir mußten jetzt den Lazarettzug verlassen. Wir standen mit unserem Gepäck im knietiefen Schnee. Überall standen Lazarettzüge. Leichter Verwundete mit blutigen Verbänden standen vor den Türen. Einige hatten nur noch Filzfetzen um die Beine gewickelt und sahen mit ihren schmutzigen Fellmützen wie Russen aus. Wir waren sehr verzweifelt. Wie sollten wir weiterkommen.
An diesem Morgen erzählten uns italienische Kriegsgefangene, die im Hafen arbeiteten, daß ein kleines Schiff aus Königsberg gekommen sei und an der Westerplatte liege. Unsere Nachbarin fuhr mit der Fähre hinüber. Sie ließ das Kind zurück und versprach, uns nachzuholen. Sie hielt auch Wort. Aber sie sagte, sie hätte einen Bekannten aus Königsberg vor dem Schiff getroffen, der sie und das Kind für fünfhundert Mark und einen Ring auf das Schiff einschmuggeln wolle. Für uns könne er nichts tun. Aber sie werde uns nicht vergessen. Und sie vergaß uns wirklich nicht. Wir flohen zum zweitenmal aus der Baracke und gaben einem Italiener Geld, der uns in einem kleinen Boot zu dem Schiff hinüber-

ruderte. Er sah uns traurig an und sagte in seinem schlechten Deutsch: er möchte auch so gern nach Hause fahren. Auf dem Kai warteten wir in der Nähe des Schiffs, und schließlich überredete die »Nachbarin« ihren Bekannten, auch uns an Bord zu schmuggeln. Es waren hauptsächlich Königsberger an Bord. Von ihnen waren mehrere an Land gegangen. Und wir gingen jetzt auf das Schiff, so, als gehörten wir zu ihnen. Dann tauchten wir in dem kalten zugigen Laderaum unter. Wir alle lagen ganz dicht nebeneinander und froren schrecklich. Wir durften uns aber nicht rühren und nicht mehr an Deck gehen, damit niemand merkte, daß wir eingeschmuggelt waren.

So verging eine neue Nacht. Von Danzig her hörte man jetzt ganz laut das Donnern der Geschütze. Und ein Mann, der auf dem Oberdeck gewesen war, sagte, der ganze Himmel sei rot von Bränden. Wir waren sehr dankbar und glücklich, in dem zugigen und kalten Laderaum liegen zu dürfen. Aber bis die Maschinen anliefen, zitterten wir vor Angst, daß man uns entdecken und wieder aussetzen könne. Erst als das Schiff fuhr, atmeten wir auf.

II

Tragödien an der Pommerschen Küste

Die Schiffskatastrophen vor Stolpmünde

Ebbi Baron Maydell

Der Untergang der »Wilhelm Gustloff«

Es war das letzte Weihnachten in unserem Heim in Gotenhafen. So steht es mir auch noch vor Augen: das gemütliche Wohnzimmer mit den Ahnenbildern und den blauen alt-englischen Tellern an den Wänden im Kerzenschein des Tannenbaumes und der Armleuchter, die aus dem heimatlichen Pastorate stammten. Zu einer rechten Weihnachtsfreude wollte es nicht kommen. Ein Druck lastete auf uns allen: die Ahnung des kommenden Geschehens. So hatte das letzte Weihnachten etwas unendlich Wehmütiges.
Die politische Lage spitzte sich im Laufe des Januar immer mehr zu. Da die Russen am 12.1.45 bei Litzmannstadt durchgebrochen waren und weiter vordrangen, ergoß sich ein unabsehbarer Flüchtlingsstrom westwärts. Die Luftangriffe auf Gotenhafen nahmen von Tag zu Tag zu. Wasserleitung und Beleuchtung versagten. Eine große Unruhe hatte sich der Menschen bemächtigt, und eine Massenflucht setzte ein.
Scharfes Schneegestöber fegte durch die Straßen, als wir unser Gepäck auf kleinen Schlitten an Bord des 25000-t-Schiffes »Wilhelm Gustloff« brachten. Das Schiff war vollbesetzt mit Flüchtlingen, in der Hauptsache mit Frauen und Kindern; doch wurde die Abfahrt von Tag zu Tag aufgeschoben. Eines Abends ertönte schrill die Schiffsglocke: Luftangriff! Mit Mühe und Not fanden wir Schutz in einem der drei überfüllten Hafenbunker. Wir hörten später, daß es ein Großangriff auf Danzig gewesen war. Viele Flüchtlinge waren dabei ums Leben gekommen.
Endlich verließen wir mittags am 30. Januar mit 6600 Personen an Bord Gotenhafen. Es war ein sehr kalter Januartag, starkes Schneetreiben, und auf dem Wasser Eisschollen. Vorsichtsmaßregeln waren getroffen: Ein Torpedoboot bildete das Geleit, Flakgeschütze befanden sich an Deck, das Schiff fuhr abgeblendet. Jeder der Passagiere, einschließlich der vielen Kinder, hatte Schwimmwesten bekommen. Gegen 9 Uhr abends wurde es stürmisch. Ich befand mich zu der Zeit auf dem Sonnendeck. Mein 13jähriger Sohn Günther war schlafen gegangen. Unsere Kabine lag 2

Deck tiefer auf dem Promenadendeck. Um 21 Uhr erschütterten 3 starke Stöße das Schiff. Ein russisches U-Boot hatte die »Wilhelm Gustloff« mit 3 Torpedos getroffen. Die Schiffsmaschinen hörten auf zu arbeiten, Alarmglocken ertönten.

Alles wurde durcheinander geworfen. Mein einziger Gedanke war: Günther. Ich eilte auf den Gang, wo die Notbeleuchtung brannte. Rufen und Schreien ertönte auf den Gängen. Und plötzlich stand Günther vor mir. Durch die Detonationen aus dem Schlaf gerissen, hatte er sich geistesgegenwärtig die Schwimmweste umgebunden und war sofort nach oben geeilt. So schnell es bei der Schräglage des Schiffes möglich war, liefen wir an Deck. Dort hatten sich inzwischen Menschen gesammelt und drängten zu den Rettungsbooten. Wir befanden uns auf der Steuerbordseite. Die Schlagseite des Schiffes nach Backbord nahm langsam aber stetig zu.

Leider gelang es nicht, die Boote klarzumachen. Die Bootsmannschaften waren in ihren Räumen eingeschlossen und konnten wegen Wasserdurchbruchs nicht mehr heraus. Auch waren die Boote durch den starken Schneefall der letzten Tage vollkommen verschneit, der Mechanismus vereist. Wir versuchten, mit der Handkurbel die Davits auszuschwingen. Aber auch dies gelang uns nicht. Sehr erschwert wurden diese Arbeiten durch das glatte und völlig vereiste Deck, auf dem wir durch die langsam zunehmende Senkung immer wieder abrutschten. Ich sah, wie einer der Offiziere seine Lederstiefel auszog, um sich schwimmend zu retten. Ein anderer, ein kleines, kaum bekleidetes Mädchen im Arm, rief verzweifelt aus: »Wer nimmt meine Lütte?«

Im Innern des Schiffes, wo sich ein großer Teil der Menschen befand, spielte sich Grauenvolles ab, wie mir später erzählt wurde. Beim Versuch nach oben an Deck zu gelangen, waren viele Menschen zertrampelt worden, sie lagen verwundet und blutüberströmt in den Gängen. Kinder weinten nach ihren Müttern und verzweifelte Mütter schrien nach ihren Kindern. In den Sälen (Kino und Musiksaal) befanden sich noch unzählige Menschen. Als das Schiff sich neigte, wurden sie durch die Glasfenster der Hallen in die Tiefe geschleudert. Die Schotten brachen, und das Wasser rauschte durch die Niedergänge.

Zwischendurch ertönten Schüsse: Offiziere erschossen ihre Frauen und dann sich selbst. Rote Notsignale, Leuchtspurraketen stiegen in die Höhe, um Hilfe von Schiffen und Häfen zu bekommen. Wir befanden uns auf

der Höhe von Stolpmünde, nicht weit von der Pommerschen Küste entfernt.
Da nun die Schlagseite bedenklich zunahm, und ich keine Hoffnung mehr sah, daß eines der Rettungsboote zu Wasser käme, krochen wir auf allen Vieren an den schrägen Deckaufbauten weiter nach hinten, um hier einen Weg zur Rettung zu finden. Vor allem wollten wir aus dem Knäuel der vielen Menschen herauskommen. Da legte sich das Schiff plötzlich ruckartig auf die Seite, so daß alles, was nicht fest war, über das glatte Deck nach Backbord sauste. Ich sah viele Menschen haltlos abgleiten und in der Dunkelheit verschwinden.
Wir hatten in Gotenhafen mehrere Kriegsschiffkutter, also große Boote, die ungefähr 50 Menschen fassen konnten, an Bord bekommen. Diese lagen frei auf dem Sonnendeck. Bei dem ruckartigen Überlegen des Schiffes waren einige dieser Boote ebenfalls abgerutscht und an den Aufbauten festgeklemmt. Ein guter Freund von uns, Marinemaler, der zeichnerisch später eine Reihe von schrecklichen Augenblicken festgehalten hat, wies uns auf diesen Weg zur Rettung hin. Das Schiff lag nun bereits so schräg und mit der Spitze tief im Wasser, daß mit seinem Untergang jede Sekunde gerechnet werden mußte. Günther und unserem Freunde gelang es verhältnismäßig schnell, eines der Boote zu erklettern, doch rutschte ich immer wieder ab, behindert durch das schräge vereiste Deck und den Rettungsgürtel. Plötzlich fühlte ich mich von zwei starken Armen ergriffen und Hals über Kopf ins Boot gezerrt. Es spielte sich in Sekunden ab. Ich bin wohl noch nie in meinem Leben so brutal angefaßt worden und dachte, mein Genick bräche. Im selben Augenblick legte sich das Schiff vollens nach Backbord über. Eine bekannte Dame, die uns gefolgt war und 2 Decken unter dem Arm trug, kam nicht mehr herein. Das kann ich nie vergessen.
Mit einem Mal flammte, man weiß nicht wie, die gesamte Schiffsbeleuchtung auf, ein heulender Sirenenton, zufällig ausgelöst, erschallte, und mit der Spitze voran sank die »Wilhelm Gustloff« in die Fluten. Es war 21.30 Uhr.
Von vorne rauschte eine hohe Brandungswelle über die versinkende Kommandobrücke und alles, was auf dem Sonnendeck und dem Promenadendeck von Menschen an der Reeling hing, wurde fortgespült.
Alle Geräusche übertönten die durchdringenden Todesschreie der Frauen und Kinder. Dann wurde unser Kutter von der überschäumenden

Flut emporgerissen und mit voller Wucht gegen die noch aus dem Wasser ragenden Schornsteinaufbauten geschleudert. Gleich darauf flogen wir an die über uns schwebenden Steuerbord-Davits des versinkenden Schiffes. Ich hatte wahnsinnige Angst, daß uns diese beim Versinken irgendwie festhalten und in die Tiefe ziehen könnten. Das war, Gott sei Dank, nicht der Fall. Wir trieben sehr schnell vom Wrack ab. Ich sah noch den Schornstein herausragen, dann versank alles, nur ein unendliches Gewirr von schreienden, ertrinkenden Menschen, Wrackteilen, Flößen und Bojen blieb übrig.

Der Seegang hatte zugenommen, ein kalter Wind blies. Zwischen jagenden Wolken zeigte sich ein blasser Mond. Unser Kutter hatte sich schnell mit Menschen gefüllt, die das Boot mit solcher Hast erkletterten, daß wir oft in Gefahr waren zu kentern. Der Schnee im Boot schmolz sehr schnell, bald saßen wir fast bis zu den Knien im Eiswasser. In der Erregung spürte ich die eisige Kälte nicht. Von den im Wasser treibenden Menschen, meist Frauen, wurden mehrere ins Boot gezogen, wodurch immer mehr Wasser hereinkam.

Viele Gestalten trieben lautlos an uns vorüber; sie hingen in ihren Schwimmwesten und waren wohl tot. Wir hatten später mehrere Tote im Boot. Es waren aus dem Wasser gezogene Frauen und Kinder, die so schwach geworden waren, daß sie unter die Bänke rutschten und im Wasser ertranken.

Mein Nachbar stellte beim Rudern fest, daß er mit den Füßen auf etwas Weiches trat. Es war eine Kinderleiche, die mit dem Gesicht nach unten, zu seinen Füßen lag. Wir waren aber so abgestumpft und ermattet, daß uns nichts weiter berührte.

Endlich, nachdem die Männer mehr als eine Stunde gerudert hatten, kamen wir in die Nähe des Torpedobootes T 36, das schon von Booten und Flößen umringt war. Die Übernahme war bei dem hohen Seegang mit großen Schwierigkeiten verbunden. Wir wurden von den anprallenden Wellen fast bis in Deckhöhe geschleudert und stürzten dann wieder herab. Wenn unser Boot von einer Welle hochgehoben wurde, mußten wir von der Bootskante übers Wasser zum Fallreep springen. Als Günther glücklich oben war, faßte ich Mut, obwohl ich vom Sitzen im Wasser vollständig erstarrt war. Ein freundlicher Matrose zog mich hoch und brachte mich in eine Koje. Wir alle wurden vom Torpedoboot übernommen und aufs beste betreut. Auch gelang es, die Toten zu ber-

gen. Ein Matrose hatte ein etwa 9 Monate altes Baby gerettet und legte es zu mir. Welche Freude und welches Wunder, als die Mutter erschien und überglücklich ihr gerettetes Kindchen in die Arme nahm.
Dann versank ich in Halbschlaf, aus dem ich durch ein lautes Krachen gerissen wurde: bei jeder Explosion hob sich das Schiff. Ein Offizier erzählte später, das russische U-Boot habe auf das Torpedoboot einen Schuß abgegeben, worauf dieses hohe Fahrt aufnahm, dem U-Boot entgegen, und Wasserbomben warf. Einige Schriffbrüchige, die man gerade bergen wollte, ließ man treiben.
Wir dampften mit hoher Fahrt davon durch die stark verminte Ostsee. Die Gefahrenmomente wollten nicht abbrechen. Am nächsten Mittag erreichten wir Saßnitz auf Rügen.
Von den 6600 Menschen der »Wilhelm Gustloff« sollen sich etwa 1000 gerettet haben.

Fritz Brustat-Naval

Der Untergang der »Steuben«

Nachdem das U-Boot »S-13« die »Wilhelm Gustloff« versenkt hatte, setzte es seine Operationen vor der Danziger Bucht fort. Am 9. Februar, um 22.15 Uhr nach russischer Zeit, entdeckte es einen anderen großen Transporter, die »Steuben«, ein Schiff von 14660 BRT mit etwa 5000 Menschen an Bord, begleitet von Torpedoboot »T 196«. Als Korvettenkapitän Marinesko sich anschickte seine Bugtorpedos abzufeuern, lief »T 196« unerwartet auf das U-Boot zu und zwang es abzudrehen.
Vier Stunden später griff Marinesko mit »S-13« wieder an und schoß um 2.50 Uhr einen Zweierfächer aus den Heckrohren. Beide Torpedos trafen das Ziel. An der Brücke der »Steuben« stieg eine steile Flamme auf, der zweite Treffer zeigte sich durch eine hohe schwarze Rauchsäule am hinteren Schornstein. Nach zwei bis drei Minuten gab es auf dem Schiff eine weitere Explosion. Dem untergehenden Transporter eilte »T 196« zu Hilfe, wobei es die See mit Scheinwerfern abtastete und durch Leuchtraketen erhellte. Das russische U-Boot nahm seinen Kurs in den dunklen Teil des Horizontes, steigerte die Geschwindigkeit auf 18 Knoten und entschwand.
Bei der »Steuben« handelte es sich um die 1922 beim Stettiner Vulkan gebaute ehemalige »München« des Norddeutschen Lloyd, ein Spitzenpassagierschiff der New York-Route, das man in den dreißiger Jahren nach einem Brand an Bord umbenannt hatte. Jetzt diente es als Verwundetentransporter und war bewaffnet. Am Abend des 9. Februar '45 verließ die »Steuben« den Hafen von Pillau, belegt mit etwa 2500 Verwundeten, 2000 Flüchtlingen und 450 Mann Besatzung. Unter anderem befanden sich 30 Ärzte und 320 Schwestern an Bord. Ungewöhnlich viele wurden ein Opfer der Unterkühlung im Wasser. Gerettet wurden im ganzen 600 Menschen, und zwar von »T 196«, »TS 1« und von einem U-Boot. Zwischen den deutschen und den russischen Berichten liegt wie immer eine Uhrzeitdifferenz von zwei Stunden.
Herr Franz Huber, heute Direktor einer Versicherungsgesellschaft, der

den Untergang miterlebte, faßte seine Eindrücke nachstehend zusammen:
».. wurde ich in Fischhausen bei Pillau im Samland, Ostpreußen, durch Granatwerferbeschuß zweimal an der Stirnseite des Kopfes und am Hinterkopf schwer verwundet. Zum Zeitpunkt der Verwundung saß ich in einer Beiwagenmaschine, und der Fahrer fuhr infolge der Granatwerferwirkung mit 80 km/st gegen einen Baum. Hierdurch erlitt ich zusätzlich einen äußerst schweren Bluterguß im Unterleib. Mit diesen Verwundungen wurde ich in das Feldlazarett Pillau eingeliefert und dort zunächst ärztlich versorgt. Am 9. Februar wurden wir abends durch Sanitätsautos zum Schiff gebracht, bei hohem Fieber und fast unerträglichen Schmerzen.
In Bayern zu Hause, hatte ich keine Gelegenheit gehabt, Schiffe kennenzulernen. Somit kam mir das Schiff in seinen Ausmaßen wie eine kleine Stadt vor. Ich wurde in das Schiffsinnere geladen und hörte von meinen Kameraden, daß ich mich im ehemaligen Tagesraum der »Steuben« befand. Die Matratzen lagen auf dem Boden sehr dicht nebeneinander, so daß sehr viele Verwundete Platz finden konnten. Im Tagesraum befanden sich fast ausschließlich Kopfverletzte.
Während der Fahrt versuchte ich dann auf der Toilette erstmalig, mein sieben Tage altes Blut aus dem Gesicht zu waschen, Schmutz und Dreck zu entfernen, und ich hatte anschließend das Gefühl, als ob mir wesentlich wohler geworden wäre. Ich legte mich dann wieder hin, konnte jedoch nicht richtig einschlafen, da um mich herum furchtbares Stöhnen und Jammern entstand und ich auch merkte, wie die Schwestern bei dem einen oder anderen sich länger aufhielten, und dann wieder zudeckten und sagten, es sei schon wieder einer gestorben. So gegen 24.00 Uhr schlief ich wohl ein und wurde erstmals wachgerüttelt durch ein furchtbares Getöse, etwa um 0.50 Uhr am 10. Februar.
Der ganze Schiffskörper erbebte und zitterte, und man hatte das Gefühl, als ob wir in den nächsten Minuten zerbersten sollten. Alles schrie und brüllte in sämtlichen Räumen. Sanitäter und Krankenschwestern standen an den Türen, das Schiff schaukelte mächtig hin und her. Die Verwundeten, die aufstehen konnten, erhoben sich, flogen aber unmittelbar gegen die Wände. Die übrigen Verwundeten rutschten mit ihren Betten auseinander. Wir überschlugen uns und drückten uns gegenseitig und verletzten uns noch mehr, als wir ohnehin schon verletzt waren.«

Alois Gra. beschreibt das so:
Durch die Schräglage kamen in den großen Sälen sämtliche Kästen, Tische, Schränke in Bewegung und erschlugen so mehrere verwundete Soldaten, die auf ihren Matratzen lagen. Das Wasser strömte bereits in die unteren Decks, und nun brach eine Panik sondergleichen an Bord der »Steuben« aus. Schüsse krachten, verwundete Soldaten erschossen sich wegen der Ausweglosigkeit einer Rettung.
Die zwei noch benutzbaren Ausgänge waren im Nu verstopft. Grauenhafte Szenen spielten sich an diesen zwei Stellen ab, so daß es nur wenigen gelang, sich aus diesem Menschenknäuel zu lösen. Ich selbst war einer der wenigen, und als ich glücklich ans Oberdeck kam, rutschte ich sofort und fiel über die Reling ins Wasser. Und nun begann im Wasser der Kampf um die einzelnen Rettungsflöße. Auch hier wiederum unbeschreibliche Szenen …

Franz Huber fährt fort:
»Ich zog meine Jacke an, darüber die Schwimmweste, ein anderer Kamerad half mir dabei. In dieser panikartigen Stimmung versuchte ich, mit anderen Kameraden die Treppe zu erreichen. Nun gelang es mir, barfuß auf das Oberdeck zu kommen, und ich stand erstmals mit meinen Füßen auf Eisen und merkte, wie schrecklich kalt das draußen war. Es war stockdunkle Nacht, und das Schiff schaukelte hin und her.
Zu Hunderten sah ich Verwundete, Ärzte, Schwestern und Personal ins Wasser springen, und ich versuchte, die höchste Stelle des Schiffes zu erreichen, in der Hoffnung, dieser Teil wird sicher zuletzt untergehen. Ich saß lange dort im Dunkeln, alleine, und hörte die Schreie auf dem Schiff. Ich hörte sie das Vaterunser beten, mit einer Stimme, wie man sie selten gehört hatte und kaum jemals wieder hören wird. Ich hörte die Schreie im Wasser und sah, wie das Schiff mit etwas brannte und sich Silhouetten im Wasser und auf dem Schiff bildeten. Ich sah mehrere Menschen aus den einzelnen Bullaugen herausquellen, die dann ins Wasser plumpsten. Ich wartete und wußte eigentlich selber nicht, warum ich wartete, bis ich in unmittelbarer Nähe von mir die Stimme hörte: »Jetzt müssen wir springen, sonst ist es zu spät; dann kommt der Sog.«
Diese Worte überzeugten mich, und ich sprang aus einer Höhe von schätzungsweise zwanzig Metern, und ich glaubte in der Luft das Bewußtsein zu verlieren, vielleicht auch infolge von Angst, und bekam meine volle Besinnung erst wieder als ich meinte, tief im Wasser zu sein.

Ich kam wieder an die Oberfläche, war aber unmittelbar neben dem Schiff und sah, wie es sich auf meine Seite neigte und glaubte, daß es mich unter sich begraben würde ...«

Franz Huber versucht nun, mit aller Kraft wegzukommen. Als er weit genug zu sein glaubt, erfaßt ihn doch noch der Sog, zieht ihn aber nicht hinunter. Mit einigen Hundert anderen bleibt er oben. Als dann die Luftblasen aus dem untergehenden Schiff herausquellen und es gurgelt und kracht, beginnen die Überlebenden noch viel schlimmer als zuvor zu schreien. Es ist ein Spektakel, das er nie vergessen wird. Die letzten Toten und Verwundeten werden von Deck gespült und treiben im Wasser. Beim Schwimmen stößt man mit den Händen auf lebende und tote Körper. Nach einiger Zeit ruft eine einzelne Frauenstimme um Hilfe.

»... als ich bei ihr war, sagte ich zu der Schwester, kommen Sie, schwimmen Sie mit mir. Und sie sagte, Sie gehen ja auch unter, ich habe noch eine Mutter und will nach Hause.

Ich sagte dann zu ihr, entweder ertrinken wir beide, oder wir kommen beide raus. Sie schwamm einige Zeit mit mir, und ich merkte, daß ihre Kräfte sie verließen. Ich legte ihren Kopf auf meinen verwundeten Körper und sagte, sie müsse sich nun selbst bewegen und auch selbst helfen, um nicht steif zu werden. Ich nannte ihr auch die Adresse meiner Mutter für den Fall, daß sie rauskommen sollte.

Nach einiger Zeit hörte ich in unmittelbarer Nähe Schimpfen und Auseinandersetzungen, und ich dachte, wenn hier um etwas gestritten wird, daß man dort Rettung finden könnte. Inzwischen war es wieder völlig finster geworden, das Feuer war verlöscht. Mit der Schwester stellte ich fest, daß es sich um ein großes Schlauchboot handelte, um ein Rettungsboot.

Das Rettungsboot war übervoll, und die draußen hängenden Soldaten wurden von den im Boot verbliebenen einzeln und nacheinander schwer geschlagen, mit Gewehren, Pistolen, mit harten Gegenständen, wie man sich den Selbsterhaltungstrieb nicht schlimmer vorstellen kann.

Ich schwamm deshalb wieder weiter und ließ mich mehr oder weniger treiben, bei leichtem Wellengang und immer diese Rot-Kreuz-Schwester neben mir, der ich wieder versprach, entweder versuchen wir beide herauszukommen oder wir ertrinken beide hier.

Als ich die Hoffnung bereits aufgegeben hatte, das Festland lebend zu erreichen, stieß ich mit meinen steifen Fingern gegen etwas Weiches. Ich

wußte zunächst nicht, handelt es sich um einen Menschen, um ein Tier, oder um einen ganz dicken Gegenstand. Sehr bald hatte ich eine Leine in der Hand, die regelmäßig verlief, und ich sagte zu der Schwester, sie möge sich an der Leine festhalten, ich wolle einmal versuchen, um den Gegenstand herumzuschwimmen. Ich stellte fest, daß es sich um ein kleines Zweimann-Schlauchboot handelte. Wie durch ein Wunder schwamm dieses Schlauchboot vor uns, und wir hatten nicht die Kraft hineinzuklettern. Ich versuchte es lange Zeit mit aller Energie, bis ich auf der anderen Seite des Schlauchbootes einen weiteren Überlebenden entdeckte, der die gleichen Versuche unternahm, und dachte bei mir, wenn auf der anderen Seite mehrere das gleiche versuchen, dann werde ich sicher auch in diesem Schlauchboot keinen Platz finden.
Der andere Kamerad konnte hineinkommen, und ich bat und flehte ihn an, mir und dieser Schwester, einer deutschen Frau, eine Rot-Kreuz-Schwester, die doch für uns wahrhaftig sehr viel Gutes getan hat, zu helfen. Aber von diesem Kameraden kamen keinerlei Laute mehr ...«
Nach einer endlos langen Zeit, die ihm wie eine Ewigkeit vorkommt, gelangt auch Franz Huber in das Schlauchboot. Den anderen hält er für erschöpft oder tot. Er ruht sich einen Augenblick aus und versucht dann, auch die Schwester in das Schlauchboot hineinzuziehen. Seine Hände sind schon völlig steif, und er kann gerade noch die Handgelenke der Frau festhalten. Als er sie mit unsäglicher Mühe etwa in Brusthöhe aus dem Wasser hat, schlägt sie ihre Arme über dem Kopf zusammen und gleitet wieder zurück. Er glaubt, einen Fehler gemacht zu haben, versucht es noch einmal und geht dabei methodisch vor, indem er sich rückwärts fallen läßt, um sie hochzureißen. Vergeblich! Er redet ihr gut zu, beider letzte Kraft noch einmal aufzuwenden und versucht es zum dritten Male. Dabei kniet er auf dem Bootsrand, und als er wieder soweit ist, wirft sie sich zurück und er fällt über sie hinweg kopfüber wieder selbst ins Wasser. Er merkt, daß seine Kräfte schwinden, hält sich an der Leine fest und ist überzeugt, daß es keine Rettung gibt. Im Begriff mit dem Leben abzuschließen, hört er erneut Hilferufe und antwortet: »Hier Schlauchboot!« »Wo Schlauchboot?« schallt es zurück. Aus der Dunkelheit taucht ein weiterer Schwimmer auf, »ein Obergefreiter aus dem Rheinland oder aus Westfalen.« Dieser hat einen Lungenschuß. Zu allem übrigen hat ihm beim Untergang des Dampfers ein schweres Eisenstück zwei Finger

abgerissen. »Ich sagte ihm, daß er tot oder lebendig über mich verfügen könne, da in Kürze mein Leben ohnehin zu Ende sein würde.«
Der Neuangekommene bindet ihn so an der Leine fest, daß er waagerecht im Wasser liegt, getragen von der Schwimmweste. Dann steigt er über ihn hinweg ins Boot. Er zieht der Schwester das Kleid aus, macht eine Schlaufe und streift sie der Frau über. Dann schlingt er sie um sein Genick und lüftet sie so aus dem Wasser. Unter unerhörten Anstrengungen holt er zuletzt auch Franz Huber heraus.
»... Als wir nun zu viert im Schlauchboot lagen, der eine Unbekannte, der Obergefreite, die Schwester und ich, befiel mich ein starker Schüttelfrost. Ich meinte, nun sollten wir uns, die wir soweit alles lebend überstanden haben, hinsetzen und fest umklammern, damit wir Körperwärme bekämen. Hierbei hörte ich zum erstenmal von dem Unbekannten, einem Feldwebel, daß er gar nicht daran dächte; denn ihm sei unten prima wohl. Ich glaube, ich hätte ihn erwürgt, wenn ich gekonnt und die Kraft dazu besessen hätte. Übermenschliches mußte bisher geleistet werden, um den Untergang noch einigermaßen zu überstehen.
Ich sagte auch zu ihm, wir hätten nicht mehr viel Kraft, aber doch noch soviel, daß wir ihn gewiß ins Wasser werfen würden, wenn er sich nicht sofort hinsetzen würde. Nach einiger Zeit setzten wir uns alle vier auf, warteten die Dinge ab, und harrten der Rettung.
Nach einiger Zeit sahen wir am Horizont Scheinwerfer, und wiederum war es dieser Feldwebel, der sagte, nun käme das russische U-Boot und würde uns sicher aufnehmen, und wir kämen nach Sibirien oder in den Ural in Gefangenschaft. Hierzu sagte ich ihm, wir könnten jetzt keine pessimistischen Gespräche gebrauchen, sondern wir brauchten Optimismus, um daran zu glauben, daß wir den Untergang überstehen.
Weil die Scheinwerfer in entgegengesetzter Richtung leuchteten, nahmen wir an, das Schiff wäre sehr weit weg. Wir waren überrascht, daß es sehr bald bei uns war und riefen, so laut wir konnten, um Hilfe. Aber die Kälte ließ keine laute Sprache zu, weil es uns auch das Gesicht verzogen hatte. Wir versuchten unsere Signalpfeifen an den Mund zu setzen, aber wir hatten keine Kraft mehr zu pfeifen. Der Scheinwerfer war wieder weit, weit entfernt. Dieser Vorgang wiederholte sich vier- oder fünfmal. Erst morgens um 5.30 Uhr wurden wir vom Scheinwerfer erfaßt und vom Schiff aufgenommen. Es war das Torpedoboot »T 196«, Oberleutnant zur See Hartig.

Ich weiß noch, daß wir mit der letzten uns verbliebenen Kraft gerufen haben »Hilfe, Hilfe – Verwundete!« Als wir dann zum ersten Male hörten »Wir kommen«, war es für uns wie eine Erlösung. Der totale körperliche Zusammenbruch war da. Ich spürte noch das Anstoßen unseres Schlauchbootes an das Schiff, dann wurde ich vorübergehend bewußtlos ...
Mit Strickleiter und Trage wurden wir auf das Schiff gezogen und dort mit Tee, Kaffee, Kognak, Zigaretten und allem, was wir wünschten, versorgt. Meine Verwundung spürte ich überhaupt nicht mehr, jedoch machten sich in meinen Beinen starke Schmerzen bemerkbar. Und ein Obergefreiter aus München, ein noch junger Mann, nahm sich meiner an und massierte mich wie seinen eigenen Bruder, der Schweiß lief ihm herunter. Meine Schmerzen in den Beinen wurden immer größer, bis ein Arzt kam und mir Spritzen gab, so daß ich kurz einschlief.
Wir wurden von »T 196« nach Kolberg gebracht und kamen in ein Lazarett. Der Rot-Kreuz-Schwester hatte ich meine Adresse gegeben, habe aber nie wieder etwas von ihr gehört ...
Mit sieben Mann wurden wir mit warmer Milch versorgt, und die Frauen betrachteten uns wie Wunderkinder. Es erschien ein Oberarzt des Heeres mit einem Notizbuch, und ich fragte ihn, wann er glaubte, daß wir hier einmal behandelt würden. Er schrie mich an, was ich denn eigentlich denke, wir müßten doch zuerst entlaust werden. Daraufhin zog ich meine Uniform unter der Decke hervor mit meinen Orden und Ehrenzeichen und sagte, daß mich die Entlausung nicht interessiere, sondern wann wir behandelt würden. Ich gab ihm den dienstlichen Befehl, umgehend für Abhilfe zu sorgen. Innerhalb von wenigen Minuten wurden wir in Badewannen gebracht, um das Öl vom Körper zu waschen. In derselben Nacht bekam ich nochmals Schüttelfrost und glaubte, den Untergang der »Steuben« nochmals zu erleben, im Traum.
Niemand dachte, daß ich jemals wieder würde laufen können ...«

Bei der »Führerlage« meldet Großadmiral Dönitz den Verlust der »Wilhelm Gustloff«. Wie er ausführt, hätte die Seekriegsleitung derartige Einbußen von vornherein in Rechnung gestellt. Daß die russischen U-Boote in der Ostsee auftreten könnten, läge an der fehlenden U-Jagd durch Flugzeuge. Die Kriegsmarine müßte sich wegen Mangel an Sicherungsstreitkräften auf den Schutz der Geleite beschränken.

Auch nach der Versenkung der »Steuben« ändert das Oberkommando der Kriegsmarine seine Meinung nicht. Die Zwangslage wird immer deutlicher, es gibt gar keine Alternative; denn die Landverbindungen, sofern sie überhaupt noch bestehen, sind nur noch eine Frage der Zeit, wenn es auch niemand ausspricht.
Aktenvermerk vom 11.2.1945: *Nach der Meinung des ObdM kann auf die Benutzung großer Schiffe für Verwundete (auch) in Zukunft nicht verzichtet werden, weil damit die Zahl der abtransportierten Verwundeten um 40 000 im Monat sinken würde. Mit den kleinen Lazarettschiffen können monatlich nur 17 000 Verwundete befördert werden.*
Dönitz wörtlich: »Es ist wichtiger, alle verfügbaren Mittel einzusetzen und dabei hin und wieder Verluste in Kauf zu nehmen, als auf den gesamten Abtransport der Verwundeten zu verzichten. Bisher sind 76 000 Verwundete abtransportiert worden, so daß die Verluste nur eine kleine Prozentzahl darstellen.«

C. Adomeit

Der Untergang der »Goya«

In der Nacht vom 16. bis 17. April 1945, 00.15 Uhr, sank in der Höhe von Stolpmünde der Passagierdampfer »Goya« mit ca. 6000–7000 Soldaten, Verwundeten und Flüchtlingen[1] nach zwei Torpedovolltreffern. Das Schiff sank innerhalb von 15 Minuten, und nur 165 Menschen überlebten eine der größten Schiffskatastrophen.
Wie konnte es zu diesen gewaltigen Katastrophen kommen? »Wilhelm Gustloff« mit 5000 Mann an Bord[2], »General Steuben« mit 3000 und nun die »Goya« in den letzten Kriegstagen mit fast 7000 Menschen.
Um die ganzen Zusammenhänge zu erfassen, greift der Tatsachenbericht auf die letzten Kriegsmonate zurück und vermittelt ein Bild von der damaligen Lage und den letzten schrecklichen Wochen an der Heimatfront.
Seit Januar 1945 toben um und in Ostpreußen die harten Abwehrkämpfe gegen einen Gegner, der an Waffen, Material und Menschen vielfach überlegen war und seit Monaten diese Operation vorbereitet hatte. In der Gegend von Heilsberg wurde in aller Eile das VII. Panzerkorps neu aufgestellt. Die Aufstellung war noch gar nicht vollendet, da erfolgte der russische Großangriff an verschiedenen Punkten, und so vollzog sich der Einsatz im Raume Zichenau, Neidenburg, Allenstein, Guttstadt, Liebstadt, Wormditt, Heilsberg, Heiligenbeil. Das VII. Panzerkorps gehörte zur 3. Armee und hatte in diesen Kämpfen viele harte Tage. Nach der Herausziehung und Neuaufstellung im Raume von Danzig erfolgte der neue Einsatz in der Tucheler Heide, Konitz, Schlochau, Rummelsburg, Schlawe, Stolp. Nach hartnäckigen Kämpfen stellten sich die Reste der 2. und 3. Armee im Raume Danzig-Gotenhafen zum letzten erbitterten Abwehrkampf. In diesem Höllenkessel vollende-

[1] Der Major i. G. a. D. Udo Ritgen gibt in seinem Bericht über seine Tätigkeit als Leiter der Seeleitstelle Hela die Zahl der am 16. April 1945 in Hela auf die »Goya« eingeschifften Personen mit 1800 Soldaten und 3500 Flüchtlingen an, d.h. mit insgesamt 5300 Personen.

[2] nach der Schiffsliste waren es 6100.

te sich das Schicksal der eingeschlossenen Armeen. Tag und Nacht pausenlose Angriffe von Bombern, Schlachtfliegern, Panzern, Infanterie- und Trommelfeuerwellen. Die Übermacht war in den letzten Tagen 8- bis 10fach, und infolge der großen Verluste an Menschen und Material und dem Durchbruch bei Zoppot wurde der Raum um Gotenhafen immer kleiner. Da entschloß sich General v. Kessel zur Aufgabe von Gotenhafen und Absetzung nach der Halbinsel Hela. In einer gutangelegten Aktion gelang es, im Verein mit der Kriegsmarine fast sämtliche Restteile der zerschlagenen Divisionen nach Hela zu überführen.

Die Halbinsel Hela war bereits seit Wochen die Zufluchtstätte von Zehntausenden von Flüchtlingen aus Ostpreußen, Westpreußen, Danzig, Pommern usw. Tausende von Leicht- und Schwerverwundeten warteten auf ihren Abtransport. In den Wäldern, Häusern, Bunkern, Kellern lagen die Menschen, um dem drohenden Schicksal zu entgehen. Die Halbinsel wurde nun zum Ziel ständiger Angriffe russischer Bomberverbände, besonders der Kriegshafen von Hela mit dem regen Schiffsverkehr.

Nach der Einnahme von Gotenhafen setzte der Russe auf Artillerie, und so lag Tag und Nacht Störfeuer auf Hela! Langsam wurden die Menschen mürbe gemacht, und 10 000 beseelte nur eine Hoffnung, heraus aus diesem Inferno; möglichst bald einen kleinen Platz auf irgendeinem Dampfer oder Transporter zu erhalten, um nach Dänemark oder Schleswig-Holstein zu gelangen. Der Leidensweg dieser getriebenen Menschen geht seit mehreren Monaten durch Wind und Wetter, Hunger, Schneestürme und Kälte. Wo ist die Habe, Pferd und Wagen? Irgendwo stehengelassen, zerbrochen, zerschossen, zerschellt. Von Schlachtfliegern, Panzern vernichtet und verbrannt.

Niemals wird sich feststellen lassen, wieviel Menschen in diesem Treiben gestorben, gefallen, verschollen sind und verschleppt wurden.

So wird die Halbinsel Hela langsam von den Bombern und dem Artilleriefeuer zum Trümmerfeld gemacht. Laufend gehen Geleitzüge nach dem Westen, um vor allem die Verwundeten, die seit Tagen in ihren Notverbänden liegen, wegzubringen. Dazu Frauen, Kinder, alte und kranke Personen.

In diesen Tagen erreicht uns der Befehl vom OKH.: Herausziehung des gesamten VII. Panzerkorps nach dem Raume Mecklenburg-Vorpommern. Neuaufstellung, Entsatz von Berlin.

So nahm das Schicksal seinen Lauf. Zurück in den Kriegshafen von Hela. Unter ständigen Angriffen wurden die Transporter bei Tag und Nacht laufend beladen, und so ist die Masse des VII. Panzerkorps bald verladen. Die Schiffe sind oft zum Bersten voll, und man macht sich Gedanken und hat bereits aus Berichten von dem tragischen Schicksal der »Gustloff« und der »Steuben« gehört.
So gehören wir zum Restkommando, und es erfolgte unsere Einschiffung auf dem größten Transporter, der »Goya«. Ein schöner, warmer, klarer Apriltag! Nach Übernahme unseres Gepäcks und Geräts befinden wir uns an Bord, und sind nun bei dem Wetter eine schöne Zielscheibe für die angreifenden Bomberverbände. So erleben wir drei Angriffe, doch ist es für die Russen nicht einfach, durch den dichten Sperriegel ihren Bombensegen anzubringen. So wird die »Goya« von einer einzigen Bombe gestreift, dafür ist das Wasser umso mehr aufgewühlt und eine Fähre getroffen. In den Abendstunden ist die Beladung, besser Überladung, beendet, und mein Blick streift noch einmal die Steilküste von Gotenhafen, die gut zu erkennen ist. Weiter geht der Blick über Soldaten aller Formationen, Leicht- und Schwerverwundete, Frauen, Mütter und Kinder. Die Gesichter zeigen alle die Spuren der letzten Wochen und Monate.
Um ca. 20 Uhr setzt sich der Geleitzug in Richtung NW in Bewegung. Als zusätzlichen Begleitschutz erhalten wir nur zwei K.-Boote der Kriegsmarine. Um ca. 21 Uhr treffe ich noch verschiedene Kameraden meiner Einheit, und sind wir erstmals froh, der drohenden Gefangennahme eines siegesberauschten Gegners entgangen zu sein.
Längst ist es dunkel geworden, und wir haben eine sternklare Nacht. Langsam wird es kühl, und man merkt eine leichte Brise. Überall stehen und liegen in Mäntel und Decken gehüllt Soldaten, Frauen und Kinder, von der Müdigkeit übermannt.
Um ca. 22–23 Uhr mache ich einen Rundgang und werde wie von einer inneren Unruhe getrieben. In den Gängen, Kabinen, Laderäumen, überall sitzen, liegen Soldaten und Flüchtlinge. Die letzte Habe, ein Rucksack, ein Koffer, eine Tasche liegt daneben, und man kann sich kaum bewegen. Im Unterdeck liegen die Schwerverwundeten, und trotz aller Schmerzen liegt über allen eine gewisse Ruhe.
Langsam steige ich wieder ans Oberdeck und schaue in die Nacht hinein. Vom schweren Flakstand wird plötzlich das Feuer eröffnet. Lange hallt es

über die dunkle See. In der Ferne wurde der Schatten eines Fahrzeuges gesichtet; da es keine Erkennungssignale gab, wurde das Feuer eröffnet. Überall herrscht Aufregung. Sind es feindliche Schnellboote oder Zerstörer? Jetzt ist unser Geleitzug sicher erkannt und an die russischen U-Boote gemeldet worden.

Langsam kommt die Müdigkeit, und so entschließe ich mich, im Schutze einiger Decken auf unseren Gerätekisten zu schlafen, da man sonst nicht einen Platz mehr vorfindet. Nicht ahnend, dadurch dem Schicksal entronnen zu sein.

Kurz vor Mitternacht. Die »Goya« rauscht durch die Nacht. Die Zeiger klettern auf 11.50 Uhr. Plötzlich kurz hintereinander zwei dumpfe Einschläge. Das Schiff erbebt. Zwei gewaltige Wassersäulen steigen empor und klatschen aufs Deck hernieder.

Was ist geschehen? Sind es feindliche Schnellboote, sind wir auf Minen gelaufen oder torpediert worden? Diese Gedanken durchrasen mein Gehirn. Vor allem haben von den fast 7000 Menschen nur 1500 Schwimmwesten an.

Das Licht ist erloschen. Man vernimmt einzelne Rufe, Kommandos. Dann eine Totenstille. Plötzlich höre ich ein gewaltiges Rauschen. Das Wasser stürzt in die gewaltigen Löcher, die die Torpedotreffer gerissen hatten. Es hört sich unheimlich an. Auf dem Oberdeck laufen die Menschen hin und her. Alles schreit und fragt, was nun geschehen soll. Unten an den Treppen des ersten Decks müssen sich Szenen abspielen, die wohl fürchterlich gewesen sind, denn dort entspinnt sich ein Kampf auf Leben und Tod. Hunderte von Menschen versuchen, die Treppe zu stürmen, denn der Tod sitzt allen im Nacken. Das Ende durch Ertrinken nach all den Gefahren der ganzen Kriegsjahre. Menschen im wahnsinnigen Schrecken kämpfen dort um ihr Leben, drängen und schreien. Halb angezogen, mit wirren Augen wird jeder Kranke und Schwache unerbittlich niedergetreten.

In dieser Panik, in diesem Chaos hört man nur das Schreien von Menschen. Vom Tode gejagt, es gibt keinen Ausweg mehr, versuchen Einzelne, den Weg nach oben zu finden, und selbst von diesen Menschen forderte der nasse Tod seine Opfer. Unter den 300–400 Menschen auf dem Deck ist eine Panik ausgebrochen. Die meisten haben keine Schwimmwesten, die Rettungsboote können in diesen kurzen Minuten nicht klar gemacht werden. So ist ein großer Teil ohne jede Rettungsmöglichkeit und sieht den Tod vor seinen Augen, manche versuchen, die Rettungsringe noch anzulegen, und in der Aufregung klappt es viel weniger.

Langsam neigt sich das Schiff. Flakmunition, Kisten, Gepäckstücke, alles schiebt sich über die Planken und klatscht ins Wasser. Überall halten sich verzweifelte Menschen an der Reling fest. Unheimlich dieses Gurgeln und Getöse der Wassermassen. Hunderte sind bereits von den Torpedotreffern getötet, vom Druck zerfetzt und zerrissen, Tausende sterben den qualvollen Tod durch Ertrinken in den hereinbrechenden Wassermassen.

Die »Goya« neigt sich von Minute zu Minute. Plötzlich ein Beben, ein Zittern geht durch das ganze Schiff, ein Aufbäumen des gewaltigen Schiffsrumpfes, es ist in zwei Hälften zerbrochen, und nun geht alles unheimlich schnell. Es neigt sich ganz, und plötzlich sind wir im Wasser. Wir werden von einer gewaltigen Druckwelle des in die Tiefe gehenden Schiffes weggedrückt, und das ist unsere Rettung.

Dunkle Nacht, das Wasser ist eisig, und darin treiben ca. 300–400 Menschen, Kisten, Planken usw. Entsetzliche, markerschütternde Hilferufe gellen durch die Nacht. Mütter rufen nach ihren Kindern, Männer nach ihren Frauen, alles rudert und versucht sich irgendwo anzuklammern. Es beginnt ein schrecklicher Kampf auf Leben und Tod, der Kampf ums Dasein, und Wasser hat keine Balken, und der Ertrinkende greift nach dem Strohhalm. Wahre Wirklichkeit. Einer zieht den anderen in die Tiefe. Hier und dort flammt ein gelbes Licht auf, und dadurch wird die ganze Situation noch gräßlicher und gespenstischer. Es sind die Farblichter einzelner Schlauchboote, die sich selbst im Wasser entzünden. Um diese Schlauchboote und Flöße beginnt ein Kampf, und alle im Wasser Treibenden versuchen sich festzuhalten oder herauf zu gelangen. Die Hilferufe werden gellender, und gurgelnd versinkt so mancher vor unseren Augen. Einzelne Schüsse peitschen durch die Nacht. Viele sehen keinen Ausweg und, den nassen Tod vor den Augen, greifen sie zur Waffe.

Wir haben Glück gehabt und können ein leeres Rettungsfloß erreichen. Höchste Zeit! Die Kraft läßt nach, die Kälte kriecht herauf; das Wasser ist im April noch schön eisig, und man wird langsam steif und apathisch. Weit und breit kein Land. Keine Aussicht auf Rettung? Langsam versinkt jede Hoffnung. Wir haben jedes Gefühl für Zeit und Raum verloren.

Der Kampf um Pommern begann im Februar 1945. -nge Panzergrenadiere verteidigen im Schutze ihrer Fahr-uge den südlichen Abschnitt der Front.

2 Am Brückenkopf Stettin versuchen Soldaten mit der Panzerfaust die Rote Armee aufzuhalten.

3/4 *Unter diesen Bildern stand: Bei der Verteidigung einer pommerschen Stadt zeichnete sich diese Hitlerjugend-Kompanie im Volkssturm besonders aus. Der Führer der HJ-Kompanie gibt Anweisungen zur Verteidigung. – Schwere Kämpfe in Südpommern. Bolschewistische Flugblätter regnen vom Himmel, doch die vorgehenden Grenadiere beachten sie nicht.*

5 *Ein deutscher Königstiger hält Wache vor der bere zerstörten Marienkirche und dem Marktbrunnen v Arnswalde.*

6 *Die letzten Kämpfe in den Straßen von Stettin April 1945 (übernächste Seite).*

Krampfhaft halten wir uns fest. Die Beine sind bereits fast steif, und wir zittern wie Espenlaub. So treiben wir bereits über eine Stunde im Wasser. In der Zeit haben sich unauslöschliche Szenen abgespielt. Die Überlebenden schreien mit letzten Kräften um Hilfe, manche weinen, manche beten. Langsam treiben wir auseinander. Der Wellengang ist sehr schwach, und das ist unser Glück. Die Rufe werden weiter und verhaltener. Langsam verlieren wir die Hoffnung auf Rettung. Neben uns treibt eine Königsbergerin im Rettungsring. Allmählich verlassen sie die Kräfte. Sie schreit entsetzlich nach ihrer Mutter und ihrer Schwester, die in den Fluten verschwunden sind. Mit letzter Aufbietung aller Kräfte fassen wir sie an und versuchen, sie zu halten.

Die Rettungsaussichten werden immer geringer, und jeder Einzelne hat seine eigenen Gedanken.

Was war das? – – – Plötzlich in der Ferne ein schwacher Lichtschein. Die Hilferufe werden stärker, und wir schreien mit letzter Kraft, um uns bemerkbar zu machen. Wir rudern mit den Armen aus letzten Kräften. Langsam geht es nur vorwärts. Doch uns beseelt eine neue Hoffnung, ein Rettungsschwimmer ist da, egal, ob Freund oder Feind. Wir wollen leben! Aus weiter Ferne vernimmt man den Ruf: »Schiffbrüchige anschwimmen.« Also eigene Schiffe. – Wir sind gerettet! Die Vermutung lag nahe, daß das feindliche U-Boot aufgetaucht war und uns vielleicht noch ein schlechteres Schicksal beschieden sein konnte.

Das Schiff war ein unseren Geleitzug begleitendes K.-Boot der Kriegsmarine. Dasselbe hatte kehrtgemacht, um, trotzdem noch U-Bootgefahr bestand, mit kleinen Scheinwerfern die letzten Überlebenden aufzufischen.

So werden wir nach zwei Stunden aus dem Wasser gezogen. Halbsteif schleifen wir uns über Deck. Die blauen Jungs stellen uns ihre Drillichanzüge, Decken, Mäntel, Pullover usw. zur Verfügung, und sofort erhalten wir einen Bohnenkaffee, daß uns das Herz nur so bullert.

Langsam kehren die Lebensgeister wieder, und allmählich fängt man an zu denken und kann gar nicht glauben, daß man gerettet ist und glaubt zu träumen. Von meiner ganzen Einheit sind noch drei Mann übrig geblieben.

Am Morgen findet eine Feierstunde mit Totenehrung für die Opfer einer der größten, tragischsten Schiffskatastrophen aller Zeiten statt. Wir haben einige Tote an Bord, die in den Rettungsringen bereits erstarrt

waren. In der Nacht sind durch Funk von Hela Schnellboote angefordert, um evtl. Treibende noch zu retten. Vergebens.
Am Morgen ist die See ruhig und spiegelglatt. Das Meer hat seine Opfer und schweigt. Unser K.-Boot gleitet flink durch die Ostsee in Richtung Swinemünde. Das ganze Drama zieht noch einmal wie ein Filmband an meinen Augen vorbei. 6000–7000 Menschen waren an Bord. 165 wurden nur gerettet. Eine traurige Zahl, und in 20 Minuten hat eine Kleinstadt aufgehört zu existieren.
Wer wird den ganzen Angehörigen eine Nachricht übermitteln? Niemand! Vermißt, für ewig verschollen! –

III

Verteidigung und Eroberung Pommerns
Militärische Berichte

Jürgen Thorwald

Zwischen Weichsel und Oder

Schon begannen stärkere russische Angriffstruppen über Landsberg an der Warthe und Kreuz in Richtung auf Stargard und Stettin vorzurücken. Steiners zusammengewürfelte Einheiten waren nicht in der Lage, dem Druck des Gegners längere Zeit standzuhalten. Sie mußten zur Linie Berlinchen – Gegend ostwärts Arnswalde – Deutsch-Krone – Flatow zurückgehen. Weiter ostwärts drangen die Russen nördlich der Netze durch die Tucheler Heide vor und verstrickten den rechten Flügel des Generalobersten Weiß in neue, verzehrende Kämpfe. Schneidemühl ging verloren. Die getäuschten Einwohner der Orte flohen meist erst im letzten Augenblick oder gerieten zwischen die Fronten. Wenn sie entkamen, zogen sie nur bis zur nächsten Ortschaft, weil sie glaubten, bald zurückkehren zu können.
Aber das alles waren nur Vorboten des Sturms, der in Kürze kommen mußte, wenn Shukow seine Kräfte konsolidiert hatte. Wenn die Pommernfront nicht sogleich entscheidend verstärkt wurde, stand sie hilflos diesem wachsenden Sturm gegenüber. Diese Kräfte aber waren nur dadurch zu bekommen, daß Himmler Hitler die wirkliche Lage ohne Schonung schilderte. Wie sehr Himmler jetzt innerlich die drohende Gefahr sah, ging daraus hervor, daß er um diese Zeit Crössinsee verließ und sich in ein gut getarntes Waldlager bei Prenzlau zurückzog. Der heroisch auftretende Verteidiger Pommerns, der in zahlreichen Aufrufen nicht nur von seinen Soldaten, sondern von der gesamten pommerschen Bevölkerung Ausharren und Widerstand bis zum letzten verlangte, setzte sich selbst über die Oder nach Westen ab, um von hier aus eine Heeresgruppe zu führen, deren linker Flügel noch an der Nogat stand. Himmler sträubte sich lange, Hitler seine eigene Machtlosigkeit einzugestehen. Er warf Eismann Pessimismus und Defaitismus vor. Er konnte sich aber schließlich doch den Erfordernissen der Wirklichkeit nicht entziehen.
Es gab für die weitere Führung in Pommern nur zwei Möglichkeiten:

entweder wurden der Heeresgruppe die kampffähigen Verbände zugeführt, die sie brauchte, um sich mit einiger Voraussicht behaupten zu können, oder aber die 2. Armee mußte ihre Stellungen an der Weichsel und an der Danziger Bucht aufgeben und stärker nach Westen gezogen werden, um die Front in Pommern zu verdichten und ihr damit größere Festigkeit zu geben. Mit entsprechenden Vorschlägen erschien Himmler nicht ohne Furcht vor Hitlers Reaktion in Berlin. Aber er sah sich auf überraschende Weise seiner Befürchtungen enthoben. Denn am Tage seines Vortrages hatte Hitler befohlen, sofort eine starke Panzerarmee nach Westpommern zu transportieren. Diese sollte den russischen Panzerkräften im Raum von Küstrin in die Flanke stoßen und sie vernichten. Das Ziel des Angriffs mußte den vorhandenen Kräften angepaßt werden. Aber ein Angriff aus dem Raum südostwärts Stargard gegen Küstrin genügte Hitler in seiner fürchterlichen Entrücktheit von der Wirklichkeit nicht. Es gelang, ihn wenigstens dazu zu bewegen, sich mit einem Angriffsraum zu begnügen, der nur bis Landsberg reichte.
Als diese Frage entschieden war, ging es um den Zeitpunkt des Angriffs. Die Formationen kamen zwar nacheinander bei Stettin an. Aber es fehlte überall. Treibstoff traf nicht ein. Die Geschütze antransportierter Panzer waren nicht justiert. Himmler trat, von Eismann gedrängt, bei Hitler dafür ein, den Angriffstermin hinauszuschieben und Zeit zu gewinnen, um die Verbände voll auszurüsten.
Guderian auf der anderen Seite war sich als Panzerführer darüber klar, daß der ganze Angriff sinnlos wurde, wenn das Überraschungsmoment verloren ging. Er konnte nicht vor den Augen des Gegners viel Zeit darauf verwenden, die Verbände aufzurüsten, ohne Shukows Gegenmaßnahmen herauszufordern. Während unter den Flüchtlingen und Einwohnern Pommerns schon die Gerüchte über eine gewaltige Offensive umgingen, die Shukow vernichten und die Front wieder bis an die Weichsel zurückdrängen würde, kam es zu laufenden Auseinandersetzungen zwischen Zossen, Berlin und Prenzlau, bis sich Guderian entschloß, den Knoten zu durchhauen. Er faßte den Plan, seinen Stellvertreter Wenck als Generalstabschef mit besonderen Vollmachten zur Heeresgruppe »Weichsel« zu entsenden und ihn dort die geplante Operation, wenn nicht selbst führen, so doch überwachen zu lassen.
Am 13. Februar unterbreitete Guderian Hitler in Gegenwart von Himmler und der üblichen umfangreichen Teilnehmerschaft der Lagebe-

sprechungen den Vorschlag, Wenck zu Himmler zu kommandieren, ihn mit der Leitung der geplanten Operation zu beauftragen und den Angriff unwiderruflich am 15. Februar beginnen zu lassen, obwohl noch nicht alles Material eingetroffen sei.
Hitler sprang nach seinen Worten zornbebend auf und rief: »Das ist ausgeschlossen. Himmler ist Manns genug, das kommt gar nicht in Frage.«
Guderian hatte sich vorgenommen, sich diesmal nicht hinreißen zu lassen, eiskalt und beherrscht zu bleiben und seinen Vorschlag immerfort zu wiederholen, bis Hitler nachgab. Es kam zu einer zweieinhalbstündigen Auseinandersetzung, der Himmler mehr oder weniger verlegen und hilflos zuhörte.
Hitler stand verschiedentlich mit geballten Fäusten vor Guderian. Aber dieser wiederholte, sobald Hitler Atem schöpfte, seinen Vorschlag.
Nach Ablauf jener zweieinhalb Stunden gab Hitler plötzlich nach, indem er sich zu Himmler wandte und mit der überraschenden schauspielerischen Fähigkeit, sich ebenso jäh zu beruhigen wie zu erregen, erklärte: »Also Himmler, heute abend kommt Wenck zu Ihnen. Der Angriff beginnt am 15. Februar.«
Dann wandte er sich wieder Guderian zu und sagte: »Herr Generaloberst, soeben hat der Generalstab eine Schlacht gewonnen.«
Guderian verließ schweigend den Raum. Als er draußen stand, faßte er sich ans Herz, dessen rasenden Schlag er fühlte.
Am nächsten Tag fuhr Wenck durch die Flüchtlingszüge, die nun auch schon auf den Straßen Mecklenburgs dahinkrochen, nach Prenzlau. Sein Empfang durch Himmler war kalt. Die Kälte wuchs, als Wenck ihm deutlich zu verstehen gab, daß der Stab der Heeresgruppe »Weichsel« richtigerweise östlich der Oder liegen müsse. Als Himmler ihm sagte, er wolle erst nach dem Essen die ausstehenden Fragen mit ihm besprechen, dankte Wenck und sagte, er werde sofort abfahren. Himmler stellte noch die Gegenfrage: »Wohin?«, worauf Wenck ihm antwortete, dorthin, wo jetzt sein Platz sei, nämlich östlich der Oder.
Am Nachmittag des 14. Februar erschien Guderian selbst noch einmal im Aufmarschraum und beschwor alle Beteiligten, den Angriff pünktlich am 15. Februar beginnen zu lassen und dem Gegner zuvorzukommen, die Kräfte seien ohnedies schwach genug, und ihre einzige Unterstützung sei die Überraschung. Er hinterließ einen so erschöpften Eindruck, daß die Anwesenden schlossen, auch er sei nun endgültig an

Hitler zerbrochen. Der Angriff begann am 15. Februar. In zweitägigen Angriffskämpfen tastete Wenck die Front Shukows ab, um am 17. die vorhandenen Kräfte zum endgültigen Stoß zusammenzufassen. Dieser sollte am 18. Februar beginnen. Am 17. Februar wurde Wenck noch einmal zu Hitler in die Reichskanzlei beordert, um dort seine letzten Pläne zu unterbreiten. Der Vortrag bei Hitler fand in der Nacht vom 17. auf den 18. Februar statt und dauerte bis 4 Uhr morgens.
Während der Rückfahrt Wencks nach Stettin drohte sein Fahrer, der seit 48 Stunden mit ihm unterwegs war, einzuschlafen. Wenck übernahm selbst das Steuer. Er schlief nach einiger Zeit selbst ein. Der Wagen fuhr gegen einen Baum, und Wenck erlitt einen Schädelbruch, der ihn aus den weiteren Geschehnissen ausschaltete.
Der vorgesehene Angriff begann zwar am nächsten Morgen. Aber er war der eigentlichen treibenden Kraft beraubt. Dazu setzte plötzlich Tauwetter ein und weichte das ganze Gelände auf. Die deutschen Panzer gewannen noch etwa acht Kilometer Boden, dann lagen sie fest. Shukow hatte inzwischen erhebliche Reserven herangeführt und warf die deutschen Verbände unter schweren Verlusten in ihre Angriffsstellungen zurück. Shukow drängte nach und drückte die deutsche Front bis auf die Linie Greifenhagen – Arnswalde zurück. Der Versuch, Shukows Aufmarsch zu stören, war gescheitert, und die Hoffnungen, welche unter den Pommern und den durchziehenden Westpreußen und Ostpreußen aufgeflammt und von den Funktionären Schwede-Coburgs genährt worden waren, versanken in nichts.
Die Linien der 2. Armee dehnten sich in diesen Tagen bis in den Raum zwischen Jastrow und Neustettin. Dafür zerriß die Verbindung nach Graudenz, und diese Stadt blieb als neue belagerte Festung im russischbesetzten Raum zurück. Auch die Ostfront der 2. Armee war an der Nogat aufs schwerste bedrängt.
Nördlich Marienburg im Raum von Neuteich brachen die Russen in diesen Tagen überraschend in mehrere Dörfer ein. Sie wurden noch einmal zurückgeworfen, und die deutschen Soldaten erlebten auch hier, was ihre Kameraden an anderen Stellen mit fürchterlicher Regelmäßigkeit erlebt hatten.
Nur wenige Stunden waren die Russen Herren der Dörfer gewesen. Sie hatten dort noch einen größeren Teil der Bevölkerung überrascht und nur Tote zurückgelassen; Männer, die als »Partisanen« oder weil sie sich

der Schändung ihrer Frauen widersetzt hatten, mit Kopfschüssen oder Messerstichen in den Häusern lagen, erstochene Frauen, die man halbnackt auf den Dielen oder vor den Häusern oder auf den Dunghaufen fand. Alle Überlebenden bis auf einige halbwüchsige Jungen, die sich versteckt gehalten hatten, waren von den Russen bei ihrem Rückzug mitgenommen worden.

So endete die verhältnismäßige Ruhe, die vor der dünnen Perlenkette der pommerschen Front herrschte. Das Unwetter, das Pommern überfallen sollte, braute sich im Raum von Neustettin zusammen. Es war klar und mußte selbst für jeden Laien klar sein, daß Shukow hier, wo der Weg zur Ostsee am kürzesten war, angreifen würde.

Auch Himmler, der in zunehmender Resignation in Prenzlau saß und sich nach der gescheiterten Pommern-Offensive bemühte, alle vorhandene und nicht vorhandene Schuld auf den Generalstab abzuwälzen, wußte es. Er und Lammerding wurden von Eismann bedrängt, sich noch einmal zu Hitler zu begeben, um dort zu erreichen, daß sofort die 2. Armee aus dem westpreußischen Raum nach Westen gezogen wurde, um unter gleichzeitiger Evakuierung der noch vorhandenen westpreußischen und pommerschen Bevölkerung über die Oder Zug um Zug auf diesen Strom zurückgenommen zu werden.

Es war eine offene Frage, ob dieser Plan zu diesem Zeitpunkt überhaupt noch durchführbar war und ob vor allen Dingen der riesige Auszug der pommerschen Bevölkerung noch hätte verwirklicht werden können. Aber den Versuch hätte man auf jeden Fall unternehmen müssen.

Jedoch Himmler war nicht bereit, Hitler einen solchen Vorschlag zu machen. Er sah untätig der mit Sicherheit kommenden Katastrophe entgegen. Er unternahm nichts. Er dachte nicht an die Bevölkerung. Er dachte nicht an den Riesenzug der Flüchtlinge, der sich immer noch von Danzig bis zur Oder bewegte, oder wenn er es einmal tat, scheuchte er diese Gedanken von sich. Er dachte nur an Hitlers Ungnade, die er bereits nahen fühlte und deren Ausbruch er nicht durch irgendeine Auseinandersetzung beschleunigen wollte. So geschah nichts.

Der Oberbefehlshaber der 2. Armee sah voraus, daß er in Kürze durch einen Stoß Shukows nach Norden vom übrigen Deutschland abgeschnitten sein werde, und versuchte, unterstützt durch Forster, dem Gauleiter Schwede-Coburg die Erntevorräte in Ostpommern abzuringen, um sie sicherheitshalber in das engere Gebiet um Danzig abzufahren.

Dieser Versuch stieß ebenso auf Schwede-Coburgs Ablehnung wie ein zweiter, den östlichen Teil Pommerns der Gauleitung in Danzig zu unterstellen, weil er in Kürze von Stettin gar nicht mehr zu verwalten war.

So wurde der Kampf um Herrschaftsgebiete, um Kompetenzen und Machtbefugnisse bis zuletzt geführt. Und bis zur letzten Stunde arbeitete, fast schematisch, die Maschinerie der Propaganda, welche die Pommern und ebenso die Flüchtlinge, die in endlosem Zuge von Danzig und Gotenhafen bis nach Stettin und Wollin nach Westen zogen, über die tatsächliche Lage täuschte. Am 26. Februar trat Shukow zum Angriff gegen Pommern an. Und das Unheil brach auch über Pommern herein. Immer rascher drangen darauf Shukows bewegliche Verbände nach Norden, Westen und Osten vor. Am 28. Februar erreichten ihre vordersten Teile Köslin–Schlawe. Nur Volkssturm und schwache Abteilungen des Arbeitsdienstes traten ihnen hier und da mit der Panzerfaust entgegen. In der Nacht vom 28. Februar auf den 1. März gelang es einer Kampftruppe der 2. Armee noch, einen Betriebsstoffzug, der westlich der russischen Durchbruchstelle stand, nach Osten zu fahren. Dann war die letzte Landverbindung nach Westen unterbrochen. Wenige Tage darauf standen Shukows Spitzen vor Kolberg. Nur ein unterirdisches Fernkabel erlaubte noch einige Tage eine direkte Verständigung mit der 3. Armee. Dann wurde das Kabel unterbrochen.

Fast gleichzeitig griff Rokossowski an der Weichsel und in der Nogatniederung mit massierten Kräften die deutschen Stellungen an. Er schwenkte mit erheblichen Teilen seiner Verbände nach Osten ein. Es war klar, worum es ging. Das Gebiet rings um die Danziger Bucht sollte konzentrisch angegriffen und erobert werden. Die teils bis auf Bataillonsstärke zusammengeschlagenen Divisionen der 2. deutschen Armee sahen sich der 19., 70., 49., 65. sowjetischen Armee, der 1. Gardepanzerarmee und im Süden zwischen dem Frischen Haff und der Tucheler Heide der 48. sowjetischen Armee sowie der 2. Stoßarmee gegenüber, – ein Kräfteverhältnis von erschütternder Hoffnungslosigkeit. In den Rückzug der deutschen Truppen und in die jähe, chaotische Flucht der Zivilisten, vor allem in der Nordostecke Hinterpommerns, stießen die sowjetischen Panzerverbände fächerförmig hinein. Sie drangen bis zur Küste vor, nach Rügenwalde, Stolpmünde, Leba und Rixhöft.

Eine pommersche Division, die erst Anfang Februar, wie üblich ohne schwere Waffen und Fahrzeuge, aus Kurland nach Pommern gekommen war, schlug sich durch Chaos und Panik, von angreifenden Russen umgeben, bis in den Raum von Gotenhafen durch. In ihrer Mitte führte sie, wie in alten Zeiten, die Treckwagen mit ihren Angehörigen, mit Eltern, Frauen und Kindern und brachte sie unter verhältnismäßig geringen Verlusten an die Küste.

Erich Murawski

Die Folgen der Frontzertrümmerung ostwärts der Oder

Am Ende dieses Kampfabschnittes, d.h. am Abend des 5. März, hatte der rechte Flügel der 1. Weißr. Front nüchtern betrachtet folgende Ergebnisse erzielt:

1. die bisherige Front der deutschen 3. Pz. Armee in Ostpommern in rd. 200 km Breite aufgerissen und die Reste der kämpfenden Truppe nach Norden und Westen zurückgedrängt,
2. zusammen mit dem linken Flügel der 2. Weißr. Front die H. Gr. Weichsel in Pommern mehrfach aufgespalten und den in der Luft hängenden Westflügel der deutschen 2. Armee fast aus Pommern herausgezwungen,
3. die Hälfte der 3. Pz. Armee in zwei Kesseln südlich Schivelbein und südlich Belgard eingeschlossen und ihren stark mitgenommenen Rest auf die Oder zurückgedrückt,
4. die Ostseeküste westlich Kolberg sowie das Ostufer der Dievenow bei Cammin und das Ostufer des Stettiner Haffs in die Hand bekommen.

Das hatte allerdings mit erheblichen Verlusten bezahlt werden müssen. Auch waren die gesteckten Tagesziele nie erreicht, der vorgeschriebene Fahrplan infolge des erbitterten Widerstandes der deutschen Truppen und des wirksamen Eingreifens der deutschen Luftwaffe nicht eingehalten worden.

Aus dem katastrophalen Zusammenbruch der überbeanspruchten Front der 3. Pz. Armee in den ersten Märztagen 1945 entwickelten sich gleichzeitig vier neue Frontabschnitte besonderer Art, die zwar alle mehr oder weniger aus eigenem Entschluß und aus eigener Kraft zu kämpfen und die unter den obwaltenden Umständen beste Lösung der ihnen zugefallenen Aufgabe zu finden hatten. Da gab es zunächst:

a) den Doppelkessel von Labes-Bad Polzin, in den das X. SS-Korps und die Korpsgruppe von Tettau geraten waren. Aus ihm entwickelte sich dann durch Selbstauflösung des X. SS-Korps und durch das gleichzeitige Ablösen der Korpsgruppe von Tettau am 5. März

b) der wandernde Kessel der Korpsgruppe von Tettau, der sich in der Zeit vom 5. bis zum 12. März nach Norden an die Ostseeküste bewegte und bei Walddievenow wieder Anschluß an die Front fand.
Besondere Frontabschnitte bildeten an zwei anderen Stellen:
c) die Verteidigung des zwar zu Lande abgeschlossenen, aber nach See hin offenen »Festen Platzes« Kolberg vom 4. bis 18. März und
d) der Aufbau und das Ringen um den Oderbrückenkopf Altdamm ostwärts Stettin vom 6. bis zum 19. März.

Vom 20. März an stand eine neue, mühsam zusammengeflickte Front der 3. Pz. Armee westlich der Oder bis einschließlich der Inseln Usedom und Wollin im Odermündungsgebiet.

Generaloberst Raus, der am 10. März 1945 von Hitler als Befehlshaber der 3. Pz. Armee ohne Begründung abgelöst und durch General der Pz. Truppen Hasso von Manteuffel ersetzt wurde, bewertete das Ergebnis dieser Abwehrschlacht unter seiner Führung später immerhin noch als einen großen Abwehrerfolg seiner Armee. »Daß es nach dem Ausfall zweier Korps noch gelungen ist, die beiden übrigen, trotz einer mehr als zehnfachen Überlegenheit des Gegners an Infanterie und Panzern und einer absoluten feindlichen Luftherrschaft, in einer sechstägigen krisenhaften Schlacht um 90 Grad aufzuschwenken und kampffähig an die Oder zu bringen, ist der Haltung der Truppe und der frontnahen Führung zuzuschreiben, deren Spitzenträger untereinander und mit der Truppe ständig in persönlicher Fühlung standen.«

Bei dem nahezu völligen Fehlen von beweglichen und kampfkräftigen Reserven und in Anbetracht einer frontfernen und frontfremden Führung durch den OB. der H. Gr. Weichsel, Himmler, mußte man wirklich schon dankbar dafür sein, daß noch größeres Unheil einstweilen verhütet werden konnte.

Die deutsche H. Gr. Weichsel hatte die Schlacht in Hinterpommern eindeutig verloren und konnte froh sein, wenigstens noch ostwärts der Oder vor Stettin einen größeren Brückenkopf gehalten zu haben. Die Gründe für diesen Zusammenbruch waren sehr einfach:

a) überlegene und beweglich geführte Feindkräfte, besonders an Panzern und Luftwaffe,
b) unzureichende und zum Teil ungeschulte eigene Kräfte,
c) verspätete Entschlüsse infolge hemmender Bindungen durch Befehle aus dem Führer-Hauptquartier aufgrund längst überholter Lagen.

Der Fehlschlag wurde bezahlt mit dem Blut und der Kriegsgefangenschaft vieler deutscher Soldaten und mit dem Opfer blindlings vertrauender deutscher Jungen, die sich freiwillig für ihre pommersche Heimat einsetzten. Darüber hinaus büßte die von der politischen Führung getäuschte Bevölkerung Pommerns mit Not und Tod, mit dem Verlust ihrer Habe und der angestammten Heimat für die Versäumnisse und Eigenwilligkeiten ihres damaligen »Führers«.

Der durchschlagende Erfolg der ersten Märztage hatte die Rote Armee zum unbestrittenen Beherrscher des ostpommerschen Raumes gemacht. Von einem geregelten und ernstlichen Widerstand oder gar Gegenschlag deutscher Truppen konnte bis auf Kolberg und den Brückenkopf Altdamm keine Rede mehr sein. Die siegestrunkenen motorisierten sowjetischen Truppen machten förmlich Hasenjagd auf die verschiedenen Gruppen, Grüppchen und Einzelgänger, die zwischen den Fronten noch Anschluß nach West oder Ost suchten. Die sowjetischen Generale verlangten von ihren Truppen immer wieder: Einfangen! Einkesseln! Vernichten! Dabei aber keine Zeit verlieren und schnellstens Raum gewinnen gegen die untere Weichsel und die untere Oder, um so bald wie möglich zusätzliche Kräfte frei zu bekommen für den bereits vorbereiteten großen Endschlag über die Oder hinweg gegen die deutsche Reichshauptstadt Berlin.

Für die sowj. Führung ergab sich aus diesem Erfolg nunmehr folgende Lagebeurteilung:

a) die deutsche 3. Pz. Armee (die in der sowj. Literatur immer noch als 11. Pz. Armee bezeichnet wird) war erheblich geschwächt und die deutsche 2. Armee ging ihrer Vernichtung entgegen;
b) die unangenehme Flankenbedrohung aus dem hinterpommerschen Raume hatte man sich vom Halse geschafft und
c) damit zugleich eine erhebliche Frontverkürzung bewirkt, die eine Zusammenfassung der sowjetischen Kräfte auf wesentlich engerem Frontraum ermöglichte.
d) Zusätzlich und als besonders bedeutungsvoll erwies sich die Unterbrechung der deutschen Landverbindung zwischen der unteren Weichsel und der unteren Oder und damit die Unmöglichkeit seitlicher Truppenverschiebungen und ungehinderter Versorgung für die deutschen Truppen bei Danzig und in Ostpreußen. Darüber hinaus bedrohten die sowj. Armeen die beiden um so wichtiger gewordenen

Hafenbereiche Danzig-Gotenhafen (Gdingen) und Stettin-Swinemünde jetzt unmittelbar.

Daraus zog die sowj. Führung den Schluß, nunmehr die 1. und die 2. Weißr. Front wieder jede für sich operieren zu lassen. Die 2. Weißr. Front wurde in einem großen, bis zur Küste greifenden Halbkreis auf Danzig-Gotenhafen angesetzt, um die deutsche 2. Armee auszuschalten. Zu gleicher Zeit befaßte sich die 1. Weißr. Front mit dem Besetzen und Sichern des hinterpommerschen Küstenraumes von Kolberg bis zur Odermündung, und mit einem Versuch, durch massierten konzentrischen Angriff den verbliebenen deutschen Brückenkopf ostwärts Stettin zwischen Greifenhagen und Altdamm einzudrücken. Durch die erhebliche Frontverkürzung war es ihr außerdem möglich, die 2. Gde. Pz. Armee und die 3. Stoßarmee nach und nach herauszulösen und im neumärkischen Raum zur Auffrischung und zum Angriff auf Berlin zu versammeln.

Deutscherseits wurde die 2. Armee, die keine unmittelbare Verbindung mehr mit der H. Gr. Weichsel hatte und sie auch nicht mehr bekommen würde, vernünftigerweise aus dieser Heeresgruppe herausgenommen und ab 13. März der ihr im Osten benachbarten H. Gr. Nord unterstellt. Die letzte Weisung der H. Gr. Weichsel an die 2. Armee (die eine wörtliche Wiederholung einer Weisung des OKH vom 11. März 45 war) erging durch Funkspruch am 11. März 15.15 Uhr und lautete in ihrem ersten Absatz: »Aufgabe der 2. Armee ist es, die für die Versorgung der H. Gr. Kurland und Nord entscheidenden Häfen Danzig-Gotenhafen in einer weit nach Westen und Süden vorgeschobenen Stellung zu verteidigen und ein Aufspalten ihrer Front in zwei Brückenköpfe zu verhindern ...«

Der 3. Pz. Armee verblieb angesichts ihrer üblen Lage nur noch die Möglichkeit, den sowjetischen Kräften den Übergang auf die Insel Wollin zu versperren und im übrigen ihre restlichen und die zugeführten neuen Verbände zum Aufbau eines möglichst weit nach Osten ausgreifenden Brückenkopfes ostwärts der Oder zu verwenden unter Verhinderung weitere Durchbrüche des Feindes in Richtung auf die Oderbrücken bei Stettin. Nördlich von Stettin standen die sowj. Truppen ja bereits am Dammansch und am ganzen Ostufer des Stettiner Haffs und drohten von dort aus mit Unterbindung des Versorgungsschiffsverkehrs nach Danzig, Königsberg und Kurland. Als man von den starken

Verlusten des Gegners und vom Abzug der bisher an der Ostfront vermuteten 1. Gde. Pz. Armee nach Osten Kunde bekam, fühlte sich die H. Gr. Weichsel zu dem optimistischen Befehl an die 3. Pz. Armee berechtigt (11. März 10.10 Uhr) zu verlangen, daß der Brückenkopf Stettin durch wendige angriffsweise Kampfführung erweitert werden müsse, wobei ihr als Endziel »das Gewinnen einer Abwehrfront so weit ostwärts der Oder und des Stettinger Haffs« vorschwebte, »daß die Seeversorgung aus Stettin für Danzig, Gotenhafen, Königsberg und Kurland sichergestellt ist.« Unter dem Eindruck des nun immer deutlicher erkennbaren sowjetischen Aufmarsches an der Oder zum entscheidungssuchenden Angriff auf Berlin änderte Hitler allerdings diesen Auftrag am 15. März dahin ab, daß die H. Gr. Weichsel »unter vorläufiger Zurückstellung des Angriffsgedankens aus dem Brückenkopf Stettin« die nötigen Maßnahmen zur Stützung der Front der 9. Armee zu treffen und daher im pommerschen Raum zur Verteidigung überzugehen habe.

Der letzte Abschnitt der bis dahin geglückten Absetzbewegung der Korpsgruppe von Tettau begann befehlsgemäß am Abend des 10. März 22.00 Uhr, sollte sich aber noch bis zum 12. März mit wechselnden Erfolgen und Rückschlägen hinausziehen. Den Durchstoß nach Westen unternahm General von Tettau unmittelbar an der Küste entlang auf schmaler Angriffsfront unter Einsatz solcher Einheiten, die sich noch als einigermaßen kampffähig und kampfwillig erwiesen, was in der damaligen Lage nicht mehr von allen behauptet werden konnte. Noch einmal mußten die Reste der nur noch in einem einzigen Regiment zusammengefaßten tapferen Artillerie-Fahnenjunker von Groß Born mit ihrer letzten Kraft einspringen, um zusammen mit den wenigen gepanzerten und schweren Waffen der Pz. Div. Holstein die nötige Bresche zu schlagen und für die anderen Kameraden und die zivilen Flüchtlinge den Weg in die Freiheit offenzuhalten. Ein jeder von ihnen wußte genau, daß er vor sich Deutschland und hinter sich Sibirien hatte! Ein Teilnehmer an diesem Endkampf berichtet, daß von den Ende Februar vorhandenen rund 5000 Fahnenjunkern – die systematische Auswahl der besten Nachwuchskräfte, meist Abiturienten und Studenten – nach dem geglückten Ausbruch nur noch etwa 200 Mann am Leben waren. »Ich habe in den 6 Jahren Krieg nie mit wunderem Gewissen geführt als in diesen letzten Tagen des Wahnsinns, gegen den es kein Entrinnen gab zwischen asiatischer Rachgier und nationalsozialistischem Starrsinn.«

Als am 10. März 22.00 Uhr der letzte Angriff begann, führte den Angriffskeil die Pz. Div. Holstein mit einem Füsilier-Btl. und dem unterstellten Artillerie-Fahnenjunker-Rgt. Buchenau. Das verzweifelte Ringen ging die ganze Nacht hindurch, meist Mann gegen Mann, wobei sich infolge der Dunkelheit Freund und Feind nur aus der Nähe an der Sprache erkannten. Waren durch das feindliche Feuer schon in der Bereitstellung erhebliche Verluste entstanden, so vergrößerten sich diese noch im Verlauf des Nachtkampfes, der aber die Truppe Schritt für Schritt dem angestrebten Ziele näher brachte. »Es war der mörderischste Kampf, den ich je gesehen habe«, bekennt der bereits mehrfach erwähnte Kompanie-Führer der Fahnenjunker. Der Wehrmachtbericht vom 19. März 1945 setzte in seiner Ergänzung dem aufopfernden Einsatz dieses Fahnenjunkerregiments ein bleibendes Denkmal: »Im Verband der auf den Brückenkopf Dievenow durchgebrochenen Kräftegruppe hat das Fahnenjunkerregiment der Artillerieschule IV unter Führung von Major Buchenau in beispielhaftem Angriffsschwung mehrere starke Sperriegel des Feindes durchbrochen und an entscheidender Stelle den sowjetischen Einschließungsring gesprengt.«

Die den Brückenkopf Dievenow im Landeinsatz sichernden beiden Alarm-Bataillone (Führer: Freg. Kpt. Riede und Korv. Kpt. Stetter) des erst kurz zuvor errichteten Marine-Festungs-Regiments 3 waren auf die Aufnahme der Kampfgruppe von Tettau vorbereitet. Ihnen wurde Anfang März auf Befehl des Kommandanten des Verteidigungsbereichs Swinemünde ein Btl. und eine Artl. Abt. der 5. Jg. Div. zugeteilt, die sich auf einem anderen Wege nach Wollin durchgeschlagen hatten. Gemeinsam mit den Marinesoldaten gelang es dieser Truppe, am 11. März morgens 9.30 Uhr in einem begrenzten Angriff den gegenüberstehenden Feind der sowj. 71. Schützen-Div. bei Fritzow im Angriff zu werfen und so die Verbindung mit den deutschen Angriffspitzen der Pz. Div. Holstein herzustellen. Dadurch konnten im Laufe des 11. März bereits 4000 Mann in den Brückenkopf Dievenow aufgenommen und auf die Insel Wollin hinübergeschleust werden. Mit zunehmendem Tageslicht bot sich den Kämpfern ein unvergeßliches Bild des Jammers und der völligen Auflösung: »Hinter uns wälzte sich, hart am Strande der See, teilweise durch das Hochufer etwas geschützt, ein endloser Zug von den Abertausenden waffenlosen Soldaten und Zivilisten mit Koffern und Rucksäcken, Kinder- und Handwagen, Kinder tragend und an der Hand führend durch den trüben Vorfrühlingstag ... Ich habe da junge Frauen mit notdürftig geschienten Gliedern tapfer noch für ihre Kinder sorgend gesehen. Alles in allem ein Elendszug, von gefallenen Soldaten, um die sich niemand kümmerte, gesäumt.«

Bezeichnend für die dortigen Schlußkämpfe ist die Episode an der Dievenow-Brücke, von der Hptm. d. R. Lenke berichtet. Er hatte in Belgard ein Inf. Btl. gebildet aus ganz frisch gezogenen Rekruten ohne jede Ausbildung und kampferfahrenen, meist verwundeten alten Artilleristen und diese glücklich bis an die Dievenow zurückgebracht. Dort hielten ihn zwei Generalstabsoffiziere des Heeres und der Luftwaffe an, und es entspann sich folgender Dialog: »Herr Kamerad, der Feind ist hinter Ihnen!« – »Meine Herren, da komme ich gerade her, und wir haben acht Tage gebraucht, um uns mit diesem wandernden Kessel durchzuboxen. Im übrigen sehen Sie sich einmal meine Soldaten an. Lauter Verwundete und Knaben!« – »Herr Kamerad, wir haben doch keine anderen mehr.« – »Dann machen Sie doch Schluß. Wir können doch keinen Kindermord zu Bethlehem begehen!« – »Herr Kamerad, die Fliegeraufklärung hat ergeben – ich habe sie selbst geflogen –«, sagte der Luftwaffenoffizier, »daß noch Treckbewegungen auf Dievenow im Gange sind. Wir müssen ihnen den Zugang öffnen. Sie müssen das Dorf Raddack freikämpfen.« Das war natürlich ein stichhaltiger Grund. Die Einheit, die man kaum noch als eine Truppe bezeichnen konnte, trat noch einmal zum Sturm an. Die Alten vorne und die Kleinen in ihrem Schutz, so überrannten sie, vom Boden her unterstützt durch Marine-Artillerie, den Gegner und machten den Trecks den Weg frei.

Während die Pz. Div. Holstein den Auftrag hatte, mit fortschreitendem Vordringen nach Westen in der Südflanke eine Sperrlinie gegen von dort drohende Feindangriffe aufzubauen, wurde der Rücken der Korpsgruppe gedeckt durch Einheiten der Division Pommernland und der lettischen 15. SS-W. Gren. Div. Die auf der Reede bereitgestellten Kriegsschiffe, der Panzerkreuzer »Admiral Scheer« und das Torpedoboot »T 33« bekämpften in den Tagesstunden des 10., 11. und 12. März mit ihrer Schiffsartillerie erkannte sowjetische Stellungen und Reserven im Raum von Cammin und verhinderten damit das Nähren der gefürchteten sowjetischen Flankenstöße von Süden her. Unmittelbare artilleristische Unterstützung erfolgte zusätzlich durch eine Artillerie-Fähre und zwei Marine-Fährpräme bei der oben erwähnten Einnahme des Dorfes

Raddack. Den nötigen Jagdschutz aus der Luft für die deutschen Einheiten gewährten tagsüber die Jäger der Luftflotte 6. Die Endkämpfe zogen sich aber noch bis zum 12. März hin, weil durch ständig wiederholte sowjetische Angriffe und zum Teil auch durch eigene Nachlässigkeit immer wieder kritische Lagen entstanden, die erneut durch Einsatz bis zum Letzten bereinigt werden mußten.

Um die Abflußbewegung nach Walddievenow zu sichern, sollten die Div. Pommernland und die Letten den verkleinerten Abwehrraum um Hoff befehlsgemäß bis zum 12. März 6.00 Uhr halten. Ihre Lage wurde aber immer mehr gefährdet. Bereits in den Morgenstunden des 11. März mußten sie erneute Vorstöße des Gegners an verschiedenen Stellen ihrer Front auffangen, die in meist schweren Kämpfen und unter Verkürzung der eigenen HKL. abgewehrt werden konnten. Man kann sich leicht denken, mit welchen Gefühlen die Truppe hier standhielt mit dem Wissen, daß ihre glücklicheren Kameraden bereits den Einschließungsring im Westen gesprengt hatten und in Sicherheit waren. Zweimal entstanden an diesem Tage besonders kritische Lagen. Zunächst gelang der sowj. 207. Schützen-Div. in den Morgenstunden des 11. März ein erneuter Durchbruch an die See bei Pusthof, der aber durch sofortigen Gegenstoß von drei deutschen Kompanien unter Zurückwerfen der Angreifer nach Süden bereinigt werden konnte. Die zweite unerfreuliche Überraschung bereitete das am Ostabschnitt bei Horst sichernde lettische Füsilier-Btl., das sich gegen 14.00 Uhr selbständig absetzte, um den Anschluß nach Westen nicht zu verlieren. Glücklicherweise fühlte der Feind den Letten nur schwach nach, so daß durch Zurücknahme der HKL. diese Gefahr der Bedrohung im Rücken beseitigt werden konnte. Während sich so der bisherige Kessel bei Horst und Hoff immer mehr verkleinerte, mußten sich die anderen Einheiten der Division Pommernland einschließlich der Letten ebenfalls ihren Weg in die Freiheit immer wieder erkämpfen. Die befohlenen Sicherungen der Pz. Div. Holstein waren entweder zu schwach oder das Bestreben der Truppe, nicht noch im letzten Augenblick in der Schlinge hängen zu bleiben, so stark, daß der Gegner den abziehenden deutschen Truppen mehrfach Sperriegel vorlegen konnte, die im Kampf durchbrochen werden mußten. Das blieb natürlich erst recht nicht dem Nachhut-Regiment der Div. Pommernland erspart, das vom Feinde so hart bedrängt wurde, daß der Kommandeur aus eigenem Entschluß bereits am 12. März 5.00 Uhr morgens –

also eine Stunde vor der befohlenen Zeit – die Lösung vom Feinde und den Abmarsch befahl. Unter Mitnahme sämtlicher Verwundeten kämpfte sich auch dieses letzte Regiment bis nach Walddievenow zurück. Wie kritisch die Lage auch dort immer noch war, das beweist der notwendig gewordene sofortige Einsatz desselben Regiments zur Verstärkung der dortigen Brückenkopf-Besatzung gegen Angriffe des scharf nachdrängenden Feindes.

Bis zum 12. März konnten auch die Masse und der Rest der Korpsgruppe von Tettau in den Brückenkopf Walddievenow aufgenommen werden. Es waren die Reste der Divisionen Holstein, Pommernland und Bärwalde, Teile der 163. und der 281. I. D., der 5. Jg. Div., der 15. SS-Waffen-Gren. Div. (lett. Nr. 1) und der 33. SS-Waffen-Gren. Div. Charlemagne (französische Freiwillige) sowie Splitter der 7. Pz. Div. und des X. SS-Korps. Neben den noch kampffähigen Soldaten sollen es 3000 Verwundete und mehrere Tausende von Flüchtlingen gewesen sein, die sich der Absetzbewegung angeschlossen hatten. Genaue Zahlen lassen sich nicht mehr ermitteln. Ein Augenzeuge berichtet, daß die große Masse der Soldaten den Eindruck eines abgekämpften und abgerissenen, ungeordneten und demoralisierten Haufens gemacht habe.

Es ist auffällig, daß der deutsche Wehrmachtbericht bereits am 12. März mittags etwas voreilig meldete: »... An der Ostseeküste hat sich eine starke deutsche Kräftegruppe gegen hartnäckigen Widerstand der Bolschewisten in den Brückenkopf Dievenow zurückgekämpft ...« Ein Beweis dafür, wie froh man im OKW war, endlich einmal wieder einen Erfolg melden zu können, wenn er auch noch so klein war. Der Bearbeiter des KTB/WFSt vermerkte dagegen erst am 13. März in seinem Lagebuch: »Der Durchbruch der Gruppe Tettau ist abgeschlossen«, fügte aber hinzu: »Dievenow ging verloren«, während der bereits oben erwähnte Augenzeuge und Angehörige des Marine-Festungs-Regiments 3 erklärte, daß nach Durchzug der Gruppe von Tettau an der Front des Brückenkopfes völlige Ruhe einkehrte. Die Stellung sei erst einige Tage später befehlsgemäß und ohne Feinddruck aufgegeben und geräumt worden. Der Widerspruch erklärt sich vermutlich daraus, daß es an dieser Stelle die vier Ortsteile Wald-Dievenow, Berg-Dievenow, Ost-Dievenow und West-Dievenow gab. Verloren ging wahrscheinlich das am weitesten ostwärts gelegene Wald-Dievenow, das von vornherein vorwärts der Brückenkopfstellung lag.

Der ganze Unwille der sowjetischen Führung über das geglückte Entkommen der Korpsgruppe von Tettau offenbart sich noch nachträglich in der sowj. Literatur. Dort wird heftig Kritik daran geübt, daß es nicht bereits gelegentlich der Kämpfe im Raume von Treptow a. d. Rega trotz der sowjetischen Angriffe aus Westen, Südwesten, Süden, Südosten und Osten gelungen war, die Korpsgruppe von Tettau einzufangen und zu vernichten. Dem 7. Schützenkorps bescheinigt man völliges Versagen. Es habe ebenso wie das 7. Gde. Kav. K. den Nachtkampf vermieden und die Angriffe zeitweilig völlig eingestellt, ohne die nötige Aufklärung zu betreiben.

Eine weitere Rüge erhalten der Bef. der 3. Stoßarmee und der Kom. General des 7. Schützenkorps, die für den Rückschlag bei der 207. Schützen-Division am 10. März an der Front des Brückenkopfes Hoff verantwortlich gemacht werden. Ihnen wird vor allem vorgeworfen, daß sie es unterlassen hätten, rechtzeitig Maßnahmen zur Verstärkung ihrer Truppen in diesem Frontabschnitt zu ergreifen.

Abschließend glaubt man feststellen zu können, daß die ausgebrochenen deutschen Einheiten so gering an Zahl und so stark angeschlagen gewesen seien, daß sie kaum bald wieder einsatzfähig sein konnten. Auch das wird durch die alsbaldige Wiederverwendung dieser, zwischendurch allerdings aufgefrischten, Einheiten widerlegt.

Die geglückte Absetzbewegung der Korpsgruppe von Tettau aus der mehrfach versuchten Einschließung durch die sowjetischen Truppen in den Tagen vom 5.–12. März 1945 ist ein anschaulicher Beweis dafür, was eine mit der nötigen Energie gepaarte, besonnene und geschickte Führung in den Stäben und durch die Truppenkommandeure auch unter schwierigsten Bedingungen zu erreichen vermag. Es gehört allerdings auch eine, wenn auch noch so kleine kampfwillige Truppe und ein Mindestmaß an schweren Waffen dazu, um die notwendigen durchschlagenden Erfolge zu erzielen. Im vorliegenden Falle kam noch erleichternd hinzu das gute Zusammenwirken von Befehlsstellen und Einheiten des Heeres, der Kriegsmarine und der Luftwaffe. Das Ergebnis ist nicht nur in der geglückten Rückführung von Zehntausenden von Menschen zu sehen, sondern auch in der Bindung erheblicher sowjetischer Kräfte, die dringend bereits an anderer Stelle benötigt wurden.

Unbekannter Offizier

Kampf um Kolberg

Im November 1944 begann die Erkundung zum Ausbau der Stadt Kolberg als Festung. Es wurden drei Verteidigungsringe festgelegt, von denen der Ausbau der Stadtrandsiedlung Anfang Februar 1945 durch Stellv. Gen. Kdo. II. A. K. befohlen wurde. Am 26. Januar 1945 wurde der Festungsstab Kolberg aufgestellt. Es wurden in Angriff genommen ein Panzergraben und Infanteriestellungen. Die Durchführung der Stellungsbauarbeiten litt sehr unter dem Mangel an Arbeitskräften. So waren am 1. März bei Eintreffen des neuen Festungskommandanten, Oberst Fullriede, von den vorgesehenen und in Angriff genommenen Stellungsbauten lediglich ein Teil des Panzergrabens und der Infanteriestellungen sowie 16 behelfsmäßige Stellungen für schwere Wurfkörper (28 cm) ausgebaut.
Die Festung war zu dieser Zeit verpflegungsmäßig zu 85%, munitionsmäßig lediglich für schwere Wurfkörper und Flak bevorratet. Erst am 6. und 7. März trafen über See 100 t Munition aller Art ein. An Truppen standen am 1. März zur Verfügung: 1. Batl. des Feldausbildungs- und Regiments Pz.A.O.K.3 mit Regimentseinheiten und Rgt.-Stab, ein nur teilweise bewaffnetes Volkssturmbatl., ein Volkssturm-Werferzug und Teile der Flakbat. Heinzel. Am 2. März trafen 8 Geschütze l.f.H. 18 ohne Bedienung, Protzen und Bespannung ein. Protzen wurden aus dem Gerätelager Kolberg beschafft. Um wenigstens eine Batterie feuerbereit zu machen, wurden von der I.G.-Komp. zwei Beobachter und fünf Richtschützen und Kanoniere zur Stabskompanie versetzt, die fehlende Bedienung durch Volkssturm aufgefüllt. Am 3. März kam das Festungs-M.G.-Batl. 51 (M) hinzu, am 4. März der Panzerzug Römig. Nach Beginn der Kämpfe wurde aus Versprengten das Batl. Hempel aufgestellt.
Seit Ende Januar setzte ein ununterbrochener Flüchtlingsstrom ein. Die Bevölkerungszahl stieg von 35 000 auf 85 000 Einwohner. Der Bahnhof war zu dieser Zeit mit Zügen überfüllt. Ein Abfluß nach Stettin fand nur in ganz geringem Maße statt, so daß sich die von Köslin und Belgard

kommenden Züge vor der Stadt stauten. Die Eisenbahn teilte auf Anfrage mit, daß Stettin Züge nicht abnehmen könnte. So standen bei Beginn der Einschließung 22 Züge mit Flüchtlingen, Verwundeten und Material aller Art auf der Strecke von Belgard nach Kolberg.
Bei der ersten Aufforderung durch den neuen Festungskommandanten am 1. März, für den Abtransport der Zivilbevölkerung zu sorgen, erklärte der Kreisleiter, daß bei ihm ein diesbezüglicher Befehl des Gauleiters nicht vorliege. Eine nochmalige Aufforderung am 2. und 3. hatte ebenfalls keinen Erfolg. Darauf erhielt der Kreisleiter am 3. März um 20.00 Uhr vom Festungskommandanten den Befehl, Flüchtlinge zum unverzüglichen Verlassen der Stadt aufzufordern. Zu dieser Zeit war ein Abfließen der Trecks über die Strandstraße nach Gribow möglich.
Aufgrund einer Feindorientierung durch Kampfgruppe Tettau wurde am 3. März abends die Besatzung alarmiert und am 4. März früh ein Spähtrupp entsandt, der um 4.00 Uhr bei Rossenthin erstmalig auf den Feind stieß. Um 5.00 Uhr erreichten feindliche Panzer und Infanterie Sellnow. Damit war die Wasserversorgung aus dem Wasserwerk Koppendicks-Grund abgeschnitten. Gegen 7.00 Uhr erreichte der Feind den Stadtrand von Gelder-Vorstadt.
Mit der Meldung von der ersten Feindberührung wurde am 4. März um 4.00 Uhr das Standrecht verhängt. Ein Versuch, durch die zuständigen Instanzen Ordnung in den zivilen Sektor zu bringen, mißlang. Darauf wurden um 16.00 Uhr dem am 27. Februar eingetroffenen Kreiskommandanten SS-Oberführer Bertling sämtliche nichtmilitärischen Dienststellen unterstellt. Weiterhin wurden zur Erhöhung der Abwehr- und Kampfbereitschaft sämtliche Versprengten durch Offz.-, Polizei- und Feldgendarmeriestreifen einer Sammelstelle zugeführt, Waffen und Gerät gesammelt und daraus das Batl. Hempel, die Artl.-Gruppe Schleiff sowie die Panzergruppe Beyer aufgestellt. Die Panzergruppe bestand aus vier Hetzern und vier P 4, die als Schadpanzer von der Div. Holstein nach Kolberg zur Instandsetzung abgeschoben waren.
Der erste Panzervorstoß des Feindes wurde am 4. März durch zwei Flak-Geschütze und sechs Werfer des M.G.-Batl. in der Gelder-Vorstadt abgewiesen. Der Feind zog sich daraufhin zunächst nach Karlsberg zurück. An diesem und dem folgenden Tage fühlte er nur mit schwächeren Panzer- und Infanteriekräften entlang der Treptower- und Körliner-Straße gegen die Stadt vor. Durch Artillerie, schwere Wurfkörper, Flak

und Panzervernichtungstrupps wurden die Vorstöße abgewiesen, wobei die ersten Panzer vernichtet wurden.
Da die Straßen von Köslin und Belgard noch frei sind, strömen immer neue Flüchtlingstrecks in die Stadt. Sie können nur auf dem Strandweg nach Gribow weitergeleitet werden, jedoch auch hier nur unter Gefährdung durch einzelne Panzer. Um vor allem die Eisenbahnstrecke nach Westen freizubekommen sowie die Straße nach Gribow zu sichern und dadurch einen stärkeren Abschub von Flüchtlingen zu ermöglichen, wird für den 6. März ein Vorstoß beiderseits der Treptower-Straße auf Neu-Werder, Neu-Geldern und Karlsberg befohlen.
Der Angriff begann um 6.00 Uhr und erreichte um 6.35 Uhr den Südrand Neu-Geldern, mittags Neu-Werder, Karlsberg. Karlsberg konnte gegen überlegene feindliche Panzerkräfte, die in Alt-Werder, Sellnow und später auch in Neu-Werder auftauchten, nicht genommen werden. Infolgedessen blieb die Treptower-Straße und die Eisenbahnlinie nach Treptow unter Feindbeschuß. Lediglich die Straße über Gribow nach Westen blieb durch das Zurückdrängen des Gegners zunächst offen. In der Annahme, daß die Straße auch weiter westlich noch offen sei, wurden die Flüchtlingstrecks auf ihr abgeschoben. Eine diesbezügliche Funkanfrage über Feindlage nördlich Stettin blieb von Stettin unbeantwortet.
Im Laufe der Nacht zum 7. März und in den ersten Morgenstunden des 7. März stieß der Feind westlich und ostwärts der Stadt endgültig bis zur See vor, so daß der Einschließungsring nunmehr geschlossen war. Um 15.35 Uhr wurde durch Funkspruch vom OKH. das weitere Freikämpfen einer Abschubstraße nach Westen verboten und der Befehl gegeben, die eigenen Kräfte zusammenzuhalten, um den Abtransport der Bevölkerung über See zu schützen. Gegen Abend stieß der Feind mit Panzerunterstützung entlang der Treptower-Straße bis in die Gelder-Vorstadt. Das Batl. Hempel riegelte sofort mit einer Kompanie an der Stettiner-Straße ab. Die Kasernen blieben in eigener Hand. Die Feindverluste sind hoch. Jedoch gelingt es nicht, einzelne bis an die Ecke Camminer-Straße – Treptower-Straße vorgedrungene Feindgruppen wieder rauszuwerfen.
In den frühen Morgenstunden des 8. März verlegt der Feind den Schwerpunkt seines Angriffes von der Treptower-Straße an die Lauenburger-Vorstadt, wo er sich unter starkem Feuerschutz mit Panzern und Infan-

terie über die Persantewiesen entlang der Körliner-Straße gegen die Panzersperre am Strandeingang vorschiebt. Jedoch gelingt es ihm nur, die Panzersperre im Laufe des Tages in seine Hand zu bringen.
Inzwischen hat der Gegner rings um die Stadt immer neue Batterien aufgefahren. Zum Schluß wurden mindestens 20 schwere Batterien festgestellt, dazu Stalinorgeln und Granatwerferverbände schweren Kalibers. Mit ihnen eröffnet der Feind ein starkes Feuer auf die Stadt, besonders auf Hafen und Bahnhof sowie auf die Frontlinie. Die Verluste der eigenen Truppen sowie der Zivilbevölkerung in der Stadt sind erheblich. Es machen sich Anzeichen einer beginnenden Panik bemerkbar.
Um den Abtransport zunächst der Frauen und Kinder zu sichern, sind härteste Maßnahmen erforderlich. Gegen Plünderer und Drückeberger muß mit exemplarischen Strafen vorgegangen werden. In der Versorgung wird der Mangel an Trinkwasser immer spürbarer. Nach ständigem Drängen des Einsatzleiters der Kriegsmarine für den Abtransport der Zivilbevölkerung, Freg. Kpt. Kolbe, lief die Gestellung von Schiffsraum mehr und mehr an und ergab täglich wachsende Erfolge.
Am 9. März gelang dem Gegner ein Einbruch in die Lauenburger-Vorstadt. Um den Georgenfriedhof an der Gasanstalt wechselten ständige Angriffe und Gegenangriffe. Im Westen wurde ein starker Angriff gegen die Stellungen des Volkssturmbatl. Pfeiffer abgewiesen. Ein eigener Gegenangriff an der Treptower-Straße durch Lt. Hempel mit Teilen seines Batl. brachte einen vollen Erfolg und eine Beute von 24 schweren Waffen. Eigene Schiffsartillerie unterstützte die Abwehr durch wirksames Feuer auf die Bereitschaftsräume des Gegners, wobei der Feind starke Verluste an Panzern und Infanterie hatte.
Am 10. März verschob der Feind den Schwerpunkt seines Angriffes nach Osten und Südosten an die Bahnlinien nach Köslin und Körlin. Von Panzern und Pak unterstützt, konnte er seinen Einbruch in der Lauenburger-Vorstadt nach Osten erweitern und in die Waldenfels-Kaserne eindringen. Die Georgenkirche mußte, um dem Feind nicht mehr den Turm als B.-Stelle zu überlassen, durch einen Stoßtrupp in Brand gesetzt werden. Ständige, von Panzern unterstützte Feindangriffe gegen die Abschnitte des Volkssturms im Westen und des Batl. Hempel im Südwesten werden immer wieder im Nahkampf abgewiesen. Von den 7 Brücken über Persante und Holzgraben waren zu dieser Zeit bereits 4 zerstört.

Am 11. März Fesselungsangriffe an der gesamten Front, überall von Panzern unterstützt, wo der Gegner jedoch nur in die ersten Häuser eindringen kann. Wegen Fehlens eigener Pak ist es ihm möglich, Haus um Haus systematisch mit Panzern und Pak zu zerschießen und sich nach Ausfallen der Besatzung mit Infanterie weiter vorzuschieben. Die eigenen Panzer der Panzergruppe Beyer sind ständig reparaturbedürftig und kaum einsatzfähig. Sie müssen z.T. in ihre Stellungen geschleppt werden, wo meist in kurzer Zeit ein Schaden an der Abzugsvorrichtung oder am Fahrwerk auftritt.
Am 12. März morgens setzt nach schwerstem Artl.-Beschuß in der Lauenburger Vorstadt ein neuer Angriff des Feindes ein. Dem Gegner gelingt vom Georgenfriedhof aus ein Einbruch nach Norden über die Kösliner-Chaussee. Drei Gegenangriffe blieben erfolglos. Die Ostfront wird mit Einbruch der Dunkelheit auf eine neue Linie längs der Wall-Straße zurückgenommen. Hinter dieser neuen Front wird im Verlauf der Nacht aus den letzten verfügbaren Reserven eine 2. Linie aufgebaut. Im Westen und Südwesten wurden an diesem Tage insgesamt 6 von Panzern unterstützte Feindangriffe unter beiderseits hohen Verlusten abgewiesen.
Am 13. März greift der Feind im Westen an der Maikuhle sowie in der Gelder-Vorstadt und im Osten an der Waldenfelsschanze mit starken Kräften an. Der Angriff an der Maikuhle wird vom Volkssturm, der in der Gelder-Vorstadt durch Teile des Batl. Hempel im Nahkampf abgewiesen. Im Osten gelingt dem Gegner ein tiefer Einbruch, der ihn in den Besitz der Gasanstalt und des Lokschuppens bringt. Der Einbruch wird im Gegenstoß unter Einsatz von zwei Panzern abgeriegelt. Am Abend muß der Volkssturm an der Maikuhle wegen der starken Ausfälle der letzten Tage in eine verkürzte Linie zurückgenommen werden.
Am 14. März setzt beim Morgengrauen an der gesamten Front bei außergewöhnlich starkem Artilleriefeuer aller Kaliber, dabei starkem Panzer-, Pak-, Salvengeschütz- und Granatwerferfeuer, ein neuer konzentrierter Großangriff ein. Er führt zu tiefen Einbrüchen an der Maikuhle in die Kasernen der Gelder-Vorstadt, aus der Lauenburger-Vorstadt in das Stadtinnere und am Gleisdreieck westlich Lokschuppen, die nur mit Mühe abgeriegelt werden können. Ein weiteres Einsickern des Feindes in die eigenen Linien kann wegen hoher eigener Verluste nicht verhindert werden. Die eigene Truppe leistet trotz ihrer körperlichen und

seelischen Erschöpfung und trotz ihrer Ausfälle erbitterten Widerstand. Gegen 14 Uhr ist der Druck des Feindes aufgefangen und die eigene Front, wenn auch oft nur stützpunktartig und zunächst noch unübersichtlich, wieder hergestellt. Um 15.30 Uhr fordert das polnische Armeeoberkommando den Festungskommandanten auf dem Funkwege zur Übergabe auf. Die Antwort lautet: »Kommandant hat Kenntnis genommen.« Auf eine zweite Kapitulationsaufforderung um 16 Uhr wurde nichts geantwortet. Unter dem Eindruck seiner am Vormittag erlittenen starken Verluste setzte der Feind seinen Angriff am Spätnachmittag zunächst nicht fort. Statt dessen lagen Stadt und Hafen unter dem konzentrierten Feuer aller Waffen. Erst mit Einbruch der Dunkelheit führte der Gegner einen durch schwere Waffen unterstützten Großangriff gegen die Waldenfelsschanze, der in 2½-stündigem harten Nahkampf abgewiesen wurde.

In der Nacht zum 15. März bricht der Feind am Gleisdreieck ein und kann erst am Ostrand des Bahnhofes aufgefangen werden. Ein eigener Gegenstoß führt nur noch zur Festigung der neuen Widerstandslinie, jedoch nicht mehr zur Bereinigung des Feindeinbruches. Im Laufe des Vormittags trifft auf Reede das Alarmbatl. Kell (I. Fest.-Rgt. 5) ein. Der Festungskommandant entschließt sich, das Batl. nicht mehr zu landen, da die Besatzung inzwischen auf einen so schmalen Streifen am Strand und Hafen zusammengedrängt ist, daß sich keinerlei Verteidigungsmöglichkeiten mehr bieten und der Einsatz des Alarmbatl. keine Entscheidung, sondern nur eine Verzögerung bringen kann. Bevor jedoch dieser Befehl die auf Reede liegenden Schiffe erreichte, waren am Spätnachmittag bereits zwei Kompanien des Batl. gelandet, die nunmehr sofort eingesetzt wurden. Der Einsatz dieser frischen Kräfte an diesem und den folgenden Tagen erfüllte jedoch nicht die Erwartung, die daran geknüpft wurde. Er brachte nur geringe Entlastung, da die Truppe, die nicht an den Straßenkampf gewöhnt war, sich in den Trümmern der brennenden Stadt nur schwer zurechtfand; da hatte das Batl. hohe Ausfälle. Die beiden Kompanien besetzten zunächst eine Widerstandslinie nördlich des Bahnhofs und rückten von dort aus gegen die Innenstadt vor. Zugleich ging rechts davon eine Kampfgruppe aus der Linie der Gradierstraße nach Osten vor, um den über den Adolf-Hitler-Platz vorgedrungenen Feind zu werfen und die am Nachmittag verlorengegangene Luisenstraße wieder zu nehmen. Jedoch gelang nur die Säuberung des Bahnhofsgeländes und die Wiederinbesitznahme des Nord- und Westrandes des Adolf-Hitler-Platzes. Unter dem Schutz dieser Linie konnten in der Nacht die letzten Frauen und Kinder eingeschifft werden. Infolge des tiefen Einbruchs vom Osten her in die Innenstadt mußte das Batl. Hempel in der Nacht auf das Ostufer der Persante zurückgenommen werden. Die Verbindung mit dem Volkssturm und der Marine-Artl. Prien auf dem Westufer blieb erhalten.

Am 16. März belegte der Feind das kleine, in eigener Hand befindliche Stadtgebiet mit einem pausenlosen schweren Feuer aller Kaliber. Innerhalb der Stadt gelang es ihm nur durch systematisches Inbrandschießen und Zerstören der Häuser durch Panzer und Pak, die Trümmer einiger Blocks in Besitz zu nehmen. Von Panzern unterstützte Angriffe gegen Maikuhle und südlich Waldenfelsschanze wurden, teilweise im Gegenangriff, abgewiesen. Am Mittag wurden der Stab und die 3. Komp. des Batl. Koll gelandet und damit im Zuge der Moltkestraße eine neue Widerstandslinie aufgebaut. In der Nacht vom 16.–17. wurden Eisenbahner, O.T.-Arbeiter, männliche Zivilpersonen und Unbewaffnete abtransportiert.

Entgegen den Erwartungen, daß der Feind am 17. morgens zum letzten Stoß ansetzen würde, beschränkte er sich auf ständig steigernde Feuertätigkeit aller schweren Waffen. Erst am Spätnachmittag griff er ostwärts des Bahnhofs mit Unterstützung von vier Panzern an und durchbrach unsere dünne Linie. Nur dem zögernden Nachfolgen der feindlichen Infanterie war es zu verdanken, daß unsere Front sich wieder auffing.

Mit dem Abtransport der Frauen und Kinder sowie der unbewaffneten Organisationen, Schlüsselkräfte und sämtlicher Zivilisten war der am 7. März durch Funk vom OKH. gegebene Auftrag erfüllt. Der selbstverständliche Auftrag für jede Festungsbesatzung, Feindkräfte zu binden, konnte nur noch bis zum Morgen des 18. März erfüllt werden. Bis dahin war durch das Zusammendrängen der Besatzung auf einen 1800 m langen und 400 m breiten Strandstreifen, durch die zahlenmäßige Schwäche der Besatzung, ihre völlige körperliche und seelische Erschöpfung, durch den Ausfall der letzten eigenen Panzer und des größten Teiles der schweren Waffen sowie durch die in dem schmalen, noch gehaltenen Strandstreifen sich besonders stark auswirkende artilleristische Überlegenheit des Feindes die Vernichtung der Restbesatzung mit Sicherheit zu erwarten. Daher entschloß sich der Festungskommandant am Nach-

mittag des 17. März auf eigene Verantwortung und ohne Befehl, zu versuchen, unter Belassung von kampfstarken Sicherungen bis zum Morgen des 18. die Kampfbesatzung in der Nacht vom 17.–18. März über See abzusetzen und damit zu erhalten.
Noch vor Beginn der Absetzbewegungen erfolgte am späten Abend des 17. ein Angriff des Feindes gegen die Waldenfelsschanze, die verlorenging. Damit beherrschte der Feind durch Pak und Panzerfeuer den gesamten Strandstreifen ostwärts der Persante, die Hafenausfahrt und die Feuerstellung der restlichen eigenen Artl. Die Absetzbewegung lief unter dem massierten Feuer der schweren Feindwaffen. Deshalb konnte der Feind infanteristisch nur schwach nachdrücken. So konnten sich auch die letzten Sicherungen kämpfend vom Feind lösen. Am 18. März um 6.30 Uhr waren Strand und Mole von eigenen Truppen geräumt.
Der erste Angriff auf Kolberg erfolgte durch russische Panzerverbände, die vom Süden vorstießen. Nachdem es ihnen nicht gelungen war, Kolberg im ersten Anlauf zu nehmen, wurden sie von polnischen Verbänden, 3., 4., und 6. polnische Inf. Div., durch Panzer, Werfer und Artl. Verbände verstärkt, darunter das 4. russ. Pz.Artl.Rgt. Die Feindpanzer hatten größtenteils deutschsprechende Besatzung, die ihren Funkverkehr in deutscher Sprache führten.
Diesen starken Feindverbänden standen auf unserer Seite nur mangelhaft bewaffnete und eilig aufgestellte Kampfgruppen gegenüber. Diese wurden zudem behindert durch eine schwer zu übersehende und zu erfassende Menge fremder Troßteile, die meist die geringste Disziplin und Kampfmoral zeigten. Die Straßen und Häuser waren überfüllt mit in der Stadt angestauten Flüchtlingstrecks. Erst dem tatkräftigen Eingreifen des Kreiskommandanten, SS-Oberführer Bertling, gelang es nach und nach, Ordnung in dieses Durcheinander zu bringen. Die sich herumtreibenden Soldaten wurden aufgefangen, soweit brauchbar, in die kämpfende Truppe eingereiht, die übrigen entwaffnet und zu Arbeitsdiensten herangezogen, namentlich zu systematischen Verbarrikadierungen sämtlicher wichtigen Straßen und Plätze. Die Panikstimmung in der Zivilbevölkerung, hervorgerufen durch den pausenlosen Artl.-Beschuß, eine hohe Säuglings- und Kindersterblichkeit, hervorgerufen durch den Mangel an Milch und Trinkwasser, Kindermord durch die eigenen Mütter und Selbstmord sind häufige Erscheinungen. Davon hob sich auf der anderen Seite die tapfere Haltung mancher Frauen ab, die beim Löschen

von Bränden, beim Bergen von Verwundeten unter Einsatz ihres Lebens einem großen Teil der männlichen Zivilbevölkerung ein Vorbild sein konnten. Zu erwähnen sind besonders zwei Nachrichtenhelferinnen und eine Wehrmachtshelferin, die freiwillig bis zum letzten Abtransport von Frauen und Kindern bei der Truppe aushielten und ihren Dienst in vorbildlicher Weise versahen.

An die kämpfende Truppe mußten außergewöhnlich hohe Anforderungen gestellt werden. Der hohe Grundwasserstand machte fast in allen Abschnitten ein Eingraben unmöglich, so daß die Truppe dem massierten Feuer der schweren Feindwaffen fast deckungslos ausgesetzt war. Hierzu kam ein 14tägiger pausenloser Kampf mit weit überlegenem Gegner ohne die Möglichkeit auch nur eines zeitweiligen Herausziehens. Die schlechten Trinkwasserverhältnisse zeitigten überall schwere Verdauungsstörungen, die die körperliche Widerstandskraft der Besatzung beeinträchtigten.

Die Leistungen der Truppe waren dennoch erstaunlich. Sie mußte sich im Häuserkampf feindlicher Panzer, Pak und Flammenwerfer erwehren. Ohne jede eigene Pak wurden 28 Feindpanzer vernichtet, davon 12 mit Nahkampfmitteln, die übrigen durch Flak und Artl. Weitere Feindpanzer wurden zweifellos in nicht feststellbarer Zahl in den Bereitstellungsräumen durch die eigene Schiffsartillerie vernichtet. Weiterhin wurden mit Sicherheit vernichtet oder erbeutet: 15 Pak, 9 leichte Geschütze, 8 Granatwerfer, 2 Flammenwerfer, 10 SMG., zahlreiche leichte Infanteriewaffen und 9 LKW.

Die Menschenverluste des Feindes waren außerordentlich hoch. Nach Gefangenenaussagen war der Gegner schließlich gezwungen, seine Trosse in vorderster Linie einzusetzen. Nach vorsichtiger Schätzung durch Gefangenenaussagen hat der Gegner bis zu 50% Verluste gehabt.

An diesen Erfolgen war die Festungs-Artl.-Gruppe Schleiff wesentlich beteiligt. Trotz ihrer improvisierten Aufstellung während der Kampfhandlung entlastete sie die Truppe immer wieder spürbar durch ihre Wendigkeit und Treffsicherheit. Dies war besonders der Tatkraft und den hohen artilleristischen Fähigkeiten des Majors Schleiff zu verdanken. Ebenso war es besonders sein Verdienst, daß die Zusammenarbeit mit der unterstützenden Schiffsartillerie der Zerstörer 43 und 34 reibungslos funktionierte. Ohne diese Unterstützung wäre ein 14tägiges Halten Kolbergs zweifellos nicht möglich gewesen.

Wenn auch die Zusammenarbeit mit dem Einsatzleiter, Freg.Kpt. Kolbe, nicht ganz reibungslos war, so gelang es trotzdem, bis zum 16. März 70000 Zivilpersonen, unbewaffnete Organisationen und Nichtdeutsche abzutransportieren. Weitere 5½ Tausend Wehrmachtsangehörige und Kampftruppen wurden am 17. – 18. März abtransportiert.
Bei Beginn der Belagerung von Kolberg standen dem Festungskommandanten an Truppen etwa 3300 Mann zur Verfügung, davon im infanteristischen Einsatz etwa 2200. Davon fielen während der Kampfhandlungen etwa 2300 Mann aus. Die Verluste wurden laufend durch Ausziehung der unbewaffneten Soldaten sowie durch Neuzuführung des Batl. Koll ergänzt. So wurden in der Nacht vom 17. zum 18. März noch etwa 2000 Mann kämpfende Truppen, davon etwa 1200 Infanteristen, abtransportiert.
An schweren Waffen standen zu Beginn der Belagerung zur Verfügung: 8 lFH., 7 Flak 10,5 cm, 7 Flak 3,7 cm, 1 Flak 2 cm, 820 Schuß schwere Wurfkörper in 16 behelfsmäßig vorbereiteten Feuerstellungen sowie das Festungs-MG.-Batl. 91 (M) und der Panzerzug Hptm. Römig. Am 17. März abends waren noch einsatzbereit: 3 lFH., 1 Flak 3,7 cm, 2 Flak 2 cm und mittl. Granatwerfer. Beim Abtransport wurden mitgenommen: 6 mittl. Granatwerfer, alle übrigen Waffen wurden unbrauchbar gemacht, ebenso Munitions-, Treibstoff- und Lebensmittelvorräte.
Dem Feind fiel eine völlig niedergebrannte und verwüstete Stadt in die Hand. Der Dom ist eine ausgebrannte und schwer beschädigte Ruine. Sämtliche Persante- und Holzgrabenbrücken sind gesprengt. Der Bahnhof mit Gleisanlage ist zerstört, die Verladeeinrichtungen am Hafen für lange Zeit unbrauchbar. Dies ist der Gewinn, den der Feind mit sehr hohen Blutopfern erkaufte, aber auch der Preis, um den es gelang, 75000 Menschen dem Reich zu erhalten.

Peter Neumann

Letzte Kriegstage in Vorpommern

12. April 1945
Fernes Grollen: Kanonen. Friedliche Landschaft. Auf den Wiesen schwarz-buntes Rindvieh. Dunkle Wälder. Anheimelnd-heimatlich. Zu verteidigen.
Ziel am späten Nachmittag ist Tantow, jetzt die Front, etwa 25 km südlich Stettin. Das Stellwerk bedienen Militärpersonen. Vor einem Haus des Ortes steht warnend das Schild »Feldgericht«. Die Einheit hat den Güterzug verlassen und marschiert auf der Reichsstraße 113 nordwestwärts. Abzweigungen nach Schönfeld, ein markanter Baum weist den Weg. Von der Höhe fällt die Straße ab. Warten am Dorfeingang, weil ungarische Truppen den Platz räumen müssen. In der Dunkelheit erhält der Zug den Heuboden eines kleinen Gehöftes zugewiesen. Nachts geweckt durch fernen Kanonendonner, kurzatmig, bald verstummend.

13. April
In fünfzehn Kilometer Luftlinie ostwärts liegt Greifenhagen am jenseitigen Oderufer, bereits seit Mitte März von russischen Truppen besetzt. Die Oder sei die HKL (Hauptkampflinie), habe der Oberbefehlshaber erklären lassen. Wer sich wenige Meter nach Westen entferne, werde erschossen. So wird uns verkündet. Unsere Inspektion aus Braunschweig, vermischt mit Hamburgern der Panzer-Abteilung 5, gehöre zum Panzer-Regiment C (»Cäsar«), das in die Panzer-Division »Ostsee« unter einem Oberst Gerhard eingegliedert sei.
Panzer-Truppen ohne Panzer, einiges mitgebrachte Übungsgerät aus den Kasernen nicht zu rechnen: zwei, drei Sturmgeschütze und Skoda-Panzer. Mangelhaft ausgerüstete Verbände, mit wenigen Maschinengewehren, deren Rekruten im Schnellverfahren unfeierlich vereidigt werden. Letztes Aufgebot und Reste, notdürftig gegliedert, personell ausgedünnt. Zugeordnet dem Oderkorps im mittleren Abschnitt der von General Hasso v. Manteuffel geführten 3. Panzerarmee.

Der Hof im oberen Teil des Dorfes *Schönfeld* liegt an einem kleinen Teich mit klarem Wasser. Hier herrscht Ordnung: dafür sorgt die junge und energische Bauersfrau, denn noch harren einige Bewohner aus. Sie ist allgegenwärtig, um heimlichen Hühnerfang zu verhindern, sie wehrt dem Verschleppen von Gerät. Argwöhnisch beobachtet sie die Kartoffelbraterei hinter dem Hause. Aber am nächsten Tag hat sie das Schlachten eines Schweines erlaubt: dreimal müssen ungeübte Soldaten roh mit der blanken Axt zuschlagen.

15. April
Auf der Höhe östlich Schönfeld wird geschanzt, im leichten, ausgetrockneten Boden. Der Wind wirft den Sand in die Augen. Im Saatfeld, auf dem sich schon die jungen Pflänzchen zeigen, wird eine gebogene Kuhle ausgehoben, für den MG-Stand. Noch zieht ein Pferdegespann die unverletzten Furchen entlang, die Maschine streut Dünger aus. In gewohnter Arbeit, als ob alles ungestört bliebe. Als Übergang und Notbehelf wird hingegen das Schanzen angesehen, unlustig getan. Das mutwillige Schießen nach aufgeschreckten Hasen wird rasch untersagt.
Jede Abteilung soll Versehrte für die »Festungsartillerie« in Stettin abgeben: ein Beinamputierter der »Schreibstube« muß ziehen. Mißliebige werden zu einer Eingreifreserve, einem Panzergrenadier-Regiment, abgestellt. Irgendwo sind Lücken zu füllen, willkürlich wird zugegriffen. Todeskommandos?

16. April
Die längst angekündigte »Führer-Proklamation« wird verlesen: »Berlin bleibt deutsch. Wien wird wieder deutsch«. Die Tonband-Aufnahme im Radio war nicht zu verstehen gewesen, als wir uns in der engen Bauernstube drängten. Jetzt liegt ein Fernschreiben vor. Gleichzeitig erfahren wir, daß die Amerikaner nach Wittenberge vorgestoßen seien, auf unserer Fährte und mit nur siebzehn Tagen Abstand. Uns läßt man glauben, es ginge vorwärts nach Osten, nach Pommern hinein, nicht zurück.

17. April
Wieder Schanzarbeiten. Ein feindliches Flugblatt wird gefunden, der Text ist auf Offiziersnachwuchs abgestimmt. Es mag Zufall sein, wir fühlen uns erkannt.

18. April
Maschinengewehr-Munition wird ausgeteilt, der Ernstfall wird begreiflich. Leichtes Gepäck ist verordnet, Unterhosen und Socken bleiben im Heuboden. Das frische Fleisch und schiere Fett des geschlachteten Schweines werden verteilt, die Kochgeschirre füllen sich. Der Schönfelder Hof muß verlassen werden, nachrückende SS-Truppen warten schon. Diesseits des Höhenzuges, unterhalb der gegrabenen Stellungen, werden im Schutze des sanften Abhanges Zelte aufgestellt. Man blickt zurück in das weite hügelige Land, Schönfeld selbst bleibt in einer Senke verborgen.
Auf der nächsten Anhöhe haben sich 8,8 cm-Flakgeschütze eingenistet. Ab und zu verläßt eine Salve ihre Rohre, denn mit Munition muß sparsam umgegangen werden. Die Geschosse zischen hinüber zur Oder, die wir hinter einer Waldkette vermuten können, einem unsichtbaren Ziel entgegen. Wir befinden uns noch in der dritten Linie dieser Front, kilometerweit von einer Konfrontation entfernt. Aber jenseits des Flusses, so berichten Offiziere, haben die Gegner im Schutze der bewaldeten Buchheide und südlich davon unzählige Geschütze aufgestellt, sie seien kaum zu zählen. Von tausend Rohren ist die Rede. Eine drohende Gefahr. Wir werden beobachtet: gelegentlich erscheint unerreichbar ein russisches Aufklärungsflugzeug am hohen, blauen Himmel.

20. April
Nach Wachestehen gegen 5 Uhr morgens übermüdet in das Stroh des Zeltes gefallen. Wenig später dumpfe, bullernde Geräusche, ein unaufhörliches Gewittergrollen: Trommelfeuer. Gelegentlich nähere Einschläge, krachend. Wir verlassen die Zelte, stellen uns in Gräben und Löchern auf. Starren nach Osten, wo die Feuerwalze auf die vorderen Linien trifft. Aber nichts ist zu sehen, denn zwei Höhenzüge trennen uns von der Oderniederung.
Mit Beginn der Tageshelle nähern sich am Himmel die ersten Staffeln Schlachtflugzeuge, unheimliche Hornissenschwärme. Wenn die Motoren aufheulen, setzen sie zum Gleitflug an, schießen mit Kanonen und werfen Raketenbomben ab. Das wiederholt sich nunmehr den ganzen Tag. Noch scheinen die vorderen Stellungen ihre Ziele zu sein. Bald aber fliegen sie über uns hinweg rückwärts gelegene Dörfer an: Rauchsäulen steigen auf, Dächer haben Feuer gefangen. Nur einmal wird ein vorwitzi-

ges langsames Aufklärungsflugzeug, sich tief über unsere Stellung bewegend, von der 3,7-Flak abgeschossen.
Auf den von uns einzusehenden Straßen und Wegen flüchten Bauernwagen, schwer mit Hausrat bepackt, mit Planen oder Teppichen bedeckt. Die Pferde werden zum Trab angetrieben. Auch unsere Hofbewohner aus Schönfeld sind dabei, erreichen die Straße nach Storkow. Auf der Reichsstraße 113 ziehen Viehherden entlang: Rinder und Schafe, bald wundgelaufen. Aber Schlachtvieh ist jetzt nicht gefragt, trotz freizügiger Angebote der Treiber. Weit werden die Tiere nicht kommen.
Hinter uns, vor *Penkun*, drehen sich die Flügel einer Windmühle, wie ein trotziges Lebenszeichen. Am späten Nachmittag halten sie ein, durch Schüsse aus der Luft verletzt.

21. April
Fieberhaft werden in der Nacht Bunker gebaut. Plötzlich soll unsere Linie verstärkt werden. An der Hauptstraße sind lange Baumstämme von Lastwagen abzurollen, über hundert Meter am Feldrain entlang auf quälend beschwerten Schultern zu tragen. Ein gesicherter Befehlsbunker für unseren Inspektionschef existiert schon, weitere Unterstände sollen folgen.
Der Himmel ist heute mit tiefliegenden grauen Wolken bedeckt. Daher sind die Anflüge der russischen Flugzeuge schwer auszumachen und stets überraschend. Doch die Jagdflugzeuge und Aufklärer finden ihren Weg, jetzt auch zu unseren Stellungen.

22. April
Im leisen Regen wird geschanzt, neue Erdbunker entstehen, Gräben werden vertieft. Am Tage aber müssen wir fast stündlich Deckung suchen, zum Schutz vor angreifenden Flugzeugen. Unser Troß mit der Feldküche, im Gut *Büssow* untergebracht, wird bombardiert: der erste Tote wird gemeldet.
Am Nachmittag herrscht nach einem heftigen Regenguß bei durchbrechender Sonne sonntägliche, gelöste Stimmung. Die hoch am Himmel kreisenden Jagdflugzeuge stören nicht. Kämpfen sie mit einem Gegner oder schießen sie übermütig in das Blaue hinein?
Die Flak-Batterie ist abgezogen worden, um einen »Einbruch« der russischen Truppen an der Autobahn bei *Schillersdorf* »abzuriegeln«. Dann

müssen die Russen die Oder bereits durchquert haben. Wir fühlen uns ohne schwere Waffen im Rücken auf einmal schutzlos.
In der Dunkelheit sammeln wir uns am Rande des Schloßparks von *Damitzow*, der Troß ist mit warmem Essen vorgerückt. Der Abwurf einer einzelnen Fliegerbombe stört. Eine neue Stellung wird bezogen, unweit der Stelle, wo die Reichsstraße 113 nach Südosten abknickt, abwärts nach Tantow zu verlaufend. Von dort aus übersehen wir das Tal, in dem die Eisenbahnlinie nach Stettin sich entlangzieht.

23. April
Fünfzig Meter von unserer MG-Stellung entfernt zweigt von der Hauptstraße der Weg nach Schönfeld, auf der anderen Seite nach Damitzow ab. Das nahegelegene Gut *Damitzow* bleibt hinter Bäumen verborgen, nur ein Dachreiter lugt hervor.
Die Kreuzung wird bald dramatischer Schauplatz. Zurückflutende, aufgelöste Truppenteile werden durch Offiziere festgehalten, gesammelt und erneut der sich nähernden Front zugeführt. Verwundete werden umgeladen, mit Pferdefuhrwerken nach rückwärts transportiert. Panzerspähwagen fahren talwärts.
Denn die Russen haben längst beide Oderarme überwunden und die gegenüberliegenden bewaldeten Höhen erreicht. Von *Tantow* aus, das noch in deutscher Hand ist, schießen Nebelwerfer. Aber der Ort wird vom Gegner bombardiert, aus zwei größeren Häusern züngeln die Flammen. Gegen Abend ein sprühendes, buntes Feuerwerk: Sprengungen in der Gegend des Bahnhofs.
Eine Parole geht um: die Westmächte hätten Waffenstillstand geschlossen, das deutsche Westheer komme zu Hilfe. Ein Hoffnungsschimmer? Wir stehen schlecht ausgerüstet da, jeder Zug verfügt nur über ein MG. Statt schwerer Waffen hat man unserer Einheit zwei Scharfschützen zugewiesen.

24. April
In der Nacht verraten die tänzelnden Leuchtkugeln und die streifenden Leuchtspurgeschosse am östlichen Himmel, daß sich der Feind nähert. Gewehrfeuer, dumpfe Einschüsse, gelegentlich ein trockener Knall. In *Tantow* brennen Häuser: blutige Arme, die sich emporrecken und nicht erschlaffen wollen.

Im Morgengrauen haben die letzten deutschen Soldaten Tantow verlassen. Der Feind befindet sich vor uns, im Tal. Noch unsichtbar, durch Buschwerk und Hecken verdeckt, in Senken verborgen, wird er sich vorarbeiten. Er reagiert auf unsere Bewegungen: Kugeln pfeifen über uns hinweg, die Straßenkreuzung wird mit Granatwerfern beschossen.
Jenseits des Tales sind am Hang vier, fünf russische Panzer aufgefahren. Wie dunkle Schildkröten stehen sie unbeweglich da. Auf der Straße von Greifenhagen her fahren ständig Fahrzeuge auf Tantow zu, bergabwärts im Schutze der Chausseebäume. Und diesseits des Ortes hört man stoßweises, unkonzentriertes Schießen, anschwellend und abflauend. Um das Gut *Damitzow* wird gekämpft, eingedrungene Russen werden durch Maschinengewehrfeuer zunächst vertrieben.
In der Abenddämmerung wird der Rückzug befohlen, längst erwartet. Denn das sei seit langem die Regel, offenbaren ältere Soldaten. Hastige Flucht, von Granatwerfer-Einschlägen begleitet. Sammeln auf der lädierten Hauptstraße, die Telegraphenleitungen sind herabgerissen. Nervosität und Angst. Sinnlos wird auf huschende Gestalten geschossen, die in Richtung Schönfeld marschieren, vermutlich eigene Leute. Wehrlosigkeit und nervliche Anspannung werden abreagiert.
Rückzug an den alten Stellungen vorbei. Blutjunge Burschen halten sie besetzt, blicken unentwegt nach vorn, in die Nacht hinein. Ein Sturmgeschütz, auf freiem Feld postiert, hält Wacht. Vom ausgebrannten Vorwerk *Büssow* sind nur noch die Grundmauern übrig geblieben. Ringsum aber brennende Dörfer und Höfe, leuchtende Fackeln, soweit man blikken kann, kaum zu zählen. Das mögen im Nordosten *Radekow* und *Rosow* sein, auch die Güter und Vorwerke an der Autobahn, die jetzt von schweren Geschützzügen benutzt wird, um nach Südwesten zu entkommen.
Die Brände in *Penkun* spiegeln sich im Bürgersee: der von ihnen beschienene Ort bildet eine schaurige Kulisse. Als gespenstischer Zug bewegen wir uns durch die vom Feuer erhellte Straße am Rande des Ortes, erschreckt durch eine plötzliche Fliegerbombe. Vorbei am dunklen Schloß: im Hof werden Pferdegespanne hastig beladen. Wirrer, gehetzter Aufbruch. In *Wollin*, bald hinter der Autobahn-Unterführung, finden wir ein leerstehendes Haus zum Übernachten, auf den blanken Holzdielen.

25. April

Am nächsten Morgen ist es merkwürdig ruhig. Weitermarsch. Über den sumpfigen *Randow-Bruch* führt ein schmaler Steg. Eine neue Hoffnung: hier könnten Panzer aufgehalten werden. In *Battin* beziehen wir ein verlassenes und ausgeräumtes Haus inmitten des Ortes. Umherlaufende Hühner werden geköpft. Erst gegen Mittag tauchen Flugzeuge auf, wir flüchten in den engen, dumpfen Keller. Zwei Detonationen irgendwo. Das genügt: außerhalb des Dorfes suchen wir eine schützende Mulde, zum Schlaf in der Sonne. Am späten Nachmittag lodern die Flammen aus den hohen Dächern einer Scheune und der Kirche. Wir haben uns Spaten und Hacken besorgt und verlassen bei Dunkelwerden den Ort: begleitet vom prasselnden Feuer im trockenen Gebälk des Kirchendaches, das bald in sich zusammenstürzt.
Nordwärts, auf einer Anhöhe zwischen *Bagemühl* und *Grünberg* wird sich in der Nacht eingegraben, um unsichtbar für den Morgen zu werden. Der nahe Feind ist zu spüren, scheint die sumpfigen Wiesen überwunden zu haben. Stundenlang toben Nahkämpfe im Dorf Bagemühl unter uns, durch Brände schwach beleuchtet. Aufflackerndes Gewehrfeuer, heisere Rufe hin und her – das Geschehen ist nicht genau auszumachen, die Vorstellung ist grausam genug.

26. April

In der Frühe ist der nächtliche Spuk ausgelöscht, herrscht friedvolle Stille. Die wenigen Geräusche bleiben unbestimmt. Ein deutscher »Gegenstoß« soll das anscheinend verlorene Dorf Bagemühl zurückholen. Panzer sollen ihn unterstützen. Wir tasten uns in einer Talsenke an einem mit Weiden besetzten Bach entlang, ausreichend gedeckt. Doch unsere Panzer sind nirgendwo zu sehen, nur ein junger Divisionsoffizier versucht, mit dem Fernglas zu erkunden. Vor einer Wassermühle kehren wir um, jetzt in beschleunigtem Tempo. Zurück in die Stellung, deren Gräben inzwischen durch Granatbeschuß eingeebnet sind.
Ausbessern und Warten. Um die Mittagszeit scheint sich der Feind zu nähern. Einzelne Soldaten überspringen den Bach linker Hand, noch weit unten. In der Senke vor uns haben sich auf freiem Feld zwei, drei Panzer aufgestellt, beginnen zu schießen. Wir treten den Rückzug auf breiter Front an, aufgelöst, die Höhe verlassend. Die rückwärtige Bodenneigung ist nicht einzusehen, bietet Schutz. Ein deutscher Panzer, der

hinter uns auf dem Kamm zurückgeblieben ist, brennt lichterloh, getroffen von einer feindlichen Granate.
Auf der Straße nach *Grünberg* ist eine Feldschneiderei gestrandet, ein verlassener derber Kastenwagen voller Knöpfe, Zwirn und Uniformabzeichen. Am Bahndamm hilflos rufend ein verwundeter Soldat mit Beinschuß. Mit einer Zeltplane wird er zum Sammelplatz geschleppt, wo mehrere Opfer auf den Abtransport warten, betreut von einem einzelnen Sanitäter.
Ein Trupp von fünfen bleibt zusammen. Der Älteste, ein Unteroffizier, hat sich Karten besorgt, die irgendwo herumlagen. Schlecht gedruckte Generalstabskarten in bräunlichem Ton, auf der Rückseite einer bunten Karte der englischen Kanalküste, das Meer in leuchtendem Blau.
Zunächst wollen wir uns nach Süden wenden. Soldaten einer eilig aufbrechenden Geschützbatterie winken ab. Also geht es auf schlechter Straße, dann auf Feldwegen in westlicher Richtung weiter.

IV

Dokumente des Grauens

Berichte, Tagebücher, Erinnerungen

Frau M. N. aus Bärwalde

Vergewaltigt, erdrosselt, gehenkt

Am Sonntag, dem 4. März wurde mittags der Beschuß schwächer. Die SS-Einheit, welche zuletzt im Lucknitzer Busch gekämpft hatte, hatte sich zurückgezogen und die Rote Armee die Stadt besetzt. Dieses muß auch wohl mein Mann, der direkt vor dem Bunkereingang saß, wahrgenommen haben, auch daß man uns entdeckt hatte; denn er wurde stark nervös und bestand darauf, wir müssen uns ergeben, wozu er von mir ein weißes Tuch verlangte. Ich weinte und wollte es ihm nicht geben, da ich um sein Leben fürchtete. Mein Mann machte mir Vorwürfe, daß ich es wäre, die als erste die Nerven verliere, und dabei hätte er gerade von mir am meisten erwartet, daß ich tapfer wäre. Da riß ich mich zusammen und gab ihm das Tuch. Darauf ging mein Mann mit zwei Polen aus dem Bunker raus, kam nach kurzer Zeit zurück, alle drei waren die Uhren los und hatten Befehl, uns alle aus dem Bunker zu holen.

Wir begaben uns auch alle raus und bekamen nach dem üblichen Ruf »Urri, Urri« Befehl, uns aufzustellen und zum Kommandanten zu gehen. Wir baten, unsere Sachen mitnehmen zu dürfen, das wurde uns erlaubt, und jetzt sollten wir nicht zum Kommandanten, sondern in unsere Häuser. Begleitet wurden wir von russischer Feldgendarmerie.

Unterwegs begegnete uns russische Kavallerie, alles Mongolen und Asiaten, sahen furchtbar aus, und unsere Angst wurde immer größer. Zwei Feldgendarme begleiteten uns, meine Schwester und Kinder, in unser Haus. Der eine gab uns Erwachsenen aus seiner Feldflasche gleich Wodka, jeder mußte zwei Glas trinken. Dann bekam jeder ein Stück Wurst, und wir mußten essen, trotzdem wir keinen Appetit hatten. Wir freuten uns, daß sie so freundlich waren, und ahnten nicht das Ende.

Darauf forderte mein Mann mich auf, mit zum Bunker zu kommen, um den Rest unserer Sachen zu holen. Meine Schwester bat mitzugehen, um nicht mit den Kindern und den Soldaten allein im Haus bleiben zu brauchen. Darüber war mein Mann zufrieden. Denn beide glaubten, ich würde besser mit den Gendarmen auskommen. Meine Schwester war nämlich sehr ängstlich. Sie stellte ihren Koffer in mein Zimmer und bat, achtzugeben.

Als beide das Haus verlassen hatten, wurde ich erstmals von den beiden russischen Schweinen vergewaltigt. Danach öffnete der eine meiner Schwester Koffer, und meines Schwagers goldene Uhr, welche obenauf lag, wanderte in seine Tasche, und ich bekam zum erstenmal die Pistole auf die Brust gedrückt.

Dann kamen meine Lieben zurück, mein Mann so weiß wie der Kalk an der Wand, meine Schwester wie mit Blut übergossen. Aber sie war dem entgangen, was ich schon hinter mir hatte, wozu man sie auch hatte im Bunker zwingen wollen, wo aber mein Mann zukam. Und jetzt wurde sie das Opfer dieser tausendmal verfluchten Feldgendarmerie.

Darauf ging der eine fort, der andere stellte sich vor unser Haus und rief den fortwährend vorbeikommenden russischen Truppen zu, worauf mehrmals Horden von sieben bis zehn Mann kamen, und meine Schwester wurde auf einer Seite meiner Wohnung im Beisein ihrer siebenjährigen Tochter, ich auf der anderen Seite im Beisein der beiden anderen Kinder und meines Mannes, welchem man eine brennende Kerze in die Hand gedrückt hatte, unter viel Weinen und Schreien vergewaltigt.

Die Bestien standen bei uns an. Der Feldgendarm hielt während dieser Zeit die Haustür zu. Dieses sah ich, als ich einmal früher frei war als meine Schwester. Diese sowie ihre Tochter schrien einmal ganz unnatürlich, da dachte ich, man macht sie tot, wollte zu ihnen hinüber, da kam der Gendarm, die Bestie, in unser Zimmer gestürzt und schlug meinen Mann mit dem Gewehr zu Boden. Ilschen warf sich weinend auf meinen Mann, und der Junge und ich hielten dem Gendarm weinend den Arm fest, sonst hätte er wohl meinen Mann gleich erschlagen.

Als wir nach diesem eine kleine Ruhepause hatten und mein Mann wieder zu sich gekommen war, kam meine Schwester zu uns rüber und bat meinen Mann weinend, ihr zu helfen, und frug: »Karl, was soll hieraus bloß werden?« Mein Mann sagte: »Ich kann euch nicht helfen, ihr seht, wir sind Horden, aber keinen Soldaten in die Hände gefallen, sie sind alle sinnlos betrunken.« Ich sagte: »Karl muß sich verstecken, sonst schlagen sie ihn tot, man hat ihn schon halbtot geschlagen.« Darauf wollte sich mein Mann auch verstecken, aber Grete hielt ihn zurück und bat ihn, doch an ihre armen Kinder zu denken. Darauf erwiderte mein Mann:

»Grete, ich kann euch allen nicht helfen, aber ich bleibe bei euch, das einzigste wäre, wir verstecken uns alle, wir gehen auf den Heuboden.«
Gesagt, getan. Aber wir waren noch nicht ganz oben, da waren wieder drei Mann da, und da Schnee lag, fanden sie uns sofort durch die Spur, die wir hinterließen. Wir mußten wieder runter, die beiden kleinen Mädchen wurden geküßt und ihre Mutter wieder gebraucht. Sie weinte mit ihren Kindern herzzerbrechend. Sie rief verzweifelnd: »O Gott, o Gott, wie soll dies werden.« Darauf mein Mann: »Mich schlagen sie tot, euch machen sie tot, und was aus den Kindern wird, könnt ihr euch denken.«
Mein Mann meinte dann auch, das Verstecken hat keinen Zweck, wir haben gar keine Zeit dazu. Ich sagte darauf: »Geht alle rauf, ich schließe alle Türen ab, dann müssen sie die erst aufbrechen«, und hoffte, dadurch Zeit zu gewinnen, hatte aber in der Aufregung vergessen, daß unsere Hoftore aufgebrochen waren, denn die hatten wir ständig verschlossen. Wir waren knapp oben, da kam schreiend und johlend wieder eine Meute auf den Hof, schossen wie wahnsinnig auf den Boden und kamen dann rauf. Es war inzwischen schon dunkel geworden, die hatten Taschenlampen. Es waren Zivilpersonen und Militär mit eckigen Mützen und Pompom.
Was jetzt kam, sträubt sich die Feder, es zu schreiben. Der Schluß war, wir wurden alle gehenkt mit Ausnahme der beiden Kleinen, die hat man mit dem Strick erdrosselt. Später sagten mir alle, die bei Hackbarths im Keller in der Polziner Straße saßen, daß man unser unnatürliches Schreien weit gehört, auch im Keller gehört hat, aber niemand hatte Mut zum Kommen, jeder kämpfte zur selben Zeit selbst um sein Leben.
Trotzdem ich auf dem Boden bei meinen Angehörigen war, wußte ich doch nicht, welches Schicksal sie hatten, wenn ich auch ahnte, was geschehen war. Genaues wußte ich nicht. Denn mich selbst hatte man auf den Boden geworfen, auf den Kopf geschlagen und vergewaltigt, danach gehenkt. Ich war sofort besinnungslos.
Später hörte ich Stimmen, ich lag auf dem Boden, vier Mann knieten bei mir und sagten: »Frau, komm!« als ich aufstehen wollte, fiel ich wieder hin. Später war ich auf dem Hof, zwei Mann hielten mich, man brachte mich ins Zimmer, legte mich aufs Bett, einer der vier Mann (ein Zivilist, Pole) blieb bei mir und fragte: »Frau, wer gemacht?« Ich sagte: »Die Russen.« Da schlug er mich wieder und sagte: »Russen, gute Soldaten, deutsche SS-Schweine hängen Frauen und Kinder.« Ich bekam einen Schreikrampf, es

war unmöglich, zu weinen aufzuhören. Da kamen die andern drei wieder herein, als sie mich sahen, verließen sie meine Wohnung.
Bald darauf kam eine Russe mit Peitsche rein, schrie mich immer an, wahrscheinlich sollte ich still sein, leider konnte ich nicht. Da gab er mir mit der Peitsche einen Schlag und schlug danach immerzu aufs Bett neben mir. Als auch das nichts half, verließ er mein Haus.
Ich hörte dann Stimmen vor dem Haus und bekam eine so furchtbare Angst wie nie zuvor und nachdem. In meiner Todesangst lief ich in den Gänsebach neben meinen Garten. Ich wollte mich ertränken, hab lange, lange gebraucht, bis ich ohnmächtig wurde. Aber auch hier war mein Leben noch nicht zu Ende.
Wie alles gekommen ist, weiß ich heute noch nicht. Jedenfalls hat mich jemand rausgeholt aus dem Bach. Denn ich kam später zu mir und lag in Fräulein Bauch ihrem Zimmer bei Kaufmann Schmechel am Erdboden, fror ganz gotterbärmlich, denn Fenster und Türen waren nicht da oder kaputt, und die nassen Sachen, dazu Nacht 4. bis 5. März mit Frost.
Mit der Zeit sah ich, daß ein Bett im Zimmer war, dahinein legte ich mich und glaubte allein im Zimmer zu sein. Aber jetzt sah ich, daß jemand am Tisch gesessen hatte und aufgestanden war und an mein Bett kam und, o Schreck, es war ein Russe.
Da stand mit einem Mal mein ganzes Elend wieder vor meinen Augen. Ich schrie wieder und bat, er möchte mich erschießen. Er leuchtete mir mit der Taschenlampe ins Gesicht, zog seinen Mantel aus, zeigte auf seine Orden und sagte mir, er wäre Oberleutnant, und ich brauche keine Angst zu haben.
Er nahm von der Wand ein Handtuch und fing an, mich trocken zu reiben. Als er meinen Hals sah, welcher von der Schnur durchschnitten war, frug er mich: »Wer gemacht?« Ich sagte: »Die Russen«. – »Ja, ja«, sagte er, »das Bolschewiken waren, jetzt nicht Bolschewiken, jetzt Weißrussen, Weißrussen gut.« Dann schnitt er mit dem Bajonett meine Schlüpfer vom Körper, wobei ich wiederum mein Leben aufgab, denn man weiß ja nie, was kommt. Rieb auch meine Beine trocken, aber ich fror und wußte nicht, wo ich vor Frost hin sollte. Danach zog er nur den Ring ab und steckte ihn ein, frug, wo mein Mann ist – und vergewaltigte mich dann trotz meines elenden Zustandes auch noch. Danach versprach er, mir einen deutschen Mediziner zu schicken. Da freute ich mich sehr, aber ich hatte vergessen, daß gar kein deutscher Arzt mehr am Orte war.

Kurze Zeit, nachdem er gegangen war, erschienen vier ungefähr 18- bis 20jährige Russen, total betrunken, rissen mich aus dem Bett und vergewaltigten mich auf unnormale Art wieder. Als ich aber bei meinem elenden Zustand dazu nicht mehr in der Lage war und vorm Bett hinfiel, wurde ich mit Stiefeln bearbeitet, wo es gerade hintraf, ich wurde wieder ohnmächtig.
Als ich wieder zu mir kam, ging ich wieder ins Bett. Danach kamen nochmal zwei solcher Strolche, aber es war nutzlos, denn ich war mehr tot als lebend. Da habe ich kennengelernt, was ein Mensch aushalten kann, ich konnte nicht mehr sprechen, nicht mehr weinen, ja, nicht einmal mehr einen Laut von mir geben. Nachdem sie mich dann auch noch schlugen, was ich aber nicht mehr fühlte, da ich fast ohne Gefühl geworden war, gingen sie wieder fort. Und ich bin vor Erschöpfung eingeschlafen.
Als ich dann gegen Morgen wach wurde, konnte ich erkennen, wo ich mich befand. Bald darauf sah ich im offenen Schrank ein Kleid hängen, fand auch noch ein Hemd und Schlüpfer. Und trotzdem alles viel zu klein war, zog ich diese Sachen an, denn meine Sachen waren zu naß. Ich mußte das Kleid hinten ungeschlossen lassen. Strümpfe fand ich nicht, und meine waren bis zum Knöchel wie abgeringelt.
Bald darauf bekam ich auch wieder Russenbesuch. Erst einer, welcher wohl glaubte, das Zimmer ist leer, und als er mich im Bett sah, sofort wieder den Raum verließ. Er kam mit drei Mann wieder, der eine wollte mich erschlagen, aber der Offizier ließ es nicht zu, zeigte aber auf das Hitlerbild an der Wand, welches mehrere Einschläge hatte, und sagte nur, ich wäre Hitlerfaschist. Ich sagte: »Nein! Ich bin nicht in meinem Quartier«, da sagte er: »Komm, dein Quartier!«
Ich mußte vorgehen in meine Wohnung und werde wohl ein schönes Bild abgegeben haben, denn als ich in mein Haus wollte, stand ein Lastwagen davor, und mehrere russische Soldaten trugen gerade mein Vieh geschlachtet ins Auto. Die Soldaten wollten sich totlachen, als sie mich sahen. Danach bedeuteten sie dem Offizier, indem sie sich mit dem Finger vor den Kopf tippten, ich wäre verrückt, und als noch vier weibliche Soldaten zukamen, wollten sie mich erschießen. Der Offizier ließ es aber nicht zu. Er fragte nach meinem Hals, woher. Ich sagte: »Russische Soldaten, Mann, Schwester, Kinder auch.« Als er Kinder hörte, war er entsetzt. Ich bat, mit mir zu kommen zum Stall, das wollte er nicht, ich durfte auch nicht hin. Ich bat dann, zum Kommandanten zu können. Da-

mit war er gleich einverstanden und schickte einen Soldaten mit. Aber als wir bei Kollatz an der Ecke waren, bedeutete er mir, die Neustettiner Straße entlangzugehen.

Auf dem Markt waren schon einige Männer mit Aufräumungsarbeiten beschäftigt. Als ich bei Fleischermeister Albert Nasse kam, sagte ein russischer Soldat, ich sollte hineingehen, Kommandantur!

Vfn. wurde dann zusammen mit anderen Deutschen eingesperrt und nach einigen Tagen nach Neustettin getrieben, wo sie mehrere Verhöre bezüglich ihrer Parteizugehörigkeit über sich ergehen lassen mußten und erneut zahlreichen Belästigungen ausgesetzt war.

Und da ich nirgends organisiert oder in der Partei war, bin ich entlassen. Mußte dann den furchtbaren Weg alleine nach Hause antreten. War fünf Tage unterwegs. In den Wäldern wurden noch immer Partisanen bekämpft; kam ich in ein Dorf und wollte über Nacht bleiben, waren die Häuser zum großen Teil von Polen bewohnt, die ließen keinen Deutschen übernachten. In anderen Häusern waren Tote. Wo Deutsche waren, meldeten sie sich gar nicht aus Furcht, oder es waren mehrere Familien zusammen, trotzdem noch immer dasselbe Bild, »Frau, komm« und Räubern und Plündern.

Die Polen, die mit den Fuhrwerken unterwegs waren, frugen vom Wagen herunter: »Deitsch oder Polacke?« Sagte man »deutsch«, »Deitsch nix gut«, und zur Bekräftigung gab es mit der Peitsche um die Ohren. In den Waldrändern irrte hungerndes Vieh umher. Und unzählige Leichen lagen noch immer da. Viele mit zertrümmertem Schädel, den Frauen waren die Röcke hochgeschlagen. Es war genauso grausam als der Einmarsch.

Als ich in der Nähe von Grabunz war, kamen mir Frauen und Männer aus Bärwalde entgegen, die sollten die Leichen, die die Straße bedeckten, beerdigen. Von denen erfuhr ich dann, daß am Abend vorher meine Lieben von jenen in meinem Garten beerdigt worden sind. Solange hatten sie gehangen. Da wurde mein Weg noch schwerer. Gleichzeitig, wo man die Beerdigung vorgenommen hat, ist auch mein Haus ausgeplündert worden, alles in die Kirche zum Abtransport nach Rußland gebracht worden.

Als ich endlich die Stadt Bärwalde erreicht hatte, waren Männer und Frauen mit Aufräumungsarbeiten und Beseitigung der Panzersperren beschäftigt. Herr Haars trat an mich heran, der einzige, der mich ansprach, und frug mich teilnehmend, was in der Schreckensnacht bei uns los war, denn er war auch bei der Beerdigung zugegen. Die Antwort, die ich gab, habe ich vergessen. Er sagte, ich sollte mich bei Kaufmann Tründelberg, der z. Z. Bürgermeister ist, melden, dann bekomme ich ein Brot. Als ich's tat, saßen dort [die] Fräulein Tetzlaff, welche sofort entsetzt aufstanden und das Zimmer verließen. Später sagten sie mir, sie wären in dem Glauben gewesen, ich wäre gestern beerdigt [worden]. Man hatte mich mit meiner Schwester verwechselt.

Als ich bei meinem Haus angelangt war, war es aus mit mir. Die Fenster sämtlich entzwei, die Fensterladen und Bekleidungsstücke lagen auf dem Fahrdamm, der rechte Giebel war zum Teil durch die Bomben zerstört oder zerschossen. Im Haus alles Mobiliar, was noch vorhanden war, zerschlagen, Tische und Stühle umgeworfen. Was in den Schränken war, lag am Erdboden, dazwischen Wasser und Schmutz. Ich war nicht in der Lage, mein Haus zu betreten. Ich lehnte am Haustürrahmen und wäre am liebsten tot [gewesen]. So entdeckte mich Maurermeister Hackbarths Familie. Herr Hackbarth holte mich dann in sein Haus, nachdem er mich frug: »Sind Sie Frau N. oder sind Sie es nicht?« Einige Tage danach frugen meine Schwägerinnen, Frau Marquardt und Frau Holz, welche mich auf der Straße trafen, dasselbe.

Dann rieten Hackbarths, daß ich zum Stadtkommandanten gehen sollte und mich anmelden und meine Nähmaschine und Betten zurückverlangen. Meine sieben Stand Federbetten, Uhren, Spiegel, Sofa, Radio usw. waren, wie ich schon schrieb, in der Kirche. Ich hatte Angst vor dem Weg, aber Hackbarths sagten, der Kommandant ist ein gerechter guter Mann. So faßte ich mir ein Herz.

Die Dolmetscherin trug ihm mein Anliegen vor. Er ließ fragen, wo ich wohne, ich sagte ihm, in dem Haus, wo er gestern meine Angehörigen zur Beerdigung freigegeben hätte. Da frug er, wie solches passiert wäre, ich sagte: »Russische Soldaten, halb Zivil, halb Militär, hatten es getan«. »Wann gewesen?« Ich sagte: »4. März gegen Abend.« Und als ich weinte, ließ er mir sagen, wenn ich nicht gleich aufhöre, zu weinen, käme ich in den Keller, und er ließe sich nicht mehr sprechen, denn deutsche SS hätten vier Jahre in Rußland so gehaust. Und Soldaten mit eckigen Mützen wären polnische Soldaten gewesen, ebenfalls die Zivilpersonen. Es wären polnische Partisanen, welche bei Neustettin im Gefangenenlager gewesen sind, am 4. März durch Bärwalde gekommen, die hätten es getan.

Meine Nähmaschine könnte ich wiederhaben, wenn ich mich verpflichte, für die Kommandantur, aber nur für diese, zu nähen. Ich willigte ein. Ein Bett bekäme ich nicht, das, und was ich sonst brauche, soll ich mir aus anderen Häusern holen. Und da mein Haus kaputt und verschmutzt ist, soll ich mir eine andere, aber gute Wohnung suchen und dann Bescheid sagen.

Ich habe dann die Wohnung von Bürgermeister Stöckmann bei Hackbarths bezogen. Ein Pole, welcher gerade in die Kirche Betten fuhr, brachte meine Nähmaschine dorthin. Derselbe hieß Smuda, hat mir dann öfter Fleisch, Schmalz und dergleichen gebracht, denn mein Schicksal tat ihm sehr leid. Verpflegung oder Bezahlung bekam ich für meine Arbeit nicht, nur das übliche Brot, alle Woche eins, und hin und wieder zwei Pfund Sirup.

Nach zwei Monaten kam die Frau des Kommandanten mit Kind. Da wurde es für mich besser, da bekam ich Verpflegung, und die war auch sehr nett im Gegensatz zu den Dolmetscherinnen. Nach wiederum zwei Monaten wurden die ganze Polziner Straße sowie einige Häuser der Schirlitzstraße von den Russen enteignet. Die Stadtkommandantur kam weg, dafür die Kriegskommandantur. Ich wurde auch an die Kriegskommandantur übergeben, mußte für sie nähen, und da Hackbarths das Haus räumen mußten, zog ich in mein Haus. Das hatte Herr Hackbarth inzwischen wieder einigermaßen hergestellt.

Jetzt kamen auch die Kongreßpolen in unsern Ort. Ähnlich oder noch schlimmer als die Zigeuner. Total zerlumpt, barfuß gingen sie auf die polnische Bürgermeisterei, holten sich einen Zettel und trieben uns Deutsche aus den Häusern. Bei mir waren sie zweimal, konnten aber nichts machen, da mein Haus für die russische Kommandantur beschlagnahmt war.

Ich mußte zu der Zeit noch mehrere Frauen beschäftigen. Es waren Frau H., Fräulein W., Fräulein S., und Frau S. kochte für uns. Wir mußten für das Bataillon, welches in Greifenberg, Altdamm stand und bei uns 200 Mann, der sogenannte Stab, nähen.

Uns ging's in der Zeit gut. Wir bekamen dieselbe Verpflegung wie der russische Soldat. Außerdem mußten wir abends den Offizieren noch immer etwas Nettes kochen und hatten dadurch noch Zusatzverpflegung. Gegen etwaige russische oder polnische Ausschreitungen wurden wir geschützt, hatten auch Bescheinigungen, daß wir bei ihnen

beschäftigt wären. Besonders nett und gerecht war Hauptmann Koslowski. Er sorgte wie ein Vater für uns, wenn wir mit irgendeinem Wunsch uns an ihn wendeten. Und wenn die Polen nicht gewesen wären, hätten wir in dieser Zeit keinen Grund zur Klage gehabt.
Anders die Bevölkerung, die nicht beim Kommando war. Diesen ist es seinerzeit mehr als traurig ergangen. Die polnische Miliz hauste wie irre, die Polen, die die Häuser belegten, nicht anders. Oft kamen Frauen zu mir und baten, ich möchte es doch der Kommandantur melden. Einmal kam ein Fräulein Minna Schulz, das ganze Gesicht blau geschlagen von ihrem Polen, danach kam sie noch ins Gefängnis. Ich meldete die Sache der GPU., und etwas Abhilfe wurde geschaffen. Die Kaufmannsfrau Manske aus Patzig bat mich um Meldung, sie würde jede Nacht von Russen vergewaltigt, auch ihre alte Schwiegermutter. Der Kommandant sagte mir einige Tage nachdem, es wären Russen, die die Telephonleitung dort legten. Und so noch mehr Frauen.
Morgens um 7.00 Uhr mußten die Frauen auf dem Marktplatz antreten, dann kamen die Russen und Polen und suchten sich ihre Sklaven aus. Zu den Polen wollten nur wenige. Eher zu den Russen, denn dann bekamen auch die Kinder etwas zu essen, bei den Polen nicht. Hatten die Polen nicht genug Arbeitskräfte abbekommen, ging die polnische Miliz mit Gewehr von Haus zu Haus, und ohne Erlaubnis wurde Haus, Stall, ja, selbst der Garten durchsucht, und falls jemand angetroffen wurde, unter Bewachung zur Arbeit getrieben. Haussuchungen mußte man sich Tag und Nacht gefallen lassen.
Ich wurde nun öfters nach den Tätern betreffs meiner Lieben gefragt, ich sagte dann natürlich, daß es die Polen gewesen sind. Hierauf wurde ich mehrmals von Deutschen gewarnt, daß mich die Polen verhaften wollten. Am 5. November 1945 kam dann auch Fr. St. zu Fräulein S., rief sie auf den Flur und sagte ihr, sie hätte gehört, daß ich bestimmt morgen früh von den Polen ins Lager gebracht würde. Ich sagte es dem einen russischen Offizier, er möchte mich doch über die Oder bringen lassen, wie es mir versprochen worden ist, wenn ich gut arbeite. Er sagte, es ginge seit drei Tagen nicht mehr. Über dieses hätten seit drei Tagen die Polen zu bestimmen: ich spielte darauf verrückt, hoffte, daß man mich dann erschießen würde, aber die Russen blieben sehr ruhig.
Abends war unsere Angst sehr groß, – Margot S. schlief seit Beschlagnahme ihres Hauses vor drei Monaten bei mir – grenzenlos. Um unge-

fähr 12.00 Uhr klopfte es ans Fenster: »Aufmachen!« Margot hielt mich fest umklammert, wir zitterten beide wie Espenlaub. Es klopfte wieder, ich faßte mir ein Herz, denn es waren vier Schläge, wie mit den Russen verabredet, wenn nachts Arbeit abgeholt wurde, um zu verladen. Und, o Wunder, es waren die russischen Offiziere.
Sie sagten mir, ich soll schnell mein Bett und etwas Kleidung einpacken, morgen früh zehn Minuten vor 8.00 Uhr kommt ein russisches Auto, bringt mich nach Müncheberg bei Berlin ins Lager. Sie hätten Erkundigungen eingezogen, um 8.00 Uhr wollen mich die Polen holen. Margot dürfte niemand, auch keinem Deutschen, die Wahrheit sagen: Frau N. Greifenberg, neue Schneiderstube.
Bald nach 7.00 Uhr am 6. November fuhr ein russisches Sanitätsauto vor, sechs GPU.-Soldaten drin, und los ging mit mir die Fahrt. Da unterwegs noch Brücken und Straßen ausgemessen wurden, war ich nach zwei Tagen in Küstrin und wurde in Manschow abgesetzt. Meine Frauen sowie Familie St. wurden Anfang Februar über die Oder gebracht. Allerdings vorher vollkommen ausgeplündert.

Frau M. A. aus Naseband, Kreis Neustettin

Schicksal einer Bauernfamilie

Die Front rückte näher, und so begann am 3. März 1945 die Flucht. Am 4. März 1945 hatte uns der Russe in Belgard schon eingeholt. Am 7. März wurden uns die Pferde genommen, am folgenden Tage kamen russische Reiter und nahmen die anwesenden Männer gefangen, darunter auch mein Mann und 15jährigen Sohn. Mein Sohn kam am 20. Juni 1945 krank und mit Oberarmdurchschuß zurück. Er berichtete, daß mein Mann im Posener Lager gewesen war, von da fehlt bis heute jede Spur von ihm. Wie mein Schwiegervater hörte, daß Mann und Sohn mitgenommen waren, hat er durch Erhängen seinem Leben ein Ende gemacht.

Am 9. März 1945 trat ich mit meinen Kindern den Heimweg an und kam auf unserm Hof an. Am 26. März 1945 nachmittags kamen zwei Russen auf unsern Hof, schossen, was die Maschinenpistolen hergaben, einer stürmte ins Haus, suchte nach Schmuck, was er auch fand. Der andere stand Wache auf dem Hof. Die Betten waren aufgeworfen. Schränke aufgerissen, Schubladen auf den Fußboden geworfen.

Wir hatten uns inzwischen in die Waschküche geflüchtet. Jetzt kam dieser Russe aus dem Haus gestürmt, und in diesem Augenblick kam ein deutscher Mann auf den Hof und wollte übernachten. Der Russe nahm diesen Betreffenden in Empfang, durchstöberte seinen Rucksack; darauf mußte dieser Deutsche drei Schritte vor dem Russen hergehen; 30 Meter von unserm Gehöft fielen zwei Schüsse, und der Deutsche war durch den Russen erschossen.

Nun kam der Russe zurück, fand uns neun Personen in der Waschküche, stürmte auf mich zu und sagte: »Mann kaputt«. Jetzt ging eine furchtbare halbe Stunde los, wir mußte uns aufstellen, und da legte er auf uns an, um uns zu erschießen. Durch Schreie und Bitten ließ er dann von seinem Vorhaben ab. Was ich hier von neun Personen schreibe, darunter waren fünf Kinder, drei, die mir gehörten im Alter von fünf bis dreizehn Jahren.

Am 5. Mai 1945 wurde ich von einem Russen vergewaltigt.

Am 23. Mai 1945 war ein schrecklicher Tag, eine Russenkutsche mit drei Mann kam auf den Hof, durchstöberte Haus und Kornspeicher, fanden Photos von Mädchen, und diese sollte ich sofort ranschaffen. Das konnte ich nicht, da hatte ich drei Ohrfeigen weg. Der zweite Russe stand hinter meinem Rücken und gab mir Kolbenstöße. Sofort sollte ich mit nach Sibirien. Durch vieles Bitten meiner Schwiegermutter ließen sie mich mit ganz häßlichen Schimpfworten zurück. Am 2. Juli 1945 wurde ich von einem Sohn entbunden.

Am 16. Juli 1945 mittags kam eine Russenkutsche mit fünf Mann, nur mit Turnhosen bekleidet, wollten essen und schlafen, was sie auch taten. Mein 15jähriger Sohn, der inzwischen zurückgekehrt war, sollte junge Mädchen ranschaffen, sonst würde er erschossen. Der Abend kam ran, mein Sohn mußte auf die Kutsche steigen und sollte im Walde erschossen werden, haben ihn an einen Baum gestellt und geängstigt, nach einer halben Stunde haben sie ihn losgelassen.

Am 26. Juli 1945 wurde unser Hof von einer neunköpfigen Polenfamilie besetzt. Am 14. September 1945 mußte ich mich in fünf Minuten unter polnischer Polizei von Haus und Hof abschreiben. Wer dieses nicht tat, wurde mit in den Keller genommen.

Am 26. September 1945 kam eine Polenkutsche auf den Hof (zwei Mann). Ich sollte sofort Motorrad und Karabiner aus dem Walde holen. Eine Schaufel mußte ich mitnehmen. Die beiden Polen nahmen mich in die Mitte. Am Walde angelangt, sagte ich, ich könnte das nicht ranschaffen, weil ich das nicht besessen habe. Da mußte ich sofort anfangen, mein Grab zu graben, da sollten meine Kinder und ich rein. Da wagte ich zu fragen, warum ich erschossen werden sollte, da antwortete mir der eine Pole, deutsche SS hätte in Polen auch Frauen und Kinder erschossen. Ich wurde noch angetrieben, schneller zu graben. Meine Kinder haben sehr geschrien. Da mußte ich auf die Kutsche steigen und sollte im Walde erschossen werden. Durch Bitten und Flehen ließen sie mich dann doch nach Hause gehen. Heute komme ich mir ja feige vor, aber in der größten Not und Angst war doch Gottes Macht da.

Anfang Oktober 1945 kamen polnische Soldaten ins Haus, traten zum Kinderwagen, da sagte einer von den Soldaten – erst haben sie nachgesehen, ob es ein Junge oder Mädel war –, es wäre ein kleiner SS, dem müßte jetzt schon der Hals durchschnitten werden. Ach, es war so furchtbar, ich mag gar nicht an die schreckliche Zeit zurückdenken.

Am 30. November 1945 kamen nachts polnische Soldaten, und wir mußten in zehn Minuten ohne Verpflegung nur mit dem nackten Leben Haus und Hof verlassen ...
Wie wir ausgewiesen wurden, gab es noch eine körperliche Durchsuchung; nach sechstägiger Bahnfahrt kamen wir nach Neustrelitz/Mecklenburg ins Lager. Hier habe ich das Schwerste in meinem Leben durchgemacht. Meine beiden jüngsten Kinder, Manfred im Alter von sechs Monaten und Herbert im Alter von sechs Jahren, erlagen beide dem Hungertod. Als Mutter mußte ich zusehen und konnte nicht helfen.

Lehrer F. L. aus Dieck, Kreis Neustettin

»Herr Lährer fort, letzten beißen Hunde.«

Am 9. März 1945 kamen wir auf verschneitem Weg nach Dieck. Hier waren die Russen am Tage vorher abgezogen. Im Hause wüste Unordnung, alle Bücher, aus Wohnung und Schule geworfen, lagen im Hofe in Schnee und Dreck, Spiegel zertrümmert, Aufsatz vom Schreibtisch im Keller, Schlösser an den Türen zerschlagen, in der Scheune lagen Reste von geschlachteten Kälbern und Schweinen. Das Rindvieh war vor der Flucht abtransportiert, viele Kühe waren entlaufen und trieben sich in der Nähe der Dörfer herum. Wir haben über 20 Stück gefangen und in die Ställe gebracht.
Bauer Drews war vor uns zurückgekehrt von Kölpin aus. In den nächsten Wochen trafen weitere Familien ein, zum Teil aus der Gegend von Greifenberg (Glasenapps, Frau Oldenburg, Redmers, Buses, Kasulkes). Am 9. Mai 1945 kam auch der Bürgermeister Stollner von Rügen zurück, Frau Mansolf aus Stralsund. Der Ortsgruppenleiter Franz aus Thurow wurde bei seiner Rückkehr von den Polen erschlagen. Auch Leute aus Lottin, Wulfflatzke, Thurow kamen auf dem Rückweg durch Dieck, zum Teil noch mit Fuhrwerk, die meisten zu Fuß, sogar barfuß. Durchziehende Russen (Troß) plünderten, machten Jagd auf die letzten Hühner. Polnische Miliz ordnete Reinigung der Straßen an. Am Seeufer lag ein toter deutscher Soldat ohne Erkennungsmarke oder Papiere. Wir haben ihn auf dem Friedhof beerdigt.
Russen setzten mich als Bürgermeister ein; ich mußte jeden Sonnabend zu Fuß nach Neustettin zum Wojt (Amtsvorsteher), um Befehle entgegenzunehmen. In den Dörfern täglich neue Plünderung durch Russen und Polen. Alles, was ihnen gefiel (Kleider, Wäsche, alles was glänzte), wurde mitgenommen. Es wurde erst etwas besser, als ein russisches Kommando aufs Gut kam zur Bewachung von 250 deutschen Gefangenen, die aus dem Lager Stargard kamen und die Ernte einbringen mußten.
Männer, Frauen und Mädchen mußten arbeiten und erhielten Bekösti-

gung. Meine Frau und Frau H. mußten jeden zweiten Tag für die Russen Brot backen; dabei blieb jedesmal für uns ein Brot übrig, auch Mehl zur Suppe. Die Kühe waren bis auf drei von den Russen genommen.
Am 9. April 1945 war ich in Neustettin, um vom Starosten die Erlaubnis zum Kornmahlen zu holen, und wurde auf der Straße von polnischer Miliz verhaftet, trotz Ausweis als Bürgermeister. Ich wurde ins Haus von Oberstleutnant Husen gebracht, wo die Zimmer schon von andern Aufgegriffenen voll waren. Am Abend wurden wir ins Gefängnis gebracht, wo schon viele Männer aus umliegenden Dörfern waren. Auf meinen Protest gab es Fußtritte und Kolbenstöße.
Am 10. April 1945 begann der Abmarsch von 600 Mann nach Schneidemühl. Am ersten Tag ging es bis Bahrenbusch, in Scheunen einquartiert: zwei Mann aus Thurow und Münchowshof blieben unterwegs liegen und wurden erschossen. Am zweiten Tag ging es über Ratzebuhr, Flederborn, das völlig zerstört war, Jastrow bis Betkenhammer, dasselbe Scheunenquartier. Am Morgen erhielten wir Pellkartoffeln, und dann ging es über Plietnitz, Kramske, Borkendorf nach Schneidemühl. Die Innenstadt war fast völlig zerstört. In der Kaserne wurden wir von [einer] russischen Ärztin untersucht. 160 Alte und Kranke konnten zurück, wurden aber von Polen angehalten und mußten drei Tage arbeiten (Regierungsgebäude und Hauptzollamt ausräumen. Essen: Erbsen aus Büchsen und ein Stück Brot). Die Polen waren furchtbar gehässig.
Am 16. April 1945 konnten wir 160 Mann abmarschieren. Fleischermeister Richard Glasenapp-Neustettin war Transportführer. In Borkendorf hielten uns die Russen an, und wir mußten drei Tage beim Brükkenbau über die Küddow helfen. Am 19. April 1945 Abmarsch nach Neustettin, in Betkenhammer erneut von Russen angehalten, mußten Kohlenzug beladen; am Abend auf dem Kohlenzug bis Jastrow, auf dem Bahnhof ohne Essen und Schlaf übernachtet und am nächsten Morgen auf offenen Loren mit Zug in Richtung Neustettin. In Lottin abgesprungen und übers Feld nach Wulfflatzke und Dieck (Postbote Krause-Wulfflatzke, Behnke-Labenz und ich).
Die Freude meiner Frau war groß, als ich hereinkam; denn sie hatte ja keine Ahnung, wo ich geblieben war. Im Hause war ein russischer Kapitän einquartiert, ein freundlicher Mann, eine rühmliche Ausnahme. Im allgemeinen waren die Russen roh, [sie] durchsuchten Gärten und Ställe mit spitzen Drahtstäben nach vergrabenen Sachen.

Ein Glück für uns war die Feindschaft zwischen Russen und Polen. Der Russe überließ dem Polen nichts. Riesige Viehherden, Pferde und Schafe wurden ostwärts getrieben, sämtliche Maschinen und Ackergeräte abtransportiert. In Neustettin sah ich, wie ganze Lastzüge mit Klavieren oder Betten und Matratzen zur Bahn gebracht wurden. Der russische Kommandant in Dieck sagte zu mir: »Er, der Pole, behält die Erde.«

Nach dem Potsdamer Abkommen wurden die Polen immer frecher und riefen uns zu: »Über Odder!« Wer irgend konnte, verließ daher die Heimat. Ein polnischer Straßenaufseher sagte zu mir: »Herr Lährer, fort, letzten beißen die Hunde, kommen alle in Lager.«

Am 17. September 1945 gingen auch wir mit einem Transport aus Neustettin nach Westen ab. 14 Tage später sind dann auch die andern gefolgt. Drei Familien, Buchholz, Horn und Drews, wurden von den Polen zurückbehalten. Diese sind erst 1947 ausgewiesen worden und haben solange bei den Polen arbeiten müssen.

Bauer Max Haeger aus Pustchow, Kreis Belgard

»Nix für Pole arbeiten, nur für die Russen!«

Am Morgen des 8. März 1945 ging ich wieder zum Dorfe, um mein Vieh zu besorgen, und des Abends nach den Ausbauten, weil es da verhältnismäßig ruhig war. So ging es über eine Woche lang. Das Trommelfeuer um Kolberg hörte sich schaurig an. Am 16. oder 17. März nahm ich meine Frau mit nach dem Dorfe. Es kamen nur vereinzelt russische Panzer mit aufgesessener russischer Infanterie und auch Fuhrwerke durch.

Am Sonntag, dem 18. März, war ich nach meinem Nachbar vis-à-vis gegangen. Plötzlich kam ein Russe mit Maschinenpistole in das Zimmer und bedeutete uns, ihm zu folgen. Wie wir draußen waren, waren verschiedene Polen da. Es wurde uns gesagt, wir sollten sofort sämtliche Kühe und Kälber losbinden, denn das Vieh würde abgetrieben und zwar nach Köslin, und wir sollten als Treiber mit. Es würde drei bis vier Tage dauern, ehe wir zurück wären.

Nun wurden sämtliche Kühe und Kälber aus dem Dorfe – die Ausbauten blieben diesmal noch verschont – nach dem Dorfe Silesen abgetrieben. Im Laufe des Sonntagnachmittag trafen dort auch die Kühe aus den Dörfern Klempin, Darkow, Umlow und Butzke ein. Am Montag früh ging es über Krähenkrug, Barzlin usw. nach dem Dorfe Neuklenz. Da wurde haltgemacht, weil es dunkel wurde. Es waren ca. 80 Männer, ca. 25 bis 30 Frauen und Mädchen als Treiber dabei. Die Hälfte der Männer mußte Wache halten bei dem Vieh, die andere Hälfte konnte schlafen. Die Frauen und Mädchen kamen für sich!!

Am andern Morgen ging es nach Köslin. Die Kühe auf eine Ziegelei kurz vor Köslin. Es mußte die Ziegelei des Besitzers Wunder oder Wunderlich sein. Wenn wir nun gedacht hatten, wir könnten nun wieder nach Hause, so hatten wir uns geirrt. Es wurde uns bedeutet, wir hätten jetzt das Vieh zu betreuen.

Da es unmöglich war, auch nur einen kleinen Teil der Kühe zu melken, brachen bald allerlei Krankheiten und Seuchen aus, z. B. Milchfieber,

Maul- und Klauenseuche u. a. Zwar mußten wir Futter aus umliegenden Dörfern heranholen, aber bei den Tausenden von Kühen war eine auch noch so primitive Fütterung unmöglich. Es wurden wohl Heu und Stroh auf die Erde geworfen. Die Vordersten bekamen wohl etwas ab, doch die Hinteren drängten nach, und schon war alles in Grund und Boden gestampft. Wir mußten wohl Futterraufen bauen, auch wurden die Ziegeleischuppen für das Vieh hergerichtet. Aber es waren alles nur halbe Maßnahmen. Das Vieh krepierte massenweise. Aus Wut darüber ordnete der russische Kommandant an, wir sollten als Strafe dafür arbeiten.

Es kam öfter vor, daß wir 20 Stunden und auch noch mehr arbeiten mußten. Z. B. mußten wir, weil der Russe wohl nichts Besseres wußte, ungedroschene Weizengarben aus einer Scheune auf das Feld tragen, wahrscheinlich, damit es dort verderbe. Ich persönlich mußte mit noch einem Deutschen am Tage für die Kühe Wasser pumpen, des Nachts aufpassen, daß sie nicht ausbrachen. Es waren dort auch noch mehr Kühe zusammen als aus den anfangs erwähnten Dörfern, z. B. Nassow, Biziker, Kratzig u. a. Der größte Teil des Viehs ging natürlich ein.

Infolge der schlechten Verpflegung und sonstiger harten Maßnahmen versuchten wir einzeln und auch mehrere zusammen zu fliehen, um wieder nach Hause zu gelangen. Vielen, hauptsächlich Männern, ist die Flucht auch geglückt, sind aber zu Hause von den Russen wieder kassiert und anderweitig hin verschleppt worden. Ich hatte mich mit meinem Kameraden in der letzten Aprilhälfte an einem Sonnabend verabredet. Doch es kam anders.

Am Freitagmorgen kam der Pole, der über uns die Aufsicht hatte: sofort fertigmachen, mit den Kühen weiter. Vor Wut, daß unser Plan nun vereitelt war, stiegen mir Tränen in die Augen. Es wurden 350 bis 400 Kühe zusammengesucht, es mußten sechs deutsche Männer und ungefähr 25 Frauen und Mädchen mit. Es ging durch Köslin, bei der abgebrannten Papiermühle vorbei nach einem kleinen Dorfe am Jamunder See, der Name des Dorfes war »Puddemsdorf«.

Das Dorf war vollständig von der deutschen Zivilbevölkerung geräumt. Ein 15 Kilometer breiter Streifen an der Küste entlang war auf Befehl von den Russen von der deutschen Zivilbevölkerung geräumt worden. Die Aufsicht in dem Dorfe hatte ein russischer Kommandant und noch ein Russe und dann auch noch verschiedene Polen, die zum

Teil auch bewaffnet waren. Wir sechs Männer bekamen zusammen ein Quartier angewiesen. Ungefähr 60 Kühe, die besten, wurden in den dort vorhandenen Stallungen ordnungsmäßig untergebracht, gemolken und gefüttert. Die übrigen mußten sich draußen, wo die Vegetation schon einsetzte, ihr Futter suchen. Es war eine deutsche Frau als Köchin angestellt, die für uns Deutsche kochen mußte. Die Verpflegung war den Umständen nach gut, ebenso die Behandlung. Der russische Kommandant sagte: »Männer viel roboten, dann auch gut essen.«
Der andere Russe, der noch da war, hatte am Tage die Aufsicht über die Kühe, die ich mit einem Teil der Frauen und Mädchen hüten mußte. So gut dieser Russe gegen mich war, so gemein und häßlich konnte er gegen weibliche Personen sein. Was man von dem Russen denken sollte, wußte ich öfter selber nicht.
Einmal war eine Kuh krank geworden und in einen Graben gefallen. Wie wir sie rausgezogen hatten, konnte sie sich nicht mehr erholen. Da fing dieser Iwan an zu weinen, streichelte die Kuh, gab mir sein Gewehr, ich sollte der Kuh den Gnadenschuß geben, er könnte es nicht. Einmal grausam, dann wieder ein großes Kind.
Wenn die Arbeit auch sehr gut auszuhalten, die Verpflegung auch ausreichend war, so quälte mich doch die Ungewißheit über das weitere Schicksal meiner Frau und der beiden Pflegekinder – das Mädel aus Berlin und der Junge aus Mülheim-Ruhr. Ich trug mich mit dem Gedanken, die Flucht zu versuchen.
Schließlich nahm ich mir einen Polen, der gut deutsch sprechen konnte, zum russischen Kommandanten als Dolmetscher mit, ob ich nicht einmal Urlaub bekommen könnte. Es war Sonnabend vor Pfingsten. Auf seine Frage, wie weit von Hause, sagte ich »Sorok Kilometer« also 40 Kilometer; es war wohl weiter. Ich wollte einen Schein haben. »Nix Papier«, sagte er, »Dienstag Du wieder zurück.« Inzwischen waren von der Zivilbevölkerung verschiedene Familien zurückgekehrt, an Leuten hatte er also keinen Mangel.
In der Nacht zum Pfingstsonntag gingen drei andere Männer und ich los. Die Gegend war mir unbekannt. Aber zwei von den Männern aus dem Dorfe Popenhagen wußten etwas Bescheid, denn eine Chaussee oder öffentlichen Weg zu benutzen, war nicht ratsam, denn wenn uns zufällig ein anderer Russe traf, der kassierte uns sofort wieder ein.
Morgens gegen 4.00 Uhr passierten wir die Dörfer Bast, Kasimirsburg.

Wir sahen in der Ferne ein russisches Fuhrwerk ankommen. Wir versteckten uns auf dem Friedhof zwischen den Gräbern. Als der Wagen vorüber war, marschierten wir weiter. In Poppenhagen nahmen die beiden, die da beheimatet waren, Abschied. Ich ging mit dem anderen Kameraden, der ungefähr acht Kilometer von meinem Heimatort entfernt wohnte, weiter auf das Dorf Varchmin zu. Da trafen wir deutsche Zivilbevölkerung, die uns den Weg weiter beschrieben.
Es war ein trauriges Wandern. Auf den Feldern wucherte das Unkraut, keine fleißige Hand des Bauern oder Landwirts hatte sich gerührt, das Feld zu bestellen. Wir kamen ungehindert bis zum Dorfe Kratzig. Die Gegend war mir schon etwas bekannt. Auf dem Kratziger Friedhof machten wir eine kleine Pause. Wir mußten nun über die Radüe. Es blieb uns nun keine andere Wahl, als bei Nassow über die Brücke zu gehen. Wir kamen auch unbehelligt rüber. Nun ging es quer durch den Nassower Wald auf die Pustchower Ausbauten zu, die ich zu Anfang dieses Berichtes erwähnte.
Gegen 12.00 Uhr war ich bei meiner Schwester und deren Schwiegertochter. Wie ich Pustchower Grund und Boden betrat, machte mein Herz einen Freudensprung, denn hier waren die Felder bestellt. Der Hafer war grün, auch die Kartoffeln waren gepflanzt. Daß meine Frau mit den beiden Pflegekindern gesund, erfuhr ich sofort durch meine Schwester.
Wie ich näher zum Dorfe kam, war es ein ganz friedlicher Anblick, der sich mir darbot. Der Bahnwärter weidete seine Kuh am Bahngraben. – Um 13.00 Uhr Pfingstsonntag traf ich nach genau neunwöchiger Abwesenheit zu Hause ein.
Im Hause hatte sich vieles geändert. Meine Frau hatte über ein Dutzend Flüchtlinge im Hause, teils aus Ostpreußen, teils aus Pommern. Es war auch eine russische Kommandantur, bestehend aus einem Zivilrussen und einem Kosaken im Dorfe, die, wie ich später wahrnehmen konnte, nicht sehr polenfreundlich war.
Am Pfingstmontag kam der Kosak auf meine Hoflage und stocherte mit seinem Degen in meinem Garten umher. Meine Frau hatte mit den Flüchtlingen allerlei Unrat und Scherben untergegraben. Ich ging zu ihm hin, was er wollte. Da er mich noch nicht gesehen hatte, frug er: »Wo du her?« Ich hatte noch einen Ausweis aus der ersten Zeit in Köslin. Ich zeigte ihm den, aber Lesen schien nicht seine starke Seite zu sein,

denn er hielt den Schein verkehrt rum. »Was du da machen?« war seine Frage. Ich sagte: »Patrouille bei Korowa« (Wache bei Kühen). »Du nicht zurück, du bei mir auf Kuh aufpassen.« Also konnte ich zu Hause bleiben, mußte des Nachts bei den Kühen aufpassen und zwar von 20.00 Uhr bis morgens 4.00 Uhr. Das war gut auszuhalten, denn den ganzen Tag hatte ich frei.

Es befanden sich auch deutsche Kriegsgefangene in der Nähe, dieselben mußten in der Landwirtschaft arbeiten. Die übrigen Dorfbewohner mußten unter der Aufsicht des Bürgermeisters Beilfuß in der beginnenden Heuernte arbeiten. Es wurde mit Maschinen sowie auch mit Sensen gemäht; wenn das Heu trocken war, wurde es in ganz große Haufen gesetzt und sollte später abgefahren werden.

Nach und nach sickerten immer [mehr] Polen ein, so daß im Juli der größte Teil der Wirtschaften von Polen besetzt war. Auf meine Wirtschaft durfte kein Pole rauf, weil auch die Flüchtlinge, die in meinem Hause waren, bei der Kommandantur beschäftigt waren. Die Polen auf den Wirtschaften waren in der ersten Zeit ziemlich bescheiden. Jedoch nach sieben Wochen, in der letzten Julihälfte, kam die russische Kommandantur von Pustchow fort. Nun kam einer, der polenfreundlich war. Gleich machte sich der Pole breit.

Eines Morgens kam die polnische Miliz in das Dorf, verhaftete den Lehrer Stegemann, Bürgermeister Paul Beilfuß, den Bauer Max Ebert und mich. Wir wurden nach dem Dorfe Pumlow gebracht. Wurden dort verhört, blieben einen Tag und Nacht fort. Am andern Morgen ging es nach Belgrad und wir wurden in den Keller des Rathauses eingeliefert. Nach kurzem Verhör kamen wir in verschiedene Zellen. Es waren schon mehrere Schicksalsgenossen dort. Am Tage holten uns öfter Zivilpolen, bei denen wir arbeiten mußten, am Abend wurden wir wieder zurückgebracht. Daß wir auch öfter die verstopften Klosetts sauber machen mußten, bemerke ich nebenbei.

Im übrigen war die Behandlung gut. Es waren ältere Wachtmeister, die wohl im ersten Weltkrieg bei den Deutschen gedient hatten und sprachen auch ziemlich gut Deutsch. Die Verpflegung war allerdings mangelhaft. Wir konnten bald unsere Angehörigen so hintenrum benachrichtigen, wo wir uns befanden. Die Aufseher duldeten es auch, daß wir unsere Angehörigen auf kurze Zeit sprechen konnten, d. h. soweit sich dieselben nach Belgard hineingewagt hatten.

Nach 14 Tagen kam ich zum Verhör und sollte entlassen werden. Auf meine Frage, ob meine Kameraden, die mit mir gekommen, nicht entlassen würden, die hätten bestimmt nichts verbrochen, da wurde mir bedeutet, dann mußte ich noch acht Tage warten. Nach acht Tagen – es können auch zehn sein – wurden wir vier auf einem Schein entlassen. Der Bürgermeister Beilfuß konnte mit Einwilligung des polnischen Wachtmeisters für seine kleine Enkelin einen Teddybären mitnehmen. Zu Hause war bei allen die Freude natürlich groß. Doch in unserm Dorf war nun fast jede Wirtschaft von einem Polen besetzt. Sie fuhren öfter in ihre frühere Heimat zurück und brachten die Sachen, die sie sich zusammengestohlen hatten, wohl dorthin.

Inzwischen war die Roggenernte beendet worden. Jede deutsche Familie, die bei den Russen gearbeitet hatte, bekam als Lohn ungefähr 0,50 Hektar Roggen, damit jeder Brotkorn für ein Jahr hatte. Die Personenzahl spielte dabei keine Rolle.

Nach 14 Tagen, in der ersten Hälfte des Monats August, an einem Sonnabend gegen 17.00 Uhr, wurde meine Hoflage von fünf schwer bewaffneten Polen umstellt. Ein junger polnischer Bengel im Alter von ungefähr 22 Jahren kam in die Stube rein und stellte sich als Kriminalkommandant der neuen polnischen Regierung vor und frug, ob ich der Bauer Max Haeger wäre, was ich bejahte. Daraufhin sollte ich ihm folgen, denn für mich gebe es kein Wiedersehen mehr. Meine Frau brachte mir noch schnell einen Mantel, den ich jedoch nicht bekam, sondern einer der fünf Polen nahm den Mantel gleich an sich. Ich wurde auf den Wagen geworfen, ein Russe war als Kutscher darauf. Die Polen stiegen auch auf, und fort ging es Galopp nach dem Dorfe Kösternitz. Dort fuhren sie auf ein mir bekanntes Gehöft – Gerhard Krause.

Ich wurde in ein Zimmer gebracht, ich wurde durchsucht, und meine Sachen, die ich bei mir hatte, Brieftasche, Rasierapparat, Hosenträger, Stiefel usw. wurden mir weggenommen. Darauf mußte ich niederknien und die Arme ausstrecken. Da fragte mich der junge Pole, wie ich mir jetzt vorkäme als Ortsbauernführer. Er fing an zu schreiben, und zwischendurch sagte er zu mir: »Wir Polen quälen keine Leute, wir erschießen sie nur.« Er werde es sich überlegen, ob ich mit einem sechs oder neun Millimeter erschossen würde.

Als er mit dem Schreiben fertig war, meinte er, so, jetzt würde ich erschossen. Ich sollte in den Garten gehen, ein Pole Gewehr im An-

3 In klirrender Kälte brechen die Trecks überstürzt auf, ziehen in endlosen Kolonnen gen Westen. Viele Menschen d den Strapazen nicht gewachsen und sterben am Wegesrand.

*Deutsche Soldaten haben ein pommersches Dorf zu-
:kerobert und finden nur noch Trümmer und Tote vor.*

*Wehrmachtsfahrzeuge und Flüchtlingswagen versu-
:n auf der Flucht vor der Roten Armee über eine Not-
'ücke das westliche Ufer eines Flusses zu erreichen.*

11/12 Während Flüchtlinge die Reste ihrer Habe auf Handkarren und Schlitten nach Westen zu retten versuchen, marschieren Eingreifreserven der deutschen Wehrmacht erneut an die Oderfront.

13 *Am 30.1.45 wurde der Passagierdampfer »Wilhelm Gustloff« mit über 6600 Menschen an Bord von drei sowjetischen Torpedos getroffen und versank. Nur etwa 1000 Flüchtlinge fanden Rettung.*

14 *Der Untergang der »Wilhelm Gustloff«. Zeichnu von Marinemaler Prof. Adolf Bock aus Wollin in Po mern, der die Schiffskatastrophe vor Stolpmünde übe lebte.*

schlag hinter mir. Mein Gedanke: »Nun ist es bald vorbei.« Wir mußten bei einem Keller vorbei, und plötzlich wurde ich hineingestoßen. Nach einer Stunde, es können auch zwei gewesen sein, wurde ich rausgerufen, und der angebliche Kriminalkommandant faßte meine Hand und schlug mit der anderen mir ins Gesicht. Wie ich beinahe zusammenbrach, stieß er mich die Kellertreppe hinunter.

Des Nachts trug ich mich mit dem Gedanken zu flüchten, aber der Gedanke an meine Frau, wenn mir auch die Flucht gelang, hielt mich zurück.

Am andern Morgen mußte ich rauskommen. Der Pole hoch zu Roß. Ich mußte zu ihm hintreten und in einen Spiegel schauen. Ich sah fürchterlich aus, das Gesicht geschwollen, die Augen blutunterlaufen, dabei fragte er zynisch, ob ich mich gestern gestoßen hätte.

Jetzt wurde ich durch das Dorf geführt. Er hoch zu Roß, ein Milizsoldat mit Fahrrad und Karabiner hinterher. Mehrere Mal hielt er an, und ich mußte wieder in den Spiegel gucken, und schließlich bekam ich mit der Reitgerte eine über das Gesicht gezogen.

Dann ging es die Chaussee entlang nach Belgard. Er Galopp voran, ich in der Mitte und der Milizsoldat mit dem Fahrrad hinterher. Wenn ich nicht mehr laufen konnte, bekam ich einen Fußtritt in das Steißbein. Bei der Pankniner Schule wurde halt gemacht, und ich wurde der dortigen Miliz übergeben. Ich hörte nur das Wort »Partisan« heraus.

Nach kurzem Aufenthalt ging es weiter, aber nicht mehr in diesem Tempo. In Belgard wurde ich nicht im Keller des Rathauses, den ich schon kannte, sondern in den Keller des Töpfermeisters Dombrowski eingeliefert. Hier war die Behandlung sehr schlecht, die Verpflegung völlig unzureichend. Zwischen 11.00 und 12.00 Uhr paar Kartoffeln in Wasser und nachmittags zwischen 17.00 und 18.00 Uhr 200 Gramm Brot und Kaffeebrühe.

Des Nachts brannte in der Zelle eine 100kerzige Birne. Soweit Pritschen vorhanden waren, lagen wir darauf, die übrigen auf Zementfußboden. Decken waren keine vorhanden. Nachts mußte sich jeder bis aufs Hemd ausziehen. In den Pritschen waren keine Bretter sondern Sprossen, die das Liegen zur Qual machten. Und wenn des Nachts die angetrunkenen Wachtmannschaften die Zelle revidierten und es hieß »raus«, wehe dem, der als Letzter von seinem Lager runterkam, der mußte auf den Gang kommen, sich über einen Stuhl legen, und dann gab es mit einer daumendicken, aus Leder geflochtenen Peitsche, und dabei wurde ganz langsam bis zehn gezählt. Damit das Geschrei – ich möchte sagen Gebrüll – nicht zu laut war, wurde der Mund zugedrückt. Dasselbe passierte dem, der als letzter wieder auf sein Lager kam; einer mußte es schließlich immer sein.

Es freute sich jeder, der am Tage ein Arbeitskommando bei den Russen bekam. Derselbe bekam was zu essen; wenn es gut ging, konnte er auch noch ein Stück Brot mit in die Zelle schmuggeln. Morgens wurden wir einmal zur Latrine geführt. Die nicht auf der Latrine waren, mußten im Kreise einmal links- und dann rechtsrum laufen. Wenn dem Posten es zu lange dauerte, mußten viele so rein, wie sie rausgekommen waren.

Darmkrank waren fast alle, und in der Zelle nur ein Gefäß zum Austreten, oft lief es über, und keine Entlüftung. Was für ein Geruch in so einer Zelle war, kann sich jeder selbst denken.

Öfter mußten wir Kohlenzüge entladen, aber wir waren wenigstens aus der Zelle raus und bekamen zu Mittag eine dünne Wassersuppe. Wenn einer Glück hatte, fand er auch ein Stück Brot oder in Gärten am Bahnhof eine Zuckerrübe. Nach ungefähr 14 Tagen wurde ich eines Morgens aus der Zelle rausgerufen zu einem älteren Polen in Zivil. Was der vorstellte, weiß ich nicht. Der gab den Auftrag, auf die drei Gänse, die auf dem Hof waren, aufzupassen, daß die nicht wegliefen. Diese Beschäftigung hatte ich nun fast alle Tage und war somit jeden Tag an der frischen Luft. Bekam ab und an von russischen Soldaten ein Stück Brot rübergeworfen. Dieses durfte die polnische Miliz natürlich nicht sehen.

Eines Tages sah mich eine gewisse Frau P. aus Belgard. Sie war während des Krieges bei der Kreiskommunalkasse beschäftigt, ich hatte als Gemeindekassenführer öfter dienstlich mit ihr zu tun. Besagte Frau P. war im Haushalt eines russischen Offiziers beschäftigt, und das Haus grenzte an den Hof unseres Gefängnisses. Zum Glück war diese Ecke durch eine große Weide mit herabhängenden Zweigen ziemlich verdeckt. Die polnische Miliz konnte diese Ecke vom Fenster aus nicht genau beobachten. Wir verabredeten ein Zeichen, – wenn sie das eine Fenster im ersten Stock öffnete und mit der Hand nach unten zeigte, würde sie etwas Eßbares in die Ecke stellen. Es mußte natürlich unbeobachtet geschehen. Es gelang mir auch, meiner Frau ein Lebenszeichen durch Vermittlung meiner Nichte Gertrud Meserk zuzustellen.

Nach ungefähr viereinhalb Wochen wurden wir Sträflinge alle sortiert und zwar in drei Klassen: I. Wehrmachtsangehörige, II. Mitglieder der NSDAP und III. Zivilgefangene. Ich gehörte zur II. Gruppe. Es wurden alle namentlich aufgerufen. Zuletzt blieben fünf Mann übrig, darunter auch ich. Ich meldete mich, daß ich noch nicht aufgerufen war und daß ich zur NSDAP gehörte. Worauf mir der polnische Miliz, ich glaube, es war ein Sergeant, erwiderte: »Ach laß, du entlassen«, was ich natürlich nicht glaubte.

Abends kamen wir fünf in eine Zelle alleine. Ein Posten kam zu uns rein und sagte: »Ihr jetzt entlassen.« Wie wir losgehen wollten, lachte er uns aus: »Nicht so schnell.« Am andern Tage kamen vier Mann raus. Ich blieb alleine.

Am andern Tage kam ein Wachmann, ich sagte zu ihm, ob ich nicht entlassen würde: »Ja, du zum Kommissar!« Ich ging hin, es war der ältere Pole in Zivil, der mich zum Gänsehirten bestimmte. »Du kannst gehen.« Ich mußte noch was unterschreiben. Es war [ein] Bogen, soviel ich mich besinnen kann, in Maschinenschrift. Was ich unterschrieben habe, weiß ich nicht, denn es war polnisch.

Wie ich das Tor passieren wollte, hielt mir der Posten die Maschinenpistole vor: »Zurück, Papier.« Ich ging zum Kommissar zurück, ich käme nicht durch. Darauf schrieb er was auf einen Zettel, ein Stempel war nicht darunter, und kam selber mit. Er sprach mit dem Posten, ich konnte durchgehen und war »frei«. Es war der 2. Oktober 1945. Ich ging an der Bahnstrecke teilweise auch über die Wiesen nach Pustchow zurück.

Es hatte sich im Dorfe vieles geändert. Die russische Kommandantur war fort, ebenso alles Vieh, bis auf eine Kuh und ein Schwein auf jeder Wirtschaft. Meine Frau hatte noch ein Schwein von 120 Pfund versteckt, aber es wurde uns bald gestohlen. Auf jeder Wirtschaft war ein Pole, schon meist mit Familienangehörigen. Jetzt zeigten die meisten ihr wahres Gesicht.

Auf meiner Wirtschaft war ein einzelner Pole, ein ausnahmsweise ehrlicher Mensch. Doch leider blieb der nicht lange, sondern zog zu einer Polin, die auch im Dorfe wohnte. Nun kam ein etwa 30jähriger und ein 17-jähriger. Er führte sich ein mit den Worten: »Ich hier jetzt Bauer, komm, zeig mir Grenze.« Er brachte einen älteren Gaul mit. Ich durfte natürlich damit nicht ackern, sondern er verborgte das Pferd an andere Polen gegen Zloty.

Die Flüchtlinge aus meinem Hause waren zum Teil hinter die Oder gezo-

gen, es waren nun noch zwei Männer und drei Frauen da. Anfang November, 3. oder 4., zogen auch die fort.
Die Polen holten sich, was ihnen gefiel. Der polnische Lehrer holte sich aus meiner Küche den elektrischen Dreiplattenherd mit den Worten: »Ich nur aufbewahren, damit Russe nicht nimmt.«
Das Leben wurde immer schwerer. Die deutschen Einwohner gingen wie gehetztes Wild umher. Ich sagte zu meinem Polen, wir müßten doch endlich etwas Roggen säen. »Ach was, vielleicht ich gar nicht hierbleiben.« Also wurde kein Roggen gesät. Die Kartoffeln hatten wir bis auf einen Morgen rausgebuddelt und auf dem Felde eingemietet. Und so viele haben wir in Körben und Säcken nach Hause geschleppt, daß wir über Winter Vorrat hatten. Wir wurden auch öfter vom Felde runtergetrieben und mußten für diesen oder jenen Polen die Kartoffeln ausbuddeln. Kam hin und wieder ein Russe vorbei, mußten wir aufhören. »Nix für Pole arbeiten, nur für die Russen.« Wer eigentlich zu bestimmen hatte, weiß ich nicht.

Landwirt K. S. aus Bulgrin, Kreis Belgard

Unter dem »Schutz« der Miliz und der Russen

Kurze Zeit, nachdem ich nach Hause gekommen war, kamen – zuerst vereinzelt – die Polen auch in unser Dorf. Die besahen sich die Größe des Ortes und ließen sich auf dem Hof, der ihnen gefiel, nieder. Wir Deutschen mußten ihnen zunächst ein Zimmer mit allem, was dort an Möbeln, Wäsche usw. drin war, überlassen.
Um möglichst viel von uns über die Bewirtschaftung des Hofes usw. zu erfahren, behandelten uns die Polen zunächst ziemlich kameradschaftlich. Wir dachten zunächst, und die Polen bestärkten uns durch Redensarten auch in dem Glauben, daß sie nur für eine kurze Zeit bei uns Asylrecht haben würden, da in Polen alles durch den Krieg zerstört worden war. Wir waren ja dort in der Heimat nur auf Gerüchte und Redereien angewiesen, die von den Polen in Umlauf gesetzt wurden, da es dort keine Zeitungen für uns Deutsche gab. Unsere Radioapparate aber waren von den Russen zerstört worden.
Daß wir aber zunächst dort in der Heimat bleiben durften, um für die Eindringlinge die Arbeit zu tun und die Wirtschaft weiterzuführen, von der die meisten nur wenig Ahnung hatten, das ahnten wir damals noch nicht!
Nach kurzer Zeit kamen auch die Familien unserer »Gäste« nach, ohne jedes Gepäck, das ihnen angeblich »unterwegs auf der Reise gestohlen worden war!« Selbstverständlich war für sie nun ein Zimmer nicht mehr ausreichend und die Bekleidung, Wäsche, Möbel und Hausrat, die uns gehörten, betrachteten sie jetzt als ihr Eigentum.
Bald war im Ort eine polnische Polizei (Miliz) stationiert, in der sich junge Burschen, die während des Krieges bei den Bauern gearbeitet hatten und auch meistens gut behandelt worden waren, sammelten, und die daher die Verhältnisse sehr gut kannten. Diese schikanierten die Deutschen und plünderten sie aus.
Unter dem Schutze dieser »Miliz« erlaubten sich die Polen immer größere Übergriffe gegen uns Deutsche, die des Nachts z.B. aus den Betten ge-

holt, geschlagen und auch tagelang verschleppt und eingesperrt wurden. Wenn z.B. die Deutschen nachts schliefen, kam plötzlich eine Horde meistens betrunkener Polen ins Zimmer, und die deutschen Familien mußten, so wie sie waren, in die Zimmer des Polen ziehen. Die bisherige Wohnung der deutschen Familie mit allem, was an Möbeln, Bekleidung usw. drin war, nahm der Pole. Schlechte Gegenstände und Bekleidungsstükke, die keinen Wert hatten, wurden den Deutschen nachgeworfen.
Dafür wurden die Lebensbedingungen für uns immer schlechter. Der Pole auf meinem Hof gab mir für meine sechsköpfige Familie pro Monat 12 Pfund Roggen, genau abgewogen, die wir schroten und uns dafür Brot backen konnten, und das, obwohl wir in demselben Jahre über 40 Zentner Roggen geerntet hatten. Meine Frau und ich hatten von über einem Hektar Kartoffeln rund 500 Zentner geerntet, die wir im Sommer gepflanzt und bearbeitet hatten! Aber trotzdem durften wir nicht soviel Kartoffeln aus dem Keller nehmen, wie wir zu unserer und unserer Kinder Ernährung benötigten!
Da es aber an Brot mangelte, waren wir hauptsächlich auf Kartoffeln angewiesen. Andere Nahrungsmittel gab es für uns Deutsche kaum. Fleisch, Fett und Eier nahmen die Polen für sich in Anspruch.
Das Vieh bis auf eine Kuh je Familie hatten die Russen bei ihrem Einmarsch abgetrieben. Von dieser einen Kuh die Milch und Butter wurde von den Russen und Polen verbraucht, besonders da diese auch eine große Familie waren, die dauernd dazu noch »Besuch« hatte! Wir mußten dafür um so mehr arbeiten! Im Winter wurden wir morgens um 6.00 Uhr aus dem Bett geholt, auch Vater, der 70 Jahre alt war, mußte dann schon im dunklen Holzstall Brennholz zerkleinern.
Da die Russen schon vorher auch die landwirtschaftlichen Maschinen zum größten Teil abgefahren hatten, war die Arbeit noch schwieriger für uns, da wir das meiste mit der Hand machen mußten. Die Maschinen und Geräte aber, die noch vorhanden waren, wurden von den Polen in kurzer Zeit unbrauchbar gemacht, da diese nicht verstanden, damit umzugehen. Z.B. wurden die elektrischen Sicherungen ganz unsachgemäß mit zu dickem Draht überbrückt mit dem Erfolg, daß die angeschlossenen Motoren usw. bei der Überlastung bald durchschmorten und unbrauchbar wurden!
Im Herbst 1945 wurde unsere alte Dorfkirche, in der unsere Vorfahren und wir getauft und getraut wurden, von den Polen in Besitz genommen.

Dabei wurden alle Einrichtungen, die irgendwie an uns Deutsche erinnerten, darunter auch die alten Gedenktafeln für die Gefallenen der Kriege 1866, 1870/71 und 1914/18 herausgerissen und zerstört. Wir mußten die Aufräumungsarbeiten rings um die Kirche tun, und die Einweihung der Kirche wurde von den Polen mit viel Alkohol gefeiert, wobei es auch zu Ausschreitungen gegen uns Deutsche kam.

Wir Deutschen mußten unseren Gottesdienst anmelden, den wir in irgend einem Raume abhalten konnten. Aber trotzdem kam es vor, daß die Besucher dieser Gottesdienste wegen angeblicher Abhaltung politischer Versammlungen verhaftet, tagelang eingesperrt und geschlagen wurden.

Da die Lebensbedingungen für uns immer schlechter wurden und wir einem sicheren Verhungern entgegengingen, sind wir im Februar 1946 ins Nachbardorf gezogen, wo eine russische Kommandantur war. Die Bauerndörfer waren hauptsächlich von Polen in Besitz genommen worden, dagegen bewirtschafteten die Russen die großen Gutsdörfer, deren Ertrag sie für die Truppen brauchten.

Unser Umzug mußte bei Nacht und Nebel geschehen; hätten die Polen etwas davon bemerkt, hätten sie uns sicher geschlagen und mißhandelt und restlos ausgeplündert. Von dem, was wir einst besessen hatten, konnten wir nur einen kleinen Handwagen voll mitnehmen, und zwar nur das Allernotwendigste an Kleidern und Wäsche. Möbel konnten wir nicht mitnehmen. Bei den Russen waren die Verhältnisse etwas besser, besonders dort, wo ein etwas deutschenfreundlicher Kommandant war. Und man konnte die Zeit, die bis zur endgültigen Festlegung der deutschen Ostgrenzen nicht mehr lange sein konnte, wie wir glaubten und hofften, besser überstehen, denn wir hofften noch immer, daß unsere Heimat nicht von Deutschland abgetrennt werden würde, bei den Polen mußten wir aber jeden Tag damit rechnen, ausgewiesen zu werden, sobald es ihnen paßte.

Bei den Russen bekam jeder, der arbeitete, folgende Lebensmittel:
650 Gramm Brot, 10 Gramm Mehl, 140 Gramm Grütze, 10 Gramm Nudeln, 25 Gramm Fleisch, 10 Gramm Speck oder Ersatzfett, 10 Gramm Öl, 35 Gramm Zucker, 30 Gramm Fisch, 30 Gramm Salz, 4 Gramm Kaffee und 920 Gramm Kartoffeln und Gemüse. Dies waren die festgesetzten Rationen, von denen aber sehr oft einiges, besonders Öl, Zucker, Fleisch, Speck und Nudeln nicht verteilt wurde! Fleisch und Fisch gab es niemals

in frischem Zustand. Das Fleisch bestand nur aus Knochen. Es gab z.B. je einen Knochen vom Schwein, Rind, Wild usw., alles durcheinander und nur Abfall wie Füße, Köpfe usw. Das Fleisch hatte tagelang ungesalzen gelegen, wenn wir es bekamen! Besonders in der heißen Jahreszeit stank es schon und war meistens ungenießbar. Die Lebensmittel wurden für fünf Tage ausgegeben. Alte Leute, Kranke und Kinder, also alle, die nicht arbeiten konnten, bekamen keine Zuteilung, und man mußte für diese Eßbares durch Stehlen besorgen.

Da das Gut einen deutschen Verwalter hatte und auch sonst auf dem Speicher und in den Ställen Deutsche mit der Aufsicht und Leitung betraut waren, erhielten wir durch diese öfters eine »Sonderzuteilung«! Aber es mangelte uns auch an Waschmitteln usw., und so blieb es nicht aus, daß manche von uns Läuse bekamen, deren Beseitigung infolge Fehlens von Waschmitteln ungeheuer schwierig war.

Im Juli erkrankte ich an Typhus, obwohl die Russen mehrmals Schutzimpfungen durchgeführt hatten. Ich kam nach Köslin ins Krankenhaus, das in einem Gemeindehaus untergebracht war, wo die Fenster undicht und nur notdürftig repariert waren. Auch mangelte es an ärztlicher Betreuung, vor allem an Medikamenten für uns Deutsche! Die Medikamente, die die Polen dem Krankenhaus überließen, waren sehr teuer, z.B. kostete eine Spritze 150 Zloty. Wir bekamen aber nur pro Monat 10 bis 20 Zloty pro Person von den Russen für unsere Arbeit neben der Verpflegung ausgezahlt.

Die Verpflegung in dem Krankenhaus war denkbar schlecht. Aus den Küchenabfällen wie Fischgräten, die aus einer russischen Küche geholt wurden, wurden für die Kranken Suppen gekocht. Nach drei Monaten wurde ich zwar aus dem Krankenhaus entlassen, da ich aber als Folge des Typhus Rheumatismus bekommen hatte und am Stock gehen mußte, war ich völlig arbeitsunfähig. Am 1. November wurde auch meine Frau aus der Arbeit entlassen, da die Russen nach Beendigung der Feldarbeit rücksichtslos alle Arbeitskräfte entließen, die sie nicht zum Viehhüten und den notwendigen Arbeiten auf dem Hof gebrauchten! Und so standen wir vor Eintritt des Winters vor dem Nichts, ohne Nahrungsmittel; denn da wir nicht arbeiteten, bekamen wir auch keine Zuteilung mehr von den Russen!

Bei unserer Entlassung sagten uns die Russen, daß sie uns über die Oder bringen, also ausweisen würden, da dies die Polen ja doch bald tun würden. Da wir aber den Sommer über bei ihnen gearbeitet hätten, wollten sie für unseren Abtransport sorgen, damit wir nicht ganz von den Polen ausgeplündert würden. Am 14. November luden uns die Russen auf zwei Trecker-Anhänger, aus dem Ort waren es ca. 180 Personen, meistens Alte, Kranke, Frauen, Kinder und fuhren uns nach Köslin. Hier sorgten sie auch dafür, daß wir mit dem bereitstehenden Transportzug am selben Tage mit fortkamen. So blieb es uns erspart, wochenlang in Köslin im Lager zu liegen.

Frau G. O. aus Treptow, Kreis Greifenberg

»Du Zeit für Kirche, dann auch roboti!«

Die Russen waren um 5.00 Uhr am 4. März 1945 im Besitz unserer Stadt, und die ganze Nacht fuhren sie und marschierten durch die Stadt. In der ersten Angst nahmen sich viele angesehene Bürger das Leben.
Am 9. März 1945 war die erste große Austreibung[1] der Zivilisten in Richtung Plathe. Im früher Leiskaschen Haus war russische Kommandantur, ebenfalls gehörten die Häuser in der oberen Kaiserstraße dazu. Die Kaserne wurde fast nicht benutzt. Das Militär der Russen lag in den Häusern der Bahnhofstraße, Pratenweg und Schleusenweg.
Im Gemeindehaus Schleusenweg hatte Herr Studienrat Blösius viele alte und kranke Leute aus Treptow und Umgegend aufgenommen und ist auch noch lange dort geblieben. In den ersten drei Monaten der Besatzung gab es nichts zu kaufen an Lebensmitteln usw., da zeigte es sich so richtig, was treue Nachbarschaft war …
Der erste Bürgermeister war der Pole von Kaufmann Leckow, das dauerte ein paar Tage, dann hatte er nur die Polizeigewalt. Bürgermeister wurde dann Pantoffelmacher Lüdtke aus der Botenstraße, der als Dolmetscher eine Baltendeutsche und Fritz Zielinski erhielt. Später wurden dann Zielinski und Herr Töpfermeister Langenfeldt Bürgermeister. Dem

[1] Gemeint sind nicht die Austreibungen über die Oder, die erst später einsetzten, sondern jene zeitweiligen Austreibungen, die nahezu allen Städten unmittelbar nach dem Eintreffen der Russen, teils aber auch noch Monate später stattfanden, um eine ungehemmte Plünderung und Beschlagnahme der Wohnungen ganzer Straßenzüge und Stadtviertel zu ermöglichen. Für Treptow wird diese Maßnahme auch bestätigt durch den Bericht von Frau Helene G. aus Treptow, in dem es heißt: »Am 4. März 1945 brach der Russe in Treptow/Rega ein und besetzte die Stadt ohne Kampfhandlungen. Nachdem dann die Kommissare eingetroffen waren, wurden wir ohne Ziel ausgewiesen, mit dem Hinweis, in 10 Minuten das Haus zu verlassen … Unter unsäglichen Strapazen zogen wir bis zum Vorwerk Gramkusen bei Plathe i. Pom., wo wir fürs erste in einem Kuhstall Unterschlupf fanden … [Am 15. April] konnten wir wieder zurück in die Wohnungen. Ausgeraubt, verschmutzt und verwüstet fand ich mein Haus vor.« Bestätigend äußert sich auch Bäckermeister Gädtke aus Treptow in seinem Bericht (S. 4): »Nun fingen die Russen mit Austreibungen an. Sie nahmen immer einige Straßenzüge, gingen in die Häuser und forderten die Leute auf: ›In anderthalb Stunden alles raus, Richtung Stolzenberg.‹ Sie plünderten dann diese eben verlassenen Wohnungen aus, und wenn die Leute nach einigen Tagen oder Wochen zurückkamen, fanden sie ihre Behausungen fast leer.«

letzteren wurde ab Mitte Juli 1945 ein Pole als Bürgermeister übergeordnet. Bis Ende August 1945 arbeiteten von dem alten Personal der Stadt Fräulein Techmer, Fräulein Meschke ... im polnischen Bürgermeisteramt.
Die Austreibungen wiederholten sich regelmäßig, fast alle 10 bis 14 Tage. Zweck der Sache: Plünderung und Männer und Jungen verhaften. Auch fanden sich Deutsche, die zu den Russen und Polen gingen und Namen angaben von früheren Pgs.; diese wurden oft bei Nacht und Nebel verhaftet, und viele sind nie wieder zu ihren Angehörigen zurückgekehrt ... Möbel wurden alle zum Flakbeständelager gefahren, und was nicht nach Rußland verladen wurde, wurde mit Benzin übergossen und angesteckt, dicke Rauchschwaden lagen oft tagelang hiervon über der Stadt.
Gleich in den ersten Märztagen kam ein Anschlag, darin jeder Deutsche aufgefordert wurde, Radio, Photoapparate und Telefon abzugeben. Alle, die dies lasen, kamen der Aufforderung nach, und die Flintenweiber holten sich Frauen und Mädchen zum Wohnungen durchsuchen nach Radio, Lampen und Hitlers »Mein Kampf«.
Jede arbeitsfähige Frau mußte sich morgens um 7.00 Uhr bei jedem Wetter zur Arbeit melden vor dem Bürgermeisteramt. Jungen und Mädchen, oft erst acht Jahre alt, mußten Vieh treiben. Oft kamen große Herden Kühe durch, die alle nach Rußland getrieben wurden.
Am 31. März 1945 war wieder Austreibung, diesmal trieben Mongolen und Kosaken. Wir zeigten den Schein vom russischen Arzt, der wurde zerrissen, und: »Dawai, Dawai!« mußten wir los. Am ersten Tag wurden wir 30 Kilometer getrieben, Kosaken auf ihren flinken Pferden immer als Antreiber dabei. Nachdem sich herausstellte, daß zwischen Greifenberg und Plathe alles von Zivilisten voll war, wurden wir zurückgetrieben und mußten nach Rütznow, dort kamen wir um 9.30 Uhr im Stockdunkeln an.
Auf der Dorfstraße kamen Russen, die uns anleuchteten, viele von uns Deutschen liefen weg, aber meine Familie und noch zwei andere konnten nicht mehr, und wir wurden in ein Haus eingewiesen. Die Russen brachten Talglichter, Milch, Brot und Käse und sagten, keine Angst, um 2.00 Uhr Patrouille und sonst nichts, dies stimmte.
Morgens brachten sie uns warmen Kaffee und fragten, wer arbeiten wollte, der bekäme Wohnung und Essen. Meine Schwägerin und ich meldeten uns, wir mußten im Schulhaus aufräumen und alles zum

Lazarett einrichten. Die drei Wochen in Rütznow waren die besten während der Besatzungszeit. Kein Russe hat uns belästigt.
Dann kam ein Anschlag, wer Haus und Wohnung behalten wollte, müßte in seinen Wohnsitz zurück, und da war trotz aller Vorstellungen bei den meisten kein Halten mehr, und es ging zurück. Wir kamen aber nur bis Klätkow, da Treptow noch gesperrt war. Klätkow lag an der Hauptstraße, und jeden Tag durchziehende Truppen setzten den Frauen und Mädchen viel zu. In dieser Hölle mußten wir 14 Tage bleiben.
Es waren hier im Dorf viele Ostpreußen, die hier von Russen eingeholt waren. Da sie kein Brot usw. hatten, waren wir alle an Durchfall erkrankt, und meine Mutter ging die sechs Kilometer nach Treptow, um Medikamente und Schwarztee für uns zu holen, erhielt dies auch von lieben Bekannten und kam damit bis kurz vor Klätkow. Dort wurde sie von einem 22jährigen Russen vergewaltigt und beraubt, alle Vorstellungen der 62jährigen halfen nichts. – Wie oft mußte nachts eine einzige Frau fünf bis zehn Russen über sich ergehen lassen! Nach 14 Tagen konnten wir endlich die Hölle verlassen.
Am 8. Mai 1945 kamen Lautsprecherwagen durch die Stadt mit Marschmusik und Ansagen von der Kapitulation.
Am 15. Mai 1945 zogen die Polen ins Rathaus, die Verwaltung wurde von den Polen übernommen. Die polnische Miliz, fast alle unter 20 Jahre, konnte sich nicht genug tun, uns Deutsche zu quälen. Kamen morgens nicht genug zur Arbeit, wurden sie von der Miliz geholt. Wegen kleinster Übertretungen wurden die Deutschen verhaftet und gequält. Alle Deutschen mußten sich im Bürgermeisteramt registrieren lassen. Wer arbeitete, bekam täglich 150 Gramm Brot, wöchentlich ein Pfund Knochen. Mit der Zeit wurde es so, daß kein Deutscher mehr Vieh hatte und es auch keine Milch gab. Die Ackerbürger auf der Kolberger Vorstadt wurden alle vertrieben. Die Häuser auf der Vorstadt wurden mit polnischem Militär belegt.
Anfang Juni 1945 kamen dann die ersten Ausweisungen »über die Oder«, es betraf erstmal die Leute von der Heilanstalt und der Kolberger Vorstadt. Ich sehe heute noch diesen Elendszug. Nach ungefähr drei Wochen folgten Leute aus der Stadt wieder wie das erste Mal zu Fuß, für Alte und Kranke fuhren Leiterwagen mit.
Aus den Wohnungen wurden täglich Deutsche vertrieben, oft durften diese nicht mal Lebensmittel mitnehmen, geschweige noch Wäsche und

Kleidung. Ebenso ließen die Vergewaltigungen nicht nach, ich weiß Fälle, wo 8jährige Mädchen und Frauen von 70 bis 80 Jahren vergewaltigt worden sind. Es waren wirklich Unmenschen, die auf die Zivilbevölkerung losgelassen wurden.

Die täglichen Nervenproben und die Ungewißheit zehrten ebenso wie der Hunger an den dortgebliebenen Deutschen, und viele starben, die in Massengräbern links von der Friedhofskapelle beigesetzt wurden, alle ohne Sarg und drei bis vier Schichten Leichen übereinander. Meine Schwägerin starb am 26. August 1945, an ihrem Grabe sagte Herr Superintendent Schulz, sie wäre die 990. Leiche. Wenn man bedenkt, daß nur ungefähr 2000 bis 2500 Einwohner in der Stadt waren[1], also eine große Zahl[2]. – So bezahlten auch zwei Diakonissen und Fräulein Else Berger ihre Pflege in der Typhusstation mit dem Tode. –

Die alte Schwester Minna, eine Diakonissin – ich glaube, schon im Ruhestand – tat sehr viel Gutes und pflegte viele mit ihren großen Erfahrungen, mancher verdankt ihr sein Leben. – Herr Studienrat Blösius hatte im Gemeindesaal Schleusenweg ein Asyl für alte und vertriebene Leute und betreute diese solange, bis auch diese ausgewiesen wurden.

Herr Superintendent Schulz hielt erst noch in der Marienkirche Gottesdienst, dieser war sehr stark besucht. Die Polen scheuten sich nicht, diese Gottesdienste zu stören, und [es] wurden Frauen vor der Kirche abgefangen zur Arbeit. »Du Zeit für Kirche, dann auch roboti.« Was half es, wenn [es] die Bevölkerung erboste, die Fremden hatten die Macht.

Dann wurden das alte Gotteshaus und das Pastorenhaus für die Polen enteignet. Die Deutschen mußten in der sehr beschädigten altlutherischen Kirche ihre Gottesdienste abhalten, und trotz aller Willkür waren diese stark besucht. Im Februar 1946 ging Herr Superintendent Schulz dann heimlich über die Oder, da er die vielen Verhöre usw. nicht mehr ertragen konnte und, da er keine Deutschen verriet, selber verhaftet werden sollte ...

[1] Nach dem Amtlichen Gemeindeverzeichnis von 1939 hatte Treptow 10 883 Einwohner.

[2] Sie wird bestätigt durch den Bericht des Bäckermeisters Johannes Gädtke aus Treptow, in dem es auf S. 5 heißt: »Infolge des jämmerlichen Lebens und der immer schlechter werdenden Ernährung brach im Sommer 1945 eine Typhus-Epidemie aus. Es wurden ungefähr 1000 Treptower Bürger in 3–4 Monaten dahingerafft. Särge konnten nicht genug angefertigt werden. Es wurde eine Begräbniskommission gebildet, welche die in Decken oder Tücher gehüllten Leichen abholte und auf einem Tischlerhandwagen, manchmal sogar übereinandergeschichtet, bei uns vorbei nach dem Friedhof fuhr. Dort wurden sie dicht vor der Kapelle und links vom Eingang auf dem Rasenplatz in Massengräbern dicht an dicht beerdigt.«

Es gab aber auch Deutsche, die an die Machthaber Deutsche auslieferten. Im Beuthlerschen Hause war polnische Gestapo, und das Schreien der gequälten Deutschen war oft zu hören. Herr Telegrafensekretär Röhl wurde dort zu Tode gequält, obwohl dieser für die Polen in der Post arbeitete, natürlich wie alle Deutschen ohne Entgelt. Der Fall Röhl passierte im Dezember 1945.

Im Laufe des Sommers wurde auch die Gasanstalt wieder in Ordnung gebracht, und man mußte Lichtgeld in Zloty bezahlen. – Viele Geschäfte wuchsen wie Pilze aus der Erde, es gab alles, was man sich denken konnte, aber nur gegen Zloty. Man stand vor den überfüllten Schaufenstern wie ein Kind zu Weihnachten. Die letzte Habe wurde an die Polen verschleudert, nur um etwas Lebensmittel zu kaufen.

Als Arbeit für die Deutschen gab es Straßefegen, Häuser reinmachen, die fast alle gleich aussahen, Betten waren aufgeschlitzt, Papier in großen Mengen, Mehl und andere Lebensmittel mit Marmelade, Sirup und Honig vermengt, bedeckten die Fußböden. Dann hieß es, schnell aufräumen und saubermachen. Ställe säubern, Schienen aufnehmen und dann der berüchtigte Ernteeinsatz, drei bis acht Wochen in einem andern Ort, ohne Wäsche usw. mitnehmen zu können, da man von der Straße weg dazu geholt wurde. Es war ein wirklich schweres Leben für die Deutschen.

Am 3. oder 4. März [1946] wurden wir nochmals von zwei Russen tüchtig geplündert, die letzten Mäntel, Mutters Trauring, Wäsche und Wolldecken wurden uns genommen. Am 9. März kam dann unsere Ausweisung.

O. M. aus Stolp

Russen in Stolp: Frauen, Schnaps und Uhren

Die ganze Innenstadt, umgrenzt von der Ringstraße, dem Stolpe-Fluß, Hindenburgstraße, Bismarckplatz und Stefansplatz, war durch Brand zerstört. Nur eine Apotheke am Markt und das Kaufhaus Zeeck am Stephansplatz standen noch. Auch die schöne Marienkirche war ganz ausgebrannt. In der Kirche standen Polstermöbel, doch alle Bezüge waren abgetrennt. Der Turm der Kirche zusammengestürzt, wahrscheinlich gesprengt. Auch die Schloßkirche war ausgebrannt. Andere Straßen, wie Hindenburgstraße, Töpferstadt, Blumenstraße, Hospitalstraße, Schlawer Straße, waren zur Hälfte abgebrannt, während die anderen Stadtteile nur teilweise zerstört waren. Mehr als die Hälfte der Stadt, die vor dem Einmarsch der Russen über 50 000 Einheimischen und weiteren 50 000 Evakuierten und Flüchtlingen Wohnung gab, bestand nur noch aus Ruinen.

Die großen Geschäftshäuser in der Neuen Torstraße, am Markt und in der Langenstraße mit allem Bestand an Waren und Lebensmitteln und viele Betriebe waren ein Raub der Flammen geworden. Russische Brandkommandos, mit Offizieren an der Spitze, waren, wie Augenzeugen berichteten, von Haus zu Haus gegangen und [hatten] diese mit Brandbomben angesteckt. Aus Haß und Dummheit wurden so große und dringend benötigte Waren vernichtet. Soweit Gebäude noch standen, waren fast alle Fenster durch Luftdruck oder Hitze zerfetzt. Die Deutschen hatten vor ihrem Abzug alle Brücken, das Wasserwerk, das Elektrizitätswerk und das Gaswerk gesprengt. Die Stadt selbst wurde aber nicht verteidigt, sondern kampflos übergeben.

Es kam uns zunächst darauf an, einen Wohnraum zu suchen. Wir entschieden uns, in der Bütower Straße zu bleiben, und zwar im Hause Nr. 12. Hier hatte unser Sohn gewohnt, und wir betraten das Haus. Alle Türen und Türrahmen zu den Wohnungen waren eingeschlagen, und in den Wohnungen war ein wüstes Durcheinander. Zimmerschränke, Wohnschränke, Spiegel, Frisiertoiletten und sonstige Möbel zerschlagen, aufgebrochen, der Inhalt geplündert, der Rest auf dem Fußboden zertreten und beschmutzt. Ein Teil der Möbel war einfach durch die Fenster geworfen. Die Bücher waren aus den Schränken gerissen, auf den Fußboden geworfen und zertreten. Die Küchen mit Töpfen und Pfannen waren als Klosett benutzt worden.

Zunächst wurde die eingeschlagene Tür verschließbar gemacht, dann aufgeräumt und die Wohnung so hergerichtet, daß wieder deutsche Menschen darin wohnen konnten. Als wir alles fertig hatten, kam ein russischer Offizier, beschlagnahmte die Wohnung für seine Zwecke und zwang uns, in einer Stunde zu räumen.

Nun kam polnisches Gesindel, suchte zwischen den Sachen, plünderte und nahm mit, was ihm gefiel. Vor der Haustüre stand ein russischer Posten in einem Haufen Polen, die noch einmal alles durchsuchten und das Beste behielten. Hierbei verloren wir Mäntel, Anzüge, Kleider und Schuhe. Meine Frau außerdem ihre Brille und mein in englischer Kriegsgefangenschaft befindlicher Sohn seine Klarinette. Einige Sachen konnten wir durch das Fenster nach dem Hinterhaus werfen und diese Stücke nachholen.

Wir zogen nun nach der Bütower Straße 9 und richteten uns dort ein. Wieder war ein Saustall sauber zu machen, und wir hatten acht Tage Arbeit, um die Wohnung menschlich herzurichten. Dann kam wieder ein russischer Offizier und warf uns heraus. Diesmal wurde streng verboten, überhaupt etwas mitzunehmen, und vor und hinter dem Hause Posten aufgestellt, die darauf achten mußten, daß nichts herausgetragen wurde. Mit uns mußten alle anderen Bewohner das Haus räumen. Auch Kranke und Sterbende wurden rücksichtslos auf die Straße gesetzt. Wir waren Freiwild geworden und völlig schutzlos.

Nun suchten wir uns eine neue Wohnung, Weidenstraße Nr. 23. Hier konnten wir bleiben, obwohl in der Folge die Polen immer wieder versuchten, uns zu vertreiben. Der russische Kommandeur hatte diese Straße den Deutschen zugewiesen.

Die Verpflegung für uns Deutsche war ein schweres Problem, denn in den ersten drei Monaten gab es überhaupt keine Zuteilung. Dann wurden einige Wochen täglich 100 bis 200 Gramm Brot ausgegeben, doch nach vier Wochen hörte diese Zuteilung wieder auf, weil angeblich kein Mehl vorhanden war. Auf Betreiben deutscher Stellen wurde dann eine Volksküche eingerichtet, die jeden zweiten Tag einen Teller Kartoffelsuppe, ohne Salz und ohne Fett, gelegentlich mit etwas Pferdefleisch vermischt, ausgab. Die Menschen verhungerten langsam und starben. Wir lebten die ersten drei Wochen nur von Kartoffeln und bekamen davon Magen- und Darmkatarrh. Dann verloren auch wir alle Hemmungen und gingen in unbewohnte Häuser und suchten nach Lebensmitteln. Hier und dort wurde noch etwas gefunden. Meine Frau und Tochter wuschen und bügelten für russische Offiziere und Soldaten, brachten ihnen die Wohnung in Ordnung und bekamen dafür ab und zu ein Stück Brot oder ein Stück Speck.

Aber dies alles war nur ein Tropfen für die hungernden Mägen. Unsere körperliche Verfassung wurde immer bedenklicher. Mein ursprüngliches Gewicht von 95 Kilo war schon während des Krieges auf 80 gesunken. Jetzt verlor ich jeden Monat weitere fünf Kilo. Das Gewicht meiner Frau war von 70 Kilo auf 45 Kilo gesunken. Ich war morgens kaum noch in der Lage, aufzustehen.

Die nach Stolp zurückgekehrten Einwohner mußten sich zur Registrierung melden. In den Büroräumen der früheren Firma Boldt am Stephansplatz war das Registrierungsbüro eingerichtet. Wir gingen also auch hin. Mehrere hundert Männer, Frauen und Kinder warteten darauf, vorgelassen zu werden. Bei der Registrierung wurde ich von einem jüdischen Kommissar angebrüllt und gefragt, ob ich einer Organisation der NSDAP angehört habe. Ich zeigte ihm meine Mitgliedskarte vom Verband der Demokratischen Parteibeamten und erklärte ihm, daß ich immer ein Gegner Hitlers gewesen wäre. Darauf beruhigte er sich und meinte, ich wäre einer der wenigen, die gegen Hitler gestimmt hätten. Auf dem Hofe wurde ich vom Posten daran gehindert, fortzugehen, und mußte zu einem Haufen Männer treten und warten. Wahrscheinlich sollten wir abgeschoben werden. Nach einer Stunde kam ein neuer Posten, den wir baten, uns doch fortzulassen, denn es wären alles Männer zwischen 60 und 80 Jahren. Schließlich konnten wir gehen.

Meine Frau wurde ebenfalls aus der wartenden Kolonne herausgerissen und mußte in der Schmiedestraße den ganzen Tag Ziegelsteine tragen. Viele Frauen wurden in einen Keller gesperrt, oft von den Kindern getrennt und dann verschleppt. Fast alle Männer bis 60 Jahre und in einigen Fällen auch darüber hinaus wurden in Kolonnen zusammengestellt und nach Rußland in Marsch gesetzt. Auch viele Frauen mußten diesen Weg gehen. Andere wurden in Güterwagen verladen und abgefahren.

Das Grundstück des Amtsgerichtes war mit Stacheldraht umgeben und mit Posten umstellt. Hier waren immer Hunderte von Deutschen zusammengepfercht, bekamen den Tag einen Viertelliter Wassersuppe und warteten auf ihre Vernehmung. Viele wurden hier schon krank und starben, andere wurden dann später verschleppt und kamen um.
Die Russen glaubten, die Deutschen zu quälen, wenn sie diese zum Straßenfegen zwangen. Wahrscheinlich war dies in ihren Augen die niedrigste Beschäftigung, und sie hatten ein großes Vergnügen daran, die Deutschen so zu demütigen. In der Straße fegten Trupps von 20 bis 30 Frauen von morgens bis abends. Sogar die drei Kilometer lange Chaussee von Stolp nach Kublitz wurden täglich gefegt. »Wir werden euch Kultur beibringen«, sagten die Russen.
Zur russischen Kultur gehörte es auch, daß auf den Höfen, den Hinterfronten der Stadt, alles Gerümpel und aller Schmutz liegen [blieb], so daß die Luft dadurch verpestet wurde. Die Bewohner unseres Hauses bildeten eine Straßenfegergemeinschaft, und wir fegten unentwegt die Bütower Straße von der Weidenstraße bis zum Bahnübergang, vier Wochen lang. Eines Tages wurde ich plötzlich auf den Viehmarkt geholt, in die Transportkolonne eingereiht und mußte hier Möbel, Bohlen und Maschinenteile von einer Baracke forttragen und 100 Meter weiter aufstapeln.
Die Russen waren dauernd auf der Jagd nach Arbeitskräften. Dabei bekamen nur diejenigen am Tage eine Kartoffelsuppe und 400 Gramm Brot, die in einer Kolonne mitarbeiteten. Auch dann nur für sich persönlich, nicht aber für andere Familienangehörige. Straßenfegen, Aufräumen und ähnliche Beschäftigungen galten nicht als Arbeit, sondern als Strafe. Dafür wurden Lebensmittel nicht ausgegeben. Auch wurde nie gesagt, wohin die Arbeitskräfte kamen und wie lange sie fort blieben. Es kam vor, daß einzelne wieder bald zurückkehrten, andere nach Wochen oder aber spurlos verschwanden. Unter diesen Umständen war niemand bereit, freiwillig eine Arbeit anzunehmen. Darum wurden die Menschen zur Arbeit gepreßt.
Um 6.00 Uhr morgens russischer Zeit, also 4.00 Uhr mitteleuropäischer Zeit, kamen die Russen mit ihren deutschen Handlangern in die Wohnungen und suchten nach Arbeitskräften. Wer irgend konnte, versteckte sich aus Angst, daß er verschleppt wurde. Dann wurde bekanntgegeben, morgen früh muß alles zur Registrierung antreten. Gingen die

Menschen dann hin, wurden sie in Arbeitskolonnen zusammengestellt und abgeführt. Wer nicht unbedingt aus dem Hause brauchte, ging nicht auf die Straße, sondern schloß sich ein.
Dann kamen Tag und Nacht die Russen in die Häuser und suchten nach Frauen, Schnaps und Uhren. Die Frauen waren in dauernder Angst. Wenn die Russen an der Haustür trommelten, dann flüchteten alle Frauen und versteckten sich. Die zu ebener Erde Wohnenden sprangen aus den Fenstern. Oft konnten sie entkommen, manchmal wurden sie gefaßt und vergewaltigt. Selbst Frauen von 70 Jahren wurden von betrunkenen viehischen Menschen mißhandelt und vergewaltigt.
Am schlimmsten war es nachts. In der Bütower Straße war ich der einzige Mann im Hause und mußte die Haustür öffnen. Dauerte es den Russen zu lange, dann wurde ich angebrüllt und mit Erschießen bedroht. Ich mußte in den Kleidern schlafen, um schnell öffnen zu können ... Ein bekannter Bäckermeister wurde z.B. am Frühstückstisch erschossen, weil er keinen Schnaps geben konnte. Später wurden derartige Morde verboten, doch ganz hörten die Belästigungen nicht auf.
Im Schlachthofrestaurant hatte sich eine Transportkompanie niedergelassen. Unter Leitung russischer Offiziere und polnischen bzw. lettischen Hilfspersonals wurden Hunderte deutsche Arbeitskräfte, größtenteils Frauen, beschäftigt. Diese montierten Maschinen aus den noch vorhandenen Betrieben und Werkstätten ab, entfernten Arbeitsgeräte, Werkzeuge, nahmen aus Privatwohnungen Polstermöbel, Betten, Matratzen, Nähmaschinen, Uhren, Bilder, Haushaltungsmaschinen u. a. m.
Weiter wurden Bahnanlagen abgebaut, Dampfkessel abtransportiert, desgleichen landwirtschaftliche Maschinen und Geräte. Die kleineren Stücke wurden in den früheren Wehrmachtsbaracken sortiert und aufgestapelt. Hier waren Holzarbeiter damit beschäftigt, die empfindlichen Sachen in Kisten zu verpacken. Diese Kisten wurden dann nach Rußland abgefahren. In Stolp waren zahlreiche Fuhrwerksbesitzer beauftragt, mit den entsprechenden Arbeitskräften die ganze Stadt abzusuchen und alles Brauchbare zu verladen und zum Bahnhof zu fahren. Unter anderem wurde die ganze Provinzialbahn, die Stolp mit Budow, Dargeröse und Schmolsin in drei Linien verband und einen großen wirtschaftlichen Wert hatte, völlig abgebaut und nach Rußland abtransportiert. Nicht nur die Gleise, sondern auch Signal- und Büroeinrichtungen, Werkzeuge und Ersatzteile und alles sonstige Material.

In dieser Weise wurde der ganze deutsche Osten kahl geplündert und Milliardenwerte nach Rußland geschafft. Was nicht verbrannt war, wurde gestohlen. Wir nannten diesen Verein »Firma Klau und Klemm«. In etwa drei Monaten war Pommern ausgeräumt, und nun konnten die Polen kommen.

Als die Fabriken, Werkstätten und die Wohnhäuser ausgeräumt waren, kamen die Polen ins Land. Von Anfang Juli 1945 ab kamen mit jedem Zug Hunderte von Polen nach Stolp. Man hatte ihnen gesagt, Deutschland wäre reich, und sie würden alles vorfinden, was sie brauchen. Nun kamen sie in großen Scharen, mit leeren Koffern, an und waren bitter enttäuscht über das wenige, das sie vorfanden ...

Die russische Kommandantur hatte angeordnet, daß der Stadtteil östlich der Stolpe für die Polen geräumt werden müßte. Da die Stadtrandsiedlungen für russische Offiziere freigemacht waren, mußten sich die Deutschen in den wenigen noch bewohnbaren Häusern behelfen, so gut es ging. Sie wurden auf immer engerem Raum zusammengedrängt und auch dann noch dauernd von Polen belästigt. Oft mußten die Deutschen die Hilfe der russischen Soldaten und der russischen Kommandantur in Anspruch nehmen, damit sie von den Polen nicht aus ihren Wohnungen vertrieben wurden.

Das Stadtbild begann sich schnell zu ändern, denn in den Hauptstraßen wurden polnische Geschäfte eingerichtet, in denen Waren angeboten wurden, die aus Polen oder in Deutschland gekauft oder gestohlen waren. Überall, wo Polen wohnten, hatten diese ihre weißroten Fahnen ausgehängt.

Da die freie Wirtschaft gleich nach dem Einmarsch von den Russen wieder eingeführt wurde, kostete ein Zwei-Kilo-Brot 60 Zloty, ein Kilo Fleisch 200 Zloty, ein halbes Kilo Speck oder Butter 200 Zloty. Ein Zloty wurde gleich einer Reichsmark gewertet. Die polnischen Geschäfte nahmen aber kein deutsches Geld an, und wer etwas kaufen wollte, mußte sich erst Zloty besorgen. Die Deutschen verkauften nun alle noch irgendwie entbehrlichen Gegenstände wie Wäsche, Teppiche und dergleichen gegen Zloty, um sich einmal satt zu essen. Da ein deutscher Spezialarbeiter, soweit er Beschäftigung bei den Polen hatte, den Monat etwa 120 Zloty verdiente, konnte er sich für den Monatsverdienst zwei Brote kaufen.

Ein Teil der Polen ging auf das Land, vertrieb die Bauern und übernahm deren Höfe. In einigen Fällen konnten die Bauern als Knechte bleiben. Im Juli mußten alle Grundstücke, sowohl in der Stadt als auch auf dem Lande, den polnischen Behörden gemeldet werden und wurden verstaatlicht. Dasselbe geschah mit den Werkstätten und dort, wo noch Möbel von geflüchteten Deutschen vorhanden waren, auch mit diesen. Die Hausbesitzer wurden durch Blockchefs ersetzt. Diese waren den Russen und den Polen verantwortlich und wurden dazu benutzt, die Deutschen zu schikanieren.

Im übrigen war das Verhältnis zwischen Russen und Polen denkbar schlecht. Die Russen schauten mit Verachtung auf die Polacken, und es waren Tag und Nacht Schlägereien und Schießereien zwischen diesen im Gange. Eine hohe Politik führte Russen und Polen zusammen, aber die Menschen selbst konnten einander nicht besehen.

Im Jahre 1944 war die Herbstbestellung noch rechtzeitig und vollständig erfolgt. Das Wintergetreide stand gut. Nach dem Einmarsch der Russen, Anfang März 1945, unterblieb die Frühjahrsbestellung zum größten Teil, besonders die großen Güter konnten eine Bestellung des Landes nicht mehr vornehmen. Die Besitzer der landwirtschaftlichen Großbetriebe waren mit wenigen Ausnahmen verschleppt oder erschossen. In der Umgebung von Stolp war nur der Besitzer des Gutes Kussow geblieben, der schwer mißhandelt wurde und dann die Schafe hütete. Seine Frau wurde im Kuhstall als Magd beschäftigt. Das Wohnhaus wurde abgebrannt.

Ein Teil der Bauern war tot oder geflüchtet, so daß auch der Acker der kleinen Landwirte nur zum Teil bestellt werden konnte, zumal den Landwirten die Pferde abgenommen waren und das Rindvieh nach Rußland abgetrieben wurde. Einen kleinen Teil des Viehbestandes übernahm die Besatzungsmacht, die dann die Milch in verschiedenen Molkereien für den Bedarf der Besatzungstruppe verarbeiten ließ. Es gab überhaupt keine Schweine und kein Kleinvieh mehr. Selbst die Fischteiche waren abgelassen und die Fische verzehrt. Immerhin waren in den reinen Bauerndörfern die Äcker noch einigermaßen bestellt und die größere Hälfte des Landes in Ordnung.

Die russische Besatzung verpflegte sich dann aus den Beständen und holte aus Speichern alles, was sie brauchte, ohne zu fragen. Sie öffneten die Mieten, fuhren die Kartoffeln ab, holten Speck aus den Speisekammern und verbrauchten sonstige Lebensmittel, so daß auch die

Bauern im Sommer vielfach nichts mehr zu essen hatten. Auf den Wiesen aber weideten die Pferde der Russen, so daß fast kein Wiesenheu geerntet werden konnte.
Als das Wintergetreide reif war, wurden die großen Felder der Güter abgeerntet, das Getreide gleich gedroschen und nach Rußland abgefahren. Auch die Polen beteiligten sich daran und rafften weg, soviel sie konnten.
So ging die landwirtschaftliche Bevölkerung langsam einer Hungersnot entgegen. Man kann sich vorstellen, welche Aussichten sich unter diesen Umständen für die Stadtbevölkerung eröffneten.
Die Stadt Stolp war vor dem Einmarsch der Russen eine der saubersten Städte Deutschlands. Die Stadt hatte seit 1910 Straßenbahn und eine gute Bahnverbindung nach dem 18 Kilometer entfernt liegenden Stolpmünde und dem Ostseestrand. Das Klima war gesund und verhältnismäßig milde.
Unter der russischen Besatzung verschlechterte sich der Gesundheitszustand sehr schnell. Hierfür waren drei Faktoren bestimmend:
1. Der Hunger. Es gab in den ersten drei Monaten russischer Besatzung keine Lebensmittelzuteilung. Dann wurden fünf Wochen 100 bis 200 Gramm Brot je Kopf und Tag ausgegeben, worauf auch diese Zuteilung aufhörte, da angeblich kein Mehl vorhanden war. Es wurde dann auf Betreiben deutscher Persönlichkeiten eine Volksküche eingerichtet, die jeden zweiten Tag einen Teller Kartoffelsuppe, ohne Salz und ohne Fett gekocht, ausgab. Durch diese Zuteilung wurde das Verhungern nur wenig hinausgeschoben. Die Menschen waren nur noch Schatten und bewegten sich mühsam am Stock durch die Straßen, um ihre Suppe zu holen.
2. Die Stadt war zur Verteidigung eingerichtet, und Panzergräben umgaben die einzelnen Stadtteile. Hier stand das Wasser, und alle möglichen Gegenstände waren hier hineingeworfen. Eine faulige Masse verbreitete einen üblen Gestank in der ganzen Stadt. An den Hinterfronten der Häuser lagen aus den Fenstern geworfene Möbel und sonstige Sachen, dazu Unrat und Kot, besonders die Anlagen der Kasernen und deren Umgebung waren Brutstätten von allerlei Ungeziefer. Im Sommer wimmelte es hier von Milliarden Fliegen, die alle Krankheitsheime in der Stadt verschleppten. Über der Stadt stand eine Dunstwolke verpesteter Luft.

3. Die Stolper Ärzte hatten sich zum größten Teil vergiftet, waren umgekommen oder geflüchtet. Die Ärztinnen wurden vergewaltigt und nahmen sich das Leben. Nur noch ein Arzt, Dr. Heiligendorff, übte seine Praxis aus, doch fehlten die Medikamente. Zwar waren einige russische und polnische Ärzte tätig, aber auch diesen fehlten Instrumente und Medikamente. Die Apotheken waren bis auf eine niedergebrannt.
So entstanden bald ansteckende Krankheiten, und alle möglichen Seuchen wie Flecktyphus, Bauchtyphus, Ruhr, Diphtherie u.a. breiteten sich aus. Während in normalen Zeiten von 50 000 Einwohnern durchschnittlich drei bis vier Menschen den Tag starben, stieg die Todesziffer bei etwa 30 000 Einwohnern auf 60 bis 80 den Tag. Die Toten wurden einfach auf den Wagen geladen und in Massengräbern beerdigt. Da nichts Durchgreifendes geschah, konnte man sich ausrechnen, daß in etwa Jahresfrist alle Stolper tot sein würden.
In der Nacht vor dem russischen Einmarsch vom 7. zum 8. März 1945 begann in Stolp ein großes Sterben. Fast die gesamte Intelligenz, aber auch viele Arbeiter, Beamte und Handwerker nahmen Gift oder erschossen sich. Viele Stolper gingen aber auch ins Wasser und ertranken, andere erhängten sich. Dann kamen die Russen, fielen über die zurückgebliebenen Frauen und Mädchen her, vergewaltigten diese und ermordeten viele. Die Russen gingen dann in die Häuser und verlangten Schnaps. Da sie diesen nicht bekamen, wurden viele Männer erschlagen oder erschossen.
Über die Zahl der Stolper Toten sind keine zuverlässigen Angaben möglich. Nach meiner Schätzung sind von 50 000 Einwohnern der Stadt etwa 10 000 umgekommen, davon mögen sich etwa 1000 selbst das Leben genommen haben. Weitere 1000 wurden erschossen oder erschlagen, und ebenso viele sind auf der Flucht über Stolpmünde, Gotenhafen und Danzig umgekommen, größtenteils auf der See ertrunken. Dann dürften etwa 3000 Menschen verschleppt worden sein, von denen nur sehr wenige am Leben geblieben sind.

Franz Schwenkler

Russen- und Polenherrschaft in Köslin

Als wir am 12. April 1945 in Köslin ankamen, mußten wir feststellen, daß die Stadt einige Tage vorher von Deutschen restlos geräumt worden war. Nur vereinzelt waren diese bereits zurückgekehrt. Unbehelligt kamen wir bis kurz vor unser Haus, als uns zwei russische Soldaten anhielten und zwei unserer Koffer auf der Straße entleerten.
Unser Haus hatte bei den Kämpfen zwei Treffer abbekommen, war aber bewohnbar. Im Innern fanden wir aber alles durchgewühlt und ausgeplündert und ein unbeschreibliches, wüstes Durcheinander vor. Unsern Eintritt in das Haus mußten zwei Russen bemerkt haben, denn kurz darauf drangen sie ebenfalls ein und entwendeten uns von unseren Sachen das ihnen brauchbar Erscheinende wie Anzug, Mantel, Schuhe, Wäsche usw.
In der ersten Nacht im eigenen Haus wurde ich von einer russischen Streife verhaftet. Die Streifen durchsuchten damals sämtliche Häuser nach Arbeitsfähigen. Während eigenartigerweise aus meinem Hause nur ich mitgenommen wurde, aber meine Frau und einige andere jüngeren Frauen verschont blieben, wurden sonst auch Frauen mitgenommen. Das war offenbar auf den menschlich eingestellten Führer dieser Streife zurückzuführen.
Gegen Morgen wurden wir zu etwa 25 Deutschen in einen Keller am Runden Teich zu vielleicht 100 bereits vorhandenen Deutschen hineingepfercht, nachdem wir auf der russischen Kommandantur ein Verhör durchgemacht hatten. Am nächsten Tag wurden die Arbeitsfähigen nach Bedarf aus dem Keller geholt; übrig blieben nur einige Alte und Invaliden, zu denen auch ich als Kriegsversehrter gehörte. Nach eingehender Prüfung durch mehrere russische Offiziere wurde ich am darauffolgenden Tage nach Hause geschickt. Während dieser zwei Tage hatten wir nichts zu essen bekommen.
Mit meinen Angehörigen, die ich zu Hause vorfand, räumte ich nun Haus und Grundstück auf und reparierte die Einschüsse in Dach und

Hausecke. In den folgenden Tagen griff mein Vater zwei umherlaufende Pferde auf und bestellte mit ihnen das umliegende Land, um den zurückkehrenden Deutschen im Herbst das Ernten von Nahrungsmitteln zu ermöglichen. Von durchtreibenden Rinderherden irrte eines Tages eine Kuh mit Kalb ab und gelangte in unseren Stall. Das Kalb lieferte uns für die nächsten Tage Fleisch und die Kuh Milch. Hierdurch konnten wir auch die im nahegelegenen Ulrikenstift befindlichen alten Menschen mit Nahrungsmitteln unterstützen.

Von den Insassen des Stifts erfuhren wir viel über die bisherigen Ereignisse in Köslin. So berichteten sie, daß die Russen gleich nach dem Einmarsch zwei alte Männer am Kaffeetisch erschossen hatten, ferner im Nachbarhause einen Mann, weil er keine Uhr abgeben konnte. Einige Diakonissinnen und alte Frauen des Stifts waren nach ihren Angaben vergewaltigt worden. Meinen Nachbarn Wruck, der durch Kriegsverwundung ein steifes Bein hatte, hatten die Sowjets verschleppt; er ist bis heute nicht zurückgekehrt.

Aus den übereinstimmenden Berichten der zurückgebliebenen Augenzeugen ergab sich weiterhin, daß die Innenstadt, die ein trostloses Bild der Verwüstung darbot, nicht durch das Kampfgeschehen vernichtet, sondern nach der Besetzung von besonderen russischen Kommandos angezündet und niedergebrannt worden war. Den Feuerschein hatten wir selbst wohl zehn Tage lang beobachtet. Die Aufräumungsarbeiten wurden erst später durch deutsche Arbeitskommandos durchgeführt. Besondere Trupps mußten die in den Gärten und Plätzen vergrabenen Leichen exhumieren und auf dem Friedhof in Massengräbern einscharren.

Aber nach unserer Rückkehr kamen noch oft Morde und andere Verbrechen vor. So wurde eines Tages eine Frau Knop aus der Schützenstraße in einer Hecke ermordet aufgefunden. Eine Frau Meyer aus der Ritterstraße wurde am Tage auf der Straße von Russen erschossen. Eines Morgens wurde Bäckermeister Köhler, der in einer polnischen Bäckerei arbeitete, in der Wilhelmstraße erschossen aufgefunden. Da er schwerhörig war, halte ich es für möglich, daß er den Anruf eines russischen oder polnischen Postens überhört hat und deshalb erschossen worden ist.

Wie ich immer wieder feststellen mußte, haben die Deutschen in den Dörfern zu Beginn der Besetzung wie auch später noch mehr zu leiden gehabt als die Stadtbewohner, ob es sich um dauernde Plünderungen, Vergewaltigungen oder um Verschleppungen handelte. Besonders furchtbar war es in den Dörfern, in denen keine »Kommandantur« war, die Banden also völlig freie Hand hatten. Dort waren die Unsicherheit und Rechtlosigkeit der Deutschen unbeschreiblich. Ich hatte in meiner späteren Tätigkeit bei der deutschen Verwaltungsstelle ständig auch mit den Bewohnern der ländlichen Gebiete zu tun und konnte mir dadurch ein einwandfreies Bild über die Ereignisse im ganzen Kreisgebiet verschaffen.

Aber auch in der Stadt waren die völlige Unsicherheit und Rechtlosigkeit der Deutschen, die noch lange andauerte, besonders zermürbend. Die Frauen waren Freiwild. Eines Tages wurde die Tochter des Maurers Schüttner aus der Jamunder Straße von einem russischen Offizier erschossen, weil sie ihm energisch Widerstand leistete.

Ebenso gingen die Verschleppungen weiter, die von Anfang an in großem Umfange durchgeführt worden waren. Jeder mußte bei Tag und bei Nacht damit rechnen, von russischen oder polnischen Soldaten aus der Wohnung oder von der Straße weg verhaftet und eingesperrt oder verschleppt zu werden. In der Stadt befanden sich verschiedene Lager, in die die verhafteten Landsleute gebracht wurden, bevor sie den Marsch gen Osten antreten mußten. Auch mehrere meiner Verwandten sind verhaftet und verschleppt worden. Man hatte keine Möglichkeit, sie mit Lebensmitteln oder sonst zu unterstützen. Sie waren ohne jeden Anlaß verhaftet worden und sind heute noch nicht zurückgekehrt. Von vielen Verschleppten ist bekannt, daß sie unterwegs oder in den Gefängnissen elendiglich umgekommen sind, während von anderen jede Spur fehlt, wie auch von verschiedenen meiner Verwandten und näheren Bekannten bisher nichts zu erfahren war. Die Verschleppungen gingen anfangs in der Art vor sich, daß alle arbeitsfähigen Männer und Frauen erfaßt wurden, wobei es auch nicht ins Gewicht fiel, daß man Mütter von ihren Kindern trennte.

Als wir einige Tage wieder in Köslin weilten, drang ein russischer Kapitän in unser verschlossenes Haus mit Gewalt ein und beschlagnahmte für sich ein Zimmer. Dies war für uns insofern nützlich, als durch seine Anwesenheit das Haus vor umherstrolchenden Soldaten sicher war. So wohnten wir in unserem Heim bis Anfang Juni 1945 ohne außergewöhnliche Belästigungen.

In der Zwischenzeit waren rund 12 000 Deutsche wieder nach Köslin zurückgekehrt[1]. Es hatte sich eine sogenannte deutsche Verwaltung gebildet, die aus Kommunisten und KZlern bestand und russischen Schutz genoß. Einige dieser Kommunisten lieferten an die Russen diejenigen Deutschen aus, die der NSDAP oder ihren Gliederungen angehört hatten. Diese Landsleute wurden eingesperrt, und bis auf einzelne dürften sie im Osten umgekommen sein.

Unterdessen war vorgesehen worden, daß die Verwaltung der Stadt in polnische Hände übergehen sollte. Nach und nach waren polnische Soldaten und Zivilisten nach Köslin verlegt worden, die durch ihre Plünderungen und Schikanierungen der Deutschen noch größere Unruhe als bisher in die Stadt brachten. Um die Deutschen vor den dauernden Übergriffen der Polen einigermaßen schützen zu können, ordnete der russische Kommandant an, daß sämtliche Deutschen in ein von ihm bezeichnetes Stadtviertel umsiedeln mußten. Dieses Stadtviertel wurde durch russische Posten vor den Polen geschützt, was aber nicht verhindern konnte, daß die russischen Posten ihrerseits bei den Deutschen plünderten. Ich selbst zog nach Erlaß der Umsiedlungsverordnung mit meiner Familie in die Rosenstraße 16a. Unsere Sachen konnten wir auf ein Fuhrwerk laden und mitnehmen, ohne daß der russische Kapitän uns hieran hinderte.

Mitte Juli ging die Verwaltung der Stadt in polnische Hände über, und eine der ersten Taten der Polen war es, daß sie in einer Nacht sechs Straßen – nämlich Marien-, Annen-, Bismarck-, Dorotheen-, Karkutsch- und Gärtnerstraße – innerhalb von zehn Minuten von den Deutschen räumen ließen. Diese konnten sich in der kurzen Zeit kaum anziehen, geschweige denn Nennenswertes mitnehmen. Sie wurden sämtlich auf den von unserem Stubenfenster aus zu beobachtenden Schulhof getrieben. Von hier aus mußte ich am nächsten Tag mitansehen, daß mehrere Personen bei der herrschenden großen Hitze ohnmächtig wurden und daß polnische Soldaten auf die Deutschen einschlugen. Die Polen hatten vor, diese ausgetriebenen Deutschen zu verfrachten und über die Oder zu schicken. Auf Vorstellungen bei dem russischen Kommandanten vereitelte dieser den Plan, und die Menschen konnten sich schließlich von dem Schulhof entfernen, durften sich jedoch nicht in ihre bisherigen

[1] Nach dem Amtlichen Gemeindeverzeichnis von 1939 hatte die Stadt Köslin 33 479 Einwohner.

Wohnungen begeben. Sie zogen zum Teil in die Nachbardörfer und an den Stadtrand.
Die Rosenstraße, in der ich wohnte, wurde von der Räumung nicht betroffen, sie wurde von russischen Posten abgesperrt. Nach einer Postenablösung drangen die abgelösten Posten in unsere Wohnung ein, durchwühlten sie vollkommen und nahmen alles ihnen brauchbar Erscheinende mit. Es waren vier Soldaten, die jeder einen Sack voll Beute wegschleppten. Trotzdem empfanden wir es als eine weitere Fügung des Schicksals, daß wir von dieser schrecklichen, menschenunwürdigen, nächtlichen Räumungsaktion verschont geblieben sind. Darüber hinaus hatten wir das Glück, bis zu unserer Ausweisung am 12. Juli 1946 in dieser Wohnung bleiben zu können.
Die von den Russen seinerzeit eingerichtete deutsche Verwaltungsstelle wurde von den Polen übernommen. Da ein Bekannter von mir dort beschäftigt war und ich in unmittelbarer Nähe wohnte, wurde ich eines Tages in diese Verwaltungsstelle eingestellt. Als Leiter fungierte ein polnischer Kommissar. Anfangs bestand diese Verwaltung nur aus deutschem Personal, später trat polnisches Personal zur Wahrung der polnischen Interessen hinzu. Zu befassen hatten wir uns insbesondere mit dem Arbeitseinsatz der Deutschen, der Verteilung der Lebensmittelkarten, die allerdings kaum praktischen Wert besaßen, der Quartierbeschaffung für die zuziehenden Polen und mit der Zusammenstellung der Aussiedlungstransporte.
Für die Quartierbeschaffung wurde vom polnischen Landrat ein Pole angestellt, dessen Tätigkeit darin bestand, binnen zehn Minuten die Deutschen unter Hinterlassung ihrer Habe hinauszuwerfen und die geräumte Wohnung mit Polen zu besetzen. Das Hinauswerfen aus der Wohnung passierte einigen Deutschen bis zu zehn Mal, so daß sie absolut nichts mehr besaßen, auch wenn sie sich jedesmal wieder verschiedene Gegenstände verschafft hatten und ihnen schließlich nichts anderes übrig blieb, als die Heimat zu verlassen.
Bis Anfang 1946 fanden die Aussiedlungen mehr oder weniger auf freiwilliger Grundlage statt, wenigstens in formeller Hinsicht, da jeder unterschreiben mußte, daß er die Heimat freiwillig verlasse. Diese ungeschützten Transporte wurden auf der Fahrt fast restlos ausgeplündert. Weil ich dies wußte und die politische Lage zunächst noch nicht geklärt war, empfahl ich den Deutschen anfangs, nicht auszusiedeln.

Im August beschlagnahmte ein polnischer Angestellter des Landratsamts ein Zimmer unserer Wohnung für sich. Obwohl wir zunächst davon nicht erbaut waren, mußten wir doch feststellen, daß wir durch diese Einquartierung wieder vor polnischen Banditen Schutz genossen, die sonst laufend die Wohnungen der Deutschen durchwühlten und plünderten. Unser Pole trat den polnischen wie auch den russischen Plünderern sehr energisch entgegen, und da sich seine Dienststelle nur drei Häuser entfernt befand, war er bei Übergriffen sofort zur Stelle.
In dieser aufwühlenden Zeit gebar meine Frau am 17. Oktober einen Sohn, der aber – sicher infolge der Aufregungen und Strapazen, die meine Frau durchzumachen hatte – nicht lebensfähig war, langsam weniger wurde und am 15. Juni 1946 verstarb. Damals hatten wir noch deutsche Pastoren in Köslin, so daß das Kind ordnungsgemäß auf dem Friedhof beerdigt werden konnte.
Bis etwa Mai 1946 fand in Köslin noch allsonntäglich ein evangelischer Gottesdienst statt, bis der letzte Pastor – Mahlendorf – ausgewiesen wurde. Dieser hatte sich in jeder Beziehung furchtlos für die Landsleute eingesetzt und war so den Polen seit langem ein Dorn im Auge.
Durch den Mangel an Lebensmitteln und fehlender Hygiene entstanden im Winter 1945/46 Seuchen wie Typhus und Ruhr, die eine große Anzahl der Landsleute dahinrafften. Ein deutsches Seuchenkrankenhaus wurde eingerichtet, in dem die in Köslin verbliebenen Diakonissen sich vorbildlich für die armen Menschen einsetzten. Von der polnischen Stadtverwaltung erhielten sie weder finanziell noch materiell irgendwelche Unterstützung und waren hinsichtlich der Beschaffung von Lebensmitteln auf ihr eigenes Organisationstalent angewiesen. Die deutschen Ärzte hatten sich aus den Beständen der Apotheken usw. Medikamente verschafft, nach deren Verbrauch sie ohne Hilfsmittel dastanden.
Wieviel Todesopfer die Seuchen gefordert haben, kann ich nicht übersehen. Es muß sich aber um eine erhebliche Zahl gehandelt haben, denn aus meinem Verwandtenkreis sind allein zwei Frauen mit zwei Kindern damals gestorben, während eine an Typhus erkrankte Base mit dem Leben davonkam.
Ein besonderes Kapitel bildeten die Geschlechtskrankheiten und Schwangerschaften auf Grund der besonders zu Anfang sehr zahlreichen Vergewaltigungen. Die deutschen Ärzte versuchten, den Frauen

zu helfen, wo es irgend anging. Als Ärzte setzten sich damals Dr. Peglow, Dr. Krüger und der damals 82jährige, auf der Flucht von Ostpreußen dort gebliebene Dr. Spurgat ein. Ein weiterer über 80 Jahre alter Arzt, der auch im polnischen Krankenhaus Dienst tun mußte, dessen Name mir entfallen ist, wurde eines Tages von den Polen verhaftet und derart mißhandelt, daß er im Gefängnis verstarb.

Anfang September 1945 organisierten die deutschen Kommunisten in der Verwaltungsstelle mit Hilfe der russischen Kommandantur für sich einen sogenannten Antifaschistenzug und verließen die ihnen anvertrauten Landsleute, um sich, wie sie selbst sagten, in Deutschland gute Positionen und Wohnungen rechtzeitig zu verschaffen. Einige davon haben noch heute in der russischen Zone gute Stellungen inne.

Nach dem Weggang der Kommunisten scharte ich einige anständige Deutsche um mich, um sie, soweit wie nur irgend möglich, zur Wahrung der Interessen der Deutschen einzusetzen. Hierbei hat sich besonders der pensionierte Schulrat Radtke verdient gemacht. Wenn es auch sehr schwer, ja, fast unmöglich war, die Landsleute vor den Übergriffen der Polen und Russen zu schützen, so haben wir doch durch die Organisierung der Ausweisung ungezählten Landsleuten helfen und sie vor einem ungewissen Schicksal (Verhaftung, Verschleppung usw.) bewahren können.

Bei der Aussiedlung kamen die dafür vorgesehenen Deutschen in ein Lager, in dem sie bis zum Abgang des Transports bleiben mußten. In diesen Lagern wurden die Deutschen in der späteren Zeit nicht mehr direkt, aber doch indirekt dadurch ausgeplündert, daß sie ihre Wertsachen zu unverhältnismäßig niedrigen Preisen an den polnischen Kommissar verschleudern mußten. Dieser verschaffte sich hierdurch ein erhebliches Nebeneinkommen. Besonders gefährdete Deutsche wie Kriegsgefangene oder Spezialisten, die nach Anweisung des polnischen Landrats Köslin nicht verlassen sollten, durften in diesen Lagern natürlich nicht untergebracht werden. Sie wurden unter falschem Namen registriert und bis zum Abgang des Transports in Privathäusern versteckt gehalten.

Da der bei mir wohnende Pole ein Radio besaß, konnte ich mir über die Lage in Deutschland ein ungefähres Bild verschaffen. Als ich in den Nachrichten von dem Potsdamer Abkommen Kenntnis erhielt, wonach die deutschen Ostgebiete den Polen überlassen und die dort wohnenden

Deutschen in »humaner« Weise ausgesiedelt werden sollten, empfahl ich den Landsleuten im Gegensatz zu meiner früheren Stellungnahme, die Heimat zu verlassen. Besonders die alten Menschen konnten dies jedoch nicht fassen und suchten dort zu bleiben, obwohl gerade sie als nicht Arbeitsfähige besonders Not litten. Im Laufe der Zeit wurden immer mehr Deutsche gegen ihren Willen zur Aussiedlung gezwungen, aus ihren Wohnungen getrieben und in das Lager gebracht. So fuhren am 10., 12., 14., 16., 19. und 26. April 1946 Transporte mit je etwa 2000 Deutschen über die Oder. Während meiner Tätigkeit sind ca. 30000 Deutsche aus Köslin abtransportiert worden, die aus Stadt- und Landkreis Köslin sowie aus den Nachbarkreisen stammten. Es hatte sich bald in der weiteren Umgebung herumgesprochen, daß in Köslin eine deutsche Verwaltungsstelle bestand und deshalb die Aussiedlung in verhältnismäßig menschlicher Art durchgeführt wurde.

So hatten wir durch unsere Tätigkeit auch dafür gesorgt, daß grundsätzlich zu jedem Transportzug ein Lazarettwagen gehörte, den möglichst ein Arzt oder eine Vollschwester mit dem notwendigen Pflegepersonal betreuten. Ein wesentlicher Teil meiner Aufgaben bestand darin, für einen solchen Lazarettwagen das erforderliche Personal ausfindig zu machen, um die zum Transport gehörenden Alten und Kranken nicht umkommen zu lassen. Für jeden Ausgewiesenen war auch Marschverpflegung vorgesehen, die jedoch zum großen Teil von Polen verschoben wurde.

Im Juni 1946 trat ich an den polnischen Landrat wegen einer Gehaltsverbesserung heran, die dieser aber ablehnte. Er verfügte vielmehr, daß sogar die bisherige geringe Bezahlung gestrichen wurde. Mit Rücksicht hierauf und aus dem Gefühl heraus, daß es für mich an der Zeit sei, ... entschloß ich mich kurzerhand, mit meiner Familie den nächsten Transportzug zu benutzen, worauf sich 2000 Kösliner mir anschlossen. Wie auch die früheren Umsiedler konnten wir soviel mitnehmen, wie wir tragen konnten. Unser Transport, dem wie sonst polnisches Bewachungspersonal beigegeben wurde, gelangte ohne Zwischenfälle bis Stettin, wo wir in Frauendorf in einem Lager untergebracht wurden. Bis zur Kontrolle mußten wir zusammengepfercht auf dem Hofe verharren. Wir wurden in Gruppen eingeteilt und zunächst entlaust. Die Durchsuchung war meist sehr eingehend, verschiedene Frauen wurden einer genauen Leibesvisitation unterzogen. Abgenommen wurden alle Lebensmittel

über eine Zwei-Tages-Ration, das polnische Geld und das deutsche Geld über 1000 RM und sonstige Sachen. Nach meiner Beobachtung wurden manchen Landsleuten mutwillig und nach Ermessen der Kontrollbeamten Sachen abgenommen, die sie an sich hätten behalten dürfen.
Nach der Überprüfung wurden wir in den Räumen eines zum Teil zerstörten Gebäudes zusammengepfercht, in die wir wie Vieh hineingejagt und uns selbst überlassen wurden. Die Tage in Frauendorf werden allen Leidensgenossen besonders unvergeßlich bleiben. Dort bestanden weder hygienische Einrichtungen noch war in sonstiger Weise für die Unterbringung der Massen Vorsorge getroffen worden. Es war kein Stroh vorhanden, es reichte nicht einmal der Platz aus, um sich auf dem blanken Fußboden voll ausstrecken zu können.
Auch die Verpflegung war äußerst mangelhaft. Glücklicherweise brauchten wir nur drei Tage zu warten – gegen sonst meist zehn Tage. Wir kamen dann nach Lübeck-Pöppendorf, wo wir durch die trotz des Zusammenbruchs gute deutsche Organisation und die für die damaligen Verhältnisse ausgezeichnete Verpflegung angenehm überrascht wurden.

Bürgermeister W. S. aus Küssin, Kreis Greifenberg

Zwangsaustreibung zu Fuß und in Viehwagen

Die drei Polen, die an einem Sonnabend Ende Juni oder Anfang Juli 1945 bei mir erschienen, wollten drei Höfe besetzen. Ich weigerte mich. Kurz darauf kam polnisches Militär mit einem Leutnant mit dem Auftrage, das Dorf von der deutschen Bevölkerung zu räumen. Die Polen beabsichtigten damals, einen 50 Kilometer breiten Streifen östlich der Oder von Deutschen freizumachen. Binnen drei Stunden mußten wir unser Dorf verlassen. Nachdem wir mit unserem Treck bis zwei Kilometer vor Karnitz gekommen waren, kam ein Gegenbefehl, so daß wir zurückkehren konnten. Inzwischen hatten die Polen die Kühe auf einem Hof zusammengetrieben. Als wir wieder eintrafen, ließen sie das Vieh frei und zogen nach Karnitz ab. Auf meinem Hof hatte sich ein Pole einquartiert, der mir versprochen hatte, daß ich bei einer Rückkehr alles so vorfinden würde, wie ich es verlassen hatte. Tatsächlich hat er dieses Versprechen auch gehalten.
Jeder atmete auf. Leider dauerte die Freude nicht lange. Am Montag darauf waren wieder Zivilpolen da und versuchten erneut, auf Höfen seßhaft zu werden. Einige Tage später erschien auch das Militär wieder und sagte uns die Austreibungstermine an. Unsere Vertreibung scheiterte aber wiederum an dem russischen Kommandanten, der die Einwilligung versagte. Nach ungefähr 14 Tagen rückten die Polen nach Zedlin ab, worüber wir sehr froh waren.
Acht Tage später erschien ein polnischer Unteroffizier, der uns mitteilte, daß die Zedliner am nächsten Tage ausgewiesen würden und daß wir uns ihrem Treck anschließen müßten. Wir glaubten dies zunächst nicht, jedoch kam am nächsten Vormittag ein etwa 150 Leute umfassender Trupp unter polnischer Bewachung und im strömenden Regen bei uns an. Da die Zedliner ziemlich durchnäßt und ermüdet waren, machte man eine Marschpause. Der Führer, ein polnischer Feldwebel, gab mir den Auftrag, unseren Leuten mitzuteilen, daß wir in zwei bis drei Stunden abmarschbereit sein müßten. Schweren Herzens machte ich mich auf

den Weg, um allen Bescheid zu sagen. Bei jedem hörte ich Jammern, keiner wollte die Heimat verlassen. Um 14.00 Uhr rückten die Zedliner ab. Ich selbst sollte als Bürgermeister mit drei Familien, deren Auswahl mir freigestellt war, offiziell zurückbleiben. Der polnische Feldwebel, offenbar ein menschlicher Charakter, hatte mir anheimgestellt, noch mehr Leute aus dem Dorf zurückzubehalten. Ich machte ihn aber auf die zu erwartenden Schwierigkeiten mit der Miliz aufmerksam und äußerte den Wunsch, daß er von sich aus den Dorfbewohnern Bescheid sagen möchte. Offenbar hat er dieser Bitte Rechnung getragen. Jedenfalls war bei dem Abmarsch der Zedliner mit Ausnahme einer Geistesschwachen, die auch mitzog und seitdem verschollen ist, kein Küssiner zu sehen.
Erst gegen Abend tauchten die Dorfbewohner wieder auf, die sich inzwischen im Walde verborgen gehalten hatten. Während es am Nachmittag im Orte auffallend still geworden war, hörte ich abends Schüsse, und die Miliz erschien mit etwa 12 bis 14 Frauen und Kindern, die sie im Dorfe aufgestöbert hatte. Sie machten mir Vorwürfe, daß sich trotz der Austreibung noch so viele Deutsche im Dorfe befänden und verlangten, daß diese noch am Abend nachgeschickt werden sollten. Schließlich nahmen sie aber hiervon Abstand.

Nachdem die Austreibungsaktion angeblich abgeschlossen war – in vielen Dörfern, in denen keine russische Kommandantur war, waren die Deutschen tatsächlich zwangsweise ausgetrieben worden –, atmete alles erleichtert auf.

Nachdem die Polen zunächst versuchten, die Deutschen zur freiwilligen Abwanderung nach dem Westen zu veranlassen, schritten sie etwa im März 1946 zur Zwangsaustreibung. Am Nachmittag des 27. April 1946 holte sich der polnische Amtsvorsteher von mir die Liste über die letzten Deutschen, die sich noch im Dorfe aufhielten. Ein großer Teil der Dorfbewohner war bereits verschwunden und hielt sich meist in andern Dörfern auf, wo sie bei den Polen arbeiteten und dadurch einen gewissen Schutz genossen. Der Amtsvorsteher sagte kein Wort davon, daß wir am nächsten Tag ausgewiesen werden sollten. Das erfuhren wir erst zwei Stunden vor der Austreibung durch den polnischen Bürgermeister. Da ich nichts geahnt hatte, hatte ich an diesem Tage mit meiner Frau Verwandte in Lensin aufgesucht, von wo ich zurückgeholt wurde. Infolgedessen hatten wir nur noch zehn Minuten Zeit zum Packen, konnten praktisch also nichts mitnehmen.

Nach unserer plötzlichen Austreibung mußten wir bei der polnischen Amtsstelle in Karnitz fünf bis sechs Stunden warten, bis es dunkel wurde. Nun sollten die Leute nachts zu Fuß nach Greifenberg gehen, das sind ungefähr 23 Kilometer. Nur Handgepäck durfte mitgenommen werden. Da einige noch ziemlich viel Gepäck besaßen, mußten sie einen Teil liegen lassen, weil sie nicht alles mitschleppen konnten. Darauf warteten die Polen nur, die gierig herumstanden, um sich diese Sachen anzueignen. Ich veranlaßte meine Landsleute jedoch, alles, soweit es irgend möglich war, mitzuschleppen. Gegen 2.00 Uhr nachts kamen wir endlich in Greifenberg an. Für die Kranken und nicht Gehfähigen hatten die Polen drei bis vier Fuhrwerke gestellt, auf denen auch etwas Gepäck untergebracht wurde. Als wir in Greifenberg nicht direkt zur Sammelstelle fuhren, sondern in eine Nebenstraße, wurde die elektrische Straßenbeleuchtung ausgeschaltet, und ein Haufen polnischer Soldaten stürzte sich auf die Wagen und plünderte diese aus, so daß mancher arme Mensch hier noch seine letzten Habseligkeiten einbüßte.
Nach einem eineinhalbtägigen Aufenthalt in der Sammelstelle wurden wir zu je 30 bis 40 Personen in Viehwagen verladen und nach Stettin-Frauendorf zur dortigen Sammelstelle gefahren. Unterwegs wurden wir nicht mehr geplündert, wenn dies auch mehrfach versucht worden war. Wir hatten Schutz durch polnische Bahnmiliz, auf deren Veranlassung wir die Wagentüren von innen mit starkem Draht zugebunden hatten. In der Sammelstelle Frauendorf wurde alles registriert, entlaust und durch die Zollkontrolle geschleust. Dabei wurde noch vieles beschlagnahmt. Manche Frauen wurden von weiblichen Zollbeamtinnen z. T. bis aufs Hemd ausgezogen. Beschlagnahmt wurden vor allem die Sparbücher. Nach zweitägigem Aufenthalt in Frauendorf hatten wir das Glück, mit einem deutschen, unter englischem Schutz stehenden Schiff nach Lübeck gebracht zu werden. Hier wurden wir über das Lager Pöppendorf in unsere jetzigen Wohnorte verteilt. Leider wurde auch hier noch mancher bitter enttäuscht.

Käthe von Normann

Vom Gutshof zum Unterstand

Der Geschützdonner ist ganz nahe gerückt, und man sieht Rauchwolken bei Plathe. Am Abend dauert der Beschuß an, und Plathe steht in Flammen. Bei Kerzenlicht bade ich die Kinder, dann beten und singen wir gemeinsam. Philipp und ich stehen noch eine Weile am Fenster und sehen das brennende Plathe.

Wir legen uns angezogen auf unsere Betten. Die Nacht vergeht ohne besondere Störung. Philipp sagt zu mir: »Wenn man nur in all den kommenden schweren Zeiten seine Nerven behalten kann.« Ganz wenig schlafen wir doch noch.

Gegen Morgen hören wir starke Detonationen in Richtung Greifenberg. Die Brücke über die angestaute Rega an der Chaussee ist gesprengt. Kurz danach vermisse ich meine beiden Jungens. Sie sind ohne unser Wissen zu der gesprengten Brücke gelaufen. Auf dem Mühlberg war es ihnen unheimlich geworden, weil so viele Flugzeuge dort kreisten. Als ein Flugzeug ganz niedrig über sie hinwegbrauste, warfen sie sich einfach in den dicken Lehm. Ich bin dankbar, sie gesund wieder zu haben und ertrage mit Fassung ihre von Schmutz starrende Kleidung, die ich reinige und zum Trocknen aushänge.

Auf dem Hof herrscht eine fast unheimliche Stille. Gegen Mittag kommt der Bauer Laatsch mit der Nachricht: »Auf der Chaussee fahren russische Panzer, das hört man deutlich am Geräusch.« Die Nerven sind zum Zerreißen gespannt.

Wir können schon seit Tagen unsere Milch nicht mehr abliefern, und dicke Sahne steht auf den vollen Milchkannen. Da lasse ich den Kindern zum ersten Mal in ihrem Leben Schlagsahne machen.

Als wir gerade beim Kaffee sitzen, erscheint der erste Russe. Es ist ein junger Offizier mit Pelzkappe in Begleitung mehrerer Leute. Er verlangt die Auslieferung aller Jagdgewehre und zerschlägt eigenhändig die Jagdflinten vor der Haustür. Dann verlangt er Landkarten. Philipp gibt ihm, was er nur finden kann, und er studiert sie eingehendst.

Plötzlich fällt sein Blick auf meine goldene Armbanduhr. Sogleich verlangt er meine Uhr. Ich sehe ihn wohl etwas erstaunt an, da erzählt er in gebrochenem Deutsch, ihm wäre im Krieg durch die Hand geschossen worden und dabei sei seine Uhr kaputt gegangen. Ich gebe ihm die Uhr und versuche dabei, die Richtigkeit seiner Erzählung an einer Narbe festzustellen, was mir aber nicht gelingt.
Dann verlangt er ein Reitpferd und geht mit Philipp zum Stall. Ich beobachte vom Fenster aus, daß nach kurzer Zeit meine ›Ruhmvolle‹ herausgeführt wird. Da gehe ich mit einem Stückchen Zucker zum Stall, und als ich ›Ruhmvolle‹ diesen Leckerbissen gebe, während sie angesattelt wird, da leckt sie mir, wie so oft, die Hand. Da kommen mir doch die Tränen in die Augen.
Der Russe sieht es und brüllt mich an: »Was Frau weinen? Um ein Tier! Es ist Krieg und geht um Menschen!« Er hat ja nur zu recht! Ich sehe nur noch, wie der Russe sich auf das Pferd schwingt und gehe traurig mit Philipp zurück in das Haus. Eine halbe Stunde danach großer Jubel: ›Ruhmvolle‹ ist wieder da! Sie hat den Russen abgeworfen und wird von Kurt sehr befriedigt wieder in den Stall geführt.
Dann erscheinen ein paar sehr schmierige Russen, beide stark angetrunken, und fordern Stiefel für die russische Armee. Der eine zieht Philipp gleich seine Stiefel aus, und während er damit beschäftigt ist, winkt mir der andere mit den Worten »Frau komm!« Ich verstehe nicht recht, was er will, doch ist er mir unheimlich; und ich stelle mich schutzsuchend hinter Philipp. Nochmals der Befehl »Frau komm!«. Aber da brüllt der sehr viel kleinere andere Kerl ihn an und beschimpft ihn offensichtlich.
Als sie abgezogen sind, ziehen wir uns beide derbe Schuhe an, und Philipp sagt zu mir: »Es kann jetzt der Fall eintreten, daß ich dich verteidigen muß, und dann werde ich erschossen werden!« Er erklärt mir die Absichten des betrunkenen Russen. Wir beschließen, diese Nacht nicht oben, sondern unten in Philipps Wohnzimmer zu verbringen. Ich richte alles darauf ein, denn es wird noch früh dunkel.
Gegen neun Uhr donnert es an die Haustür. Eine größere Formation Russen erscheint – wohl ein Stab. Die Truppe macht einen ganz ordentlichen Eindruck und verlangt Quartier. Wir zeigen die leeren Fremdenzimmer oben, mit denen sie sich auch zufrieden geben. Unsere Schlafzimmer werden ausdrücklich abgelehnt.
Kaum sind wir wieder unten, meldet sich noch ein Dolmetscher, der uns

von dem Kommandeur die Mitteilung bringt, wir sollten uns die Nacht über einschließen. Da unsere Wohnzimmer unten keine Schlüssel besitzen, verschließe ich den ganzen Flügel. Jetzt glauben wir Ruhe zu haben. Ich lasse aber noch die kleine Petroleumlampe bei uns brennen. Philipp ist eingeschlafen, und ich liege wohl nur im Halbschlaf, werde aber plötzlich hellwach, da ich im Eßzimmer Geklapper mit unserem Eßsilber höre. Da sehe ich auch Licht im Büro, also sind die verschlossenen Türen geöffnet worden. Ich wecke vorsichtig Philipp, der seelenruhig erklärt: »Da wird geplündert!« Ich versuche, der oben schlafenden Truppe von der Plünderung Meldung zu machen, komme aber nur bis zur Diele. An der Tür steht ein Soldat, der sein Gewehr auf mich in Anschlag bringt. Also muß ich mich ins Unvermeidliche fügen.
Jetzt folgt ein stundenlanges Plündern. Die Kerle sind mit großen Stearinkerzen ausgerüstet, wie ich sie schon lange nicht mehr besitze. Sie durchwühlen alle Schubladen, reißen den Inhalt heraus, öffnen jeden Schrank. Dabei steigen sie über die schlafenden Kinder hinweg.
Plötzlich erscheint meine Mutter mit ihrem Köfferchen und ihren Betten bei uns. Ein Russe hatte ihr erklärt, er wolle auf der Chaiselongue schlafen, hatte ihr aber die Betten gelassen. Sie packte sich auf ein Ecksofa. Natürlich ist an ein Schlafen für uns Erwachsene nicht mehr zu denken. Jetzt öffnen die Russen den Schrank mit Philipps Schnapsflaschen. Den Cordial-Medoc haben wir zum Glück in den letzten Tagen selbst ausgetrunken. Bei dieser Entdeckung werden die Kerls munter. Sie geben aber meiner Mutter von jeder Flasche erst zum Abtrinken aus Furcht vor Gift. Sie beschimpft sie dabei mit ihren paar polnischen Brocken, ohne irgendeinen Eindruck zu machen. Dann haben sie in kurzer Zeit vier Flaschen hinuntergespült. Sie torkeln mit ihren schweren Stiefeln über die schlafenden Kinder, und ihre Blicke werden mir unheimlich, so daß ich mir die beiden Jungens auf mein Lager hole und zu beiden Seiten von mir lege. Das scheint ein Schutz zu sein, denn sie verziehen sich auf die Diele, und bald hört man sie dort schnarchen.
Die Nacht will kein Ende nehmen. Schlafen kann man nicht mehr vor Aufregung. Philipp sagt zu mir: »Wir haben uns alles schon immer sehr schwarz ausgemalt, es wird aber noch viel, viel schlimmer werden!« Meine Mutter erzählt uns, daß sie sich ein Fläschchen mit Gift besorgt hätte. Es reiche für uns alle, aber Philipp lehnt es ab: »Es bleibt eine Sünde, wenn wir es für uns auch noch billigen könnten, die drei Kinder haben

ein Recht auf ihr Leben. Wir können es nicht vor Gott verantworten!«
Endlich dämmert der Morgen. Philipp geht auf den Hof, ich selbst in die Küche. Da sieht es wüst genug aus. Russische Soldatenweiber mit unordentlichen Haaren waschen sich dort. Auf dem Herd steht ein großer Kessel mit wohl fünfzig Eiern zum Kochen. Ich hatte dreitausend Eier von den letzten zwei Wochen nicht mehr an das Lazarett nach Treptow liefern können. Diese waren in dieser einen Nacht von den Russen restlos vertilgt worden. Überall lagen Eierschalen herum.
Die Toiletten bieten einen unbeschreiblichen Anblick. Fräulein Struck, mein altes Wirtschaftsfräulein, ist fassungslos. Ich hole Philipp herbei. Vor der Küchentür fordern zwei schaurige Russen: »Uhr, Ring!« Als Philipps Ringe sich nicht gleich lösen lassen, versuchen sie zu reißen. Ich fühle, wie schwer es ihm wird, seinen Trauring und seinen Siegelring, der zwei Normanns durch zwei Kriege begleitet hat, herzugeben.
Eine Weile später wird Philipp vernommen. Ich höre einen Kommissar fragen: »Waren Sie in der Partei?« – »Nein!« Und wieder in gebrochenem Deutsch: »Sie waren also nicht Parteimitglied?« – »Ja!« Hatte er falsch verstanden? Ich rufe dazwischen: »Nein, niemals!« Höhnisches Gelächter. Dann aber folgt eine leise Bestätigung von Kröning und Surma, unseren polnischen Arbeitern: »Nein, er war nicht Parteimitglied!«
Philipp muß seinen Wehrpaß vorzeigen. Dann heißt es: »Mitkommen!« Ich bin wie versteinert, höre wie aus weiter Ferne Philipp sagen: »Weine nicht so sehr!« Er umarmt die Kinder und mich mit den Worten »Gott schütze euch!« Henning wendet sich ab, weil er seine Tränen nicht vor den Soldaten zeigen will. Ich frage Philipp noch: »Wege zeigen?« – »Ja!« Dann drängt der Kommissar zur Eile. Ohne irgendwelches Gepäck, ohne Decke, nur in grüner Lodenjoppe mit seinem Handstock, geht Philipp unter Bewachung in eiligem Tempo vom Hof. Ich stehe am Fenster, bin noch immer wie versteinert, weinen kann ich nicht. »Lieber, lieber Philipp!«
Völlig geistesabwesend gebe ich den Kindern das Frühstück. Da treten zwei Kommissare an mich heran und verlangen von mir, ich solle sofort mitkommen. Ich schicke meine Mutter zu Anton, der dolmetschen soll, und erkläre energisch, ich ginge nur mit den drei Kindern fort, oder man solle mich und die drei Kinder erschießen!
Dann erhalte ich Befehl, das Haus sofort zu verlassen, binnen fünf Minuten. Ich ziehe eiligst die Kinder an, ergreife zwei Decken, drei Kopf-

kissen, meinen und Philipps Pelz. Darauf geht es mit den Kindern, die zwei Tornister tragen, und meiner ebenfalls schwer bepackten Mutter hinüber zur Beamtenwohnung. Dort ist die Tür von innen verschlossen, die ganze Wohnung belegt mit Russen. Unzählige Kraftwagen rollen auf den Hof, so daß man sich kaum durchwinden kann. Also zurück zum Haus, wo gerade ein russischer General durchs Rondell auf die Haustür zugeht.

Wir laufen zur Schmiede und lassen Anton sagen, daß wir zur Horst gehen würden. Bei der Schmiede sind Westphals, Frau Stark und Krügers mit ihren Kindern, alle Familien aus ihren Wohnungen gewiesen. Der Schmied Westphal warnt davor, nach der Horst zu gehen, und ich sehe, wie in der Ferne eine Walze russischer Formationen sich in Richtung Horst bewegt.

Westphal will mit uns ins Hohe Holz. Meine Mutter läuft zurück, um Fräulein Struck zu holen. Diese kommt, wie sie geht und steht, ohne Mantel oder irgendwelches Gepäck. Dann hält es meine Mutter noch nicht, sie will Frau Köhler holen. Wir stürzen indessen durch Koppel 10. Dort erreicht uns Frau Köhler und meine Mutter mit einem hochbepackten Handwagen mit Betten und Matratzen.

Im Kettengang im Garten hatte meine Mutter eine kleine weiße Christusfigur gefunden. Wir hatten sie nie besessen, wahrscheinlich ist sie schon von den Russen verschleppt worden. Sie kann sie nicht liegen lassen und steckt sie eilig in ihren kleinen Handkoffer.

Auf der Höhe der Koppel angelangt, stürzen zwei russische Soldaten hinter uns her. Wohl zum hundertsten Male werden die Taschen nach Uhren und Pistolen durchsucht. Dann wollen sie Frau Westphal mitnehmen. Sie wehrt sich und wird auf die Erde geworfen und mit Erschießen bedroht. Da hebt der zehnjährige Junge von Westphals, Helmut, sein Beil zur Verteidigung der Mutter.

Auf unser Geschrei lassen sie endlich von ihr ab und nehmen nur einen Schmalztopf mit. Angstgepeinigt jagen wir zum Hohen Holz, dabei pfeifen einige Kugeln hinter uns her, richten aber keinen Schaden an. Westphal selbst war schon eine Strecke Wegs voraus. Er hat Säge, Hammer und Beil mitgenommen.

Bald hat der Schmied eine geeignete Stelle für unser Bleiben gefunden. Am Abhang zum Stausee bauen wir uns mit zwei mitgenommenen Spaten einen Unterstand, decken ihn mit Tannenreisig, polstern ihn mit

allen mitgenommenen Decken und Betten. Wir sind ganz auf die Hilfe der anderen Familien angewiesen, die wohl Brot, Wurst und Schmalz ausreichend mitgenommen haben, dafür aber keine Betten und Decken, mit denen wir helfen können.
In der Nacht tobt ein Schneesturm, der das Dach unseres Unterstandes sehr lückenhaft macht. Gegen Morgen ist es recht kalt. Wir machen im Unterstand Feuer zur Erwärmung. Aus dem Graben können wir das klare Wasser gut trinken. Als es dämmert, hören wir Menschenstimmen, das erfüllt uns wieder mit Sorge. Es sind aber Kröning und Christa B. von der Horst. Wenig später kommen dann Fräulein L., eine oberschlesische Flüchtlingsfrau mit Tochter, Brökers mit Tochter und die Familien Griesbach und Otto dazu.
Alle bringen entsetzliche Nachrichten aus Barkow mit. Von Philipp weiß niemand etwas Genaues. Die Russen haben die ganze Nacht nach der Gutsfrau mit Kindern gesucht. Furchtbar ist auf der Horst gehaust. Frau B. ist zwanzigmal vergewaltigt worden, dasselbe wird auch von vielen anderen Frauen und Mädchen erzählt.
Ich habe das kleine Fläschchen Gift von meiner Mutter bei mir, überlege kurz, ob ich es jetzt mit den Kindern und meiner Mutter nehmen soll. Nein, unmöglich! Wenn Philipp zurückkommt und uns nicht mehr vorfindet!
Wir finden unseren Unterschlupf zu gefährlich nahe, er ist jetzt auch zu klein geworden. Die meisten der neu Zugekommenen haben nichts gerettet, weder Essen, noch Bekleidung, noch Decken.
Westphal sucht zwei Boote, und wir setzen darin nach und nach über auf die andere Seite des Sees. Erst nach langem Marschieren bekommen wir Deckung in dichten Tannen. Es schneit und ist naßkalt. Die Kinder sehen alle müde aus und frieren. An versteckter Stelle machen die Frauen ein Feuer an und kochen eine Kartoffelsuppe. Sie löschen es schnell wieder, weil in der Nähe auf der Chaussee russische Kolonnen gesichtet worden sind.
Die Männer waren zum Auskundschaften und haben einen Holzschuppen gefunden, in dem wenigstens die Kinder in der Nacht vor Frost geschützt sein würden. Sonst ist er zu klein, wir bauen mit Tannen an. Wir alle essen Schnee gegen den Durst. Westphal geht auszukundschaften, ob in Kutzer die Russen sind. Inzwischen werden Kartoffeln geschält, die er in der Nacht mit Irma S. aus unseren Mieten am Kieser Haken ge-

holt hat. Dann wird hinten im Wald ein Feuer gemacht und in einem großen Kessel Kartoffelsuppe gekocht.
Drei versprengte deutsche Soldaten finden sich ein und können sich gar nicht wieder von uns trennen. Ich muß sie zum Aufbruch drängen, denn sie bringen unsere ganze Kolonne in Gefahr durch ihre Anwesenheit.
Hans ist nicht in den Schuppen gegangen. Er steht etwas abseits mit dem Blick auf Barkow und unser Hohes Holz. Sein Ausdruck ist erschütternd. Er weint nicht, aber diesen Anblick von namenlosem Leid in den Augen meines zehnjährigen Jungen werde ich in meinem ganzen Leben nicht vergessen.

Erwin Krüger

Grenzenloses Leid einer Familie

Als Sohn des Schneidermeisters Emil Krüger und dessen Ehefrau Agnes geb. Zumker, wurde ich am 23.4.1932 in Groß Sabin, Kreis Dramburg, in Pommern geboren. Vom 6. Lebensjahr an besuchte ich die Volksschule in Groß Sabin. Am 11.2.1945 wurde meiner Schulausbildung durch den Einmarsch der Roten Armee ein Ende gesetzt. Denn: Am 11.2.1945 mußten wir das erstemal auf die Flucht. Meine Eltern fuhren als letzte mit uns aus dem Dorf. Die Granaten schlugen schon rechts und links von uns ein. Noch heute sehe ich meine Mutter am Grabe ihrer Mutter stehen und weinen. Sie sagte, als ich sie vom Friedhof holen wollte: »Laß mich noch einmal am Grabe meiner Mutter knien, es wird das letzte Mal sein.« Dann zogen wir, es war neun Uhr, aus dem Ort. Wir hatten unsere Nachbarn mit auf unserem Treckwagen. Als wir aus dem Ort fuhren, sahen wir eine Familie, die keiner mitnehmen wollte. Mein Vater ließ den Wagen halten; das Gepäck wurde auf unseren Wagen verladen und die Familie ging mit uns auf die Flucht. Wir fuhren über Bahnhof Virchow, Wutzig, Falkenburg, Zetzin nach Wusterwitz. Hier lagen wir 14 Tage. Des öfteren wohnte ich einer Unterhaltung mit dem Kreisleiter bei. Er beteuerte immer, wir brauchen nicht mehr weiter. Ende Februar, eines Morgens, hörten wir die Front näherkommen. Mein Vater wollte die Kreisleitung anrufen, um die Genehmigung zur Weiterfahrt zu erhalten. Die Verbindung kam nicht zustande; Dramburg war schon geräumt. Der Treck setzte sich in Richtung Dramburg in Bewegung.

Da uns zu diesem Zeitpunkt der Weg durch Dramburg schon abgeschnitten war, mußten wir wieder zurück, um über Gersdorf, Bad Polzin, Schivelbein nach Kolberg zu fahren. Der Weg war schrecklich. Oft wurden wir durch Tiefflieger angegriffen. Auf einem Gut vor Kolberg haben wir Halt gemacht. Die Pferde konnten nicht mehr. Es war in der Nacht um ein Uhr. Mein Vater besorgte für die Familien, die noch bei uns waren, Quartier. Meine Mutter wollte für uns eine Unterkunft be-

schaffen, ging in das Gutshaus und fragte: »Gute Frau, können wir ein Nachtlager bekommen?« Da antwortete die Frau: »Immer noch ›gnädige Frau‹!«
Um drei Uhr kamen die Russen in den Ort, für uns war es wie das Ende unseres Lebens. Wir waren dem Selbstmord nahe, aber mein Vater richtete uns wieder auf. Nach kurzer Zeit kamen die russischen Soldaten und trieben uns in die große Scheune. Nach einer Stunde wurde das Tor aufgerissen und alle Männer unter 50 Jahren sollten heraustreten. Nachdem die Männer herausgetreten waren, fragte ein Russe auf Deutsch: »Warum tritt der Gutsherr nicht heraus?« Die Gutsfrau antwortete, ihr Mann sei krank. Darauf wurden beide aus der Scheune geholt und erschossen.
Am Morgen kamen die Russen und sagten, ein jeder sollte in seine Heimat zurückfahren. Ein Unkrainermädchen, das noch bei uns war und bei uns bleiben wollte, mußte uns sofort verlassen, da es sonst als Deutsche erklärt worden wäre.
Am Morgen fuhren wir mit mehreren Wagen wieder zurück in die Heimat. Alle paar Kilometer wurde der Wagen geplündert. Wir packten den Rest, den man uns gelassen hatte, immer wieder auf und fuhren weiter. Als wir durch den Ort Stolzenburg kamen, wurden wir, da es schon dunkel war, aufgefordert, zu übernachten. Am Dorfende, nach Schivelbein zu, stehen drei Waldarbeiterhäuser. In dem mittleren übernachteten wir. Um Mitternacht kamen die nachziehenden Truppen, Mongolen. Wir stellten uns im Zimmer alle zusammen auf. Eine junge Mutter mit ihrem 14 Tage alten Kind stand in der vordersten Reihe. Dieser Frau wurde das Kind vom Arm gerissen. Zwei Männer zogen sie aus und hielten sie fest, der jeweils dritte verging sich an der Frau. Meine Mutter, meine kleine 15 Monate alte Schwester und ich flüchteten durchs Fenster, da die Russen sich auch meiner Mutter näherten. Wir verkrochen uns in einen Bombentrichter. Meine Mutter war der Verzweiflung nahe und wollte Selbstmord begehen. Auf meine Bitten hin ließ sie davon ab. Meine Schwester, die oft weinte, bekam von meiner Mutter ein Taschentuch in den Mund gesteckt, damit wir von den Russen nicht durch das Weinen entdeckt würden.
Am Morgen fuhren wir bis Grössin bei Schivelbein; hier kamen wir nicht mehr weiter. In Schivelbein standen noch deutsche Truppen. Wir wurden von den Russen an der Weiterfahrt gehindert. Wir kamen in den

Arbeiterhäusern neben dem Gut unter. Die Russen waren immer hinter uns her. Am zweiten Tag in Grössin, es war am 5. März 1945, ging mein Bruder zu den deutschen Soldaten und erkundete die Lage. Nach Vereinbarung sollten wir am 6. März morgens um 7 Uhr im Wald Grössin/Stolzenburg zu den deutschen Soldaten kommen. Morgens um 6.15 Uhr fuhren wir zum Dorfausgang. Die Straße lag unter Beschuß. Während mein Vater abwartete, passierte ein Freund meines Vaters die Straße während des Beschusses. Um 6.45 Uhr hörte der Beschuß auf, mein Vater gab meinem Bruder das Zeichen zur Weiterfahrt. Kurz vor dem Wald sahen wir, daß der Wagen des Freundes zusammengeschossen war. Die Toten und Verwundeten lagen dabei. Mein Vater ließ halten. Er wollte helfen. In diesem Augenblick schlug eine Granate unter unserem Wagen ein. Er flog mit allem in die Luft und sank dann zur Erde nieder. Ich hatte einen Splitter neben dem linken Auge. Mein Gehör hatte stark gelitten.

Als ich wieder sehen konnte, kam mein Vater auf meinen Bruder Joachim und mich zu. Wir saßen in einem Blockwagen, der hinter dem Treckwagen angebunden war. Mein jüngerer Bruder und mein Vater waren nicht verletzt. Ich schaute zu dem Dorf zurück, aus dem wir gekommen waren. Da sah ich meine kleine Schwester Rosemarie an der Straßenseite liegen. Sie hatte bei meiner Mutter auf dem Schoß gesessen und war von dem Druck aus dem Wagen geschleudert worden. Ich lief hin, nahm meine Schwester auf den Arm. Sie lebte noch. Sie hatte drei Splitter im Arm. Mein Bruder Karl-Heinz kam um den Wagen gewankt und brach zusammen; er hatte im Rücken zahllose Splitter; vom rechten Oberschenkel war das Fleisch und die Muskeln, vom linken Bein war die Wade abgerissen. Er lebte noch drei Stunden.

Dann holte mein Vater meine Mutter aus den Trümmern hervor. Ihr waren der Ober- und Unterkiefer abgerissen. Sie hatte außerdem einen Splitter im Herzen. Mein Großvater war blind; ein Bein abgerissen. Er ist auf der Straße verblutet. Meine Großmutter starb ebenfalls an der Unfallstelle. Auch sie war blind. Wahrscheinlich war ihr die Lunge geplatzt. Unsere Nachbarsfamilie, die auch auf dem Wagen war, lebte. In der Nähe stand ein leerer Wagen mit zwei Pferden davor. Den holte mein Vater, wir luden das Notwendigste auf und auch meinen Bruder Karl-Heinz, da er noch lebte. Die Nachbarsfamilie stieg auch mit auf. Ich lief mit meiner Schwester auf dem Arm in das Dorf zurück, aus dem wir gekommen waren. Mein Vater fuhr mit meinen Geschwistern und der Nachbarsfamilie zu den deutschen Soldaten, wo auch mein Bruder von einem Sanitätsarzt behandelt worden ist. Da mein Vater an uns Kinder dachte, kehrte er in das Dorf zurück. Mein Bruder wurde in das Zimmer getragen. Er verzog das Gesicht vor Schmerzen. Da habe ich meinen Vater zum erstenmal weinen gesehen. Er bat meinen Bruder verzweifelt: »Du darfst nicht sterben!« Mein Bruder sagte: »Papa, ich bin ja hier und zum Sterben …!« Dann schlief er ein, wir sahen ihn verblassen. Nach einer Stunde war er tot. Wir legten ihn zuerst in einen Schuppen und wollten die Großeltern und ihn zusammen beerdigen. Da aber in diesem Schuppen sehr oft Frauen vergewaltigt wurden, beschloß mein Vater, meinen Bruder zu beerdigen. Meine Mutter und die Großeltern durften wir nicht mehr holen. Sie blieben an der Straße liegen.

Am 10. März mußten wir weitertrecken. Am 11. März wollte man meinen Vater verschleppen. Nach Bitten und Flehen von uns Kindern behielten wir ihn. Am 12. März um 6 Uhr teilte mein Vater unser letztes Brot. Er sagte zu mir, ich sollte versuchen, aus einem Haus Brot zu bekommen. Es war bei Polzin in Pommern. Ich ging in ein Gutshaus und wollte Brot beschaffen. Als ich den ersten Raum betrat, lagen da sechs oder neun Volkssturmmänner. Die Augen waren ausgestochen, die Leiber aufgeschnitten und verstümmelt, die Volkssturmbinden waren über die nackten und geschändeten Leichen gelegt. Ich rannte aus dem Haus und schrie: »Eher will ich verhungern, aber nie wieder gehe ich in ein Haus!« Um 7.30 Uhr hatten wir das Dorf Gersdorf durchfahren; es war in der Rechtsbiegung nach Zetzim/Wusterwitz, 4. Baum vor der Biegung, da kam ein Gefangenentrupp.

Ein Wächter ging auf meinen Vater zu. Mein Vater fuhr für einen Bekannten einen Wagen. Der Wächter wollte von meinem Vater ein Taschenmesser haben. In diesem Moment war ich zu meinem Vater gekommen. Mein Vater sagte: »Ich habe alles verloren und habe auch kein Taschenmesser mehr.« Der Wächter untersuchte meinen Vater, und da er kein Taschenmesser fand, nahm er die Maschinenpistole vom Rücken und schoß meinen Vater in die Brust. Mein Vater fiel mit dem Gesicht auf die Straße; als ich zu meinem Vater wollte, hielt man mich zurück. Ich schrie. Mein Vater wurde mit Füßen an den Straßengraben gestoßen. Der Wächter schoß noch einmal. Wir mußten sofort weiter.

Am 13. März kamen wir mit Bekannten in unserer Heimat Groß Sabin wieder an. Wir wohnten zuerst bei Bekannten, einige Kilometer vom Dorf entfernt. Als nach zwei Wochen mein Großvater mütterlicherseits und eine Schwester meiner Mutter in das Dorf zurückkamen, zogen wir zu ihnen.

Bis zum 29. Juni 1946 waren wir noch dort. Es war schrecklich. Am 29. wurden wir in der Nacht um vier Uhr aus den Betten geholt. Wir wurden von Groß Sabin nach Klein Sabin getrieben, wo wir mit 500 Personen in einem Saal übernachten mußten. Am nächsten Morgen wurden wir aus dem Saal getrieben, hinter uns wurden uns die Rucksäcke abgeschnitten und an der Tür wurde uns bis auf ein Gepäckstück alles fortgenommen. Nun wurden wir nach Falkenburg transportiert. Die alten Leute wurden gefahren, auch Kinder, andere mußten neben den Fahrzeugen laufen. Auch auf diesem Weg blieben wir von Plünderern nicht verschont. In Falkenburg wurden wir in Viehwaggons geladen. Wir waren über 300 Personen in einem Waggon. Die Verpflegung war schlecht auf dem Transport. In Stettin kamen wir in ein Lager, in dem wir vierzehn Tage leben mußten.

Schließlich landeten wir in Pöppendorf bei Lübeck. Nach einigen Tagen gelangten wir nach Tornesch-Ahrenlohe, wo wir in einem Gasthaus untergebracht wurden. Nach acht Tagen ging es von hier weiter nach Prisdorf, wo wir bei einer Familie P. untergebracht werden sollten. Da man uns nicht ins Haus ließ, mußten wir auf dem Heuboden wohnen. Dann kamen wir in einer Baracke in Prisdorf unter, aus der wir erst wieder hinaus kamen, als uns des Nachts alles gefroren war, also im Winter. Auf unser Bitten, uns eine Wohnung oder ein Zimmer zu geben, mußten wir von einem Herrn aus Prisdorf anhören: »Ihr seid doch bloß hierhergekommen, weil ihr keine Lust zur Arbeit hattet.« Auch sagte man uns: »Warum seid ihr nicht ins Wasser gegangen?« In der Baracke lebten wir mit fünf Familien in einem Raum. Aber erst im Dezember 1946 bekamen wir ein Zimmer zugewiesen.

Durch meine Arbeit habe ich in Prisdorf viele Freunde gewonnen, auch Herrn Lehrer Müller, dem ich heute noch sehr dankbar bin. Er gab mir kostenlosen Unterricht, da ich meine Schulbildung ja nicht abgeschlossen hatte, aber die Schule vormittags nicht besuchen konnte, weil ich Vollwaise war und als Ältester der Geschwister arbeiten mußte, um einigermaßen durch das Leben zu kommen.

Am 1. Februar 1949 ging ich in die Gärtnerlehre bei der Firma H. und am

27. Februar 1952 machte ich meine Gehilfenprüfung in Kiel mit dem Prädikat »gut«. 1956 machte ich mich selbständig. 1955 lernte ich meine Frau kennen, und weil ich oft unter Alpträumen litt, war ich bestrebt, eine Familie zu gründen, um Gewesenes zu vergessen. 1955 wollte ich in Prisdorf ein Grundstück erwerben. Man sagte mir in Itzehoe auf dem Siedlungsamt: »Haben Sie überhaupt etwas verloren?«

Ursula Pless-Damm

Weg ins Ungewisse

16. März 1945
Wir – 15 Männer und 35 Frauen – müssen antreten, uns zu einem Zug formieren und losmarschieren. In Richtung Klenzin verließen wir Glowitz. Die Mittagssonne schien, während wir langsam durch den Schneematsch stapften, vorbei an umgekippten und ausgeplünderten Treckwagen und Pferdekadavern. Dann die ersten toten deutschen Soldaten. Bisher hatte ich noch keinen toten Menschen gesehen. Trotzdem sehe ich jetzt nicht fort, sondern sehe sie friedlich mit ihren schon wie Pergament vergilbten Gesichtern mit spitzen Nasen in ihren verdreckten Uniformen liegen. Was mögen ihre letzten Gedanken gewesen sein? Frauen und Mädchen werden sie irgendwo in Deutschland beweinen und wohl nie erfahren, wo sie der Tod ereilt hat.
Da überholt uns ein strohbepackter Panjewagen, aus dem ein Kopf mit dickem Verband zu sehen ist. Darunter schaut ein Jungensgesicht hervor. Auch sie haben fast noch Kinder in ihren Reihen. Er blickt ganz versonnen über uns hinweg in die Ferne. Vielleicht hat er Heimweh und denkt an seine Mutter.
Die Straße erscheint mir endlos. Viele solcher Straßen gibt es auf der Welt. Und was geschieht gegenwärtig auf ihnen? Unser Weg geht vorbei an dunklen Wäldern und an Feldern, auf denen wie kleine Inseln noch Schnee liegt. Nässe dringt in meine Schuhe und zieht an mir herauf und macht mich frösteln. Mit jedem Schritt, mit dem ich mich von zu Haus entferne, nimmt meine Gleichgültigkeit und Stumpfheit zu. So erreichen Worte nur mein Ohr. »Ich heiße Elisabeth und komme aus Bartenstein. Wir wollen zusammenbleiben. Willst du?« Wird es überhaupt auf unseren Willen ankommen? Ich bekomme einen Puff von hinten, und eine Hand reicht mir etwas zu: Ich halte ein Paar selbstgestrickte schafwollene Handschuhe in der Hand. Eine ältere Frau nickt mir zu: »Nimm sie dir, ohne Handschuhe ist es noch zu kalt.« Schön warm halten sie, und ich brauche meine Hände nicht mehr in den Manteltaschen zu vergraben.

Der Tag will kein Ende nehmen. Wir kommen durch Dörfer, die wie ausgestorben daliegen. Neben den Hauswänden liegen viele Hühnerköpfe. Die Russen hatten sie geschlachtet, indem sie ihnen einfach die Köpfe abgerissen hatten.
Endlich steigen Abendnebel auf und ziehen in feinen Schwaden über den Boden hin. Mitten in einem scheinbar ausgestorbenen Dorf hält unser Häuflein vor einem alten, unbewohnten, weißen Häuschen an. Es soll uns als Quartier dienen. Die Männer führen unsere Bewacher in das obere Stockwerk. Die alte Wendeltreppe knarrt laut unter den derben Männerstiefeln. Ein alter Schlüssel kreischt in einem rostigen Schloß. Die Männer sind eingeschlossen. In einem fast leeren Zimmer des Erdgeschosses lassen wir Frauen und Mädchen uns auf dem Fußboden nieder. Ich weiß nicht, was größer ist: der Hunger oder die Müdigkeit vom ungewohnten Marsch? Ein Russe erscheint und verspricht uns Essen. Geschäftiges Treiben beginnt in der Küche. Hühner werden in besagter russischer Manier geschlachtet, gerupft und kochfertig gemacht. Inzwischen teilt man an uns Brot und dünnen Malzkaffee aus. Als Kerzen notdürftig unseren Raum erhellen und ihr Schein gespenstisch über uns gleitet, wird uns Hühnerbrühe mit Reis serviert. Eßnäpfe und Blechlöffel wandern von Hand zu Hand. Fleisch und Knochen werden ebenfalls in die Hände genommen. So stillen wir unseren Hunger. Dann löschen wir die Kerzen und legen uns nieder. Doch bald beginnt der nächtliche Spuk, vor dem wir uns in Gedanken und ohne darüber zu sprechen gefürchtet haben. Schemenhaft öffnet sich die Zimmertür, und drei, vier und mehr Männergestalten huschen herein. Ihr nächtliches Opfer haben sie sich schon am Tage ausgewählt. Leises Weinen und Jammern dringt an mein Ohr. Da schließen sich um mich zwei Männerarme und unter gurgelndem Lachen höre ich: »Siehst du, mein Täubchen, jetzt gehst du mit uns. Wo hast du deinen kleinen Hund gelassen? Du warst immer stolz. Ich habe dich auf deinen Spaziergängen oft gesehen.« Ich beginne mich zu erinnern. Der Kerl muß ein russischer Kriegsgefangener vom Gut sein. Von dort marschierten sie fast täglich an unserem Haus vorbei zur Feldarbeit. Darum bin ich aus dem Haus heraus verhaftet worden. Man wußte von meiner Existenz, und kein Verstecken hätte wohl genützt. Ich entziehe mich den Liebkosungen, so gut ich kann. Doch er ist weit stärker als ich. Vor meinen Augen sehe ich meinen Mann auftauchen, der mir doch nicht helfen kann. Da fange ich in meiner Verzweiflung plötz-

lich laut zu lachen an. Schrill und hysterisch klingt es durch den Raum, unaufhörlich. Mit einem Fluch läßt der Kerl daraufhin von mir ab. Auch den anderen Kerlen scheint dadurch die Lust an ihrem Tun vergangen zu sein, denn gleich darauf tritt Ruhe in unserem Zimmer ein.

Die Blicke der Frauen am anderen Morgen werde ich nicht vergessen. Scheu und besorgt schauen sie mich an. Sie glauben, ich hätte in der Nacht den Verstand verloren. Die eingeschlossenen Männer, denen man nur Brot und Kaffee gegeben hatte, hätten uns gern beigestanden.

Unser Marsch geht weiter. Gegen Mittag sind wir in Stolp. In den Straßen sehr viel Militär. Dazwischen ehemalige kriegsgefangene Franzosen. Auf einmal tauchen neben mir zwei bekannte Gesichter auf. Jean und Lisienne, die beiden französischen Milchfahrer aus Giesebitz. Lisienne gelingt es, sich dicht an meine Seite zu schieben. Er fragt mich leise: »Qu'est ce que avec vous?« – »Je ne sais pas. Je suis une prisonnière de guerre«, antworte ich ihm. Er schüttelt traurig den Kopf. Da ist schon ein Soldat der Bewachungsmannschaft neben mir und geht mir nicht mehr von der Seite. Jean und Lisienne laufen weiter neben uns her, gestikulieren und sprechen leise miteinander. Aber es gibt keinen Ausweg und keine Hilfe für mich. Mit dieser Erkenntnis kommen mir die Tränen, und ich lasse meinen Kopf sinken. Durch ein altes, offenstehendes Parktor marschiert unsere Kolonne jetzt auf eine Villa aus der Zeit um die Jahrhundertwende zu. Dabei nicke ich den beiden Franzosen noch einmal zu. Lisienne hebt grüßend seine Hand und spricht noch immer vor sich hin. Selten sah ich so traurige Augen wie jetzt die seinen. Von einem russischen Offizier werden unsere Namen umständlich aufgerufen. Als wir danach das Haus betreten, stehen die beiden Franzosen noch immer am Parktor. Ich werde sie wohl nicht mehr wiedersehen.

Während ich das schreibe, sitzen wir noch immer im selben Haus. Außer trockenem Brot habe ich heute noch nichts gegessen. Schmutzige und jauchige Pellkartoffeln zum Mittag habe ich nicht angerührt.

Stolp, den 17. März

Bevor es ganz dunkel wird, will ich noch etwas niederschreiben. Es tröstet mich und läßt mich nicht so verloren sein. Meine Traurigkeit ist immer größer geworden, ich glaube, mir kann nun nichts Schlimmeres mehr geschehen. Wir Gefangene sind aus der menschlichen Gesellschaft ausgeschieden, sind aus unserer Bahn geworfen. Ohne eigenen Willen haben wir nur dem fremden Befehl zu gehorchen und zu folgen. Besonders der Abend und die Nacht sind für uns Frauen unerträglich. Die Dunkelheit erscheint uns endlos. Dann möchten wir lieber Männer sein. Im Laufe des Vormittags werde ich in ein anderes Haus zum Verhör geholt. Dieses Mal dient ein Kohlenkeller als Warteraum. Auf langen Bänken sitzen deutsche Männer und Frauen beinahe wie im Wartezimmer eines Arztes, wenn nicht der Koks um uns herum wäre. Vor der Kellertüre selbstverständlich russische Soldaten, die in Abständen die Namen der zum Verhör verlangten Personen laut aufrufen. In der Wohnung über dem Keller finden die Verhöre statt. Wir merken das sehr bald. Das Schreien, das Klatschen der Schläge und das Poltern, als wenn Stühle herumfliegen, das alles spricht eine deutliche Sprache. Ich weiß nicht, wie lange ich hier im Keller sitze. Namen werden aufgerufen, und neue Menschen kommen dauernd hinzu. Wir rücken auf den Bänken zusammen und sitzen aneinandergepreßt. Ein älterer Mann wankt herein. Wachsbleich im Gesicht hält er sich mit letzter Kraft an der Wand fest und flüstert, fast ohne die Lippen zu bewegen: »Furchtbar sah die Frau eben aus. Man hat sie blutig und total zerschlagen aus dem Zimmer geschleift!« Sein Blick geht nach oben, und wir wissen alle, was er meint. Jedem von uns kann das auch bevorstehen. Mir gegenüber sitzt eine noch jugendlich aussehende Mutter mit ihrer kaum 20jährigen Tochter. Sie sind zwar mitten unter uns und scheinen doch meilenweit von ihrer Umgebung entfernt zu sein. Sie halten sich an den Händen und sprechen kein Wort. Sie sehen noch nach Sauberkeit, ja nach Gepflegtheit aus. Sie tragen elegante Skihosen, pelzgefütterte Windjacken, unter denen Pullover hervorsehen und haben gute, feste Skistiefel an den Füßen. Am Handgelenk der Mutter sehe ich eine brillantbesetzte Armbanduhr. Beide haben die Worte des Mannes gehört. Sie beginnen daraufhin miteinander zu flüstern. Nach einer Weile des Zögerns greift die Mutter in die Tasche ihrer Skihose und holte etwas hervor. Zwischen ihren Händen sehe ich es aufblitzen. Dann steht sie auf und geht hinter den Holzverschlag, der den Keller unterteilt. Scharren von Koks und ein feines Klirren ist zu hören. Gleich darauf setzt sich die Mutter wieder neben ihre Tochter, und alle Unruhe scheint von ihr gewichen zu sein. Auch an ihrem Handgelenk fehlt die kostbare Uhr. Kaum einer der Anwesenden hat diese Szene bemerkt, weil fast alle damit beschäftigt sind, sich einander Mut zuzusprechen.

Bald darauf muß ich in eins der Vernehmungszimmer. Ein Offizier hinter einem Schreibtisch und eine Dolmetscherin mit einer Reitpeitsche über den Knien empfangen mich. Die üblichen Fragen nach den Personalien. Aus meiner Manteltasche ziehen sie meinen Ausweis, der mir bisher geblieben war, zusammen mit einem Paßbild meines Mannes heraus. Er ist darauf als Assistenzarzt zu erkennen. Sie sind darüber und über meine Aussage, er stehe an der Westfront, offenbar zufrieden. Bevor man mich aus dem Zimmer entläßt, ermahnt man mich noch einmal, nur die Wahrheit zu sagen. Denn wenn etwas gelogen sei, werde man mit mir ganz anders verfahren. Beruhigt stelle ich bei mir fest: keine Schläge, mit der Reitpeitsche wurde vor mir nur herumgefuchtelt. Aus den anderen Zimmern waren dagegen Lärm und Schläge wie vorher zu hören.
Auch heute habe ich es noch nicht fertiggebracht, von den an uns ausgeteilten Jauchekartoffeln zu essen. Ich verzehre nur trockenes Brot, das wir bekommen haben. Dazu habe ich ein Stück Speck und etwas Wurst aus dem Vorrat meiner Mitgefangenen zugesteckt erhalten. Jetzt ist es fast dunkel, und ich schiebe mein Geschreibsel zwischen meinen Hüfthalter und hoffe, keiner totalen Leibesvisitation unterzogen zu werden.

Stolp, den 18. März
Wir haben unser Quartier wechseln müssen. Bemerkenswert die Art und Weise, in der das vonstatten ging. Die Dunkelheit scheint ein Verbündeter der Russen zu sein, in der sie immer besonders aktiv werden. War es erst Abend, war es schon Nacht? Das Wort »Aufbruch« ließ uns ganz wach werden. Scheues Flüstern, Fragen. Als Antwort nur »Dawai, Dawai!« In Viererreihen angetreten, und schon schließt sich das Parktor hinter uns. Das nächtliche Stolp scheint auf eigenartige Weise erwacht zu sein. Aus fast allen Häusern strömen Menschen und ordnen sich in den großen Zug ein. Unübersehbar scheint dieser Menschenstrom, der sich durch die Nacht bewegt. Rechts und links von russischen Soldaten, die lange brennende Fackeln tragen, flankiert, geht es im Laufschritt unter ständigen Dawai-Rufen vorwärts. Trotz der kühlen Nachtluft steigt siedende Hitze in mir auf und treten Schweißperlen auf die Stirn. Wohin geht es nur? In der Stolper Innenstadt ausgebrannte Häuser, Schutt, Ruinen, die wie drohende Zeigefinger in den Himmel ragen. Ein Blick zum Nachthimmel. Ja, es gibt noch Sterne, die wie eh und je tröstlich leuchten, als sei nichts geschehen. Auf einmal jäher Halt vor einem großen, schwe-

ren Eisentor. Dahinter ein großer, grau-schwarzer Steinkasten: das Stolper Gefängnis. Es ist mir kein unbekannter Bau. Vom Dienstzimmer meines Bruders, der als Referendar und dann als Assessor am Landgericht tätig war, habe ich viele Male auf dieses Gebäude und seinen Hof mit den Gefangenen bei der Arbeit und beim täglichen Spaziergang geschaut. Umständlich werden wir wieder abgezählt und dann von anderen Soldaten mit Kerzen in der Hand in Empfang genommen. Wir stolpern durch kaum erhellte Gänge und gehen durch knarrende Türen, in denen Schlüssel quietschen. Endlich fällt die letzte Eisentür hinter uns ins Schloß. 20 Frauen stehen in einer stockdunklen Einzelzelle. Aufatmend und zugleich beunruhigt lehnen wir uns an die feucht-kalte Kalkwand. Was wird geschehen? Vielleicht stecken sie alles in Brand? Warum gerade in der Dunkelheit dieses ganze Treiben? Auf den Gängen ist Türklappern und Verschließen zu hören. Das Guckloch in der Zellentür wird noch mehrmals auf- und zugeschoben. So wissen wir, daß man uns verschüchterte Menschen beobachtet. Dann tritt Ruhe ein. Langsam lassen wir uns auf den kalten Zementboden gleiten. Im Sitzen – an Liegen ist in der drangvollen Enge nicht zu denken – übermannt uns der Schlaf.

In aller Frühe Wecken. Zur Verrichtung unserer Notdurft geht es im Laufschritt auf den Hof. Auf ihm sitzen Männer und Frauen durcheinander. Voller Ekel möchte ich mich abwenden und die Augen schließen. Kann man Menschen noch mehr erniedrigen? Grinsend stehen unsere Bewacher bei diesem Schauspiel dabei. Zurück in die Zelle. Bei Tageslicht sehe ich um mich herum nur neue, mir unbekannte Gesichter. Niemand aus Glowitz. Auf meinem Kopf fängt es seltsam zu jucken an. Sollte ich etwa schon Läuse haben?

Zur Mittagszeit erscheinen zwei Russen mit einer großen Waschkanne voll Essen. Irgendwer drückt mir einen alten Blechnapf und einen Eßlöffel in die Hand. Zum zweitenmal nach meiner Gefangennahme nehme ich eine warme Mahlzeit zu mir: Kartoffeln mit Grütze. Bei manchen ist der Appetit recht groß. Ich aber würge jeden Bissen widerwillig hinunter. Dazu ein Stück feuchtes Schwarzbrot. Nach dem Essen dämmern wir weiter dahin. Heute ist Sonntag. Ach, könnte ich noch einmal durch den Wald gehen, mich auf den Hügel in Glowitz stellen und den blauen Streifen der Ostsee am Horizont sehen.

Stolp, den 19. März
Fast jeden Morgen nach dem Frühstück, das aus trockenem Brot und dünnem Malzkaffee besteht, ist Appell auf dem Gefängnishof. Dazu ist alle Habe und alles Gepäck mitzubringen. Eine große Menge Gefangener wartet auf die Dinge, die da kommen sollen. Einige Offiziere oder auch Funktionäre – wer weiß das bei ihren überdimensionalen Schulterstücken – stehen mit ihren Pelzkappen auf dem Kopf auf einem Podest vor uns und halten umfangreiche Aktenstücke in den Händen. Herausgeputzte Russinnen in ungewohnten Stöckelschuhen helfen ihnen dabei. Wieder werden Namen aufgerufen. Wie fremdartig unsere deutschen Namen aus ihrem Munde klingen. »Ursulla Plees« werde ich zum erstenmal aufgerufen. Neue Gruppen von Gefangenen werden gebildet und abgezählt. Wieder neue, mir unbekannte Gesichter tauchen um mich herum auf. Hinter einem großen Trupp Frauen trotte ich schließlich hinterher, steige Treppen hinauf, und dann stehen wir auf dem Dachboden des Gefängnisgebäudes. Es ist ein großer, heller Raum mit niedrigen, aber breiten Fenstern, die mit dem Fußboden in gleicher Höhe liegen. So kann das Tageslicht ungehindert eindringen. Auf dem Boden liegt eine dicke Schicht Sand, die vordem für Luftschutzzwecke bestimmt war. Da ist wieder Elisabeth aus Bartenstein und die nette ältere Frau, die mir die Wollhandschuhe zugesteckt hat. Und die schmale zarte Gräfin, die aussieht, als wolle sie eine Bergtour antreten. Mit wenigen Worten, aber mit Freude in den Augen und in unseren Gebärden feiern wir Wiedersehen. Wir essen zusammen gutes Bauernbrot mit Speck und Wurst. Wie lange nur ihr Vorrat reicht? Von mir wissen sie ja, daß ich nichts mitnehmen durfte. Elisabeth gibt mir ihre gute, blaue Lederhandtasche, Lederhandschuhe, eine Schere, einen Kamm und Schreibpapier. Eine andere Frau gibt mir zwei handgewebte Handtücher, ein Taghemd und Taschentücher. Ein dunkler Rock und ein grauer Kittel vergrößern meinen Bekleidungsvorrat. Doch wohin mit all diesen Dingen? Plötzlich findet sich für mich ein alter, schwerer Holzkoffer. Es ist wirklich ein unmögliches Stück, vor allem wenn ich an meine Lederhandkoffer zu Hause denke. Doch kann ich in ihm meine eben erhaltenen Besitztümer gut unterbringen. Zu jedem neuen Appell werde ich von jetzt an mit einem Koffer antreten, und er wird mich daran erinnern, daß ich auf Reisen lebe!

Stolp, den 20. März
Seit genau einer Woche führe ich nun dieses Leben. Man muß mit den ungewöhnlichsten Situationen fertig werden. Hätte man mir vor zwei Monaten gesagt, was mir alles widerfahren würde, dann hätte ich nur gemeint, daran unweigerlich zugrundegehen, zerbrechen zu müssen. Gewiß drückt mich alles wie eine schwere Last, doch hoffe ich immer noch auf ein gutes Ende. Ich bin nicht allein. Sie alle um mich herum gehen den gleichen Weg. Mitleid habe ich vor allem mit den ganz jungen Mädchen, die noch vor Wochen auf der Schulbank saßen. Sie sind nun nicht mehr Kind und noch nicht Frau. Das sonst allmähliche und vorsichtige Hinübergleiten in die Welt der Erwachsenen ist ihnen brutal genommen worden. 15, 16 Jahre zählen sie, und gerade diese blutjungen Geschöpfe sind die begehrtesten Opfer. Heute nacht war es wieder ganz schlimm. Wie ein Heuschreckenschwarm kommen sie, mit Kerzen in den Händen, und machen Jagd auf Frauen. Mit großer Sicherheit finden sie ihr Wild, das sie sich schon vorher ausgesucht haben. »Ursel, Ursel, hilf uns bitte.« Gleich zwei der jungen Mädchen suchen hinter meinem Rücken Schutz, den ich ihnen gern gewähren möchte. Hämisches Lachen und Wimmern klingt durcheinander. Da, ich weiß nicht, wer darauf zuerst gekommen ist, rufen wir alle laut um Hilfe. Aus ungefähr 200 Kehlen klingt dieses Schreien schaurig. Polternd und die Mädchen mit sich zerrend, ziehen die Russen ab, und Ruhe kehrt auf unserem Boden ein. Für unser nächtliches Verhalten bekommen wir morgens unsere Strafe: mit Gummiknüppeln auf uns einschlagend, gingen sie zwischen uns auf dem Dachboden umher. Mein Wintermantel ist dick. So spürte ich die Schläge kaum. Doch zeigt uns diese Behandlung, wie wehrlos wir jetzt sind.
Wir können uns jetzt täglich an einer Wasserleitung, die wir auf dem Gang entdeckt haben, waschen. Zwar nur Katzenwäsche, denn außer dem Mantel legen wir kein Kleidungsstück ab. Doch fühlen wir uns wirklich erfrischt und sind dankbar dafür.
Auf der einen Seite des Gefängnishofes hat man hinter einem kleinen Häuschen eine Latrine eingerichtet. Männer und Frauen sind durch eine dünne Holzwand von einander getrennt. Durch das davorliegende Häuschen sind wir für die Wachsoldaten nicht mehr zu sehen. Ein großer Fortschritt.
Vom Dachboden kann ich auf das Gerichtsgebäude sehen: eine graue, zum größten Teil ausgebrannte Fassade. Vom Dienstzimmer meines

Bruders scheinen nur noch die Fensterhöhlen vorhanden zu sein. Aber wir sind noch da, und darum muß es auch irgendwie weitergehen.

Stolp, den 22. März
Es gibt nichts Neues zu berichten. Der Dachboden mit der dicken Sandschicht ist noch immer unsere Bleibe. Die täglichen Appelle auf dem Hof mit allem Drum und Dran, das träge Dahindämmern während des Tages und die quirrlige Unruhe des Nachts sind die gleichen. Gruppen bilden sich. Es werden Freundschaften geschlossen, aber auch Unstimmigkeiten untereinander tauchen auf. In uns sitzt eben Unzufriedenheit, die wir zwar unterdrücken wollen, und die doch aus irgendeinem geringfügigen Anlaß zutage tritt und sich entlädt. Häßliche Worte, die besser ungesagt geblieben wären, werden herausgeschleudert. Dabei weiß man, daß alles gar nicht so böse gemeint ist. Wir sind gereizt, nervös, überempfindlich und mißtrauisch geworden. Vielleicht ist es auch gut, daß man sich auf diese Weise Erleichterung verschafft. Meistens ist auch jemand da, der es versteht, Kampfhähne zu besänftigen und ihnen Mut zuzusprechen, so daß der Friede wieder hergestellt ist. Schließlich leben wir alle unter dem gleichen Zwang. Jeder muß seinen Weg gehen, glaube ich. Seit zwei Tagen bemerke ich, wie Gruppen von Männern und Frauen das Gefängnis verlassen. Das schwere Gittertor öffnet sich für sie, aber bestimmt nicht in die Freiheit. Auch treffen noch immer neue Trupps ein. Sie sind vom langen Marsch erschöpft. Sie kommen sogar aus Kolberg, denn Stolp soll Zentralsammelpunkt sein.
Gestern habe ich auf dem Flur Püppi Semprich getroffen. Ich weiß nicht einmal ihren richtigen Vornamen. Sie war am Stolper Landgericht beschäftigt und ist mit einem Referendar verlobt. Sie macht einen lebhaften, munteren Eindruck und ist ganz fest von einem für uns glücklichen Ende überzeugt. Von ihrem Verlobten, der zuletzt am Amtsgericht Lauenburg tätig war, weiß sie nichts. Wir sprechen auch von Flucht. Aber selbst sie, die mit den örtlichen Verhältnissen vertraut ist, hält das für nicht aussichtsreich und meint: »Nur Mut, wir werden auch so wieder heimkommen«. Hoffentlich sehen wir uns bald einmal wieder. Es ist immer tröstlich, jemanden aus der Vergangenheit zu treffen, auch wenn man nicht so eng miteinander befreundet war. Jetzt wiegt eben alles doppelt. Ich höre von Einzelschicksalen und vergesse sie wieder. Doch einige lassen mich nicht los und verfolgen mich bis in die Träume. Eine zarte, junge Mutter

aus Stolp. Blaß und ganz durchsichtig sitzt sie kerzengerade auf dem Fußboden und nimmt nicht wahr, was um sie herum vorgeht. Sie ist von allen übrigen wie durch ein gläserne Wand getrennt. Nur wenn sich einer von uns zu ihr setzt und sie nach ihrem Söhnchen fragt, geht ein Strahlen über ihre Gesichtszüge. Dann ist der auf ihr lastende Bann gebrochen, und ihre Worte sprudeln nur so hervor. So kennen wir den kleinen Kerl schon genau mit seinen lieben Angewohnheiten und mit seinen kleinen Missetaten. Wie dankbar ist diese junge Frau, wenn wir ihr schweigend zuhören und ihr nur ab und an eine Frage stellen. Ihre mütterlichen Gefühle und ihre aufgespeicherte Sehnsucht brechen aus ihr hervor und alles Gegenwärtige scheint vergessen. Sie wird ihn wiedersehen, ganz bestimmt, so trösten wir sie. Bis dahin wird die Großmutter ihren Kleinen hüten. Doch glauben wir selbst an unseren Zuspruch? Ich bin froh, und mir ist um vieles leichter zumute, wenn ich bedenke, daß ich kein Kind zurücklassen mußte. Zum erstenmal in meinem Leben bin ich über einen unerfüllt gebliebenen Wunsch dankbar. Manchmal sitze ich jetzt am offenen Fenster, atme die Frühlingsluft ein, halte mein Gesicht der Sonne entgegen und freue mich über ihre wärmer werdenden Strahlen.

Stolp, den 27. März
Zusammen mit meinen Mitgefangenen wurde ich heute Zeuge einer erschütternden Beerdigung. Schon Tage vorher hatten zum Küchendienst Abkommandierte von dem schrecklichen Geschehen berichtet. In einer Einzelzelle läge eine junge Frau, von der keiner wußte, was sie verbrochen haben sollte. Vor dieser Zelle hätten die russischen Soldaten Tag und Nacht angestanden, um bei ihr Befriedigung zu suchen. Jede Gegenwehr war nutzlos. So war diese junge Frau einem furchtbaren Schicksal preisgegeben. Was mag die Ärmste gelitten haben, bis der Tod sie gnädig erlöste! Ihr Leichnam lag auf einer Bahre mit einem Tuch zugedeckt. Auf dem Gefängnishof wurde eine Grube ausgehoben. Zwei Russen kippten die von ihnen herangetragene Bahre einfach hinein und entledigten sich so ihrer Last. Hastig wurde alles zugeschaufelt, und nur noch ein etwas hellerer Fleck auf dem Erdboden erinnerte an den entsetzlichen Vorgang. In wenigen Tagen wird auch das vergessen sein. Es mag viele solcher Gräber in dieser Zeit geben.

Pommersche Passion

Verschleppung nach Graudenz

Wohl die meisten Verschleppten haben den Weg zu Fuß gemacht. So ist ein großer Transport von Lauenburg nach Stolp zu Fuß gekommen und in der Richtung nach Kublitz weitergegangen, darunter auch Stolper, die dorthin geflüchtet sind. Zurückgekommene berichteten von einer großen Barbarei: Wenn jemand nicht mehr mitmarschieren konnte und zurückblieb, dann hätten ein paar Mann zurückbleiben und ein Grab schaufeln müssen und ein Russe habe ihn dann, wenn der Zug in weiter Entfernung war, mit der Pistole erschossen und in die Grube werfen lassen. Dies Los soll auch Pastor Erdmann aus Dammen getroffen haben. Verwundete und Kranke habe es dabei nicht gegeben, sie seien einfach erschossen worden.

Während der Vernehmung wurden wir dauernd hinausgeführt und mit Erschießen bedroht. Da die Russen schwer betrunken waren, mußten wir damit rechnen, daß einer vielleicht auch ungewollt abdrücken würde. Schließlich wurde die Vernehmung erfolglos abgebrochen. Man führte uns in die zweite Etage des Hauses und sperrte uns in die Küche ein. Zu uns beiden steckte man eine Frau mit ihrem zweijährigen Töchterchen und ein neunzehnjähriges Mädel aus Berlin. Die Menschen waren voller Verzweiflung, weil russische Offiziere und Soldaten dauernd hereinkamen, die beiden Mädels herausholten mit dem schönen Ruf »Frau komm« und sie in dem Nebenraum vergewaltigten. Die bildhübsche, blonde Berlinerin hatte sich der Oberleutnant des russischen Kriegsgerichts vorbehalten. Die Frau hatte ihrem Töchterchen Gift gegeben. Wenn ihr das Mädel auch wie tot in den Armen lag, hat es die Vergiftung doch überstanden. Sie kam auf diese Weise um eine Vergewaltigung herum.
Auf dem Wege nach Wierschutzin sahen wir viele deutsche Polizisten tot in den Gräben liegen. Sie schienen alle Genickschüsse erhalten zu haben, was ich aber nicht mit Sicherheit feststellen konnte. In Wier-

schutzin hatten die Sowjets den katholischen Pfarrer angegriffen. Dieser mußte am Schluß der Kolonne marschieren. Offenbar hatte man ihn vorher furchtbar geschlagen. Um den Kopf trug er ein altes Handtuch. Er konnte sich kaum auf den Beinen halten. Jedesmal, wenn der Pfarrer etwas zurückblieb, stieß ihn ein junger Russe mit dem Gewehrkolben ins Kreuz. Bei dem Straucheln fiel ihm der Rosenkranz auf die Erde. Als er ihn aufheben wollte, schlug der Russe derart zu, daß der Pfarrer liegen blieb. Zwei Angehörige seiner Gemeinde richteten ihn wieder auf und schleppten ihn der Kolonne nach. Ich habe den Pfarrer späterhin, als wir ins GPU-Lager in Wittenbrück kamen, nicht wieder gesehen. Wahrscheinlich ist er dort, wie schon viele andere, umgebracht worden.
Die Vernehmungen im Lager gingen die ganze Nacht durch. Schließlich wurden wir in die Schweineküche eingesperrt, wo sämtliche Scheiben zerbrochen waren, und, da es die letzten Tage dauernd geschneit hatte, bitterkalt war. Später wurden wir mit gefangenen Polen eingesperrt, die uns restlos ausplünderten, meine Stiefel wegnahmen und uns dafür Holzschuhe gaben. Einer unserer Mitgefangenen war inzwischen mit den Nerven so heruntergekommen, daß er in der nächsten Nacht alles daran setzte, sich das Leben zu nehmen. Beim Aufhängen riß der Strick, dann nahm er sein ihm noch verbliebenes Jagdmesser und schnitt sich damit die Kehle durch, aber nur so unvollkommen, daß die Speise- und Luftröhre wohl getroffen waren, aber nicht die Schlagadern. Die Russen haben ihn in der Nacht die Treppe hinuntergeschleppt und ihn in eine Werkstätte geworfen. Zuvor hatten sie ihm die Stiefel und den Pelz ausgezogen. Ich versuchte, ihm ärztliche Hilfe zu bringen; jedes Betreten des Raumes war aber strengstens verboten. Nach langer Qual ist dann unser Freund erst am späten Nachmittag gestorben. Er wurde sofort hinter dem Gehöft eingescharrt. Uns wurden daraufhin sämtliche Messer und Gabeln, Rasierklingen und Scheren abgenommen. In der Zukunft sollte jeder erschossen werden, bei dem noch einer der vorher genannten Gegenstände gefunden wurde. Wir mußten uns somit das Brot nun brechen. Während die Ernährung bis dahin noch leidlich war, wurde sie in Zukunft laufend schlechter. Wenige Tage darauf traten wir den Fußmarsch über Neustadt, Lussin, Groß-Boschpol, Lauenburg, Dumröse nach Stolp an. Auf dem Marsch wurden wir dauernd zur Eile angetrieben, wer etwas zurückblieb oder rechts oder links nicht genau in der Marschkolonne marschierte, dem wurde sofort mit dem Gewehrkolben

ins Kreuz oder in die Kniekehlen geschlagen. Lange Zeit habe ich unter den Folgen dieser Schläge zu leiden gehabt.
In Lauenburg wurden wir in die katholische Kirche eingesperrt. Da es nicht möglich war, die Notdurft draußen zu verrichten, sah es in der Kirche bald aus wie in einem Schweinestall. In Lauenburg ließ ein Russe seine ganze Wut an uns aus. Wahl- und planlos schlug er uns mit seiner Peitsche. Mich zu erschießen, unterließ man erst in dem Augenblick, als ich nachweisen konnte, daß ich nicht Offizier, sondern Ingenieur war. »Sie braucht Stalin, Sie Stalingrad aufbauen«, das erhielt ich daraufhin zur Antwort.
In Goddentow schlug mir ein wildgewordener Pole mit einer halbgefüllten Flasche derart auf den Kopf, daß die Flasche zersprang, mein Schädel aber hielt, wenn auch die Haut aufplatzte und das Blut übers Gesicht rann und erst nach langer Zeit gestillt werden konnte. In Lussin hatte man kurz vor unserer Ankunft einen Bauernsohn erschossen. Ein älterer, mit den Nerven nicht mehr intakter Mann war plötzlich geflohen, die Russen holten ihn ein und erschossen ihn sofort, aber als warnendes Beispiel sollte in der angetretenen Kolonne der Zehnte erschossen werden. Dies war ein Soldat in Feldgrau. Diesen zu erschießen, wagte man nicht und nahm daraufhin den Elften, den achtzehnjährigen Sohn des Bürgermeisters von Mellin. Der Vater mußte mit ansehen, wie sein Sohn den Genickschuß erhielt.
Ein besonderer Fall von Rohheit ist mir noch in Erinnerung: Die Treppen des Gefängnisses waren sehr eng. Polnische Wachen jagten nun mehrmals am Tage die Treppe hinauf und hinunter und schlugen blind darauf los, wenn es nach ihrer Ansicht nicht schnell genug ging. Hierbei hatte ein großer, etwa 20 Jahre alter Bauernsohn den Schlag der Polen abgewehrt. Das empfand der Pole als Widerstand, der Deutsche wurde von den Russen herausgeholt, furchtbar zerschlagen, in eine Einzelzelle gesperrt und soll während der nächsten Tage nichts zu essen bekommen haben. Ich habe ihn später noch öfter gesehen, er sah gräßlich zugerichtet aus.
Nach drei Tagen kamen wir aus dem Gefängnis heraus und wurden in die evangelische Kirche St. Petri eingesperrt. Dort stieß zu uns auch der katholische Priester der Gemeinde Stolp, Gediga. Da ich ihn sehr gut kannte, erzählte er mir, daß er von einer Familie geholt worden wäre, um die letzten Sakramente zu erteilen. Auf dem Wege dorthin hätten ihn die

Russen aufgegriffen und sofort eingesperrt. Er ist später in Graudenz elend gestorben.
Auch diese Kirche sah nach unserem Verlassen nicht besser aus als die katholische Kirche in Lauenburg.
Vom Bahnhof Stolp wurden wir in geschlossenen Waggons verladen. Wir waren in unserem Waggon mit polnischen Zivilgefangenen zusammen 110 Mann, davon beanspruchten die Polen noch besondere Bequemlichkeiten. In sechs Tagen erreichten wir über Rummelsburg, Schlochau, Konitz Heidrode (Czersk), kamen dann über die Kohlenbahn nach Bromberg, Warschau. Von dort wurden wir wieder zurückgeleitet über Thorn, Goslarshausen nach Graudenz.
Auf dieser Eisenbahnfahrt hielt die Ruhr grausige Ernte. Fast alle Insassen unseres Waggons wurden davon befallen. Da der Zug in der Regel nur einmal am Tage auf freier Strecke hielt, damit wir aus einem nahegelegenen Teich, Bach usw. Trinkwasser holen konnten und hierbei die Notdurft verrichten sollten, waren die Zustände im Waggon allmählich unbeschreiblich geworden. Zwei Tage bekamen wir überhaupt kein Wasser und am Tage brannte die Sonne unerbittlich auf das Blechdach, so daß in einigen Fällen Anzeichen von Wahnsinn auftraten. Als wir in Graudenz ankamen, mußte auch eine Anzahl Leichen mit ausgeladen werden. Ich selber war durch die Erkrankung und die schlechte Ernährung soweit, daß ich über meine eigenen Füße fiel.
In Graudenz kamen wir zunächst in die obere Etage eines Getreidesilos. In dieser großen langgestreckten Halle waren ca. 2000 Zivilgefangene untergebracht. Die Fenster waren verhangen, die großen Tore verschlossen, die russischen Soldaten bewachten sie. In der Mitte des Raumes war eine Granate vom Dach aus niedergegangen und in den Fußboden eingedrungen, über die Löcher hatte man Militärspinde gelegt. Das ganze wurde jetzt als Latrine benutzt. Von dem unteren Raum kam ein bestialischer Gestank nach oben, dazu kamen später auch die Unmengen von Fliegen. Morgens ließ man uns etwa 5 Minuten ins Freie treten. Die Zeit reichte nicht aus, um sich notdürftig zu säubern. Das Ungeziefer nahm überhand, man wurde der Läuse nicht mehr Herr. Ein gewisser Feschner aus Stolpmühle, der im Waggon schon dem Wahnsinn nahe war und in seinem Delirium von den Russen furchtbar zerschlagen wurde, starb als einer der ersten im Lager. Zunächst hatte er im Waggon immer geschrien, er wäre Germanski-Bolschewist, im Waggon wären lauter Na-

zis, die Waffen versteckt hätten. Mehrfach glaubte ein Russe diesem Wahnsinnigen. Eine ganze Kolonne hatte den Waggon durchsucht und uns dabei furchtbar verprügelt. Als sich das als unwahr herausstellte, wurde der Kranke derart verprügelt, daß er an den Folgen bald darauf starb.

Nach einigen Tagen war ein großer Teil, insgesamt etwa 1500 Menschen, nach Deutsch-Eylau in Marsch gesetzt worden.

In dem vollkommen zerstörten Deutsch-Eylau kamen wir in Kasernen unter, die noch einigermaßen erhalten geblieben waren. Am nächsten Tage wurden von den 1500 Mann die Kranken, Lahmen und die über 55 Jahre alten ausgesondert. Die Arbeitsunfähigen wurden gleich in die in der Nähe liegenden Lager abtransportiert, wo wir von weitem deutsche Gefangene in großer Zahl sahen. Von russischen Ärzten untersucht, blieben etwa 180 zurück, die nunmehr wieder nach Graudenz zurücktransportiert werden sollten. Die 180 waren mehr oder weniger alle Todeskandidaten.

Nun ging es in drei Tagen wieder zurück nach Graudenz. Wir waren alle derart geschwächt, daß wir in der Stunde nur etwa 2 km zurücklegen konnten, wenn die Russen uns noch so sehr antrieben. Aber manche Schwerkranken konnten nicht einmal dieses Tempo durchhalten. Einige Russen blieben mit diesen zurück. Nach kurzer Zeit hörten wir Schüsse. Wir wußten, was geschehen war. Die Bolschewisten hatten unsere zurückgebliebenen Leidensgefährten erschossen. Sie warteten nur darauf, daß auch andere noch schlapp machten, um auch ihnen den Fangschuß zu geben. Nur mit zäher Energie konnten wir diesen Leidmarsch durchhalten und waren nach 8 Tagen in Graudenz wieder in dem alten Lager. Inzwischen war das Lager dort wieder aufgefüllt, und wir sahen manchen Bekannten aus der Heimat.

Anfang Mai 1945 kam plötzlich eine Kommission russischer Ärzte, die eingehend die Kranken auf Entlassung zu untersuchen hatte. Von den angeblich 300 blieben zum Schluß 200 übrig. In der Nähe des Kornsilos waren in einer Schule Frauen untergebracht. Dieses Lager sollte zum größten Teil aufgelöst und die Frauen nach Hause entlassen werden. Diese Frauen berichteten uns ihre grausigen Erlebnisse. In der letzten Nacht wurden auch wir in den Räumen der Schule untergebracht. Ich habe das Schreien der noch etwa 100 Frauen gehört, die man als Freiwild für die Russen zurückgelassen hatte. Eine Lehrerin aus Stolp, die mich erkannte,

klagte mir unter Tränen das bittere Leid, das diese Frauen durchzumachen hatten.
Noch rechtzeitig ehe die große Typhusepidemie in Graudenz ausbrach, die Tausende von Menschen dahinraffte, kamen wir aus der Stadt heraus. Doch der Abmarsch nach Pommern war nicht leichter als die Verschleppung nach hier. Vergewaltigungen, Plünderungen und Grausamkeiten waren auch hier die kennzeichnenden Erscheinungen, die wir über uns ergehen lassen mußten.

Superintendent W. L. aus Schivelbein

Gott war sichtbar unter uns

Sonnabend, den 3. März 1945, meldete sich ganz in der Frühe ein Amtsbruder bei mir ab, der mit seiner ganzen Gemeinde treckte. Schneller hat sich wohl kaum die Übergabe eines Pfarramtes vollziehen können. Am Morgen meldete ein anderer Amtsbruder, daß russische Panzer in seiner Gemeinde gesichtet seien. Wie lächerlich wirkten bei dieser Meldung die schnell in Stadt und Land errichteten Panzersperren. Der zweite Anruf desselben Geistlichen fragte mich, was er tun solle. Ich bat ihn, einen Entschluß in der Verantwortung vor Gott und seiner Gemeinde zu fassen. Auch er treckte dann mit seiner Gemeinde. Beide Pastoren habe ich nicht wiedergesehen. Einer von ihnen starb Ende 1945 in Vorpommern, der andere hat sich mit seiner Frau und wohl auch der Tochter das Leben genommen, als sein Treck von den Russen überrannt wurde.
Als mich mittags ein Gemeindeglied anrief, schlug mitten in dem Gespräch der erste Kanonenschuß in den Kirchturm, in dem mein dritter Junge mit einem Freund die herannahende Front beobachtete. In Staub gehüllt erschien er bald, und die dankbaren Eltern konnten ihn erfreut begrüßen. Er sollte uns oft später eine wirksame Hilfe sein, etwa auch durch Klavierspiel gegenüber den plündernden Russen. Er ist mir nie von der Seite gewichen.
Die Schüsse wurden stärker. Wir gingen mit Nachbarn, die sich bei uns eingefunden hatten, in den Keller des Pfarrhauses. Es war doch ein eigenartiges Gefühl, als ich durch die Tür lugend russische Panzer an der Kirche stehen oder weiter gegen Kolberg vorstoßen sah. Die Fronttruppen machten einen guten Eindruck, was an Etappentruppen folgte, war furchtbar. Wir zogen uns in dieser Nacht nicht aus, was auch später noch sehr oft geschah.
Am nächsten Morgen kamen Gemeindeglieder zu uns, dankbar, daß sie uns fanden und daß wir alles überstanden hatten. »Nun sind wir russisch«, mit diesem Gefühl der Erleichterung wurde die neue Lage festgestellt. Wie dankbar war ich, daß die Kirche stand und auch in der Stadt

nicht allzu große Schäden entstanden waren. Wie schnell aber wurde alles anders.
Es wurde schon allerhand erzählt von Verhaftungen, Austreibungen, Erschießungen und Vergewaltigungen. Das gesamte, sonst geordnete Leben stand mit einem Male stille. Es gab kein Geld, keine Läden mehr, kein Gas und kein Licht. Schon am Sonntag, also einen Tag nach der Eroberung der Stadt merkten wir, daß wir es mit einem unbarmherzigen Feind zu tun hatten. Sämtliche Polizisten, die treu auf ihrem Posten ausgeharrt hatten, waren erschossen. Sie lagen auf dem Marktplatz und in seiner Nähe. Mein Nachbar, ein Schmiedemeister, wurde an meinem Gartenzaun von einem ehemaligen Gesellen, einem Ausländer, aus Rache erschossen.
Nach kurzer Zeit hörten wir, was für Schicksale und Tragödien sich in wenigen Nächten abgespielt hatten. Ganze, gut kirchliche Familien hatten sich das Leben genommen, waren ins Wasser gegangen, hatten sich zusammen erhängt, die Pulsadern aufgeschnitten oder sich in ihren Häusern verbrennen lassen. Zu Furchtbares hatten sie gesehen und erlebt. Viele Glieder einer Familie lagen später auf dem Friedhof im Tode vereint.
Ich selbst hielt mich zwei Nächte im Kirchturm versteckt, weil ich unsicher war, wie die Russen sich zu einem Geistlichen stellen würden und weil ich nicht freiwillig mich verschleppen lassen wollte. Ich nahm von meiner Familie Abschied. Die Nächte im Kirchturm stehen lebendig vor meinem Auge. Ich konnte sehen, wie die Russen Stroh in die Läden brachten, um ein Haus nach dem andern anzuzünden. Nach zwei Tagen zeigte ich mich wieder öffentlich und kam mit meiner Familie wieder zusammen. Nun begannen viele furchtbare, lange Tage und lange Nächte. Schivelbein wurde besonders gebrandschatzt, weil angeblich die Stadt sich verteidigt hatte.
Eine besonders schwere Wunde wurde uns dadurch zugefügt, daß unser altes herrliches Gotteshaus, eine Ordenskirche aus dem frühen Mittelalter, am Sonntag, dem 4. März, in Flammen aufging. Wir mußten zusehen, wie die Kirche, an der die Gemeinde mit ganzem Herzen hing, völlig zerstört wurde. Ein Löschen war nicht möglich und auch nicht erlaubt. Die Russen schossen mit Brandgranaten in den Turm, dessen oberste Spitze eine Holzbekleidung trug. Eine ganz kleine Flamme schlug zuerst aus dem Turm, und in der Nacht war die Kirche völlig ausgebrannt. Die

Glocken stürzten rasselnd herunter, und die Gewölbe brachen allmählich in sich zusammen. Die ganze Nacht waren wir bemüht, unser Haus zu retten, das in unmittelbarer Nähe der Kirche lag. Wir waren dankbar, daß uns dies gelang.
Unser Haus hatten wir vormittags schon vorsichtigerweise geräumt, weil die Brandgefahr zu groß war. Meine Frau brachte unseren Kleinsten zu einer benachbarten Familie in Sicherheit, im Glauben, daß diese Familie noch dort sei. Als sie nach einigen Stunden wiederkam, war das Haus von Russen besetzt und der Kleine (einjährig) saß auf dem Schoß eines Russen, wohlaufgehoben. Von der herrlichen Orgel blieb nur ein kleiner Zinnrest übrig.
Was nun im einzelnen geschah, möchte ich nicht im einzelnen beschreiben. Bei Tag und Nacht zogen die plündernden Soldaten durch alle Häuser, die immer offenstehen mußten. Wie oft habe ich die Soldaten durch unsere Räume begleitet. Besonders schlimm waren die Nächte. Eine Reihe junger Mädchen suchte bei uns Zuflucht, und durch Gottes Freundlichkeit konnten sie auch wirklich, wenn auch oft unter dramatischen Umständen, Schutz finden. Vergewaltigungen, auch von Konfirmandinnen, nahmen überhand.
Um ein wenig sich zu sichern, wohnten oft Gemeindeglieder eng zusammen, bis zu 80 Menschen in einem Zimmer. Im Pfarrhaus suchten und fanden Gemeindeglieder Zuflucht und bildeten mit meiner Familie eine schöne Notgemeinschaft. In besonders lieber Erinnerung stehen mir die Abendandachten, zu denen wir uns regelmäßig versammeln konnten nach oft sehr schwerem Erleben am Tage.
Ich selbst wurde gleich in den ersten Stunden sehr gewalttätig mit dem Revolver vor der Stirn bedroht, weil ich einem unheimlich aussehenden Russen den Aufenthalt meiner Frau nicht nannte, die wie durch ein Wunder immer bewahrt geblieben ist. In einer Nacht wurde ich von einem Russen stark körperlich geschlagen, weil ich mich vor unsere Hausgehilfin schützend stellte.
Am 7. März, dem ersten Geburtstag unseres Jüngsten, sollten wir von einem Mongolen erschossen werden und waren bereits, während er seine Waffen fertigmachte, in der Küche aufgestellt. Da stimmte meine sonst sehr zurückhaltende Frau den 62. Psalm an, den sie kürzlich bei der Einsegnung gesungen hatte. Den Schlußteil der Verse sangen wir mit. Tief bewegt hörte sich der Russe das Lied an, das von dem Gott redet, zu dem

unsere Seele still ist und der uns hilft. Er gab uns bewegt die Hand und ging dann still aus dem Zimmer. Wir haben noch viel Schweres erlebt, aber dieses Erlebnis, das sich ohne unser Zutun weit herumgesprochen hat, überstrahlte alles und ließ uns Schweres ertragen. Gott war sichtbar unter uns gewesen.

Erstaunlich war, wie schnell sich hilfsbereite Hände fanden, Kranke zu pflegen, Alte zu versorgen, Tote zu beerdigen. Ein Hilfsaltersheim wurde neben der Superintendentur eingerichtet. An Lebensmitteln war zunächst kein Mangel, in den Läden fanden sich Vorräte, Hühner und anderes Vieh liefen in den Straßen umher. Soweit noch Bauern auf ihren Höfen saßen, wurden wir rührend versorgt. Auch Polen gaben uns Brot.

Eine ganz besonders schwere Stunde war für mich, als ich von meiner kranken Frau Abschied nahm, um mich mit meinem Schwager, der als Volkssturmmann bei uns gestrandet war, zum Arbeitseinsatz bei den Russen zu melden. Mir selbst war klar, daß dieser Arbeitseinsatz nur eine Tarnung war und in Wirklichkeit Verschleppung bedeutete. Zu dieser Meldung wurden alle Männer durch Maueranschlag verpflichtet.

Ohne den Erfolg der Meldung abzuwarten, hatten eines Tages die Russen sämtliche Männer vom Konfirmanden- bis zum Greisenalter von den Straßen, aus den Häusern verhaftet und in der Oberschule zusammengetrieben. Ich selbst war nicht verhaftet, mußte mich aber melden. Und hier durfte ich nun eine weitere ganz große freundliche Fügung Gottes erleben und will auch hier gerne ein schlichtes Dokument der Menschlichkeit bezeugen.

Während wir gemustert wurden, trat plötzlich ein Pole, der längere Zeit in Schivelbein als Kriegsgefangener gearbeitet hatte und mich kannte, zu dem sehr gut aussehenden russischen Obersten hin, zeigte auf mich und verhandelte mit ihm. Ich hatte etwa im Jahr 1943 einen verstorbenen kriegsgefangenen Polen auf unserem Friedhof wie einen Deutschen würdig beerdigen lassen und auch die Glocken läuten lassen. Das hatten mir die Polen nicht vergessen. Ich selbst habe bei dieser selbstverständlichen Handlungsweise meinerseits nicht geahnt, daß mir diese Sache, menschlich gesprochen, das Leben einmal retten würde. Der Oberst war sichtlich beeindruckt von dem Bericht des Polen, trat auf mich zu, legte die Hand an die Mütze und gab mir die Hand mit den Worten – ich höre sie heute noch: »Mein Herr, bitte gehen Sie nach Hause!« Freudig bewegt, wenn auch bedrückt von dem Schicksal der anderen Männer, ging ich

nach Hause und war meiner Familie und meiner Gemeinde neu geschenkt.
Von meinem Schwager ist bis heute kein Lebenszeichen eingetroffen. Auch von den anderen Männern sind nur wenige wiedergekommen. Selbst eben erst Konfirmierte wurden bis in den Ural verschleppt. Schon unterwegs blieben viele Männer an Entkräftung liegen und wurden einfach erschossen. Manch gutes Gemeindeglied wurde ohne Verhör erschossen, Gründe wurden nicht angegeben. Auch eine Reihe von Frauen wurde verschleppt, von denen ein Teil ein halbes Jahr später wiederkam.
Das Gehen auf der Straße war oft sehr gefährlich. Ein Mann, der zu einer kleinen Besorgung unterwegs war, wurde aufgegriffen, mußte eine Kuhherde nach Warschau treiben und kam nach getaner Arbeit wohlbehalten wieder in Schivelbein an. Ich selbst drehte mich meist gar nicht um, wenn auf der Straße hinter mir hergerufen wurde. Es war immer wieder ein erschütternder Anblick, größere oder kleinere Trupps von deutschen Männern, oft auch kriegsgefangene Soldaten, durch unsere Straßen ziehen zu sehen, ohne ihnen helfen zu können.
Nach meiner Entlassung brannte ich nun darauf, wieder meines Amtes als Seelsorger zu walten. Vom polnischen Bürgermeister, der auch schon in Schivelbein während des Krieges als Kriegsgefangener beschäftigt war, bekam ich einen Paß in polnischer, russsischer und deutscher Sprache, auf Grund dessen ich voll amtieren konnte.
Zunächst galt es, etwas im stillen zu wirken, Tote zu beerdigen und Schwerkranke zu besuchen. Wir haben auf unserem Friedhof einige Hunderte bekannter und unbekannter Menschen jeglichen Standes und Alters, darunter auch viele Soldaten, beerdigt. An jedem Grabe wurde eine kleine Feier, oft ohne Angehörige, nur mit den Friedhofsarbeitern, abgehalten. Es wurden lange Reihengräber angelegt und meistens die Toten, wie im Felde, in Tücher gehüllt beerdigt. Manchmal wurde auch schnell eine schlichte Kiste gezimmert. Ganz neue Grabreihen entstanden.
War auch die Gewalt des Todes groß, die Botschaft des Osterlebens, der Kirche anvertraut, war noch größer. Wie oft bin ich zum Friedhof gegangen, meistens täglich und dann eigentlich immer im Talar, quer durch die von Russen und Polen wimmelnden Straßen, man hat mich eigentlich immer mit Respekt behandelt. Noch heute beim Niederschreiben dieser

Erinnerungen bin ich überrascht, daß ich niemals auf der Straße, erkannt oder unerkannt, belästigt wurde.

Ich habe viele Hunderte von Kilometern 1945 und 1946 mit dem Rade zurückgelegt, das ich als einziger Deutscher besitzen durfte. Da mein eigenes Rad gestohlen war, durfte ich mir eines von den vielen Rädern aussuchen, die auf der Straße herumlagen. Als Erkennungszeichen trug ich immer ein kleines Kreuz auf der Brust, teils sichtbar, teils unsichtbar. Meist genügte schon ein kurzer Hinweis auf dieses Kreuz, und ich konnte Kontrolle passieren.

Bevor ein polnischer Geistlicher kam, habe ich auch an Polen Amtshandlungen vollzogen. Einmal mußte ich sogar einem polnischen Bataillon eine Andacht halten, die gedolmetscht wurde. Meinen Gemeindegliedern gab ich immer wieder den Rat, sich vor den Feinden würdig, nicht unterwürfig zu bewegen.

Nachdem der geldlose Zustand beseitigt und die Zloty-Währung eingeführt war, hatten viele Deutsche, insonderheit Alte und Kranke, oft nicht die geringsten Mittel, zumal wenn die Wohnung noch ganz ausgeplündert war. Gearbeitet wurde ja gegen oft nur ganz geringes Entgelt oder nur gegen Lebensmittel. Ich selbst bekam die ersten Monate eine geringe Zlotysumme vom polnischen Magistrat, weil ich den Friedhof verwaltete, auf dem auch Polen beigesetzt wurden. Auch für Amtshandlungen an Polen erhielt ich öfter Geldentschädigung. Sehr dankbar war ich, daß mit Hilfe treuer Menschen der Friedhof lange Monate in guter Ordnung gehalten werden konnte. Es wurde gern auf dem Friedhof gearbeitet, weil es dort keine polnische Aufsicht gab und alles friedlich zuging. Jetzt wird der Friedhof auch nicht mehr wiederzuerkennen sein.

Wir haben die letzten Monate davon gelebt, daß wir Möbel und Wäsche verkauften. Auch sonst schickte Gott immer wieder freundliche Menschen. Die Raben am Bache Krith haben nicht gefehlt.

Die Kollekten in den Gottesdiensten ergaben immer soviel Zlotys, daß wir wöchentlich viel Alten und Armen haben Brot dafür kaufen können. Die Barmherzigkeit in der Gemeinde war trotz eigener Not nicht erstorben. Oft konnte auch das deutsche Geld gegen polnisches eingetauscht werden.

Wir lebten immer mit der Gemeinde wie auf einem Vulkan. Am Morgen fragte man, wer in der Nacht geplündert war. Sicherheit für Deutsche gab es überhaupt nicht. Morgens hörte man das Klopfen mit Gewehrkolben an den Türen, um Leute zur Arbeit herauszuholen. Viele Unglücks- und Todesfälle, hervorgerufen durch betrunkene Polen und Russen, erregten uns immer wieder. In ihren eigenen Häusern wohnten nur noch die wenigsten. Die Bauern waren Arbeiter bei den Polen, die Handwerker Gehilfen bei polnischen Handwerkern.

Sehr schwierig war die Betreuung der Kranken in den Krankenhäusern. Deutsche Ärzte und Schwestern leisteten Vorbildliches, aber später waren die Kosten in Krankenhäusern und für Medizinen unerschwinglich teuer. Dankbar denke ich an die polnische Apotheke im zweiten Pfarrhaus, die uns nicht selten umsonst Medizin gab. Typhus und schlimme Hautkrankheiten gingen um. Ich habe stets Zugang zu den Krankenhäusern und Lazaretten gehabt, in denen noch deutsche Soldaten gepflegt wurden. Ich konnte Seelsorge üben und Andachten ungestört halten.

Ein Ghetto für Deutsche war geplant, aber dann nicht durchgeführt. Eine freundliche Fügung Gottes war es, daß die Superintendentur von allen Beschlagnahmungen frei blieb und so dem Dienst für die Gemeinde erhalten blieb. Auch ist meine Wohnung später nicht mehr geplündert worden. Es hieß, daß über mein Haus Plünderungsverbot ausgesprochen war. Überrascht war ich immer, wie schnell sich die Deutschen in ihren kümmerlichen Wohnungen wohnlich und gemütvoll einrichteten. Bald lag eine Decke auf dem Tisch und erfreute ein Blumenstrauß das Auge, mochte die Vase auch eine Konservenbüchse sein ...

Lehrerin S. L.

Unter Russen und Polen im Kreis Pyritz

Als die Russen nach Naulin kamen, trieben sie uns erst mal alle zusammen in den Saal, dann nahmen sie allen die Uhren ab und holten sich aus den Räumen, was ihnen gefiel. Unterstützt wurden sie von den Frauen der polnischen Arbeiter des Gutes, die hemmungslos plünderten, Schränke und Truhen aufbrachen und wahllos wegschleppten, was sie fanden. Zwischendurch wurden wir in den Keller getrieben, wenn die deutschen Flugzeuge Bomben in der Nähe abwarfen.

Als meine Mutter und ich in einem Zimmer, in dem ein elektrischer Herd stand, etwas für mein kleines Töchterchen kochen wollten, kam ein wüst aussehender Russe mit einem Weibsbild an, die da plündern wollten. Da wir keine Uhren bei uns hatten, die er haben wollte, setzte er uns die Pistole an die Schläfe und wollte uns totschießen. Das Weib zog ihn aber fort, so blieben wir am Leben, kamen aber natürlich nicht zum Kochen, sondern gingen schnellstens fort.

Nachdem die Russen einige Stunden da waren, waren meine Kusine und eine andere Verwandte meiner Tante bereits vergewaltigt. Die jungen Mädchen waren 17 und 15 Jahre alt. Auch ich wurde des öfteren vergewaltigt, das erstemal gleich von drei russischen Soldaten. Wir waren Tag und Nacht vor ihnen nicht sicher, denn sie hatten gleich alle Türschlüssel abgezogen, so daß wir unsere Zimmer nicht abschließen konnten.

Der Oberinspektor hatte an dem Morgen, als die Russen kamen, sich und seine ganze Familie erschossen, und der Rechnungsführer hatte sich mit seiner Familie erhängt. Die Leichen lagen tagelang in den Räumen, bis die Russen endlich erlaubten, daß die deutschen Männer des Gutes sie beerdigten. Ein alter General, der bei meiner Tante zu Besuch weilte, nahm in der Nacht, ehe die Russen kamen, Veronal. Er wurde morgens mit friedlichem Gesichtsausdruck tot im Bett aufgefunden.

Nach einigen Tagen wurden wir aus dem Gutshaus herausgejagt und in die Beamtenwohnung umquartiert. Das ging alles so schnell, und bei dem Wirrwarr wurde natürlich wieder viel gestohlen. Da im Gutshaus mehrere aus dem Westen evakuierte Familien untergebracht waren, waren wir alle zusammen etwa 40 Menschen, die in drei Räumen zusammengepfercht wurden. Wir schliefen z. T. auf der Erde. In der Beamtenwohnung waren wir wenigstens vor den Russen sicher, denn es wurde ein Posten vor die Tür gestellt. Das waren manchmal ältere Leute, die schon den ersten Weltkrieg mitgemacht hatten und gutmütig und deutschfreundlich waren.

Einige russische Offiziere waren auch einigermaßen anständig und beschützten uns, soweit es ihnen möglich war. Am besten hatten es die Kinder. Der Russe ist sehr kinderlieb und tut Kindern nichts. So brachten die Kinder immer allerlei für uns an, meistens Brot, manchmal auch Fleisch. Solange wir noch in Naulin waren, konnten wir von den geretteten Vorräten meiner Tante leben. Da wir aber so viele Menschen waren, war das Kochen in einer kleinen Flüchtlingsküche sehr schwierig, denn die Gutsküche und die Küche der Beamtenwohnung durften wir nicht benutzen, das waren die getrennten Küchen für den General, die höheren Offiziere und Unteroffiziere. Nur die Mannschaften aßen aus der Gulaschkanone! Das nannte sich also Kommunismus!

Da die Stadt Pyritz sich noch verteidigte, wurde Naulin als vorderste Front von Zivilpersonen geräumt. Im Gutspark standen Panzer und »Stalinorgeln« und feuerten die ganze Nacht durch. So mußten wir nun auch nach der nächsten Stadt Lippehne ziehen. Wir bekamen zwei Ochsenwagen und durften nur das Notwendigste mitnehmen. Da wir erst nachmittags abfuhren und die Ochsen sehr langsam gingen, kamen wir auch nur sehr langsam vorwärts. In Mellentin mußten wir lange warten, weil russische Panzer durchfuhren. Das benutzten die dort liegenden Russen dazu, unsere Wagen zu plündern und Mädchen und Frauen wegzuholen.

Abends mußten wir in einem Gehöft an der Straße Rast machen, weil wir Lippehne nicht mehr erreichten. Das war eine der furchtbarsten Nächte, die wir erlebt haben. Die dort untergebrachten Russen holten die ganze Nacht fortlaufend die Frauen und Mädchen, um sie zu vergewaltigen. Mich schützte meine kleine Tochter, der ich unentwegt die Brust gab, wenn Russen kamen. Aber meine Kusinen, von denen die eine Mutter von vier Kindern war, und fast alle Frauen und Mädchen wurden geholt. Meine Mutter saß mit meinen beiden jüngsten Geschwistern auf einem Sofa, und jedesmal, wenn die Kerle mit ihren aufziehbaren Taschenlam-

pen ins Zimmer kamen, hatte sie Todesangst, daß sie meine zwölfjährige Schwester holen würden. Zum Glück blieb sie verschont.
Am nächsten Tag kamen wir in Lippehne an und fanden Wohnung in einem fast leeren Hause. Ein russischer Offizier, den wir »Pan« nannten und der sich unserer manchmal schützend annahm, verschaffte sie uns. Die Russen ließen uns dort aber auch Tag und Nacht nicht in Ruhe. Wir konnten die Haustüre noch so fest verrammeln, sie schlugen sie ein, ja, wenn sich die Frauen wehrten, schossen sie in die Decke oder Wand. Es gab jedesmal ein großes Geschrei in den Zimmern, in die sie einbrachen. Schließlich zogen wir alle in den Oberstock zusammen, und wenn die Russen unten die Tür einschlugen, schrien wir alle so laut wir konnten. Dann liefen sie oft davon, denn manchmal kam ein Posten oder Offizier und jagte sie weg.
Mitte März fiel Pyritz, und Ende April mußten wir wieder nach Naulin zurück. Ende Februar waren meine Mutter und mein Onkel aus Kl. Rybno zum Schippen auf den Flugplatz Pyritz abgeholt worden. Mitte März kamen sie zurück, und am selben Tage wurde mein Onkel von den Russen abgeholt und ist dann Anfang April auf dem Transport nach Sibirien gestorben.
Meine Tante und ihre Tochter arbeiteten in Lippehne in einer Gärtnerei und brauchten deshalb nicht zurück nach Naulin. Meine Mutter hatte in Lippehne für uns alle gekocht, und ich brauchte wegen meines Kindes nicht zu arbeiten. Mein 13jähriger Bruder arbeitete in einer Landwirtschaft in der Nähe von Lippehne.
Meine jüngste Schwester war mit ihren gleichaltrigen jüngeren Vettern und Kusinen viel unterwegs und erbettelte von den durchfahrenden Russen Brot für uns oder schaffte Gemüse und Kartoffeln aus den Mieten, die überall auf den Feldern waren, heran. Wir mußten alles zusammenbetteln und – stehlen, um leben zu können!
Ende April gingen wir mit mehreren Familien zurück nach Naulin und richteten uns dort mit Möbeln aus dem Gutshaus eine kleine Wohnung in einem Arbeiterhaus ein. Diese Zeit war aber wieder furchtbar. Jede Nacht brachen die Russen unsere Tür und Fensterläden auf und belästigten uns. Schließlich sprang ich immer aus dem hinteren Fenster, sobald die Russen kamen und versteckte mich im Felde. Wenn sie dann weg waren, hängte meine Mutter ein Handtuch heraus, dann kam ich halberfroren zurück. Wir kamen wochenlang nicht aus den Kleidern und hatten

den ganzen Tag Angst vor den Nächten. Endlich, im Laufe des Sommers, wurde es besser, dann hatten wir meistens Ruhe.
Am 25. Juni wurde das ganze Dorf geräumt, nur wenige ausgesuchte Familien blieben da, darunter auch leider wir, weil ich in der Brennerei mitarbeitete. Die mit Sack und Pack ausziehenden Familien wurden außerhalb des Dorfes von den Russen und Polen gänzlich ausgeplündert.
Die Ernährung meines kleinen Kindes war sehr schwierig, denn in ganz Naulin gab es nur noch eine elende Kuh, und die hatte der neue polnische Bürgermeister, der alle paar Wochen wechselte. Ab und zu bekam ich mal ein Viertel Liter Milch fürs Kind. Manchmal kamen auch Kuhherden, die gen Osten getrieben wurden, durchs Dorf, dann ging ich mit den Frauen zum Melken, trotzdem ich gar nicht melken konnte, und brachte dann mal einen Eimer voll Milch an. Mein Kind wurde in der Folgezeit auch sehr krank, und es ist ein Wunder, daß es diese schlimme Zeit überstanden hat.
Wir ernährten uns hauptsächlich von dem Gemüse und den Kartoffeln aus den Mieten. Brot bekamen wir sehr knapp zugeteilt. Wenn bei den durchziehenden Viehherden Tiere notgeschlachtet werden mußten, wurde auch mal Fleisch verteilt. Von den Zuckerschnitzelvorräten, die auf dem Gut lagen, holten wir uns mehrere Zentner und kochten davon Sirup. Brennmaterial, Haus- und Küchengeräte, und was wir so brauchten, holten wir uns nach der Räumung von Pyritz aus den leeren Wohnungen.
Meine Schwester brachte immer Bücher mit, für die sie ein besonderes Findetalent hatte. So hatten wir schließlich eine kleine Bibliothek mit teils guten Büchern. Das ging so bis zum Herbst. Ich arbeitete auf dem Felde, im Garten und später in der Brennerei. Mein Bruder arbeitete auf dem Felde. Meine Schwester half zuerst meiner Mutter und arbeitete später mit im Garten, damit wir für sie Deputat bekamen.
Im Sommer 1945 zogen die ersten Zivilpolen in Naulin ein und neben russischem Militär auch polnische Soldaten. Die angstvollen Nächte, in denen wir immer befürchten mußten, von Russen überfallen und vergewaltigt zu werden, hörten auf. Wir konnten endlich wieder entkleidet in unseren Betten schlafen. Das polnische Militär benahm sich anständig und belästigte uns in keiner Weise ...
Obwohl wir Deutschen jetzt mehr zum Aufatmen kommen konnten, kam es doch gelegentlich noch vor, daß Russen zum Plündern in unsere

Wohnungen einbrachen. Es war zwar offiziell verboten, aber weder der russische Kommandant und noch weniger der polnische »Bürgermeister« gaben uns einigen Schutz. Die deutschen Menschen waren in diesen Jahren vollständig vogelfrei, es gab keine Gesetze und keinen Schutz für sie. Dafür will ich noch zwei Begebenheiten erzählen, die sich im Jahre 1946 zugetragen haben.

Im Sommer 1946, als ich im Büro arbeitete, drangen drei Russen in unsere Wohnung und räumten unseren einzigen Kleiderschrank leer. Meine Mutter, die vor der Wohnung saß, wurde von ihnen festgehalten und konnte auch meiner Schwester nicht helfen, die gerade in der Wohnung war und laut schrie, weil sie auch von einem Russen festgehalten wurde. Sie riß sich aber los, sprang durchs Fenster und jagte durch den Garten zu mir ins Büro. Einer der polnischen Buchhalter ging mit mir, und wir trafen die Russen, als sie gerade unsere und andere geraubte Sachen auf einen Wagen verstauten. Ich erreichte schließlich, daß ein Russe, der anscheinend Mitleid hatte, mir einige Kleidungsstücke zurückgab, natürlich nicht die wertvollsten. Der andere Russe gab mir aber aus Wut darüber einen Fußtritt an meinen Oberschenkel, der einen Bluterguß zur Folge hatte, so daß ich drei Tage zu Bett liegen mußte. Einer der Russen soll angeblich der russische »Kommandant« gewesen sein.

Am 5. November 1946 mußte meine Mutter mit der Bahn nach Lippehne fahren, da sie ein schlimmes Bein hatte und kaum laufen konnte. Als sie auf der Rückfahrt wieder im Zug saß, gingen ein russischer und ein polnischer Soldat anscheinend als Kontrolle durch den Zug, und als sie merkten, daß meine Mutter Deutsche war und nicht polnisch sprechen konnte, zwangen sie sie gegen Protest der polnischen Frauen zum Aussteigen. Meine Mutter suchte ein anderes Abteil, und der Zug fuhr ab. Auf der nächsten Station Mellentin gingen die beiden wieder durch den Zug, fanden meine Mutter und jagten sie wieder heraus, diesmal aber bis zum Güterwagen und zwangen sie, dort aufzusteigen. Im letzten Moment kletterte sie herauf, der Waggon war aber verschlossen, und sie mußte mit ihrem kranken schmerzenden Bein außenstehend mitfahren, an den vor Freude johlenden Polen und Russen vorbei. Da sie in Lippehne gleich Lebensmittel besorgt hatte, war das Einkaufsnetz ziemlich schwer. Die Finger wurden ihr klamm und die Kräfte verließen sie, so daß sie das Netz herunterwerfen mußte.

Als sie mit ihren Kräften schon ganz am Ende war, kam zum Glück der

Bahnhof Naulin in Sicht. Ganz erschöpft setzte sie sich auf den Bahndamm, wo meine Schwester sie fand. Die holte dann das Netz mit den Lebensmitteln und brachte dann meine Mutter nach Hause. Dieser ganze Vorfall war reine Schikane. Auf sowas mußte man damals immer gefaßt sein.
Langsam bevölkerte sich das Dorf mit polnischen Bauern. Sie besaßen selten ein Pferd oder eine Kuh. Später legten sie sich noch Federvieh und eine Ziege zu. In jeden der großen Bauernhöfe wurden zwei bis drei polnische Bauernfamilien gesetzt. Sie nannten sich zwar »Besitzer«, aber das Land blieb weiter brach liegen oder wurde schlecht und nur zum kleinsten Teil bestellt. Erst ein Jahr später sorgte man von Stettin aus dafür, daß die Bauernfelder mit amerikanischen Treckern umgepflügt wurden. Aber trotzdem gab es Steppengebiete in unserer Gegend, die sich kilometerweit erstreckten, und im Herbst schneite es Distelsamen.
Am Ende des Jahres 1945 begann für uns eine schlimme Hungerzeit. Es gab keine durchziehenden Kuhherden mehr. Im Sommer waren die von den Deutschen noch bestellten Felder von dem polnischen Militär abgeerntet und ausgedroschen worden.
Im Mai 1945 waren nur sehr wenig Kartoffeln gepflanzt worden. Wir Deutschen hatten uns wohl kleine Gärten zwischen dem ganzen Unkraut angelegt, sie wurden von Polen und Russen zertrampelt und das Gemüse gestohlen. So ernteten wir selber nichts davon.
Im Dezember 1945 übergab das polnische Militär der Zivilverwaltung das Gut Naulin. Nun unterstanden wir einem Administrator und einem Inspektor. Beide waren tüchtig und tatkräftig, wobei sie die deutschen Arbeitskräfte reichlich ausnutzten. Mit der Zeit kamen auch polnische Arbeiter mit ihren Familien hinzu. Nun wurde auch die Lohnfrage geregelt. In der Zeit vor der Übernahme der Zivilverwaltung bekamen die Brennereiarbeiter eine bestimmte Menge Sprit, den sie verkaufen konnten, um sich dafür Lebensmittel zu kaufen, die es in einigen Geschäften schon schlecht und teuer gab.
Mein Bruder bekam als Pferdeknecht eine bestimmte Menge Getreide und Deputat. Das Deputat, das wir auch für meine Schwester und zeitweise für meine Mutter bekamen, bestand aus Brot, Grütze, Mehl und Magermilch, dies galt nur bis zum Dezember 1945, dann wurde alles neu geregelt.
Der Administrator und Inspektor galten anfangs als große Deutschen-

hasser. Sie waren diese Geste aber den Polen gegenüber schuldig. Letzten Endes versuchten sie doch, das Leben für uns einigermaßen tragbar zu machen, vor allen Dingen, uns das zukommen zu lassen, was uns Deutschen rechtlich zustand. So erhielten wir im Jahre 1946 bis 1947 die Hälfte des Arbeitslohnes und die Hälfte des Deputats der polnischen Arbeiter in Getreide, Kartoffeln und Hülsenfrüchten.

Im Jahre 1946 mußte Deputat- und Saatgetreide für unsere Gebiete aus Zentralpolen eingeführt werden. Die Organisation klappte sehr schlecht, und es kam vor, daß wir längere Zeit auf unser Getreide warten mußten und dann nur Kartoffeln zum Essen hatten. Einmal haben wir auch zehn Tage lang nur von Erbsen gelebt, weil nichts anderes, auch keine Kartoffeln da waren!

Da es Deputat nur für die arbeitenden Deutschen gab, bekamen meine Mutter und meine Tochter nichts, meine 13jährige Schwester mußte im Garten und später auf dem Felde arbeiten, um Deputat zu erhalten. Das Mädel hatte sich damals erhebliche organische Schäden zugezogen, denn die Kinder wurden bei der Arbeit keineswegs geschont. Mein Bruder mußte mit 14 Jahren schwerste Männerarbeit machen, er arbeitete als Pferdeknecht, meistens auch sonntags. Er konnte sich nicht ausschlafen, dazu kam die schlechte Ernährung, so klappte er öfter zusammen.

Einmal bekamen wir 14 Tage lang nur Maismehl, daraus mußte Brot gebacken und Suppe gekocht werden. Ach, damals schmeckte alles, es war nur immer viel zu wenig. Wir bekamen manchmal das Deputat für mehrere Monate, wenn gerade etwas da war. Dann hatten wir mehrere Säcke mit Weizen stehen und wußten nicht, wie wir sie vor den Ratten schützen sollten, die eine entsetzliche Plage waren, alles zernagten und viel Schaden machten und oft die Nachtruhe raubten. Um möglichst wenig Korn zu verlieren, drehte meine Mutter den Weizen mühsam durch die Kaffeemühle, und wir lebten dann mal wochenlang von Schrotsuppen und Schrotgerichten, allerdings meist ohne Fett.

Der Barlohn war so niedrig, daß wir uns nur ganz geringe Mengen von Fett und anderen Lebensmitteln dazu kaufen konnten. Wir mußten später auch selber Brot backen. Da wir wenig Feuerung hatten, die wir uns sowieso zusammenstehlen mußten, backte meine Mutter zeitweise im Winter jeden Tag ein Brot und heizte dabei das Zimmer.

Da ich die polnische Schrift und Sprache ziemlich gut beherrschte und als einzigste im Dorf eine Schreibmaschine bedienen konnte, wurde ich

bald Bürohilfe der Gutsverwaltung. Ich habe dabei einen tiefen Eindruck von den damaligen Arbeitsverhältnissen bekommen.
Es war nicht leicht, die Wirtschaft nach der Zerstörung in Naulin wieder anzukurbeln. Es gab keine Kuh, nur ein paar müde, klapprige, vom polnischen Militär übernommene Pferde. Eggen, Pflüge und Geräte mußten von leerstehenden Gütern zusammengesammelt werden, sie waren meist in schlechtestem Zustand, denn die wertvollen Maschinen hatten bereits die Russen abtransportiert. Im Laufe des Jahres 1946 kamen Kühe und Pferde, auch Trecker, Ackerwagen usw. von der amerikanischen UNRRA-Hilfe an. Diese lieferte auch Lebensmittel, Saatgut und für die polnischen Arbeiter auch Schuhe und Bekleidungsstücke.
Je näher die Ernte heranrückte, desto schwieriger wurde die Ernährungslage. Auch für das Vieh fehlte das Futter. Hervorragende Organisatoren waren die Polen nie, bei diesen unnormalen Verhältnissen versagten sie ganz. Es klappte also nirgends. Sehnlichst erwarteten wir die Ernte.
Nicht wenige Deutsche hatten auch diesmal vergebliche Versuche gemacht, Gärten anzulegen. Sie ernteten nie etwas, denn die Polen, die im Laufe des Jahres nach Naulin zugezogen waren, stahlen alles. Der Gutsgarten war unter meiner Leitung bestellt worden. Es war schwer, auch hier Obst und Gemüse bis zur Ernte zu behalten, aber vor dem Administrator hatte man doch etwas Respekt. So hat meine Familie wenigstens immer genug Obst und Gemüse gehabt.
Ohne Stehlen ging es aber leider auch bei uns Deutschen nicht. Wenn wir nicht erfrieren und verhungern wollten, mußten wir uns manchmal auf diese Weise das Nötige beschaffen. Besondere Schwierigkeiten bereitete uns das Brennmaterial. Wir sollten es eigentlich kaufen, das konnten wir aber nicht, also mußten wir es nehmen, wo wir es fanden. Wenn mein Bruder Holz und Kohlen für die Dampfpflüge fahren mußte, lud er regelmäßig erst bei meiner Mutter ein Teil des Brennmaterials ab, denn Pyritz war nun auch von Polen bewohnt, und wir durften von dorther nichts mehr holen. Als ich einmal vom Holzplatz des Gutshauses einen großen Holzkloben mitnahm und die Frau des Administrators dabei traf, sagte ich ihr, das nähme ich mit als Bezahlung für meine vielen Überstunden, die ich oft bis in die halbe Nacht im Büro machen mußte. Sie fand auch gar nichts dabei. Als mein Bruder mal drei Wochen im Kuhstall arbeitete, brachte er uns jeden Morgen auf Schleichwegen durch das Gartenfenster unserer Wohnung zwei Liter Vollmilch mit.

Die Deutschen waren Arbeitstiere, die auch sonntags meistens arbeiten mußten, und die Polen spielten sich hauptsächlich als Aufseher der Deutschen auf. Zum Arbeiten hatten die »Sieger« dieses Krieges noch keine Lust. Die Polen waren der Meinung, sollen doch die »psiakrew Niemcys« nun mal arbeiten, nachdem sie all die Jahre unter Hitler nichts getan hatten und zur Arbeit die armen geplagten Ausländer ins Reich riefen.
Anfang des Jahres 1947 wurden die Lebensverhältnisse unter dem letzten Administrator, den ich in Naulin erlebte, für uns Deutsche tragbarer. Der deutsche Arbeiter verdiente zwei Drittel Deputat und Lohn der Polen. Wir bekamen Land zugemessen und pflanzten uns Gemüse und Kartoffeln an, und da die Polen jetzt seßhafter in Naulin waren, ernteten wir auch aus unseren Gärten. Die Ernährung war auch so einigermaßen gesichert, nur mit den Kartoffeln haperte es. Man hatte sie schlecht eingewintert, und so waren die meisten Mieten erfroren, und wir bekamen im Frühjahr fast nur erfrorene Kartoffeln. Später bekamen wir ganz kleine, noch nicht walnußgroße Futterkartoffeln als Deputat, die wir immer in der Schale kochen und essen mußten, weil beim Abschälen sonst nichts mehr übrig blieb. In Pyritz wurden die ersten Läden eröffnet, und so konnten wir uns auch für unser Gehalt etwas mehr Speck, Butter und Zucker kaufen, es reichte zum ganz bescheidenen Leben, aber nur zum Essen. Etwas anderes konnte man nicht kaufen und mußte die alten Kleiderreste immer wieder reparieren.
Je mehr polnische Arbeiter mit ihren Familien nach Naulin kamen, umso knapper wurde der Platz. Wir Deutschen hatten natürlich unsere Wohnungen in der Zeit schon gut instand gesetzt. Da die Polen aber zu faul waren, für sich Wohnungen in Ordnung zu bringen, wurden die Deutschen kurzerhand herausgesetzt und in der sogenannten Schnitterkaserne zusammengepfercht, wo sehr schlechte kleine Wohnungen waren. Früher hatten dort die ausländischen Arbeiter gewohnt. Einige Familien wurden auf das Nebengut Brederlow umgesiedelt; auch wir mußten im Juli 1947 dort hinziehen, konnten aber alle unsere Sachen mitnehmen, ohne beräubert zu werden.

Frau L. C.

Stettin – Menschenjagd, Typhus, Vergewaltigungen

Die vergewaltigten Frauen und Mädchen mußten sich im Anfang regelmäßig beim Gesundheitsamt melden. Wieweit sie behandelt werden konnten, weiß ich nicht. Ein nettes, sauberes junges Mädchen litt an »asiatischer Syphilis«, wurde vom Gesundheitsamt genau beobachtet; aber eine Heilung hätte sie nicht zu erwarten, das arme Ding müsse daran eingehen, sagte uns die Krankenschwester.
Wer krank wurde, war verloren.
Unser von russischen Matrosen vor seinem Hause schwer mißhandelter Wohnungswirt Herr Friedrich, Steinstraße 4, fand keine Hilfe für sein mit Absätzen zertrampeltes Auge.
Typhus breitete sich aus und raffte die Menschen weg. Wie erschraken wir, als wir zum ersten Male an einem Hause in der Bogislawstraße das Wort »Tiefus« lasen und als wir merkten, daß da nicht ein Mann namens Tiefus wohnte, sondern daß die Krankheit Typhus gemeint war. Wenn ein solcher Krankheitsfall ausgebrochen war, mußte dies Wort zur Warnung an die Haustür geschrieben werden. Das war die einzige Vorsichtsmaßnahme, die aber nicht schützen konnte, da ja die übrigen Bewohner des Hauses ihrer Arbeit nach-, also unter die Menschen gingen. In allen Stadtteilen stand das Wort Typhus an den Haustüren, die Seuche breitete sich schnell aus. Da die Russen solche Häuser mieden, schrieben die Leute Typhus oder Tiefus an ihre Haustüren als warnendes Zeichen für den Würgeengel, der an ihrem Haus vorbeigehen sollte. Ihr Würgeengel war aber nicht der Typhus, sondern der Russe, vor dem sie sich auf diese Weise zu schützen suchten. Wenn wir künftig unsere Bekannten aufsuchten, ließen wir uns durch das Wort Typhus an der Haustür nicht zurückschrecken und wurden auch trotz des Warnwortes in ein seuchenfreies Haus eingelassen.
Nur wenige Tote weiß ich mit Namen, die Zahl war aber unbeschreiblich groß.
Wer starb, verschwand von der Welt, ohne daß davon Notiz genommen

wurde. Registriert wurde lange Zeit keiner, Sterbeurkunden gab es nicht, ebenso wenig wie eine Friedhofsordnung. Jeder suchte sich seinen Platz für seine Toten und verscharrte sie oder versuchte, sie einigermaßen menschenwürdig zu begraben, je nach Kräften. Manche zimmerten aus Brettern ein Sarggestell zusammen, andere brachten den Verstorbenen in einem schmalen Schrank nach dem Friedhof. Den Schrank nahmen sie nachher auf ihren Handwagen wieder mit fort. Wieder andere nähten ihre Toten in Decken oder Säcke, wenn sie welche hatten, sonst mußte es so gehen. Frau Lossow war froh, daß sie ihre Mutter, die Apothekerwitwe Kayser, in eine Decke einnähen konnte. Wenn Frau Lossow bei ihren häuslichen Verrichtungen einen Augenblick Zeit hatte, ging sie nach unten auf den Friedhof der französisch-reformierten Gemeinde und schaufelte mit ihrem Mann weiter an der Grube für ihre Mutter.

Es zerriß uns das Herz, wenn wir unsere deutschen Männer als Kriegsgefangene im eigenen Lande sahen. Als der schwarze Markt im Sommer 1945 in der Birkenallee wogte, kam eines Tages ein großes Heer durch die Straßen gezogen. Die Soldaten sahen noch gut aus. Es hieß, es wäre die Kurlandarmee, die eben mit Schiffen angekommen wäre. Die Augen der Frauen suchten die vorbeimarschierenden Reihen ab. So war es immer, wenn Gefangene vorbeikamen. Von allen Seiten wurde den Soldaten zugerufen: »Haltet euch bloß nicht hier auf! Macht, daß ihr aus Stettin rauskommt! Hier ist die Hölle!«

Keiner bedachte, welche seelische Qualen die armen, geschändeten Frauen durchzumachen hatten, keiner kannte die ehrenwerten deutschen Frauen, die sich das Leben nahmen, weil sie mit dieser Schmach nicht weiterleben mochten. Ich weiß viele Namen von vergewaltigten Frauen, darunter auch nicht mehr ganz junge Stettiner Lehrerinnen, die allein mit ihrem Leid fertig werden mußten. Hätten die Westdeutschen es erlebt, was uns eine Krankenschwester aus einem Altersheim mehrmals beim Essenanstehen in Zabelsdorf geklagt hat. Die Krankenschwester war täglich von neuem erschüttert. Jede Nacht kam ein etwa 20jähriger russischer Soldat und vergriff sich an einer über achtzigjährigen Frau, die im Sterben lag. Uns ekelte vor solcher Gier.

Eine gefahrvolle Menschenjagd auf alle Deutschen machte uns das Leben in unserer eigenen Vaterstadt zur Hölle. Die Polen drangen Tag und Nacht in die Häuser ein, plünderten die Menschen aus und vertrieben sie aus ihren Wohnungen.

Pastor i.R. Alexander Behrend

Not und Hunger in Stettin

Dienstag, 29.5.45

Sehr früh geht's weiter, verhältnismäßig schnell. Wir kommen aber statt zum zerstörten Hauptbahnhof Stettin nur bis Scheune. Ich versuche, zu Frau W. nach Güstrow durchzukommen, daß sie unsere etwa 300 Meter vom Bahnhof lagernden Sachen mit Fuhrwerk nach Steinstraße 3 bringen wird. Aber ohne russischen Passierschein kommt niemand durch. So muß nach Verlust von zwei kostbaren Stunden Fräulein P. aus der Deutschen Straße einen Schein holen, kann unterwegs noch zu ihrer Base Gertrud herangehen, und bringt D. mit seinem Handwagen mit, der uns schon vor acht Wochen unter Bombenhagel zum Hauptbahnhof gebracht. Er kommt aber nur gegen Versprechen eines Anzugs wie damals. So habe ich jetzt nur noch, da die Russen (Polen) die drei im Spind zurückgelassenen drei Winteranzüge geraubt, außer einem Winter-, zwei Sommeranzüge. V. und ich haben in Fräulein P.'s Abwesenheit die Sachen beim Scheuner Bahnhof gehütet. Denn aus den dort lange auf Abfahrt nach Osten (über Jungfernberg) wartenden Zügen kommen immerfort Polen, um sich Verschiedenes anzueignen. Inzwischen habe ich in Gemeinschaft mit andern, die nach Stettin wollen, da die Gefahr der Plünderung immer größer wird, das Gepäck immer von etwa dreißig Metern in Teilen weiter an die Chaussee gerückt. Ich finde fünf Kartoffeln, eine gute fromme Frau aus Bredow kocht sie auf ihrem Töpfchen mit und gibt noch einige von den ihrigen zu, so daß ich ein hungerstillendes Abendbrot habe. Leider habe ich Namen und voraussichtliche Wohnung vergessen. Dagegen hoffe ich die Frau aus Züllchow und ihre Kinder nochmals wiederzusehn, die beim Schleppen unsers schweren Gepäcks mir unschätzbare Dienste geleistet. Unser Handwagenmann, der mit Fräulein P. gegen Abend endlich eintrifft, macht noch viele Schwierigkeiten, bis wir glücklich auf den Weg kommen, oft von den russischen Posten aufgehalten. Gegen Mitternacht zu Hause, gegen Morgen im Bett. In den Stuben furchtbare »Greuel der Verwüstung«. Noch vorhandenes Eingewecktes über Möbel und Zeug verschüttet. Keine Schublade, Kasten, Schachtel, Spind ungeöffnet, zum Teil gewaltsam erbrochen, trotz dem Schlüssel im Schloß. Alles Brauchbare, Kleider, Mäntel, Wäsche, alles geraubt oder durch abgelegtes Zeug vertauscht. Möbel fast gar nicht mitgenommen. Dagegen nichts mutwillig zerstört, z.B. Bilder, Bücher, Kunstgegenstände.

Mittwoch, 30.5.
Ich besorge mir auf der Kommandantur, Poststraße, einen Passierschein, um nicht mal von den Russen, was wohl nur abends spät geschehen würde, angehalten zu werden. Gern wäre ich mal nach Ladenthin gefahren: aber man kommt wohl aus Stettin hinaus, aber nicht wieder zurück, und zu Fuß? Dazu ist man nun vielleicht doch zu sehr geschwächt. Vielleicht könnte man dort etwas über Fritz und Familie erfahren, von denen ich seit 26.4.45 nichts weiß. Wir erhalten, Fräulein P. besorgt ihn, einen Einweisungsschein, auf Grund dessen uns zwei Zimmer unserer früheren Wohnung zugewiesen werden. Auf Gerüchte, daß unsere Gegend nur von Russen besetzt wird, geben wir vorläufig nichts. Das Wichtigste ist nun, zunächst für Sauberkeit und Ordnung in der Wohnung zu sorgen, während Fräulein P. viel und lange umherlaufen und anstehn muß, hier in der Nähe gibt's keine Geschäfte, wir müssen zum Zabelsdorfer Block, nahe dem Bahnhof, wo auch Mittagessen geholt werden kann, gewöhnlich Eintopf, manchmal Pellkartoffeln und Sauce. Herr G. findet sein Radio heil bei uns vor, während das von Fritz wahrscheinlich seine Wanderung nach Polen angetreten hat. Freilich fehlt uns, wer weiß wie lange noch, wie Gas und Wasserleitung, auch noch Strom. Am Dienstag ist ein Kahn mit Flüchtlingen auf eine Mine gelaufen und mit etwa 400 Personen untergegangen. Beim Anstehn an der Pumpe erhalten zuerst die Russen Wasser, einer steht mit der Peitsche dabei.

Sonntag, 10.6.
Das Großreinemachen, an dem fast alle Hausbewohner je nach Vermögen teilnehmen – an Sonntag denkt kaum einer – wird am Vormittag, mit großem Scheiterhaufen, Sondern der Lumpen und Vergraben des unbrauchbaren Schutts in H.'s Gemüsegruben vollzogen.
Die Kirche, die ich besuchen wollte – Gemeindehaus von Heilandskirche – erreiche ich nicht rechtzeitig, da ich durch Sperrung von Straße (beson-

ders Gartenstraße) und Vernichtung weiter Strecken, in denen ich mich verirrte, zu lange aufgehalten werde. In den Grabower Anlagen weiden jetzt Russenpferde und Kühe, die die Russen für sich melken. Eine, an der ich vorbeikomme, scheint mir zu lange ungemolken zu sein. Ich versuche, und ein voller Strahl kommt aus dem Euter. Einer vorübergehenden Frau, die ein Gefäß hat, empfehle ich, die Kuh zu erleichtern, evtl. mit meiner Hilfe. Aber sie sagt, die Russen würden ihr die gewonnene Milch doch fortnehmen. Fräulein P. war im Krankenhaus, es dient jetzt kaum seinem eigentlichen Zweck. Vom Schwarzen Damm einige Stachelbeeren mitgebracht.

Montag, 18. 6.
Sirup von der Lastadie geholt, nachmittags gesperrt, ebenso die Fabrik von Kretin, Oberwiek. Im Garten nebenan von Fräulein Sch. Stachelbeeren und Rhabarber geholt. Auf Heimweg bei der Eisenbahnbrücke von Russen angehalten: »Urrr«. Ich gehe weiter. Er verfolgt mich, tastet mich ab. Ich: »Ruski alles abgenommen.« Er geht. Glücklicherweise habe ich meine Uhr zu Hause gelassen, ich wäre sie sonst sicher losgeworden. Auf dem Rückweg schenkt mir eine Frau von ihrer zu schweren Last Seifenpulver aus der Seifenfabrik Oberwiek, einige Pfund, Fräulein P. freut sich, da flüssige Seife vom Konsum nicht an uns gekommen, die wir nicht von 4, 5 Uhr früh anstehn können.

Samstag, 7. 7.
Um den Stempel neben des Kommandanten Unterschrift zu erlangen, gehe ich zur Kommandantur, werde aber von dort zum Bürgermeister im Landeshaus gewiesen. Da mir das zu umständlich, versuche ich nochmal ohne Stempel auf meinem Passierschein die Notbrücke (Baumbrükke) für Fußgänger zu überschreiten. Ich werde vom Posten aber schon von weitem zurückgewiesen, ohne daß er Einsicht in den Schein genommen hat. Gründe sind nie klar zu erkennen und werden nicht kundgetan. An der Hohen Terrasse war in den letzten Wochen eine kleine Stadt entstanden: Rückwandernde Flüchtlinge von Ostpreußen, Pommern usw. – letztere wurden von den Polen zurückgetrieben –, die aus verschiedenen Gründen nicht weiterkonnten, auch in Stettin keine Wohnung fanden – Stettin, wohl zu fünf Sechstel zerstört durch Spreng- und Brandbomben –, hatten sich Hütten aus Brettern, Teppichen und Planen,

Blechen usw. errichtet. Vor den Eingängen leuchteten und brannten die Herdfeuer, auf den Steinen brodelten die Kessel – Wäsche hing auf den Leinen, Kinder spielten dazwischen – ein malerisches Bild. Dahinter Not und Weh der Älteren und Alten. Jetzt sollen sie alle auf einmal ihre Notwohnungen verlassen. Das gibt Aufregung, die sich zum Aufruhr steigern könnte. Aber die armen Menschen haben schon viel zu viel Böses durchgemacht (Angst davon die Augen sprechen, Not, davon die Herzen brechen... Gesangbuch Nr. 583,2) durch Vertreibung aus der Heimat, Verlust von Hab und Gut, Trennung von den Angehörigen durch Tod, Verschleppung, Gefangenschaft, so daß sie auch dies meist mit ziemlicher Gelassenheit, oft auch Stumpfheit ertragen. Gegen Abend beschenkt uns H. H. mit einer Tüte Kartoffelmehl.

Dienstag, 10. 7.

Schöner warmer Sonnenschein nach dem reichlichen Regen. Wenn nur die Russen nicht Ernte und deren Einbringen stark hindern möchten durch Requirieren von Menschen, Fahrzeugen und Korn! Soeben wird wieder eine große Herde, wohl fünfzig bestes schwarz-weißes Tieflandrind, für Russen oder Polen durch die Birkenallee abgetrieben, und unsere Kleinsten erhalten, oder vielmehr sollten erhalten einen Viertelliter Milch, und die Mütter stehn oft stundenlang vor der Ausgabe und können die sauer gewordene doch nicht zum eigentlichen Zweck verwenden. Ich folgte der Einladung H.'s, mit seiner Familie zum Glambecksee zu gehn. Dort sollen noch Kartoffeln vergraben liegen. Pilze sind schon zu stark abgesucht. Zu angeln gibt's da auch nichts mehr. Die Russen haben Fische mit Handgranaten getötet. Und nun schwimmt der reiche Segen der schönsten Aale, Hechte, Zander usw. faulend und ungenießbar nach Deckung des verhältnismäßig kleinen Bedarfs im Wasser – eine Schande!

Donnerstag, 12. 7.

Vier Postkarten trage ich zur Post, die, wie bekanntgegeben, wieder westlich der Oder gehen soll. Uns wird aber dort gesagt: »Nein, östlich der Oder und mit polnischen Marken frankiert.« Erst müsse man deutsches Geld einwechseln. »Wo denn?« »Ja, die Stelle ist noch nicht eröffnet.« Juden machen sich breit mit Tauschgeschäften: Fleisch, Zucker, Brot für Tabakwaren. Neben der Garnison ist ein evangelisches Kinderheim aufgemacht; die meisten Kinder sehen sehr unterernährt aus. Im katholischen Pfarrhaus hängen links eine russische, rechts eine polnische Fahne aus. Weiterhin steht ein Junge mit einem kleinen Eimer, offenbar auf etwas wartend. »Worauf wartest du?« »Auf Russen.« »Was sollen die?« »Mir Brot geben, ich habe schon öfter etwas von ihnen erhalten.« Deutsche Jungen als Straßenbettler! Armes Volk! Von den vielen requirierten Kartoffeln brauen sich die Russen Schnaps. Am Parkhaus liegen große Haufen davon. Frauen sammeln aus und entkeimen. Ich möchte mir ein paar mitnehmen. Sie weisen mich an die Wache. Der Feldwebel verneint. Ob ich mir von den ausgesammelten noch einige aussammeln kann, frage ich. Er weist mich auf einen entfernteren Haufen. Es ist aber Pferdemist. Hat er schlecht gesehn oder will er mich verhöhnen?

Montag, 23. 7.
Auch heute kein Mittagessen! Manche stellen sich an der Pumpe, wo die Russen ihre Feldküchen reinwaschen, an. Vorher verteilen sie den Rest an die ihre Eimer hochhaltenden Kinder, die von ihnen bevorzugt werden. Ich frage wieder vergeblich bei der Polenpost an, ob Briefe für Fräulein P. und mich angekommen; ich möchte nach Neu-Kloster schreiben, aber es muß mit 1-Zloty-Marke (Postkarte) bzw. zwei (Brief) freigemacht werden. Es ist immer noch nicht eine Möglichkeit, deutsches in polnisches Geld umzuwechseln, vielleicht erst am 25.7. soll die Konferenz der drei großen Alliierten in Potsdam sein, dann bald, oder es gibt dann andere Möglichkeiten.

Donnerstag, 26. 7.
Mittag hat's gegeben, ganz dünne Kartoffelsuppe. Aus einem Haus sind ca. 25 ostpreußische Flüchtlinge von den Russen ausgewiesen, weil es als Lagerräume für abmontierte Sachen (Oderwerke pp.) gebraucht wird und in unser Haus gezogen, wie sie hoffen auf wenige Tage, um dann wieder in die alte Heimat etappenweise befördert zu werden, Gegend von Wehlau. Die Leute haben sich unter die Leitung einer Landsmännin, Frau Pastor Sch., deren Mann auch seit Kriegsende keine Nachricht gegeben, gestellt. Ich soll ihr behilflich zur Rückreiseerlaubnis sein, verspricht mir, einige Kartoffeln zu holen. Sie fahren auf den Russenwagen mit, sammeln Kartoffeln aus den Mieten bzw. buddeln wohl auf den Feldern und erhalten als Entgelt einen Teil. Was mir sehr gefällt, Frau Pastor

hält alle Abend mit ihrer Schar Andacht, der Gesang der klaren Frauenstimmen klingt leise durchs Haus.

Freitag, 27. 7.
Kein Mittag. Die Russen sollen die Kartoffeln, für die Gemeinschaftsküche bestimmt, in ihre Kanäle gelenkt haben. Frau Pastor Sch. hat Schwierigkeiten mit der Rückreiseerlaubnis bekommen, immer wieder kommen andere Bestimmungen heraus, wohl durch Reibungen der Russen und Polen, wird also weiter warten müssen.

Samstag, 28. 7.
Wieder kein Mittag, es lohnt nicht mehr, darauf zu warten. Frau Sch. und H. beschenken uns mit Kartoffeln... Kleine Schießerei zwischen Russen und Polen in der Schw. (Barnimstraße), weil, wie gesagt wird, die Russen mehr für Gold- und andere neue Sachen geben als sie, die Polen, bieten.

Montag, 30. 7.
Polenverordnung: Bis zum 1.8. sollen alle Schilder in deutscher Sprache auf Fluren, Korridoren entfernt werden. Polnische an die leeren Stellen, so auch die Schriften an den Geschäften. Fr. B. (wie viele ausgeplündert) auf Weg (Sperre) nach Möhringen. Haus Steinstraße 7 soll von gegen Abend bis morgen früh 8 Uhr geräumt sein. Ich gebe Gang nach Möhringen – Bauernhöfe völlig zerstört – auf, Wasses werden doch dort nicht zu finden sein.

Dienstag, 31. 7.
Morgen Stempel zum Passierschein oder neuen Ausweis holen, Kaiser-Wilhelm-Straße (Finanzamt). Hoffentlich geht nun bald durch Vermittlung des H. Lüschow ein Brief nach Neukloster, und Kinder und Kindeskinder haben, falls er auch diese Blätter mitnehmen kann und will, eine schwache Einsicht in unsere Lebensweise.
(Hier bricht das Tagebuch ab. Der Achtzigjährige starb am 15.8.45 den Hungertod.)

Klaus Granzow

Bei Nacht gingen wir fort

Von zu Hause erzähle ich gern. Es gibt so viele heitere Geschichten, die sich bei uns im Dorf ereigneten. Die Älteren schmunzeln, und die Kinder lachen vor Freude, klopfen mir auf die Schultern und nennen mich ihren »ollen Onkel aus Pommern«.

Aber dann geschieht es oft, daß jemand unüberlegt und unwissend arglos fragt: »Und weshalb gingen Sie fort?«

Früher stand ich dann meistens auf und verließ wortlos die lustige Gesellschaft, weil ich glaubte, ich müsse dies tun, um den Gastgebern ihr Fest nicht zu verderben, denn es gab nun keine heitere Geschichte mehr zu erzählen, wenn jemand wissen wollte, weshalb ich fortging aus Pommern.

Doch seit einiger Zeit habe ich eingesehen, daß dies falsch ist. Man muß auch dies erzählen können. Und um die Zuhörer nicht gleich zu erschrecken, beginne ich immer mit der tragikomischen Weihnachtsfeier bei uns zu Hause im Jahre 1946:

Wie in jedem Jahr auch schmückten wir den Tannenbaum und zündeten die Kerzen am Heiligen Abend an. Aber wir konnten den Baum nur anschauen, singen konnten wir nicht. Die Kehle war uns wie zugeschnürt, denn wir ahnten, daß dies unsere letzte Weihnachtsfeier in dem alten Bauernhaus sein würde, das in einem hinterpommerschen Dorf stand, dessen Kirche 1374 erbaut wurde.

Sechshundert Jahre deutsche Geschichte sollten auf einmal ausgelöscht sein? Wir wollten es nicht glauben. Vieh und Kleidung und Hausrat und Vorräte hatte man uns weggenommen, aber auch den Hof, das ganze Land?

Doch aus diesen Überlegungen wurden wir plötzlich herausgerissen, denn der Politische Kommissar, ein sowjetischer Major, stand vor uns im Zimmer. Das flackernde Licht war ihm verdächtig vorgekommen, und nun starrte er verdattert auf den vermeintlichen Sabotageakt. Er war fassungslos vor Überraschung, als er den brennenden Lichterbaum sah.

Dann klatschte er verzückt in die Hände und hüpfte freudig wie ein Kind um den Baum herum. Liebevoll nahm er Kugel um Kugel in die Hand, legte sie vorsichtig ab, ging dann zu den Lichtern und Kerzenhaltern über und nahm auch noch das Lametta ab.

Wir sahen zunächst schweigend zu, aber als er dann auch noch die Tannenbaumspitze abriß, wagte meine Schwester einen Einwand: »Weshalb nehmen Sie uns das fort, Major, und machen zappzerapp!?«

»Warum schimpfen, immer schimpfen!« sagte der Kommissar ungnädig, »hier in Stube nur große Kinder, alle erwachsen. Ich habe in Rußland kleine Kinder, ich will ihnen zeigen, wie schön das ist: deutsche Weihnachten!«

Behutsam barg er seine kostbare glitzernde Beute in seiner Bluse und ging freundlich lächelnd hinaus. An der Tür blieb er noch einmal stehen und erklärte uns:

»In zwei Wochen fahren alle sowjetischen Soldaten nach Hause.«

Er strahlte vor Freude, doch als er unsere betretenen Gesichter sah, wurde er mit uns traurig und sagte:

»Dies Dorf nicht mehr länger sowjetische Kolchose. Polnische Miliz wird kommen. Dann: Armes Deutschland!«

Das war so eine Redensart von ihm, die er irgendwo aufgeschnappt hatte, und die wir von ihm schon kannten. Aber dieses Mal hatte er sie wirklich im richtigen Moment angewandt. Nun gaben wir uns keinen Illusionen mehr hin. Hilflos saßen wir unter dem geplünderten und zerrupften Tannenbaum. Jetzt wußten wir die Wahrheit: in wenigen Wochen würden auch wir Vertriebene sein wie viele, viele vor uns aus den Nachbardörfern, in denen schon über ein Jahr lang Polen wohnten. Man würde auch uns alles nehmen, was waren da schon ein paar Weihnachtskugeln und Lametta ...

So beginne ich meine Erzählung, wenn man mich fragt, weshalb ich aus Pommern fortging. Die meisten Zuhörer sind dann schon ernst, aber manche lachen noch. Es tut mir fast leid, daß ich ihnen nun gar nichts Heiteres mehr erzählen kann. Ja, aus der Kolchosenzeit mit den russischen Soldaten und Mädchen gibt es lustige Geschichten, wenn sie auch mehr von Diebstählen und Räubereien handeln. Aber durch die gemeinsame schwere Arbeit hatte sich zwischen Russen und Deutschen ein kameradschaftliches Verhältnis entwickelt. Es gab sogar jeden Sonntag Tanz im Dorfkrug. Damit erfüllte der Kultursergeant sein »Soll«.

Der Neujahrstag 1947 zerstörte das gute Einvernehmen: es geschah ein Mord. Ein durchziehender sowjetischer Soldat, sinnlos betrunken, trat einen alten, schwerhörigen deutschen Mann, der ihm nicht Antwort geben konnte, tot.
Obwohl der Politische Kommissar und der Tierarzt den Betrunkenen schließlich bändigen konnten, rückte polnische Miliz ins Dorf, denn nun gab es endlich für sie einen Grund, sich in unserem Dorf festzusetzen. Zähneknirschend mußten die sowjetischen Offiziere es dulden, daß auch polnische Zivilisten von Hof zu Hof zogen, um sich zu informieren, was ihnen alles zufallen würde.
An dieser Stelle fordere ich meine Zuhörer immer auf, sich doch heute vorzustellen, dies geschähe in ihrem Haus oder in ihrer Wohnung: Sie sitzen beim Mittagessen, da geht die Tür ohne vorheriges Anklopfen auf, fremde Männer gehen durch den Raum, besichtigen Schränke, befühlen Tapeten und Öfen, rücken auf dem Herd in der Küche die Töpfe hin und her, nehmen im Schlafzimmer die Betten hoch ... und man selbst sitzt da, als wäre man gar nicht vorhanden, man wird höchstens abgeschätzt, ob man noch eine gute Arbeitskraft für ein paar Wochen abgibt oder nicht.
Die meisten Menschen können sich dies heute ich nicht mehr vorstellen, dabei ist es noch harmlos gegen das, was ich dann von meinen Zuhörern fordere:
Nun stellen Sie sich bitte vor, es kommt ein Mann in Ihr Haus und sagt: »Dies gehört jetzt mir. Sie können in dem kleinen Zimmer hinter der Küche wohnen, alle anderen Zimmer gehören mir, auch alles Inventar.« Und Sie gehen und lassen alles in den Zimmern zurück, nur was in dem Ihnen zugewiesenen Raum noch steht, gehört Ihnen.
Meine Zuhörer schweigen und schauen mich zweifelnd an.
Aber so war es.
Unseren Hof bekam ein ausgedienter älterer Soldat, der von Landwirtschaft nicht die geringste Ahnung hatte. Daß er ein krimineller Sadist war, wußten auch die anderen Polen, denn sie haben ihn später ins Zuchthaus gebracht. Aber damals war er noch frei und drangsalierte uns auf geradezu infame Weise, ich mag darüber aber nicht berichten. Nur soviel: Als auch der gerechte polnische Starost gegen ihn machtlos war, blieb uns nichts anderes als die Flucht.
Zunächst nahm uns ein polnischer Diplomlandwirt, der den größeren

Hof meines Vetters in dem Nachbardorf Schwolow übernommen hatte, auf. Aber deutsche Verwandte verrieten unter Druck unseren Aufenthaltsort. Wir wurden unter Bewachung abgeholt, eingesperrt, konnten aber erneut fliehen. Diesmal in die sichere Obhut der Russen, die im anderen Nachbardorf Peest noch weiter ihre Kolchosenwirtschaft betrieben.
Bei Nacht gingen wir fort. Es schneite. Wir nahmen nur soviel mit, wie wir tragen konnten. Hinter dem Dorf trennten wir uns. Mein Vater und meine Schwester gingen den Weg über die Wiesen, meine Mutter und ich durch den Wald. Wir schauten nicht zurück. Es gab keine Tränen, nur Freude über die gelungene Flucht.
Der ausgediente Soldat suchte uns überall, denn er brauchte uns ja dringend als Arbeitskräfte auf »seinem« Hof. Aber die russischen Offiziere, Soldaten und Mädchen, die wir ja alle aus der gemeinsamen Kolchosenzeit in unserem Dorf kannten, verrieten uns nicht. Das rechneten wir ihnen hoch an, denn für eine Flasche Schnaps wurde damals Schlimmeres getan als ein Deutscher verraten.
Da Peest zum Schlawer Kreis gehörte und nicht wie mein Heimatdorf Mützenow zum Stolper Kreis, unterstanden wir nun auch einer anderen Behörde. Dadurch fand man uns überhaupt nicht mehr, ja, wir existierten offiziell gar nicht mehr. So blieb uns nichts anderes übrig als mit polnischen Mittelsmännern Kontakt aufzunehmen, die mit »Ausreisepapieren« schwarzhandelten. Zu diesem Zeitpunkt wußten wir, daß alle Deutschen vertrieben werden würden, und so sagten wir uns, daß wir so schnell wie möglich aus dieser Unfreiheit, diesem Chaos und dem Zustand dauernder Rechtlosigkeit herausmüßten.
Wir verkauften unsere letzten Wertsachen, die wir noch gerettet hatten, waren auch so waghalsig und gingen nachts in unser Dorf zurück und »stahlen« in unserem eigenen Haus Kleider, Schuhe und Wäsche, die wir bei der überstürzten Flucht hatten zurücklassen müssen.
Endlich war das Geld zusammen, um die falschen Ausreisepapiere kaufen zu können. Der polnische Schwarzhändler hielt sein Wort und fuhr uns mit einem Leiterwagen – es war der 20. 4. 1947 – nach Schlawe. Dort war in der ehemaligen Landwirtschaftsschule die »Kontrolle« eingerichtet. Das internationale Rote Kreuz hatte sich soweit durchgesetzt, daß es eine Bestimmung gab, nach der jeder soviel mitnehmen durfte, wie er tragen konnte. Eine schöne Bestimmung! Aber es ist darin nicht gesagt worden, wie weit und wie lange man seine Sachen tragen muß.

So war die »Kontrolle« natürlich im obersten Stockwerk des Gebäudes, und die Landwirtschaftsschule lag am anderen Ende der Stadt, weit vom Bahnhof entfernt. Doch, wenn auch ein Stück nach dem anderen verschwand, Betten, Bezüge, Kleider, Wurst und Speck, Sparkassenbücher und Papiere ... es war einem gleichgültig, niemand zeterte, niemand weinte. Die Menschen, die am meisten verloren, waren am heitersten. Man war zufrieden, daß man noch am Leben war, daß man gesund war, und daß es fort ging, fort aus diesem Land, das uns nun nicht mehr wie Heimat war, denn wir waren hier in diesem Land nicht mehr geborgen. Es war eine bittere Erfahrung, die wir alle machen mußten: Heimat ist nicht nur das Land, wo man geboren ist. Heimat bedeutet: frei unter Menschen zu leben, deren Sprache man spricht. Ohne die geliebten Menschen war dieses Land unsere Heimat nicht mehr.
Am Abend fanden wir uns in Viehwaggons auf dem Bahnhof wieder, in die man uns zu je 30 Mann verfrachtete. Wir wußten, daß hier nachts jugendliche Banden auf unser letztes Hab und Gut lauerten. Wir verriegelten die Waggontüren von innen mit starkem Draht, und so blieben wir verschont. Gegen Morgen stellten sich dann uniformierte Zugbegleiter ein, und die Räubereien hörten auf.
Es war herrliches Frühlingswetter. Wir fuhren durch die schöne hinterpommersche Landschaft, aber wir genossen sie nicht. Wir stammten ja alle von Bauern ab, und so sahen wir die vielen unbestellten, verwüsteten Felder. Wir wußten, dies Land würde nun nicht mehr die Kornkammer Deutschlands sein. In Belgard gab es einen Aufenthalt, Züge wurden umrangiert, und wir fuhren wieder gen Osten. Angst beschlich uns: wo bringen die Polen uns hin? Landen wir doch noch in einem Arbeitslager? Aber in Posen wurden wir wieder auf andere Gleise gestellt. Es ging in Richtung Westen. Nach drei Tagen und Nächten kamen wir nach Schlesien, Essen und Trinken hatten uns die Polen natürlich nicht gegeben, wir erwarteten es auch nicht. Untereinander teilten wir die letzten Brocken. Kurz vor der Grenze gab es noch eine Entlausung, sie erheiterte uns sehr, denn die Vollzieher hatten sie wirklich nötiger als die Erdulder.
Als wir über die Oder-Neiße-Grenze bei Wehrkirch fuhren, waren wir wie erlöst. Endlich waren wir wieder unter Deutschen. Ärzte und Schwestern kamen an den Zug. Es gab Brot und Kaffee. Aber wir nahmen es gar nicht richtig wahr. Wir schauten aufs Land hinaus: die Felder waren alle bestellt, das Getreide stand gut auf dem Halm. Hier wurde gearbeitet,

also würde hier auch niemand zu hungern brauchen. Hier würde niemand mehr sagen: »Dies ist mein Haus und Hof! Geh fort aus Deutschland ins andere Deutschland!«

Eleonore Henning

Ein schrecklicher Überfall und seine Folgen

Am Ende des Sommers 1945 wurde es für die Banditen immer schwieriger, bei Plünderungen Werte und Sachen zu ergattern, die einen lohnenden Ertrag brachten. Sie mußten schon den Wäschepuff im Schlafzimmer ausräumen, die schmutzige Wäsche und ein Paar darunter versteckte Lackschuhe mitnehmen und von den Kindern die Leibwäsche und Höschen, die abends ausgezogen und auf einen Stuhl gelegt worden waren.

Die Haustürklinke war schon bei den ersten Einbrüchen zerstört worden, so daß wir uns mit einem Fichtenstamm, den wir gegen die unterste Stufe der Dielentreppe und gegen die Tür stemmten, vor den Eindringlingen zu schützen suchten. Durch die Arbeit der Einbrecher, von außen durch die Türfenster den Stamm wegzustoßen, wurden wir meistens geweckt. Aufgeschreckt riefen wir dann fast gleichzeitig: »Russen!« und flogen aus den Betten.

Mein Mann und ich schliefen im Schlafzimmer, die beiden Jungen zwischen uns, Dorchen im Kinderzimmer. Bei Alarm versuchten Dorchen und ich stets, durch ein Fenster nach draußen zu kommen, um bei unserer russischen Kommandantur Hilfe zu holen. Dorchen war seit einigen Wochen dort Köchin. Deshalb hatte man ihr gesagt, daß sie auch den Schutz der Kommandantur erführe, da sie russische Arbeiterin sei.

So kamen wir auch in der siebten Einbruchsnacht mit Johann und einem zweiten russischen Soldaten von der Kommandantur in unsere mit spärlichem Kerzenlicht erhellte Küche. Auf dem Tisch lagen schon ein Lodenmantel, der Talar, Strümpfe usw. zum Mitnehmen bereit. Der Panjewagen, der auf dem Hof abgestellt war, sollte die Beute fortschaffen. Aus dem Keller drang ein Geräusch von hastiger Arbeit.

Als Johann ein kräftiges Kommando ergehen ließ, stiegen zwei schweißtriefende russische Soldaten die Treppe herauf mit Weckgläsern mit Kirschen, Gänsesülze und Leberwurst unter dem Arm. Diesen Notvorrat hatten wir dort unter den Kartoffeln versteckt gehabt. Johann ließ sich die

Papiere zeigen, und wir erkannten, daß diese beiden schon vor kurzem dem Pfarrhaus einen Besuch abgestattet hatten. Vor einigen Tagen hatten sie zu nächtlicher Stunde ganz manierlich angeklopft und hatten meinem Mann erklärt, daß sie sich nur bei uns ausschlafen wollten. Als sie am nächsten Vormittag wieder weiterfuhren, glaubten wir, sehr ordentliche Soldaten beherbergt zu haben.

Jetzt zeigten sie aber ihr wahres Gesicht. Auf die Aufforderung Johanns, sofort das Dorf zu verlassen und nie wieder zu erscheinen, andernfalls sie vor das Militärgericht gezogen würden, antworteten sie mit lauten Protesten. Wir seien reiche Leute und keine Arbeiter und ihre Beute würden sie daher nicht hergeben. Als nach vielen scharfen Worten auf beiden Seiten Johann die Pistole zog und sie anbrüllte, sofort die Sachen, die sie so festhielten, auf den Tisch zu legen, gehorchten sie. Aber ein Ausbruch voll Zorn und Rachedurst entlud sich noch einmal über Dorchen und mich. Mit erhobener Faust und Worten wie: »Wartet nur, wir zahlen euch das noch heim!« verließen sie das Haus und jagten davon. Mein Mann ahnte Schreckliches, Rache, Attentat. Jede folgende Nacht blieb er bis zwei Uhr wach und lauschte auf Geräusche. So hatte er es Nacht für Nacht durchgehalten, und wir vier andern hatten ruhig schlafen können.

Da kam der 8. September 1945. Um 2.30 Uhr hatte mein Mann nach durchwachter Nacht sich zur Ruhe begeben. Draußen auf der Pfarrwiese lag dichter Nebel, von fahlem Mondlicht schwach erhellt.

Gegen drei Uhr plötzlich ein Krachen gegen Tür und Fenster, wildes Schießen durch die Scheiben – Russen.

In Nachthemd und Mantel lief ich zu Dorchen ins Kinderzimmer. Hier war es günstig, durch das Fenster zu springen. Schnell vom Stuhl auf die Fensterbank, den Riegel aufgerissen und – hinaus wollte ich. In dem Augenblick löste sich aus dem Dunkel der Sträucher ein Mann, der zupakken wollte. Ich warf das Fenster zu, den Riegel konnte ich noch mit größter Anstrengung schließen – der Russe stemmte sich dagegen. Ich fiel rücklings von der Fensterbank über den Stuhl und war so geschockt von Schmerz und Angst, daß ich keinen Gedanken fassen konnte, aber Dorchens zitternde Hände, die mich aufhoben und stützten, brachten mich zur Besinnung. Sie hatte schreckliche Vergewaltigungen erlebt. Das Kopftuch hatte man ihr in den Mund gestopft, um ein Schreien zu verhindern. – »Dorchen, durchs Eßzimmerfenster!« Indem ich es aussprach, rannte ich auch schon. Das Haus hatte am Ostgiebel ein hohes Funda-

/16 *Flüchtlinge warten im brennenden Hafen von Kolberg auf die Einheiten der Kriegsmarine. Ihnen gelang es, aus r eingeschlossenen Stadt über 70 000 Menschen über die Ostsee zu retten.*

17/18 Während die großen Flüchtlingstrecks sich nur mühsam vor der herannahenden Front auf Landwegen westwärts quälen, drängen sich viele Flüchtende in überfüllte Güterwagen, um sich in letzter Minute in Sicherheit zu bringen.

19 Alle Bewohner sind geflüchtet, der Rest wurde vertr ben, das Vieh irrt herrenlos durch die Straße.

20 Die Treckwagen sind umgekippt, die Menschen ge tet oder vertrieben. Pferd und Fohlen bleiben zurück.

21/22 »In den öden Fensterhöhlen wohnt das Grauen und des Himmels Augen schauen hoch hinein . . .«. Die Ver aus Schillers »Glocke« wurden Wirklichkeit: die zerstörte Jakobikirche in Stettin, die 1187 gegründet wurde, und d. Marienstiftsgymnasium.

ment, da der Garten und die anschließenden Wiesen tiefer lagen. Vorsorglich hatte ich dort schon eine Leiter abgestellt. Aber es war eine so rasende Flucht, daß sie das Nachdenken völlig ausschaltete. Ich riß das Fenster auf und sprang hinunter, prallte auf den Schrotthaufen eines alten Ofens, was mir mehrere tiefe Schnittwunden einbrachte, doch schnell weiter – weiter –. Ich war über den Gartenzaun in die Pfarrwiese gelangt, da drang ein so furchtbarer Todesschrei von Dorchen durch die Nacht, daß ich zur Kommandantur jagte, um Hilfe zu holen. Dabei stürzte ich vor der Schule vom Schutzbunker ab, mehrere Meter tief, aber wie dankte ich Gott, daß meine Beine heil geblieben waren, um weiterlaufen zu können!

Ein fremder Russe stand vor der Kommandantur Wache. Er verstand nicht. Ich rief nach Johann. Der bewohnte mit zwei Kameraden ein Zimmer bei dem Bauern Weber. Ich klopfte ans Fenster: »Johann, komm schnell, Dora tot!« Mit Verstärkung mußte ich meine Bitte wieder und wieder wiederholen, bis der schlaftrunkene Johann ans Fenster kam. Als er hörte: »Bandit, Dora tot!«, brüllte er seine Kameraden wach, und in einigen Minuten erschienen sie mit umgehängten Karabinern. Einer von ihnen gab mehrere Schüsse in die Luft ab.

Mir zerbrach fast das Herz vor dem Schrecklichen, das ich zu Hause antreffen würde. Vielleicht niemand mehr am Leben?

Totenstill lag das Pfarrhaus da; die Türen waren weit aufgerissen, kein Zeichen von Leben, alles in Dunkel gehüllt. Ich rief leise: »Werner!« – »Ja«, war die Antwort. Der erste schwere Stein fiel mir vom Herzen.

»Wo sind die Kinder?« – »Hier!« – »Und wo ist Dorchen?« – »Ich weiß es nicht.« –»Johann, Dora suchen!« Wir traten aus dem Haus, und das Licht der Taschenlampe fiel auf die Büsche, die sich stark bewegten. Hatte sich hier einer der Banditen zu verstecken versucht? Tatsächlich! Deutlich erkannte man seine Bewegungen. Johann ging auf ihn zu, rief ihn an und konnte ihn ohne Schwierigkeiten festnehmen. Er wurde in den Gutskeller in Gewahrsam gebracht.

Wir anderen suchten nach Dorchen. Dabei entdeckten wir, daß drei Pferde an unserem Gartenzaun angebunden waren. Diese wurden auch schnell zur Kommandantur gebracht. Ich ging wieder in den Garten zurück und rief weiter: »Dorchen! – Dorchen!« Da drang kaum hörbar ihre schwache Stimme an mein Ohr: »Schnell, Doktor! – Ich verblute!«

Nur drei Meter entfernt von mir lag sie in dem nassen Gras. Als der Rus-

se mit der Taschenlampe auf sie leuchtete, lag ihre Hand, von Dolchstichen durchbohrt, auf der Brust. Sie legte sie zur Seite – uns stockte der Atem – ein großer Dolchstich auch in der Brust – die Bluse vom Blut getränkt. Ich flehte Johann an: »Hol Maschine! (Auto). Dora zum Doktor! Schnell, Johann, schnell!« – »Nima, ta dom (ins Haus)!« Beide Soldaten wollten nun versuchen, sie in das Haus zu tragen. Aber sie ertrug die Schmerzen schon bei der Berührung nicht. Ich holte eine Decke und die Bettauflage von meinem Bett, und wir zogen sie vorsichtig darauf, trugen sie ins Haus und legten sie so auf mein Bett.
Ihr Gesicht war fahl, die Lippen blau, der Atem kurz und schnell. Mein Mann meinte, es ginge zu Ende. »Nein, ich glaube es nicht!« Ich holte meinen Verbandskoffer, den ich als Ausbilderin im Luftschutz gebraucht hatte. Der Brustkorb mußte als erstes freigemacht werden. Ich zerschnitt die Bluse. – Jetzt wurde mir klar, in welchen Qualen sie sich befand. Auf dem Rücken ein Einstich, am Oberarm, am Unterarm und an der Hand mehrere Stiche. Alle Wunden bluteten noch stark, aber es war keine Arterie getroffen. Das war für mich das erste Wunder, das ich bei diesem Schrecklichen zu erkennen vermochte. Gott ist doch bei allem Unfaßbaren mit seinem Willen dabei.
Wir warteten nun voller Unruhe auf das Auto, das der Leutnant von der Kommandantur schicken sollte. Inzwischen waren Stunden vergangen, und die Schmerzen schienen sich zu steigern. Da sie am meisten über den Leib jammerte, legte ich ihr mehrere Wärmflaschen an den Körper und die Füße, weil sie auf der kalten Wiese zu lange gelegen hatte, es trat aber keine Erleichterung, sondern eine Verschlimmerung der Schmerzen ein. Ich gedachte, ihr den Rock und die Unterwäsche auszuziehen, aber bei der leisesten Berührung waren die Schmerzen unerträglich.
Um 1/4 vor 7 Uhr schickte der Leutnant unsere Bauern Weber und Reichwald mit einem Kastenwagen, um Dorchen nach Bad Polzin in das Johanniter-Krankenhaus fahren zu lassen. Wir waren entsetzt! Dreizehn Kilometer auf diesem ungefederten Wagen eine so schwer Verletzte zu befördern, hielten wir für ausgeschlossen. Aber der Leutnant hatte kein Auto besorgen können. Was blieb uns anderes übrig? Wir hoben das ganze Unterbett mit Rahmen heraus und trugen sie so auf den Wagen. Es war bewegend zu sehen, wie unsere Gemeinde an unserem Schmerz Anteil nahm. Manche hatten wohl schon lange draußen gewartet; denn es hatte sich bereits in der Nacht herumgesprochen, was geschehen war.

Alle wollten Dorchen die Hand drücken und ihr Genesung wünschen. Aber der schreckliche Leidensanblick verschlug ihnen jedes Wort. Man hielt die Hand oder die Schürze vors Gesicht, um die hervorbrechenden Tränen zu verbergen.

Ich saß am Fußende des Bettes und versuchte, Dorchen durch Tröstungen von den Schmerzen abzulenken. Als wir nach zwei Kilometern aus dem weichen, mahlenden Sommerweg auf die Asphaltstraße kamen, war Dorchens Kraft am Ende. Wir mußten halten. Die großen, mit Eisen beschlagenen Räder des Kartoffelkastenwagens gaben jede Erschütterung verstärkt zurück. Die Männer wollten gerne weiter, aber wir kamen meistens nur acht bis zehn Alleebäume vorwärts. Oft mußte schon beim zweiten Baum Halt gemacht werden. So kamen wir erst um 11 Uhr vor dem Portal des Krankenhauses an.

Eine Schwester ließ Dorchen gleich ins Verbandszimmer tragen und bat mich, im Flur auf den Chefarzt zu warten. Herr Dr. Duwe war mit seinem Lazarett von den Russen gefangen genommen worden und man hatte ihn von den Verwundeten getrennt und ihm befohlen, dahin zu gehen, wo er schon immer Chefarzt gewesen war.

Die Schwester kam zurück und konnte vor Erschütterung kaum sprechen. »Schwester, weshalb hat Dorchen so furchtbare Leibschmerzen gehabt?« – »Wissen Sie das nicht? Sie hat doch zwei Leibstiche. Sie wird sofort operiert.« Da wurde mir klar, was sie in den Stunden von 3 bis 11 Uhr durchlitten hatte. In jeder Minute bei vollem Bewußtsein! Ich wollte auf jeden Fall die Operation abwarten. Da trat Herr Dr. Duwe aus der Verbandszimmertür, ernst, innerlich bewegt, langsam auf mich zuschreitend. Er brauchte gar nichts zu sagen, ich wußte es, es stand schlecht um sie. »Ich werde sie sofort operieren, aber eine Hoffnung sehe ich nicht; denn da ist im Leib allerhand kaputt, und die Brust- und Rückenstiche haben es in sich, das hält sie niemals durch.«

Da stand ich nun und sollte nach Hause fahren mit der Gewißheit, ein totes Dorchen eines Tages von hier abzuholen. Wir fuhren dann heim und brachten durch das Arzturteil wirkliche Trauer mit. Ich selbst aber betonte immer, daß ich es nicht glaube, daß Dorchen sterbe. Gott hatte doch schon ein Wunder getan, daß sie nicht an einem Stich verblutet war, und sie hatte elf Stiche, wie die Schwester sagte.

Immer wieder wurden Fragen an uns herangetragen, wie es Gott zulassen könnte, so ein sauberes, reines Mädchen bestialisch zerstechen zu lassen und dann, in seinen Qualen liegend, mehreren Vergewaltigungen preiszugeben, während es den leichten Frauen und Mädchen – die es ja auch gab –, die sich den Russen an den Hals werfen, so blendend ging … Wir konnten immer nur sagen, auch im Blick auf Dorchen, daß wir geduldig auf Gottes Führung warten müßten. Er liefert uns nicht eine Erklärung mit, warum er dies und jenes tut, aber er sagt uns, daß der Glaubende es hernach, später, erfahren werde. Und das muß uns genügen. Christus hat gesagt: »Die Krankheit ist nicht zum Tode, sondern, daß der Name Gottes geehrt werde.« Indem wir den Ausgang der Krankheit voll Vertrauen dem Herrn anbefehlen, wird Gott geehrt. Das bleibt das Wichtigste heute und für alle Zeiten, daß der Mensch vertraut und damit Gott ehrt. Dann wird zweifellos alles richtig, sei es eine Heilung oder ein Hinübergehen in das Land der Lebendigen …

Dorchens Mutter aus Tarmen wurde zu uns geholt, um ihr schonend die Möglichkeit des Todes aufzuzeigen. Sie war eine stille, sanfte, wortkarge Frau, die, sonderbar gefaßt, von einer freien Grabstelle auf dem Bärwalder Friedhof sprach. Das gab mir einen Stich ins Herz, und ich setzte mich neben sie und konnte nur weinen.

Immer wieder wurden wir nach dem Furchtbaren der Nacht vom 8. September gefragt. Als Dorchen gleich hinter mir aus dem Fenster gesprungen war, wurde sie sofort von einem Soldaten am Arm festgehalten und ihr der Dolch in den Rücken gestoßen. Da sie sich befreien wollte, stachen sie wild auf sie ein, stießen sie ins Gras und vergewaltigten sie. Als unsere Soldaten von der Kommandantur in die Luft geschossen hatten, hätte sie den Todesstoß erhalten sollen. Aber sie hatten die falsche Seite getroffen, die rechte neben dem Brustbein, das Herz wollten sie aber treffen, links neben dem Brustbein.

Was aber war mit den andern, meinem Mann und den zwei Jungen, geschehen?

Die Kinder hatten zitternd neben dem Vater in den Betten gesessen. Da war ein Russe auf meinen Mann zugekommen, einen blitzenden Dolch in der Rechten, hatte meinen Mann gepackt und in die Diele gezerrt, dort in die Ecke gedrückt und wollte zustechen. Da hörten sie, wie von draußen einer der Banditen etwas rief. Nun ließ der Russe meinen Mann los. Wahrscheinlich hatten sie mit vereinten Kräften mich erst suchen wollen, da sie wußten, daß ich die Kommandantur benachrichtigen wollte. Das war die Rettung meines Mannes und der Kinder; denn der An-

schlag galt unserer ganzen Familie, man wollte ja die Zeugen aus der Welt schaffen.
Drei Tage später sah ein Offizier von seinem Pferd aus im Wald einen schlafenden russischen Soldaten. Er kontrollierte ihn, und richtig, er gehörte zu den drei Banditen und wurde dem Militärgefängnis übergeben, das den einen ja schon aufgenommen hatte. Nach weiteren fünf Tagen war auch der dritte gefaßt.
Dorchens Zustand war wirklich sehr ernst. Eine Woche lang konnte man an die Erneuerung der Verbände nicht denken, da das Fieber zu hoch und das Herz zu schwach geworden war. Unser russischer Leutnant besuchte im Auftrage der Militärbehörde Dorchen, um ihr zu sagen, daß die Banditen bestraft würden. Sie solle ihre Strafe bestimmen. Aber Dorchen hatte nur mit dem Kopf geschüttelt und gehaucht: »Mir gleich.«
Eines Tages kam ein großes Militärauto auf den Hof gebraust. Ein Offizier holte meinen Mann und mich in den Garten, wo eine Reihe Soldaten stand. »Sagen Sie, welchen kennen Sie?« Ich erschrak, als ich den langen Blonden sah, der der Haupttäter gewesen war. Er mußte vortreten. Ein Soldat erhielt den Befehl, ihm sämtliche Orden und Kriegsauszeichnungen von der Brust zu reißen, auch seine Mütze und die Achselstücke riß er ihm weg. Dann wurde er gefesselt wieder auf den Wagen geschickt und sie fuhren mit ihm davon.
Aus dem Krankenhaus kamen laufend Hiobsbotschaften. Mit Dorchen ginge es zu Ende. Eines Morgens war ein Kommandantursoldat vom Krankenhaus gekommen und hatte erzählt, daß in der Nacht Dorchen eingeschlafen sei. Ich glaubte es nicht, bis ich mich selbst überzeugt haben würde.
Ein Pole, der als Chef auf der Niedermühle war, lag auch im Johanniter-Krankenhaus. Da die Polen kaum noch für ihre Kranken Verpflegung hatten, mußten die Angehörigen für Lebensmittel sorgen. Der deutsche Müller fuhr mit seiner Schwiegertochter deshalb manchmal nach Polzin, auch, um einem Bäcker Mehl abzuliefern. Mit ihnen konnte ich gerne mitfahren, sie würden auch nicht kontrolliert, da sie einen polnischen Ausweis vom Chef hätten. Ganz rührend dachte man in der Gemeinde an Dorchen. Milch, Butter, Eier und Honig schickte man uns von allen Seiten. Da backte ich mehrere Bleche braunen Kuchen und fuhr mit zwei großen Taschen voll Lebensmittel mit nach Polzin.
Bei Jagertow stand eine polnische Polizeistreife auf der Landstraße und

hielt uns an, befahl uns abzusteigen und zur Kontrolle in das an der Straße stehende Haus zu gehen. Hier warteten schon vier Personen darauf, gefilzt zu werden. Man nahm ihnen tatsächlich alles ab. Dann kam Frau Malz an die Reihe, und auch sie mußte alles dalassen. Als sie protestierte, da es einem Polen gehöre, wurden die Kontrolleure so wütend, daß sie uns beide an den Schultern packten und hinauswarfen. Dabei war ihnen entgangen, daß ich noch nicht kontrolliert war. So konnte ich mit all meinen Schätzen nach Bad Polzin gelangen.
Dorchen hatte immer noch hohes Fieber. Es waren nun schon drei Wochen der Krisis. Die Schwester erzählte, daß sie noch Eubasin-Tabletten gefunden hätte, die das Fieber drückten; sonst hätte das Herz wohl nicht mehr mitgemacht. Die größte Not bereitete Dorchen die Lungenverletzung. Sie sah blaurot im Gesicht aus und konnte kaum atmen. Die Kranken, die mit ihr im Zimmer lagen, konnten die Qualen nicht mehr mit ansehen und hofften für sie, daß sie bald erlöst werden möchte.
So verging Woche für Woche ohne Lichtblick.
Es war ein kühler, trüber Herbsttag. Ich hatte eben das Mittagessen angerichtet und war dabei, den Kindern den Tisch fertig zu decken, als ein Lastkraftwagen auf den Hof fuhr, dem ein Leutnant entstieg. Er erkundigte sich, ob Dora im Krankenhaus unsere Tochter sei. Ob Hausgehilfin oder Tochter, das interessierte ihn nicht, er war also bei uns an der richtigen Adresse. Er war beauftragt, meinen Mann und mich auf den früheren Truppenübungsplatz Großborn zur Gerichtsverhandlung gegen die drei Banditen abzuholen. Wir baten, noch schnell etwas essen und die 6jährigen Kinder ins Dorf bringen zu dürfen. »Nein, nein – unmöglich!« er zeigte auf die Uhr. Schon in einer halben Stunde sollten die Verhandlungen beginnen.
Wir bestiegen den LKW und setzten uns beide hinten platt auf den Boden mit dem Rücken gegen das Führerhaus, das uns Schutz gegen den Wind bieten sollte. Auf der Neustettiner Landstraße begegneten uns enorm viele Wagen, die mit Soldaten vollbeladen aus allen Richtungen auf ein Ziel zuströmten.
Plötzlich hielten wir auf einem riesigen Platz. Der Leutnant als Dolmetscher eröffnete uns, daß alle Soldaten der Umgebung hierher beordert waren, um diesem Prozeß beizuwohnen, aus dem sie sich eine Lehre ziehen sollten.
Uns stockte der Atem, als der Leutnant uns in ein Rondell führte, ähnlich

einer riesigen Bühne. In der Mitte war eine lange Tafel aufgestellt, an der fünf hohe Offiziere und eine Frau in Uniform saßen. Diesen gegenüber rechter Hand hatte man auf einer kleinen Bank dicht zusammengedrängt die drei Banditen gesetzt. Neben diesen, etwa zwei Meter entfernt, wurden mein Mann und ich gebeten, auf zwei Stühlen Platz zu nehmen. Alle LKW gruppierten sich um dieses Rund. Um besser sehen zu können, waren viele Soldaten in die großen Lindenbäume gestiegen, die den Platz umsäumten.

Schon ehe die Verhandlung begann, spürte man in der Menge eine große Unruhe. »Sie schimpfen«, sagte der Dolmetscher, »daß so viel Theater wegen eines deutschen Mädchens gemacht wird.« Dann erhob sich am Richtertisch ein Offizier und verlas die Anklageschrift gegen Pjotr, Usanow und Iwan, eine russische Arbeiterin überfallen, niedergestochen und vergewaltigt zu haben. Alle drei Angeklagten verteidigten sich, wir seien keine Arbeiter, sondern reiche Leute, unser Haus sei groß und voller Möbel. Wir seien Fabrikbesitzer gewesen, da der hohe Schornstein noch dastünde und weithin sichtbar sei. (Dieser Schornstein war von unserer Kirchenwarmluftheizung übriggeblieben und ragte gen Himmel.)

Dann wurde die Aussage unseres Leutnants verlesen, der Dorchen ein außerordentlich gutes Zeugnis ausstellte und immer von einer »karosch ruski rabotei« (sehr gute russische Arbeiterin) sprach. Aber die vielen tausend Soldaten verteidigten heftig die Angeklagten. Mit erhobenen Händen schrien sie einzeln und in Sprechchören: »Pan – pan!« (Kapitalisten wären wir).

Der Dolmetscher sagte uns, daß sie sich so erregten, weil die Angeklagten fürs Vaterland ihr Leben eingesetzt hätten, und nun sollten sie wegen eines deutschen Mädchens sterben. Die Deutschen hätte ganze Dörfer niedergebrannt und Frauen und Kinder umgebracht; darum müßten diese drei Soldaten freigesprochen werden.

Mein Mann und ich brauchten nur wenige Fragen zu beantworten, während sich Pjotr, der Rädelsführer, leidenschaftlich verteidigte und die stürmische Beifallsbekundung seiner Kameraden erntete.

In unserer Nähe saß eine Gruppe von mongolischen Soldaten in den Bäumen, die von mir und meinem Mann kaum ihre Blicke abwandten. Immer, wenn ich zu ihnen hinübersah, trafen mich diese durchbohrenden, rachesüchtigen Blicke, daß ich nicht nur äußerlich vor Kälte zitterte, sondern auch innerlich immer mehr zu schaudern begann.

Der Verlauf des Prozesses hatte nun schon drei Stunden gedauert, und wir sahen endlich erleichtert, daß die Akten auf dem Richterisch zugeschlagen wurden und die Herren sich erhoben. Unser Dolmetscher fragte uns: »Wollen Sie die Urteilsverkündung noch abwarten oder gleich nach Hause fahren? Das hohe Gericht zieht sich 45 Minuten zur Beratung zurück.« Erleichtert nahmen wir das Angebot an, gleich nach Hause gefahren zu werden. Es dunkelte schon, als wir zu unserem LKW gingen. Auf dem Wege bekundete uns der Dolmetscher, daß er heilfroh sei, uns vor dem großen Aufbruch der Soldaten fortbringen zu dürfen. Die Masse sei so erregt gewesen, weil für Pjotr und Usanow die Todesstrafe beantragt worden sei, sie hätte uns in unserem offenen LKW in ihrer Raserei gesteinigt. Vor Kälte zitternd kamen wir in unserem Dorf nach 1 1/2stündiger Fahrt an. Die Kinder hatte man schon aufgeteilt; denn keines von unseren Gemeindegliedern hätte geglaubt, daß wir noch einmal zurückkommen würden. Unsere Kinder hatten erzählt, daß die Russen uns mitgenommen hätten, das bedeutete im allgemeinen – nach Rußland.
Nach dem letzten Überfall am 8. September schliefen wir nicht mehr in unserm Hause. Die lieben Webers hatten uns trotz ihrer großen Familie zum Schlafen aufgenommen. In der Dämmerung, wenn ich meine letzten Hühner und Perlhühner fütterte und sie in verschiedenen Kisten unter den Koniferen und Tannen für die Nacht versteckte, begleiteten mich die Kinder auf Schritt und Tritt. Mit einem bohrenden Quengeln hingen sie mir am Schürzenzipfel und flehten mich an, doch ja hier wegzugehen, wenn es dunkel würde.
Am Tage nach der Gerichtsverhandlung kam unser Leutnant vom Gut Koprieben und brachte uns das Gerichtsurteil:
Pjotr und Usanow wegen Mordanschlag und Vergewaltigung zum Tode verurteilt, Iwan wegen Überfalls und Raubes zu 8 Jahren Kerker!
Dies war für alle Deutschen eine Überraschung; denn bisher hatte es nicht einen Fall gegeben, der gesühnt worden wäre. In der Silvesternacht 1945/46 wurde in unserer Gemeinde die junge Freifrau von Nagel aus Neu-Priebkow von dem dortigen russischen Leutnant erschossen, weil sie vor der Vergewaltigung fliehen wollte. Es geschah dem Mörder aber nichts, er war noch bis zur Ausweisung der Deutschen Kommandant in demselben Dorf. Bei unserem Dorchen hatte die Anklage wohl daher das Gewicht, daß sie als russische Arbeiterin galt.
Im Krankenhaus in Bad Polzin wurde die Verpflegung von Woche zu

Woche schlechter. Schwester Lina sagte es den Krankenbesuchern immer wieder, sie möchten weiterhin Lebensmittel bringen, da die Patienten sonst an Entkräftung sterben würden. Fett, Milch und Fleisch gab es gar nicht wochentags, nur Kohl mit Pellkartoffeln in Abwechslung mit anderem suppenartigen Gemüse, sonntags meistens Pilze mit Salzkartoffeln.

Dorchens Befinden hatte sich plötzlich in der siebten Woche so gebessert, daß man hoffen konnte, sie über den Berg zu haben. Herr Dr. Duwe hatte inzwischen einen Herzschaden festgestellt, aber auch die Möglichkeit der Heilung, da sie noch jung war. Uns war es weiterhin möglich, Eßwaren ins Krankenhaus zu bringen, da die kleine Tochter von der Niedermühle auch dort eingeliefert worden war. Der polnische Chef fuhr selbst den Wagen nach Polzin, und so entgingen alle Mitfahrenden der Kontrolle.

Im November baten die polnischen Schwestern, wir möchten unsere Kranken wegen des herrschenden Lebensmittelmangels nach Hause nehmen. So wurde uns auch Dorchen nach vierzehn Wochen an einem eiskalten Novembertag wieder ins Haus gebracht. Ihr körperlicher Zustand bewegte unsere Gemeindeglieder sehr, und manche hörte man sagen: »Ach, wäre sie lieber tot; denn nun ist sie ja doch nur ein Krüppel!« Ihr Brustkorb hatte sich ganz nach vorne geneigt, da sie nur sitzend atmen und auch in dieser Haltung nur gehen konnte. Dem behandelnden Arzt war es ein Wunder gewesen, daß sie gerettet wurde und die größte Fehldiagnose seiner langen Praxis sei, wie er sagte. Wir vertrauten nun weiter auf den großen Arzt Leibes und der Seele und konnten, zwar langsam, aber stetig, eine Besserung ihrer Körperkräfte bemerken.

Im Dezember fuhr ein russisches Lastauto mit zwei Soldaten vor, die im Auftrage der russischen Militärbehörde kamen, um Dorchen und meinen Mann nach Groß-Born abzuholen. Dort sollten von einem Arzt die gesundheitlichen Schäden festgestellt werden.

Die Fahrt ging aber nur bis Eichenberge gut, da streikte der Motor und ließ sie auf der Straße bei schneidendem Wind stehen. Der Sprit war ihnen ausgegangen, – also alle aussteigen und in einem Haus warten, bis ein Auto vom Militärdepot den Brennstoff herbrächte.

Bei einer deutschen Familie wurden alle freundlich aufgenommen und bewirtet. Der Abend kam, und die Nacht brach herein, aber an eine Weiterfahrt war nicht zu denken. Die Soldaten legten sich in ein dort befindliches Bett. Dorchen und mein Mann erwarteten den nächsten Tag auf dem Sofa sitzend. Es sollte aber noch viele Stunden dauern, bis der LKW wieder zur Fahrt flott gemacht werden konnte. Erst am späten Nachmittag nahmen alle ihre gewohnten Plätze im Auto ein, und los ging's nach Groß-Born.

Dort angekommen geleitete man Dorchen ins Lazarett, und mein Mann durfte im Militärgerichtshaus warten. Ein im weißen Kittel erscheinender Arzt stellte Dorchen einige Fragen, ließ es damit bewenden und meinte kopfschüttelnd: »Krieg nicht gut!« Ein sehr gutes Abendbrot, das aus Graupen und Gulasch bestand, wurde den beiden serviert. Die Nacht brachten sie im Lazarett und im Gericht zu. Morgens wurden ihnen Bratkartoffeln, eine Scheibe Brot, ein Glas Milch und eine Glas Tee ins Zimmer gebracht. Mittags wurden sie mit einem kräftigen Eintopfessen und den besten Wünschen für Dorchens Gesundheit verabschiedet.

Zu Hause hatten wir alle an beiden Tagen sehnsüchtig nach dem russischen Auto Ausschau gehalten. Wir dachten schon an die schlimmsten Möglichkeiten, was alles geschehen sein könnte. Aber als endlich beide wohlbehalten wieder im Hause waren, da gab es doch beim Erzählen der mannigfachen kuriosen Geschichten viel zu lachen. Für Dorchen sollten wir gutes Mehl und Milch erhalten. Als uns der Pole die Kuh fortnahm, wurden alle Zusicherungen illusorisch. Aber unsere treuen Gemeindeglieder haben uns nicht im Stich gelassen, und so konnte Dorchens Körper nach und nach das Verlorene aufholen. Nur die Atemnot quälte sie sehr, so daß sie nur sitzend schlafen konnte. Als immer wieder von der Ausweisung aller Deutschen gesprochen wurde, stellten wir Dorchen die Frage, was sie tun würde, wenn wir aus der Heimat vertrieben würden und ihre Mutter und deren zweite Tochter, die auf dem Militärgut in Tarmen arbeiteten, zurückbleiben müßten. Ihre Antwort erfolgte schnell. Sie lautete: »Wenn Sie mich mitnehmen würden, käme ich gerne mit Ihnen.«

Am 25. April 1946 erfolgte dann überraschend unsere Ausweisung. Unser Gepäck, das in größter Eile bereitgemacht werden mußte, bestand zum größten Teil aus Betten und Kleidung. Unsere Koffer waren ja alle geraubt worden, deshalb hatten wir uns aus gewobenen Handtüchern Rucksäcke und Taschen genäht. Er war für meinen Mann und mich eine unbeschreibliche Strapaze, alles allein tragen zu müssen.

Unterwegs in den schlechten Viehwagen gab es für Dorchen noch manche Not durchzustehen. Als wir im Mai den Westen erreichten und durch die Lager Segeberg, Voßloch und Uetersen geschleust wurden, hat mancher Arzt, erschüttert über das bestialische Geschehen, sich ihrer angenommen. Nach einem halben Jahr hat sie versucht, eine leichte Tätigkeit aufzunehmen. Mit eisernem Willen begann sie, kleinere Arbeiten in einer Kranzbinderei zu verrichten. Ganz allmählich wurde ihre Haltung aufrechter, und trotz der durch die Dolchstiche steifgewordenen Finger der rechten Hand konnte sie nach etwa eineinhalb Jahren eine unentbehrliche Kraft für den Betrieb sein.

Das sind Wunder, die der Herr heute noch unter uns tut. Er tut sie, weil er uns liebt und weil er unseren Glauben stärken will. Durch die Erfahrungen mit ihm dürfen wir es lernen, daß wir auch in der größten Welt- und Todesnot nicht verlassen sind.

Der Apostel Paulus bekennt: »Wir wissen aber, daß denen, die Gott lieben, alle Dinge zum Besten dienen« (Röm. 8, 28).

Pfarrer Hans Paust aus Bad Polzin

Nichts wie heraus aus dieser Hölle!

Schon im Sommer 1945 propagierten die Polen überall: Nach der Ernte müssen alle Deutschen heraus! Im Juli wurde versuchsweise ein Freiwilligentransport »über die Oder« abgeschickt. Doch da einige Tage später mehrere Teilnehmer völlig ausgeplündert wieder zurückkehrten und ihre Reiseerlebnisse berichteten, verging den andern die Lust, sich für solche Transporte ködern zu lassen.
Nach der Konferenz von Potsdam wurde die Austreibungsaktion offiziell bis zum Frühjahr 1946 verschoben und alle bereits erlassenen Anweisungen zurückgezogen. Inoffiziell aber erhielten die einzelnen Landräte und Bürgermeister die mündliche Aufforderung, trotzdem die Aktion durchzuführen und die Welt vor vollendete Tatsachen zu stellen. Die Art der Durchführung wurde den einzelnen Dienststellen und ihrer Initiative überlassen. Unser polnischer Bürgermeister, der bereits im Juli das deutsche Magistratspersonal durch Polen ersetzt hatte, hatte den Ehrgeiz, als Erster melden zu können, sein Bezirk sei völlig deutschrein. Der polnische Stadtbaumeister, der Bedenken äußerte, wurde als Volksfeind verhaftet, saß dann mit mir in derselben Kellerzelle und gab mir die eben genannten Informationen.
Von der letzten Oktoberwoche 1945 ab wurden auf Anweisung des Bürgermeisters Nacht für Nacht 100 bis 150 Deutsche aus den Wohnungen geholt. Miliz und Geheime Staatspolizei teilten sich in die Aufgabe. 15 bis 20 Minuten wurde den Leuten Zeit gelassen zum Anziehen und Pakken. Oft unter Kolbenhieben und Fußtritten trieb man sie ins Polizeigebäude. Dort wurden sie zusammengepfercht, das wenige Handgepäck, das sie hatten mitnehmen können, wurde durchgeplündert, Frauen und Mädchen, darunter 12jährige Schülerinnen, oft noch vergewaltigt. Bei wem eingenähtes Geld oder Schmuck gefunden wurde, der wurde sadistisch gequält und geschlagen. Ich habe selbst Nacht für Nacht die Verzweiflungsschreie durch das Haus gellen hören, als ich im Keller gefangen saß. Wohlmeinende Posten erzählten mir mitunter voller Empörung,

was ihre Kameraden alles angestellt hatten. Vor dem Morgengrauen wurden dann die armen Opfer zum Bahnhof getrieben, im Güterschuppen eingesperrt, bis der Zug kam, in einem Viehwagen zusammengepfercht und über die Oder abtransportiert. Die Wohnungen waren verschlossen und versiegelt worden, wurden im Laufe des Tages dann ausgeräumt – hierbei mußten meine deutschen Zimmergefährten oft helfen –, das Mobiliar und alles Verkäufliche wurde an polnische Groß-Schieber verkauft, und in den Erlös teilten sich der Bürgermeister, die Staatspolizei und die Miliz. Die beiden letzten hielten sich dadurch schadlos für die ihnen nie ausgezahlte Löhnung und machten ein gutes Geschäft.
Bezeichnend für die polnische Wirtschaftsordnung ist die mir vom Bürgermeister selbst lächelnd erzählte Tatsache, daß Löhne und Gehälter für die beiden Polizeiteile bei der vorgesetzten Stelle in Köslin hängenblieben. Daher hatten bis zu der Austreibungsaktion sich beide ihr Sonntags-Ausgeh-Geld durch Haussuchungen beschafft. Dabei ließen sie alles mitgehen, was nicht niet- und nagelfest war und Verkaufswert besaß. Wenn jemand Einspruch erhob, fanden sie prompt einen Revolver, verhafteten die Leute und räumten dann die ganze Wohnung aus. Drei solcher geprellter Frauen fand ich im Keller vor.
Die Austreibungsaktion wurde dann auch auf die umliegenden Dörfer ausgedehnt und später auf den ganzen Südteil des Kreises Belgard. Es kam jedoch auf die Haltung der einzelnen Ortsbürgermeister an. Manche Dörfer blieben ganz verschont, manche wurden nur teilweise nach Laune der Gewalthaber evakuiert. Eine Rittergutsbesitzerin, deren Namen ich nicht nennen möchte – vier Söhne waren ihr in diesem Krieg gefallen, der letzte Sohn und der Schwiegersohn vermißt –, mußte aus ihrem Gutshaus in eine Arbeitsstube ziehen, täglich mit ihrer Tochter im Kuhstall schwer arbeiten, nachts noch oft zu den betrunkenen Offizieren aufs Schloß kommen. Eines Abends wurden Mutter und Tochter aus dem Stall geholt, acht Kilometer zum Bahnhof getrieben und ohne alles Gepäck abtransportiert.
Die Dörfer, die im Winter noch verschont blieben, kamen 1946 im Sommer oder Herbst daran. Heute sind nur noch einige Gutsbelegschaften als Zwangsarbeiter und einige Bauern als Knechte bei gutgesinnten polnischen Bauern da. In der Stadt Bad Polzin leben noch einige deutsche Frauen als Haushälterinnen o. ä. bei Polen oder Russen, zwei Brauereispezialarbeiter und drei Handwerker mit ihren Familien.

In der fünften oder sechsten Nacht hörten wir dann im Keller das Weinen und Schreien der Austreibungsopfer und das Gröhlen und Toben der vertierten Milizianten. In den oberen Stockwerken spielten sich entsetzliche Szenen ab. Von da ab kam es seltener vor, daß sich die Mannschaften in ihrem Suff die Kellerinsassen auf den Kellergang herausholten und in unflätigster Weise beschimpften und blutig schlugen. Sie konnten jetzt ihre sadistischen Triebe in größerem Ausmaß an den Frauen und Kindern oben im Haus auslassen.

Nach vierwöchiger Haft wurde ich vorübergehend wieder auf freien Fuß gesetzt. Einmal hatte sich das »Geschäft« der Austreibungsaktion gut angelassen. Und das war ja die Hauptsorge des polnischen Bürgermeisters gewesen. Er hatte acht Tage vor meiner Verhaftung in Gegenwart des Stadtbaumeisters dem Chef der Geheimen Staatspolizei den Auftrag gegeben, mich bei passender Gelegenheit zu beseitigen, damit ich ihm das vielversprechende Geschäft nicht verderbe. Er traute der russischen Kommandantur nicht ganz, ob sie Gewehr bei Fuß zusehen würde, was er trotz Potsdam mit uns vorhatte und durchführte. Und die Russen hatten doch in Potsdam mit unterschrieben, daß die Ausweisung der Deutschen erst vom Frühjahr 1946 und dann auf humane Weise geschehen solle[1], sie könnten auf eine Beschwerde von mir hin vielleicht doch eingreifen, wie sie es in mehreren Fällen vorher bereits getan hatten.

Diese Sorge war ja eigentlich sinnlos. Schon Anfang Oktober kam unser Einquartierungskapitän ganz aufgeregt von einem Appell zurück und berichtete, es sei ein Armeebefehl verlesen worden, daß die Polen jetzt Verwaltungsfreiheit hätten und die russischen Dienststellen sich nicht mehr in reine Verwaltungsangelegenheiten einmischen dürften. Er könne uns nun nicht mehr helfen und die Kommandantur auch nicht. Daß dieser Armeebefehl gerade zu diesem Zeitpunkt erlassen wurde, beweist, daß die Russen von vorneherein den Polen die Hände freigeben wollten und gar nicht daran dachten, sich an die Potsdamer Beschlüsse zu halten …

[1] Im Art. XIII des Potsdamer Abkommens vom 2. August 1945 heißt es, daß »die tschechoslowakische Regierung, die Polnische Provisorische Regierung und der Alliierte Kontrollrat in Ungarn ersucht werden, inzwischen weitere Ausweisungen der deutschen Bevölkerung einzustellen, bis die betroffenen Regierungen die Berichte ihrer Vertreter an den Kontrollausschuß geprüft haben.« Das am 17. November 1945 abgefaßte Protokoll des Alliierten Sekretariats beim Kontrollrat bestimmte dann, daß die Ausweisung im Dezember 1945 beginnen und zehn Prozent der Gesamtzahl der zur Ausweisung vorgesehenen deutschen Bevölkerung betragen könne. Der Alliierte Kontrollrat stimmte diesem Beschluß in seiner 12. Sitzung am 20. November 1945 zu.

Am nächsten Tage erreichte der Kapitän bei seiner Dienststelle, daß mir ein LKW zur Verfügung gestellt werden sollte, der mich, meine Frau und unsere letzten Habseligkeiten heimlich über die Oder bringen sollte. Er war schwer enttäuscht, als ich ihm diesen gutgemeinten Vorschlag ausschlug. Ich hatte ja nicht nur mein Wort gegeben, nicht zu fliehen, sondern mich alle zwei Tage polizeilich zu melden. Vor allem aber konnte ich es gerade jetzt nicht vor mir verantworten, die Gemeinde in ihrer verzweifelten Lage im Stich zu lassen. Ich erfuhr, daß in Belgard inzwischen das Austreibungsgeschäft auf menschlichere Art in Gang gekommen war. Der dortige Bürgermeister und auch der Landrat, beide einige Jahre als Zivilarbeiter in Belgard tätig gewesen, gut behandelt und geheime Deutschenfreunde, hatten mit dem Superintendenten Zitzke die Vereinbarung getroffen, den Deutschen Gelegenheit zu geben, freiwillig das polnische Gebiet zu verlassen. Gegen Zahlung einer angemessenen Gebühr und Überlassung der Wohnungseinrichtung konnte jeder fort. Alle Woche ging ein Transportzug von Belgard ab (natürlich nur Viehwaggons). Die listenmäßige Erfassung und Zusammenstellung der Transporte und das Einziehen und Abliefern der Gebühren übernahm der Superintendent. So blieb der Bevölkerung Unruhe und die Angst erspart, wer wohl die nächste Nacht drankommen würde. Es gab keine Gewaltanwendung, Schikane und keine sadistischen Exzesse. Alles ging friedlich ab, und der Effekt für die Taschen der Miliz und »Gestapo« usw. blieb derselbe.

Sofort unternahm ich alles, um dieselbe Genehmigung auch für Polzin zu erwirken. Nach vielen mühsamen Verhandlungen wurde mir gestattet, jeweils an die Belgarder Züge ein bis zwei Waggons mit Freiwilligen in Schivelbein anhängen zu lassen. Trotzdem ließen sich Bürgermeister und »Gestapochef« nicht davon abbringen, ihre Gewaltaktion Nacht für Nacht fortzusetzen. Was sich in diesen Wochen in der Gemeinde abspielte, läßt sich mit Worten nicht beschreiben. Die Nervenzerreißprobe, die für die jeweils Zurückbleidenden ebenso schlimm war wie für die Betroffenen, war fast ebenso schlimm wie die der ersten Wochen der bolschewistischen Hölle. Selbst die, die vordem durch alle möglichen Latrinengerüchte über einen baldigen Abzug der Polen sich in Zuversicht gewiegt hatten, hatten nur den einen Wunsch: nichts wie heraus aus dieser Hölle! Da jedoch allmählich Gerüchte durchsickerten über das, was auf den Bahntransporten geschah – ich habe es hernach am eigenen Leibe erlebt –, war die Angst vor dem Abtransport beinahe ebenso groß wie die vor dem Dableibenmüssen. Es gelang mir und einigen gutmeinenden Polen, russische LKW-Einheiten zu gewinnen, gegen allerdings recht hohe Bezahlung, Autotransporte über die Oder durchzuführen. Trotz einiger Zwischenfälle durch raublustige Chauffeure gingen diese Transporte verhältnismäßig sicher und glatt, sehr zum Ärger der maßgebenden polnischen Dienststellen. Daher mußten alle Vorbereitungen geheim geschehen. U. a. konnten wir Frau Pastor Vedder aus Gr. Poplow, die mehrere Wochen verhaftet gewesen war unter dem Verdacht, ihre Tätigkeit als Krankenschwester zu politischer Betätigung mitbraucht zu haben, nach ihrer Rückkehr aus dem Belgarder Keller bei Nacht und Nebel in einem solchen Auto unterbringen, mit dem sie auch heil über die Oder gekommen ist. Sie fand auch drüben ihre Kinder wieder, die während ihrer Haft mitsamt dem ganzen Bauerndorf ausgetrieben worden waren.

Als ich mit meiner Frau am 4. Dezember 1945 einen Transport von zwei Waggons auf dem Bahnhof abfertigte, wurde der Bahnhof von einem großen Milizaufgebot umstellt, und auf Anordnung eines polnischen Majors aus Köslin wurden wir beide mit recht dramatischen Nebenumständen verhaftet. Ich kam wieder in denselben Keller. Meine Frau wurde zunächst oben behalten, dann in die Nachbarkellerzelle gesperrt. Am nächsten Tag ließ man sie frei, räumte unsere beiden Zimmer bis auf die Möbelstücke auf und aus. Rührend sorgte wieder die polnische Frau im Erdgeschoß des Pfarrhauses dafür, daß sie nicht verhungerte. (Diese wirklich freundliche Familie war erst kurz vor meiner ersten Verhaftung ins Haus gekommen. Vordem hatten wir reizende Exemplare von Bugpolenhorden erlebt.) In der Kellerzelle fand ich neun Deutsche, fast alle bekannt vom vorigen Mal, vor, dazu drei Russen, die deshalb saßen, weil sie einen polnischen Offizier auf der Straße verdroschen hatten – sie teilten Machorka und Brot brüderlich mit uns –, und sieben Polen. Drei von ihnen hatten aus Versehen bei Polen geplündert, die sie für Deutsche gehalten hatten, vier waren als »Volksfeinde« politisch verdächtig. Unter diesen befand sich auch der polnische Stadtbaumeister, der gegen die Ausweisung der Deutschen aufgetreten war. Von ihm erhielt ich Aufschluß über die Hintergründe meiner Verhaftung und der ganzen Austreibungsaktion. Er ist bald danach nach Köslin ausgeliefert worden und dort wahrscheinlich »liquidiert« worden.

Da meine Wiederverhaftung auf Anweisung von Köslin geschah, sah es jetzt völlig aussichtslos für mich aus. Als ich dann am 14. Dezember 1945 vor dem Morgengrauen vom Posten geweckt und herausgeholt wurde, nahm ich an, es ginge nach Köslin vors Kriegsgericht. Stattdessen wurde ich zu den 120 in dieser Nacht aus den Betten Geholten gebracht und zum Bahnhof getrieben. Richtung »Za Odra« (über die Oder). Unter diesen Transportgefährten war auch meine Frau. Sie war zwar von dem sie holenden Posten am ganzen Körper grün und blau geschlagen und getreten worden, weil sie nichts mehr an Beutegut besaß, doch gingen uns die Herzen auf vor Dank, daß Gott uns wieder zusammengeführt hatte. Später erfuhr ich, daß der »Gestapochef« sich am Abend zuvor mit dem Bürgermeister wegen der Verteilung der Beute gezankt und geschlagen hatte. Anscheinend, um den Bürgermeister zu ärgern, vielleicht auch in einer Gewissensaufwallung, gab er dann dem Zureden eines gutmeinenden Polen nach, ordnete die Abholung meiner Frau und unsere gemeinsame Austreibung über die Oder an. Er hat dann nach Köslin gemeldet und auch in Polzin verbreiten lassen, ich hätte einen Fluchtversuch gemacht und sei auf der Flucht erschossen worden.
Nachdem wir bis gegen Mittag im Güterschuppen eingesperrt waren, wurden wir in einen Viehwaggon verfrachtet und nach Schivelbein gebracht. Dort gab es Aufenthalt bis spät in die Nacht im ehemaligen Wartesaal, der für uns »reserviert« wurde. Die Männer mußten mehrmals auf den Bahnsteigen Schnee schippen. Dabei konnte ich Herrn Superintendent L. in Schivelbein Nachricht zukommen lassen. Dieser kam dann auch und durfte uns eine ganze Weile sprechen.
Nachts kam dann ein Transportzug aus Viehwaggons. Als wir mit diesem abfuhren, ging gleich das Plündern los. Polnische Banditen waren überall mit eingestiegen, blendeten uns mit ihren Stabtaschenlampen, durchsuchten und zogen uns z. T. aus. Meine Frau hatte sich aus alten Lappen eine Tasche zusammengenäht, darin ein Brot, einige Papiere und Bilder und einige Strümpfe eingepackt. Sie fand die Tasche und einige Bilder nachher im Dreck des Waggonbodens wieder. Jedesmal, wenn der Zug hielt, stiegen die Banditen aus, und neue stiegen an ihrer Stelle ein. Die ganze Strecke war in Plünderungsbezirke eingeteilt, und die Posten steckten mit den Raubkolonnen unter einer Decke. Bei manchen Waggons sollen die Insassen gesammelt und den Posten bestochen haben. Wenn die gesammelte Summe groß genug war, hat er die Plünderer

nicht hereingelassen. In unserem Waggon hatte aber keiner größere Summen polnisches Geld bei sich. Deutsches Geld nahmen sie nicht.
Als wir gegen 6.00 Uhr morgens am 15. Dezember in Scheune bei Stettin den Zug verlassen mußten, stand ich ohne Mantel, Rock und Weste, ohne Schuhe, auf Strümpfen, in Hosen und Strickjacke, meine Frau auch ohne Mantel und ohne Schuhe auf dem Bahnsteig unter freiem Himmel bei 15 Grad Frost. Kurz nach uns wurde ein zweiter Transportzug ausgeladen. Und alle etwa 3 000 Menschen waren wie wir mehr oder weniger leicht gekleidet. Nur ganz wenige waren noch vollständig angezogen. Manche waren verwundet oder zusammengeschlagen. Aus unserem Zug sind etwa 20 erschossen worden, weil sie sich gegen die Ausplünderung gewehrt hatten. Und da standen wir und warteten auf Züge, die uns das letzte Stück über die Oder bringen sollten. Bahnbeamte sagten uns, manchmal dauerte es mehrere Tage.
Schließlich kam ein Eisenbahner vorbei und sagte: »Da vorn steht ein Ostpreußenzug seit gestern. Wenn aus Stettin eine Maschine freigegeben wird, wird der zuerst abgefahren.« Ich machte mich mit etwa 50 beherzten Leuten auf (auf Strümpfen über den Schotter zwischen den Schienen) und fand bei Tagesanbruch den Zug. Wir quetschten uns zwischen die Ostpreußen und warteten. Als ich das Brot, das meine Frau mitgebracht hatte, anschneiden wollte, fingen die Kinder im Waggon an zu weinen. Sie hatten seit Tagen nichts mehr gegessen, ich habe ihnen das ganze Brot ausgeteilt. Dafür durfte ich nachher auch einmal eine Stunde in der Ecke kauernd sitzen, als mir das Stehen zu sauer wurde. Die Leute waren Bauern aus dem Kreis Mohrungen und seit 14 Tagen mit diesem Zug unterwegs. Für acht Tage hatten sie Proviant mitnehmen dürfen. Davon war ihnen aber auch noch ein gut Teil geraubt worden unterwegs. Von den 1 600 Zuginsassen waren unterwegs 200 an Entkräftung gestorben. Als ich in der Abenddämmerung noch einmal zum Bahnhof ging – es kam das Gerücht, auf dem Bahnhof gäbe es Brot oder Brötchen zu kaufen, da hatten die Leute ihre letzten Zlotys gesammelt, und ich versuchte, dafür etwas zu bekommen, leider vergeblich –, da lagen längs am Zuge auf der Erde 28 ausgezogene Tote, die während dieses Tages gestorben waren. Sie blieben einfach liegen. Vielleicht haben sie die Deutschen, die auf Züge warteten, am nächsten Tage auf der Wiese am Bahndamm verscharren dürfen. So wurde das jedenfalls gewöhnlich gehandhabt.

Inzwischen war noch ein besetzter Transportzug auf ein Nachbargleis abgestellt worden. Als es dunkel wurde, hörten wir aus diesem Zuge, dann auch aus unserem gellende Hilferufe, johlende und gröhlende Russenstimmen und schwere Stiefel laufen und schießen. Die Russen machten wieder Jagd auf Frauen. Bis zu unserem Waggon kamen sie aber nicht. Endlich, schätzungsweise gegen Mitternacht (Uhren hatte niemand mehr), kam eine Lokomotive, spannte sich tatsächlich vor unseren Zug und fuhr sogar mit uns los. Alle paar Kilometer wurde aber endlos lange gehalten. Bei einem längeren Aufenthalt in einem großen Schienengewirr rief uns ein Eisenbahner aus der Ferne zu: »Pasewalk!« Glücklich stiegen wir beide aus, liefen noch einige 100 Meter zur Station und waren selig, lebend der Hölle entronnen zu sein. In Stralsund erfuhren wir dann, daß das Gut meines Schwagers, auf dem wir Zuflucht suchen wollten, inzwischen enteignet und parzelliert worden war. Zugleich fanden wir aber dort Nachricht vor, daß unser jüngster und letzter Sohn in Lübeck aus englischer Gefangenschaft entlassen und von einer hilfsbereiten Familie aufgenommen worden war. Wir meldeten uns daher zu einem Transport in die britische Zone und kamen Ende Januar 1946 in Lübeck an.

Frau E. H. aus Gervin, Kreis Kolberg-Körlin

Die Polen gaben uns nichts

Von Ende März bis Mitte November 1945 hielt ich mich in Gervin, Kreis Kolberg in Pommern, auf. Nachdem die Deutschen in den von ihnen bewohnten Ortschaften die Ernte hereingebracht hatten, und alle insbesondere bei der Kartoffelernte geholfen hatten, fuhren gegen den 10. November 1945 mehrere Polen von der Polizei in Simötzel in unser Dorf mit einem Kastenwagen und hielten zuerst vor dem Nachbarhaus längere Zeit, dann vor unserem Haus. Die Deutschen aus unserem und verschiedenen Nachbarhäusern mußten sich alle in einem Zimmer versammeln, und es wurde ihnen verkündet, daß sie das Dorf in wenigen Tagen für immer zu verlassen hätten. 20 Kilogramm Gepäck dürfte mitgenommen werden, das andere müßte dort bleiben. Sodann mußten wir ein in polnischer Sprache abgefaßtes Schriftstück unterschreiben, dessen Wortlaut niemand verstand. Dann waren wir entlassen, und die »Polizei« begann die Plünderung im Hause. Was ihnen gefiel, wurde auf den Wagen geladen, dann ging es weiter zum nächsten Hause, wo dasselbe getrieben wurde, und so fort durch das ganze Dorf.
Es war gesagt worden, daß wir uns alle in Simötzel zu versammeln hätten, von wo der Transport weitergeleitet würde. Viele Deutsche, die einen Handwagen besaßen, packten diesen voll und machten sich auf den Weg zu Fuß nach Stettin, um den Schrecken des Transportes zu entgehen. Ob und wie diese Leute über die polnische Grenze gekommen sind, weiß man nicht.
An dem genannten Tage, es war gegen den 14. oder 15. November, machten sich die Deutschen zum Abwandern fertig, aber es wurde abgeblasen, wahrscheinlich, da nach der bekannten polnischen Organisation zu viele Dörfer alarmiert worden waren und ihnen nachher eingefallen war, daß sie nicht alle diese Menschen auf einmal abtransportieren könnten. Ich hatte aber bereits einen Platz auf dem Wagen eines Bauern, der nach Simötzel befohlen worden war, um Menschen wegzuschaffen. Ich fuhr also mit und nahm einiges Gepäck mit, soviel ich tragen konnte.

Niemand kümmerte sich darum, ob es mehr war als 20 Kilogramm, da es ja doch als Beute für die Polen bestimmt war.
In Simötzel waren bereits viele Menschen versammelt, und nur die wenigsten konnten einen Platz auf einem Wagen finden. Nach stundenlangem Warten setzte sich dann der Zug in Bewegung, er war nach meinem Dafürhalten mehr als einen Kilometer lang, denn ich konnte von meinem erhöhten Platz auf dem Kastenwagen nicht den Anfang und nicht das Ende sehen. Es ging über die Chaussee nach Trienke, wo wir hofften, in die Kleinbahn verladen zu werden, aber es ging weiter über Groß Jestin bis nach Körlin. Es sollen über 30 Kilometer gewesen sein, und bei weitem der größte Teil mußte mit Gepäck zu Fuß gehen. Wenn der Zug in Ordnung vor sich ging, so geschah es durch die Disziplin der Deutschen. Einige polnische Reiter ließen sich ab und zu sehen.
Bei völliger Dunkelheit kamen wir abends in Körlin an, zogen durch die Stadt bis zum Bahnhof. Hier mußten wir von dem Wagen herunter, und die Deutschen versammelten sich auf dem Platz vor dem Bahnhof. Es regnete, und die Polen sagten, wir könnten zu unserem Schutz in den Bahnhof gehen. Nun mußten alle eine enge, dunkle Treppe hinuntergehen in den Keller des Bahnhofes. Soweit ich mich noch erinnere, soll es in dem Keller dunkel gewesen sein, wahrscheinlich hatten einige Deutsche Laternen mit, die sie anzündeten. Ich versuchte, zurückzubleiben, da eine unbeschreibliche Enge und schlechte Luft in dem Keller durch die vielen Menschen unvermeidlich waren. Man wollte mich mit Gewalt herunterbringen, aber ich entwischte doch wieder. Bei dieser Gelegenheit ergriffen die Polen, die wahrscheinlich auf dem Bahnhof beschäftigt waren, ein großes Paket von mir, in welches ich meine Mäntel verpackt hatte, und es verschwand mit großer Schnelligkeit, indem es von einer Hand in die andere ging. Ich meldete dieses der polnischen Bahnhofspolizei, die so tat, als ob sie sich der Sache annehmen wollte.
Nachdem der Keller gepreßt voll von Menschen war, konnten einige draußen bleiben, und wir verbrachten die Nacht auf der Treppe, die in den oberen Stock führte. Gegen 4.00 oder 5.00 Uhr morgens erschien die Polizei wieder, und die Deutschen aus dem Keller mußten zu je drei oder vier in ein Zimmer der Bahnpolizei kommen, von wo wir sie nicht zurückkommen sahen. Zuletzt kam die Reihe an die, die auf der Treppe saßen. Ich wurde mit noch einer Frau und noch jemand anders in ein kleines Zimmer geführt, wo sich drei Männer von der »Bahnpolizei« aufhiel-

ten. Die Polen öffneten unser Gepäck und nahmen, was ihnen gefiel, es blieb nicht mehr viel für uns übrig. Dann mußten wir uns entkleiden, auch wir Frauen vor den Männern. Nur das Hemd durften wir anbehalten, und die Polizei tastete den nackten Körper ab, ob wir auf demselben Schmuck trügen. Ich zuckte zusammen, und der Polizist, der mich abtastete, drohte mir. Ich weiß heute nicht mehr, wie ich diese schrecklichen Minuten überstanden habe, ich weiß nur, daß sich seit diesem Augenblick ein Haß erhoben hat, der unausrottbar ist für mein ganzes Leben. Man kam sich vor wie geschändet. Bei mir fand man keinen Schmuck, da die Landsleute dieser Polen schon vorher alles genommen hatten. Dann griffen sie in die Haare, ob man dort Schmuck verborgen hatte. Eine Tasche mit Papieren hatte ich unter meiner Kleidung umgehängt, für diese hatte man kein Interesse. Eine andere Tasche, die auch unter meiner Kleidung war, enthielt Geldscheine. Diese nahm man heraus. Der Pole, der mich befühlte, wurde abgerufen, ein anderer, der neben mir saß, gab mir einen kleinen Teil meines Geldes zurück, indem er einfach hineingriff und wahllos in meine Hand steckte. Der andere Pole kam zurück, wir konnten uns wieder ankleiden mit dem, was vorhanden war, das meiste war fort, und dann wurden wir durch eine andere Tür hinausgeführt auf den Hof in einen dunklen Holzschuppen, in dem schon andere Deutsche waren. Es wurde uns gesagt, wenn wir ihn verließen, würden wir erschossen. Diese Worte der Polen imponierten uns nicht sehr, wie alles, was die Polen sagten.

Allmählich wurde es hell, wir merkten, daß die Tür des Schuppens unverschlossen war, und wir gingen hinaus auf den Bahnhofsplatz. Hier warteten wir den ganzen Tag auf die Ankunft eines Zuges, daß er uns weiter befördere, aber es kam keiner. Alle die vielen Deutschen wurden dann für die Nacht untergebracht in dem großen Güterschuppen des Bahnhofs, wo wir ohne Stroh auf dem Fußboden saßen, denn zum Liegen war kein Platz. Am Tage waren wir in das Städtchen gegangen, wo die Einwohner und Ackerbürger uns Brot, Kartoffeln und Kaffee gaben. Mir gaben sie auch zwei alte Decken, da ich nichts Warmes zum Anziehen und Zudecken hatte, seitdem meine Mäntel gestohlen waren. Viele Menschen saßen in dem Schuppen um mich herum, alle in dem gleichen Elend. Zwei ältere Frauen in meiner Nähe waren oder wurden wahnsinnig. Eine junge Frau neben mir hatte am Tage ihr Kind auf dem Friedhof begraben, außer ihr noch eine andere Frau. Die Beerdigung war ohne je-

de Zeremonie. Nachts weinte die junge Frau, ihre Mutter tröstete sie. Wir saßen vollkommen eingekeilt, und man konnte sich nicht rühren. Ich war froh, einen ganz engen Platz auf dem Fußboden erwischt zu haben, einige standen die ganze Nacht.
Gegen 5.00 Uhr morgens tat sich die Tür des Schuppens auf, und zwei Mann von der »Bahnpolizei« erschienen mit Blendlaternen. Der eine richtete einen Revolver auf die Deutschen und sagte in schlechtem Deutsch, wir sollten jetzt unsere letzten Schmucksachen abgeben, er hätte gehört, die Russen wollten kommen und uns ausplündern, er wollte daher die Sachen in Verwahrung nehmen, und morgens um 8.00 Uhr sollten wir zu ihm kommen, damit er uns unsere Schmucksachen zurückgeben könne, wer sie aber nicht abgäbe, würde erschossen. Mehrere Personen gaben einige Sachen ab und erhielten zum Schein eine Quittung darüber. An den Schwindel mit den Russen glaubte kein Mensch. Den nächsten Tag warteten wir wieder auf einen Zug, vergebens. Wieder versorgten uns die Einwohner, von den Polen dachte niemand daran, uns etwas zu essen oder zu trinken zu geben. Abends mußten wir den Güterschuppen räumen, da neue Transporte Vertriebener ankamen, denen es im Bahnhofsgebäude wahrscheinlich ebenso erging wie uns.
Wir kamen in ein früheres Restaurant in der Nähe des Bahnhofs. Ich erwischte einen ganz engen Platz in einem Saal im Hause, viele andere kamen in die Ställe, Garagen usw., wo sie auf dem nackten Boden saßen, wenn sie sich kein Stroh besorgten. In dem Saal war man besser geschützt, wenn man natürlich auch auf den nackten Dielen saß. Nachts war kein Platz zum Liegen, ich saß Rücken an Rücken mit einem ganz fremden Mann, aber auf diese Weise hatte man wenigstens einen Halt. Zum Waschen war keine Gelegenheit. Alle die vielen Menschen des Transportes hausten in diesen wenigen Räumen fünf Tage lang, vorher kam kein Zug. Die Polen legten uns nichts in den Weg, in die Stadt zu gehen, um für unsere Verpflegung etwas zu erbetteln.
Nach einem solchen fünftägigen Aufenthalt in Körlin kam endlich ein Zug. Er bestand meistens aus Viehwagen, die teilweise kein Dach mehr hatten oder sonst beschädigt waren. Die vielen Deutschen preßten sich in die paar Wagen und warteten auf die Abfahrt, die nach einigen Stunden erfolgte. In Belgard hielt der Zug, und hier warteten wir wieder bis zum nächsten Abend. Wir holten uns Wasser am Brunnen, den wir auf Umwegen erreichten, da auf dem Bahnhof zwei tote Männer lagen, um

die sich niemand kümmerte. Aus einer Lokomotive lief unten heißes Wasser, dieses fingen wir mit der Hand auf und wuschen uns damit, was eine Wohltat war.
Womit wir uns hier verpflegten, weiß ich nicht mehr, die Polen gaben uns nichts. Die meisten Deutschen hatten noch etwas Proviant von zu Hause. Abends, als es ganz dunkel war, fing der Zug an, hin und her zu rangieren, wie es bei den Polen üblich ist. Als die Reise endlich losging, spähte ich in die Dunkelheit hinaus, ob der Zug wirklich nach Westen ginge oder in östlicher Richtung nach Warschau. Soweit ich erkennen konnte, fuhren wir westlich. Es war stockdunkel im Zug, ein Mann hatte wieder den Verstand verloren.
In der Gegend von Stargard hielt der Zug auf freier Strecke, dunkle Gestalten sprangen auf, leuchteten uns mit Blendlaternen an und nahmen von unserem Gepäck, was ihnen in die Hände fiel. Sie sprangen wieder ab, und dieses wiederholte sich ungefähr 12 bis 20 mal. Es war offensichtlich, daß das Maschinenpersonal mit diesen Banditen unter einer Decke steckte. Mein Rucksack wurde mehrere Male ausgeleert, das Beste mitgenommen, und den Rest konnte ich dann im Dunkeln, wenn die Banditen verschwunden waren, zusammensuchen. Mein Handkoffer verschwand mit Inhalt. Wenn die Banditen raubten, war es totenstill im Zug, keiner wagte sich zu rühren, da sie wahrscheinlich bewaffnet waren wie alle Polen. Niemand wagte, ein Wort zu sagen, da man in der Dunkelheit nicht wußte, ob der Nebenmann ein Pole war. Manche blieben eine Strecke im Zuge. Einer versuchte, mich in der Dunkelheit anzutasten, ich sagte »Alte Matka« und entwischte.
Mit Unterbrechung von diesen Schreckensszenen kamen wir um 2.30 Uhr in Scheune bei Stettin an. Wir mußten den Zug verlassen und bei Kältegraden stundenlang auf dem Bahnsteig stehen. Es wurde allmählich hell, und erst jetzt sah man, daß kaum noch einer von uns Gepäck bei sich hatte. Manche Männer gingen in Socken, andere trotz der Kälte in Hemdsärmeln. Wenn einer noch einen Sack mit Sachen hatte, staunte man ihn an. Ich hatte noch den mehrere Male ausgeleerten Rucksack und eine kleine Markt-Basttasche mit etwas Brot und einem kleinen Rest Speck. Als der Zug, der uns befördern sollte, aus westlicher Richtung eintraf, war er voll besetzt. Die Leute saßen auf den Dächern. Wir waren ratlos, wir wußten nicht, wo wir bleiben sollten, die Polen trieben uns mit Gewehrkolben von dem Bahnhof, und wir standen auf der Landstraße.

Schließlich ging ich mit einer Lehrersfrau aus Pommern, deren Töchtern und einem Rechtsanwalt aus Ostpreußen, der kurze Zeit später in einem Lager an Flecktyphus starb, zu einem Bauern. Die Leute gaben uns Kaffee, wir teilten mein Brot und machten uns dann zu Fuß auf den Weg bei einem schneidenden Ostwind.
Wir wanderten den ganzen Tag, wurden mehrere Male von Polen aufgehalten und kamen abends in Grabow an, wo wir bei einem Bauern die unterwegs gesammelten Kartoffeln kochen konnten. Als wir kurz vor diesem Dorf hörten, daß wir schwarz die polnische Grenze passiert hatten und wieder auf deutschem Boden waren, kannte unsere Freude keine Grenze. Wir weinten Freudentränen und benahmen uns wie die Kinder, nur weil wir nicht mehr in den Händen der Polen waren. Wir fuhren noch abends weiter nach Pasewalk, von dort nach Berlin in ein Durchgangslager.

Monika Gräfin Rittberg auf Balfanz, Kreis Neustettin

Mein Name war mein Schicksal

Am 6. Dezember früh kam unser Beamter in meine Wohnung gelaufen und sagte mir, ich müsse in ca. zehn Minuten fort sein, da die Russen meiner habhaft werden wollten. Ein Litauer Mädel hatte das in der Küche verstanden. Mein Name war wieder einmal mein Schicksal. Der russische Kutscher hatte schon oft in der Küche geäußert, er würde die Grafina, wie sie mich nannten, am liebsten erschießen. Alle Grafinas müßten erschossen werden. Ich ergriff etwas an Wäsche, ein Paar Schuhe, nahm nichts Wichtiges mit, weil man in solchen Momenten doch nicht richtig überlegen kann. Ich dachte an das Grab meines Mannes, das ich nicht mehr aufsuchen konnte, an den Gedenkstein für meinen über England gebliebenen Jungen, den mir die Russen unter Führung des 18jährigen Kommandanten zerschossen hatten, und ging fort. Erst auf Umwegen in das Haus unseres Beamten und sah von dort gerade die drei Russen in unsere Behausung eilen. Paar Minuten später kam die Säuglingsschwester, die mit mir ins Dorf gezogen war, angerannt, sie solle die Frau Gräfin herbeibringen, sonst würde sie auch erschossen. So riet mir unser Beamter, fortzugehen. Wir wollten uns nach einer Stunde noch einmal im Wald treffen. Als er kam, sagte er, daß die Russen alle Wohnungen durchstöberten, und es wohl besser sei, ich ginge fort.

So wanderte ich ins Nachbardorf, um dort erst einmal weiter zu überlegen, und beschloß, die Nacht dort zu verbringen. Nächsten Morgen um 7.30 Uhr kam die dortige Beamtenfrau angelaufen und sagte, die Russen seien da, um mich zu suchen. Eine mit Tapete überzogene Bodenkammertür bot mir Schutz; ich hörte die Männer alles durchsuchen, die Kisten öffnen und laut schimpfend jeden Winkel nachsehen. Ich war merkwürdig ruhig. Nach anderthalb Stunden gaben sie ihre Suche auf und zogen los unter Mitnahme von zwei Geiseln und mehreren Gänsen und Hühnern. Das war mir furchtbar unangenehm, ich konnte es nun aber auch nicht mehr ändern. So zog ich mich schnell an und wanderte wieder auf Land- und Waldwegen ein Stück weiter in ein anderes Gutshaus, wo ich vier Tage rührend aufgenommen und bewahrt wurde. Glücklicherweise bekamen die Russen erst Wind von meinem Aufenthalt, als ich schon fort war und kamen eine Stunde nach meiner Abreise zu spät.

Am Morgen des vierten Tages schlichen wir noch im Dunkeln auf Umwegen auf den Bahnhof, um nicht von den polnischen Posten gesehen zu werden. Der Zug erschien auch, und wir stiegen wegen Überfülle der Abteile vorn beim Lokomotivführer ein. Dieser wollte uns erst in seine Wohnung mitnehmen, übergab uns dann aber auf der Haltestelle Bad Polzin seinen Miträubern. Wir wurden in einen stockdunklen Güterschuppen gesperrt und aller Sachen beraubt, die die Bande gebrauchen konnte. Es blieb uns nur noch sehr wenig. Der Zug nach Schivelbein hatte leider vier Stunden Aufenthalt in Polzin. Alle paar Minuten kamen neue Leute in den Schuppen, denen es genau so erging wie uns. Es waren wohl die auf dem flachen Land Herausgetriebenen, die nun ihre erste gründliche Visitation über sich ergehen lassen mußten. Wir behielten alle gleich wenig und waren froh, als mittags endlich der Zug nach Schivelbein abfuhr. Man war den örtlichen Räubern entronnen, nicht ahnend, daß die kommenden erheblich unangenehmer sein würden.

In Schivelbein wurden wir sehr rührend vom Superintendenten aufgenommen, durften dort ohne Furcht, gefunden zu werden, auf der Erde nächtigen und kamen uns vor, als hätten wir die Freiheit gewonnen. Der Zug am kommenden Mittag von Schivelbein nach Scheune war rasend voll, wir wollten uns erst einigen Polen anschließen, wurden aber abgedrängt und stiegen in ein Abteil ein, in dem nur wenige Menschen saßen. Kaum hatte der Zug sich in Bewegung gesetzt, als drei Leute aufsprangen, zwei Männer und eine Frau, und anfingen, uns auszuziehen. Mir wurde mein Pelz entrissen, die restlichen Zlotys abgenommen, mir aber dann in einer merkwürdigen mitleidigen Anwandlung eine grüne warme Polenjoppe anstatt meines langen Pelzes angezogen. So hatte ich wenigstens etwas auf mir. Den anderen wurde alles fortgenommen: Strickjacken, Mäntel, Handschuhe etc. Ein älterer Mann fing an, laut um Hilfe zu schreien, und da wir gerade in eine Station einfuhren, sprangen die Räuber aus dem Abteil heraus und waren unseren Augen entschwunden.

Nun ging es ohne besondere Zwischenfälle bis kurz vor Scheune. Es erschienen auf den Trittbrettern uniformierte Polen, die mit Riesenlaternen in die Abteile hereinleuchteten und sich nach passenden Opfern umsahen. Bald darauf waren sie bei uns. Als erste wurde ich ausgezogen, abgetastet, und da sie wohl gefühlt hatten, daß ich mir etwas auf den Körper gebunden hatte, bis aufs Hemd ausgezogen und meines Geldes beraubt. Die Untersuchungen waren widerlich, die Abtastungen ohne irgendwelche Hemmungen so gründlich, daß ihnen nichts entging. Man hatte dann aber auch dieses überstanden und ausgehalten. In Scheune mußte alles heraus, es war früh 6.00 Uhr. Der Zug nach Angermünde sollte bald kommen, und wir atmeten alle auf in den Gedanken, nun unter deutschen Beamten weiterfahren zu können.

Aber es dauerte lange, und das, was man in Scheune selbst erlebte, war auch furchtbar. Wo man hinging, lagen tote Menschen, um die sich kein Mensch kümmerte: auf dem Bahnhof eine ältere Frau mit ausgebreiteten Armen, ihr Gepäck um sich herum verstreut, in der Bahnhofshalle ein Mann hinter die Tür geschoben, in dem Aufenthaltsraum für Flüchtlinge ein alter Mann an die Seite gelegt und so fort. Zum erstenmal wurde es einem klar, wie wenig ein Menschenleben unter diesen Bedingungen und Umständen galt und wie dankbar man sein konnte, gesund diesen Anforderungen begegnen zu können.

Schaurig war es in einer kleinen Rot-Kreuz-Station, die nur tagsüber arbeitete und abends die Kranken und Hilflosen einfach auf die Straße brachte, wenn die Angehörigen sie nicht rechtzeitig abholten. Da wurden sie auf Tragen einfach ins Schneegestöber gestellt. Daß auch deutsche Schwestern so völlig das Gefühl verloren hatten, berührte uns sehr schmerzlich, aber sie standen unter dem Zwang der Polen in Stettin.

Wir mußten bis spät abends auf unseren Zug nach Angermünde warten. In den Warteraum durfte man als Deutscher nicht, mit besonders lauter Stimme verkündeten die Polen immer wieder, die »deutschen Schweine« könnten draußen frieren. In der Nacht kamen wir dann in Angermünde an und konnten auf zwei Stühlen in einem geheizten Raum bleiben, das war herrlich.

Walter Görlitz

Das große Sterben des pommerschen Adels

Eines der furchtbarsten Schicksale ereilte den ostpommerschen Besitz. Dort hatte der Gauleiter Schwede-Coburg strikt jeden Treck untersagt. Zunächst hielt die deutsche Front noch im Süden der Provinz für gut einen Monat, dann brach jählings der Russe zur Ostseeküste durch und flutete über die Güter hinweg, die durch Wochen hindurch schon die Trecks aus Ostpreußen, Westpreußen und Posen aufgenommen hatten. In 66 Fällen wurden Besitzer, zum Teil mit ihren Familien oder deren nächste Angehörige ermordet. Darunter befanden sich von den am 20. Juli inhaftiert gewesenen Eberhard v. Braunschweig und Frau in Lübsow, Kr. Stolp, Georg v. Boehn und Frau in Culsow, Kr. Stolp, und Peter Hermann v. Zitzewitz-Dumröse. In Prillwitz im Kreise Pyritz wurde der Geheime Kommerzienrat Conrad v. Borsig erschossen, in Klein-Lüblow der frühere Landeshauptmann von Pommern, Ernst v. Zitzewitz mit seiner Frau. Die Leichname mußten unbestattet vor dem Herrenhaus liegenbleiben. Herrn v. Livonius-Grumbkow wurden bei lebendigem Leibe Arme und Beine abgehackt, noch lebend wurde er den Schweinen zum Fraß vorgeworfen. Der frühere Polizeipräsident von Potsdam, Henry v. Zitzewitz, wurde mit seiner Frau von Russen in den Templiner See getrieben, bis sie ertranken. Herr Drews-Siedkow im Kreis Belgard wurde von den Russen gefoltert, bevor er erschlagen wurde. In Schwuchow im Kreise Stolp wurde das Ehepaar Steifensand ermordet, in Kurow starb der Generallandschaftsdirektor Gerhard Fließbach, wohl durch Gift, als er zum Erschießen geführt wurde. In Gerbin wurde der alte Landstallmeister Freiherr v. Senden mit seiner Frau, in Dubberow Hermann Conrad v. Kleist, der Bruder Ewald v. Kleists, mit seiner Mutter ermordet. In Alt-Döberitz im Kreis Regenwalde wurde Graf Wilhelm-Ernst Finck v. Finckenstein erschossen, in Dalow im Kreis Dramburg Sixtus v. Knebel-Doeberitz.

In 29 Fällen gingen Besitzer, deren Anverwandte oder Familien in den Freitod, darunter in Varzin die greise 81jährige Gräfin Sibylle Bismarck, die Witwe des Oberpräsidenten a. D. Graf Wilhelm Bismarck, eines Sohnes des Altreichskanzlers, die hier den Gatten und den 1940 verstorbenen Sohn, Graf Nikolaus, überlebt hatte.

An Seuchen oder Hunger starben unter sowjetrussischer oder polnischer Herrschaft der Graf v. Zitzewitz-Zezenow und zwei weibliche Mitglieder der Familie v. Zitzewitz.

Verschleppt mit tödlichem Ausgang wurden Karl August v. Gerlach-Parsow und Schwemmin, der Erbe der berühmten Familie, der Landschaftsrat Rüdiger v. Hertzberg-Lottin, Günther v. Zitzewitz-Kl. Machmin, Graf Wilhelm Schlieffen, Adolf v. Zitzewitz-Budow, Detlof v. Heyden-Ploetz, Walter v. d. Marwitz-Rütznow, Ewald v. Massow-Bandsechow, Rüdiger Freiherr v. d. Goltz-Kreitzig und Günter v. Puttkamer auf Poberow. Die Gesamtzahl der verschleppten pommerschen Grundbesitzer ist nicht mit Sicherheit zu ermitteln. Nach Rußland verbracht, um dort über den 20. Juli vernommen zu werden, wurde zunächst auch Hans-Jürgen v. Kleist-Retzow auf Kieckow.

Abermals gingen unersetzliche Kulturwerte zugrunde. Manchmal sprengte die zurückweichende Wehrmacht noch alte berühmte Gutshäuser, so das alte Puttkamersche Versin oder das einst Pirchische, dann Marwitzsche Kl. Nossin. In Wendisch-Tychow ging die den Grafen Kleist gehörende, sehr wertvolle Sammlung antiker Möbel, die berühmteste Sammlung Pommerns, zugrunde, in Kieckow das Archiv Hans Hugo v. Kleist-Retzows mit Briefen Bismarcks und Rankes.

Für Pommern sind die Familienselbstmorde schreckliches Kennzeichen der ausweglosen Situation. Die Ehepaare v. Braunschweig in Sorchow, Wilhelm v. Zitzewitz in Kl. Gansen, v. Dewitz-Labenz, v. Kühne-Deutsch-Bukow gingen gemeinsam aus dem Leben. Die Ehepaare Holzkamm-Sassenhagen und Heyn-Vinow nahmen sich mit ihren Kindern das Leben. Bei Bolkow im Kreis Belgard erschoß Friedrich v. Woedtke seine Frau, seine vier kleinen Töchter, das Kinderfräulein und sich selbst, als sich herausstellte, daß er die Frauen und Kinder nicht mehr vor den Russen in Sicherheit bringen konnte. Auf der Flucht gingen die beiden Schwestern Gertrud und Irmgard v. Knebel-Doeberitz auf Rosenhöh, Kreis Dramburg, gemeinsam aus dem Leben.

Oft, fast überall, kam die in letzter Stunde erteilte Treckgenehmigung zu spät, manchmal hinderte das milde Wetter, das die Landwege in Morast verwandelte, die rechtzeitige Abfahrt. Trecks, die den rettenden Oder-

übergängen zustrebten, wurden oft von den russischen Panzern überrollt. Bisweilen lieh auch die Anwesenheit deutscher Stäbe in den Schlössern bis zuletzt eine trügerische Sicherheit. Der letzte Besitzer des Schlosses Stargordt entkam mit knapper Not im Jagdwagen mit seiner Frau den eindringenden Russen, während im Schlosse noch ein deutscher Stab gelegen hatte. Das baugeschichtlich berühmte Haus wurde als »Junkersitz« von den Russen niedergebrannt.
Oberleutnant Heino Birnbaum-Wildenhagen, dessen einer Sohn im Kriege gefallen und dessen beide anderen Söhne in russischer Kriegsgefangenschaft waren, brachte seinen Treck mit schweren Verlusten an Zugvieh und Treckern aus dem Kreis Cammin über die Oder in den Zielraum Hamburg. Der ehemalige Staatssekretär v. Bismarck-Lasbeck, der als Reserve-Offizier zum Stab der in Ostpommern fechtenden 3. Panzer-Armee gehörte, konnte wenigstens seine Familie in letzter Stunde aus Lasbeck mit Wehrmachtfahrzeug evakuieren. Ähnlich erging es dem als Reserveoffizier zum Stab des in Ostpommern eingesetzten VII. Panzer-Korps gehörenden Georg Werner v. Zitzewitz-Gr. Gansen. Das Herrenhaus in Gr. Gansen wurde von den Russen in Brand gesteckt. Frau Vera v. Brockhusen-Gr. Justin, geborene v. Bandemer, die Gattin des an der schlesisch-sächsischen Front stehenden Enkels des Feldmarschalls v. Hindenburg, brachte ihren Treck geschlossen mit allen Wagen und Leuten über die Oder bis nach Holstein. Frau v. Diest-Daber im Kreise Naugard, deren Mann und deren einer Sohn gefallen waren, wurde von den örtlichen Parteistellen mit Enteignung und Erhängung bedroht, wenn sie trecken würde. Der Besitz geriet in die Kampflinie, Frau v. Diest hielt sich mit ihren Leuten im Walde verborgen, das Herrenhaus wurde ausgeplündert, den Ahnenbildern symbolisch die Augen ausgestochen und der Hals durchschnitten, die Möbel nach Rußland verbracht. Sie selbst blieb als Landarbeiterin bis zur Ausweisung durch die polnische Besatzungsmacht auf dem eigenen Besitz. Der große Treck des Grafen Hasso v. Flemming-Benz wurde östlich Wollin vor der Oder von russischen Panzern gesprengt. Der Graf brachte noch acht Wagen über die Oder, von denen fünf beim Luftangriff auf Swinemünde zerstört wurden. Mit dem Rest gelangte er ins Braunschweigische. Hertha v. Hagen-Dubbertech, deren Mann seit 1943 im Osten vermißt war, führte ihren Treck mit 387 Menschen, der Gutsgefolgschaft, Ostflüchtlingen und Bombengeschädigten, aus dem Kreis Köslin über die Oder zu ihren

Schwerinschen Verwandten nach Zinzow in Vorpommern, wo er sich auflöste. Wilhelm v. Kieckebusch auf Woltersdorf und Steinhöfel im Kreis Saatzig, Adalbert v. d. Marwitz auf Hohenfelde im Kreis Köslin, ein Sohn des Generals der Kavallerie, Major a. D. Neitzke-Hasenfier, dessen Gut von russischen Panzern in Brand geschossen wurde, und Oberst Hubertus v. Wedel-Kannenberg brachten ihre Trecks, zum Teil unter Verlust durch Bordwaffenbeschuß, in einem Falle, Marwitz-Hohenfelde, unter Aufsprengung durch die Russen, bis nach Norddeutschland durch.

In Pommern aber begegneten nun auch Fälle, wo einzelne Besitzer oder deren Frauen und Angehörige auf dem Besitz auszuharren suchten, so die Mutter Hans Jürgen v. Kleist-Retzows in Kieckow, eine Tochter des Kultusministers Graf Zedlitz-Trützschler, so die Witwe des wegen angeblicher defaitistischer Äußerungen hingerichteten Oberstleutnants im Generalstab Graf v. Rittberg auf Balfanz, so Joachim v. Bonin auf Ziegnitz im Kreise Schlawe, der zweimal von Russen oder Polen verhaftet wurde und schließlich als Hofmann und Speicheraufseher auf dem eigenen Gut arbeitete, von seinen alten Leuten heimlich unterstützt. Nach den Schrecken des Zusammenbruches setzte vielfach eine Rückwanderung ein. Johann v. Zitzewitz, der Pächter von Budower Mühle, büßte solchen Versuch nach der Rückkehr mit seinem Leben.

3 Die zerstörte Altstadt von Stargard mit der Marien-
rche aus dem 13. Jahrhundert und dem Maßwerkgiebel
s Rathauses.

24 Pyritz war einst das »pommersche Rothenburg« mit seinen vielen erhaltenen Toren, Türmen und Kirchen. Hier die ehemalige Mauritiuskirche. Nach den Kampfhandlungen war sie »in gänzlichen Verderb geraten«, wie einst schon Micraelius im 30jährigen Krieg schrieb.

25 Das zerschossene Rathaus von Kolberg. Dahinter der aus dem 13. Jahrhundert stammende gewaltige Dom, der den Polen anfangs als Militärmuseum diente, um ihren glorreichen Sieg zu feiern und ihre Herrschaft zu festigen.

26 Um die Marienkirche in Schlawe blieben nur ein[illegible] Häuser stehen. Die Steine der anderen Gebäude wurd[illegible] abgetragen und zum Wiederaufbau Warschaus abtra[illegible] portiert.

7 Die Überreste des Rathauses von Cammin. Die Stadt
urde 1176 Sitz des Bischofs von Wollin und der Dom
ie »Kathedrale Pommerns«.

28 Nur Trümmer blieben rund um die Schloßkirche und das Mühlentor in Stolp. Die Stadt war einst das kulturelle Zentrum Ostpommerns.

29 Mit dem Handkarren kamen die Vertriebenen über die Oder in den Westen. Die meisten von ihnen konnten jedoch nur das nackte Leben retten.
30 Der früh einsetzende Frühling im April 1945 trieb die Menschen mit dem Rest ihrer Habe erneut auf die Stra-ßen nach Westen, um sich vor der Willkür und der Grausamkeit sowjetischer und polnischer Soldaten und Zivilisten in Sicherheit zu bringen.

Konrektor i. R. Karl Rosenow aus Rügenwalde

»Es gilt Ihr Leben!«

Am 6. Juli 1947, einem Sonntagvormittag nach 10.00 Uhr, kamen plötzlich drei polnische Kommissare zu unserer Wohnung herauf und erklärten: Wir hätten die Wohnung sofort zu räumen und uns in den Hof der Rüwag (Rügenwalder Fleischwaren Aktien-Gesellschaft) zu begeben. Sie erlaubten uns noch, das aufgesetzte Mittagessen in der Küche zu nehmen, schlossen sich aber gleich in unserer Wohnung ein, so daß wir keinen Zutritt mehr hatten.

Mit Unterstützung unseres Nachbars Knobloch brachten wir unsern Bettsack, einen kleineren Sack, zwei Rucksäcke und drei Pakete zur Rüwag, wo sich allmählich gegen 500 Personen versammelten. Hier mußten wir uns einen Paßausweis von einem Polen ausstellen lassen, was für mich, im Besitz einer Kennkarte 100 Zloty, für meine Frau aber 200 Zloty kostete. In diesem Hofe mußten wir den ganzen Nachmittag und die Nacht bis 2.00 Uhr zubringen ohne Schutz vor Regenschauern. Ständig kamen russische Offiziere und Mannschaften und suchten nach Deutschen, die bei ihnen arbeiteten, aber diese Gelegenheit benutzen wollten, um ins Reich zu kommen, was etwa 20 Personen auch gelang: Männern in Frauenkleidung.

Nachts um 1.30 Uhr hieß es: Antreten zum Bahnhof! Jeder Erwachsene mußte 40 Zloty, Kinder die Hälfte zahlen für die Fahrt nach Schlawe. (Man denke: für eine Transportfahrt, zu der wir gezwungen wurden.) Manche hatten keinen Zloty bei sich, für den andere einspringen mußten, ohne Geld kam keiner vom Hofe. Zwei Züge um 2.00 und 3.00 Uhr wurden abgelassen. Wir kamen mit dem ersten Zuge mit, der aus fünf alten Viehwagen bestand und in einiger Entfernung vom Binnenhafen hielt. Es war dunkel, und ich mit dem Roller, auf dem der Bettsack festgebunden war, ein Rucksack, ein Paket und Schirm beladen, meine Frau und die anderen ebenso, so daß wir oft zusammenstießen und ich und andere hinstürzten, bis wir uns im Viehwagen wieder zusammenfanden. In Schlawe ging es sehr beschwerlich aus dem Zuge auf einem Fußsteige hinter dem Bahnhofe, und wir erfuhren, daß wir nach dem Barackenlager hinter der Höpnerschen Ziegelei eine halbe Meile marschieren mußten. Meine Frau gab einem polnischen Fuhrmann 200 Zloty, wofür er den Roller und ein Paket mitnahm. Aber der Pole kehrte nach kurzer Zeit wieder um. Er hatte die ganze Fracht einfach hinter der Ziegelei in den Chausseegraben geworfen. Wir waren tief erschrocken und dachten, nun sind wir beides los, fanden es aber noch im Graben und mußten einem polnischen Jungen ebenfalls 200 Zloty zahlen, daß er mit seinem Ziehwagen uns zum Lager half. So wurden wir noch bis zum Lager ausgepreßt.

Das Schlawer Barackenlager war für eine Pionierabteilung bestimmt gewesen, diente nun aber als Sammellager für Ausgetriebene. Es fanden sich noch einige Zurückgebliebene vom vorigen Transport vor, Rügenwalder, Bauern von Wusterwitz und Göritz und Lischen von Jershöft. Wir fanden Unterkunft in Baracke 5. Nachmittags war Schutzimpfung aller 16- bis 60jährigen, abends 8.30 Uhr Versammlung: Bekanntmachung mit der Lagerordnung und Einteilung aller Ausgetriebenen in Gruppen von 33 Personen. Mittagessen hatte es nicht gegeben.

Dienstag, den 8. Juli, morgens 6.30 Uhr: Antreten nach Gruppen in fünf Reihen vor dem polnischen Landrat, was über eine Stunde geübt werden mußte, da wir von früher gewohnt waren, in drei Reihen anzutreten. Den Gruppen wurden Bahnwagen zugeteilt, unsere Gruppe bekam Nummer 13. »Eine Unglückszahl«, hieß es sogleich. Auf Mittag trafen noch Ausgetriebene von Pollnow und Nachbardörfern ein. Nachmittags: Fortsetzung der Schutzimpfung gegen Typhus, auch wir Älteren mußten antreten, um nach der Untersuchung einen Vermerk auf unserer Meldekarte zu empfangen. Dann wurden die Bahnkarten verteilt. Gruppe 13 mußte nach Baracke 4 umsiedeln. Gruppenführer wurde Tischlermeister Max Stüwe aus Rügenwalde. Zur Gruppe gehörten 24 Erwachsene, darunter 5 männliche, 19 weibliche. Dazu kamen 9 Kinder, wovon 5 Geschwister ostpreußischer Flüchtlinge waren, die durch ihr wildes, ungezogenes Betragen viele Störungen verursachten. Unter den 5 männlichen Personen waren Albert Witt und ich wegen unseres hohen Alters arbeitsunfähig. Die arbeitsfähigen Männer mußten während der Nacht am Drahtzaun Wache halten. Mittagessen hatte es wieder nicht gegeben.

Mittwoch, den 9. Juli: Um 6.30 Uhr Versammlung nach Gruppen, Bekanntmachung des Landrats, der niemals eine Zigarette ausgehen ließ.

Dann begann von 9.00 bis 18.00 Uhr eine strenge Kontrolle aller Lagerinsassen. Sie wurde vom Landrat mit 16 Zollbeamten und 4 Frauen sehr genau und rücksichtslos durchgeführt und dauerte für mich und meine Frau über eine halbe Stunde unter persönlicher Aufsicht des Landrats. Ich vermute, daß ich wieder bei ihm denunziert worden war. Wir mußten unser ganzes polnisches Geld, etwa 2000 Zloty abgeben, durften aber das deutsche behalten. Man hatte uns doch heilig und teuer versichert, daß jede Person 40 Kilo Gepäck, 1000 Zloty und 600 RM mitnehmen dürfe. Wir sollten durchaus Gold und Dollarnoten haben. »Wo ist Ihr Gold, Ihre Dollarnoten?« donnerte er mich an. Zweimal wurde ich von oben bis unten genau untersucht, aber sie fanden nichts, trotzdem sie alles befühlten und herauszogen, weil ich eben nichts mehr hatte, auch meinen goldenen Trauring nicht. Ebenso erging es meiner Frau, der man aber ihren goldenen Trauring und eine silberne Halskette ließ. Dann mußten wir den Roller, Rucksäcke und Pakete öffnen. Als meine Frau beim letzten fragte: »Auch dies noch?« donnerte er wieder: »Reden Sie nicht so viel! Es gilt Ihr Leben!« Wir hatten beide zusammen nur ein Deckbett und eine Schlafdecke. Ein Stück sollten wir abgeben. Wir gaben die Schlafdecke. Außerdem nahmen sie meine Aktentasche, einen Briefumschlag mit meinen seltensten Briefmarken, die ich bisher gerettet hatte, und eine Gummi-Wärmeflasche, die mir der Landrat aber wieder zurückwarf, nachdem er sich überzeugt hatte, daß nichts darin war.
Dann mußten wir alle unsere ausgekramten Siebensachen aus dem Fenster werfen, um Platz zu machen. Draußen mußten wir alles wieder zusammensuchen, einpacken und zusammenschnüren, was gegen zwei Stunden dauerte, obgleich uns Fräulein Schwarz getreulich dabei half. Nicht bei allen wurde so genau verfahren, dann hätte man trotz des vielen Personals wohl tagelang mit dieser Kontrolle zu tun gehabt. Vigola wurde bei dieser Gelegenheit auch 1000 Zloty los, die er im Stiefel versteckt hatte.
Am Nachmittag gab es dann seit drei Tagen das erste Mittagessen: Kartoffelsuppe mit etwas Konservenfleisch. Es folgte dann eine Versammlung der etwa 50 Gruppenleiter, die mit Begleiterinnen zum Bahnhof mußten, um die Viehwagen zu reinigen. Es fanden sich noch vertriebene Einwohner aus den Stranddörfern ein, so daß Nummer 13 wieder nach Baracke 3 umziehen mußte. Die Unglückszahl begann sich zu bewähren.
Donnerstag, den 10. Juli: Um 3.00 Uhr wurde aufgestanden. Noch

herrschte Dämmerung, als eine halbe Stunde später der Aufbruch begann und bald ein fürchterliches Durcheinander aller Gruppen herrschte. Die Einteilung war noch zu frisch, die Zugehörigkeit hatte sich noch nicht durchgesetzt und die Führer nicht die nötige Autorität. Besonders die Frauen ließen sich nicht halten. Sie eilten aus dem Lager hinaus und achteten nicht auf die Führer, sie mochten rufen oder brüllen, soviel sie wollten. Die Kinder schrien und heulten dazu, es war ein Höllenkonzert. Bei der Ziegelei war es mit jeder Ordnung vorbei.
Von hier ging es nicht auf der früheren Chaussee, sondern einen näheren Weg durch die Wiesen zum Bahnhof. Der führte über Gleise hinauf und hinunter und schließlich an einen Bach mit lehmigem Untergrund ohne Brücke oder Steg. Da standen alle still wie Israel am Roten Meer. Hinüber mußten wir. Jeder mußte zupacken und helfen, wo er stand, damit auch ihm geholfen wurde. Meine langen Stiefel bewährten sich aufs beste dabei; aber manche versanken bis an die Knie, und manches Paket ging verloren, ehe Leute Bretter heranschleppten.
In wilder Hast wurde hinter dem Bach nach dem Bahndamm mit dem wartenden Zuge gestürmt. Dieser Weg mag wohl näher gewesen sein, aber dafür war er umso beschwerlicher und hatte längeren Aufenthalt an dem Bache verursacht. Meine Frau hatte diesen Weg nicht mitgemacht. Das hätten ihre kranken Füße nicht ausgehalten. Sie war mit anderen alten Frauen – krank durfte keiner sein, sonst mußte er zurückbleiben – auf einem Fuhrwerk zum Bahnhof gelangt, wofür sie wieder 100 RM oder 500 Zloty zahlen sollte. Zloty hatte sie nicht mehr, also wieder einen Hunderter heraus. So holte man immer neues Geld aus uns armen Vertriebenen heraus.
Auf dem Bahnhof hielten um 8.00 Uhr auf dem ersten Gleise 30 und auf dem zweiten 24–54 Wagen, und hier bewährte sich das Gruppensystem; denn jeder Wagen trug seine weithin sichtbare Nummer. Wir sammelten uns also vor dem Wagen Nr. 13. Es war ein ausgedienter Viehwagen mit großen Löchern im Fußboden und oben an der Decke und breiten Rissen an den Seitenwänden. Die ostpreußischen Jungen kletterten ohne weiteres auf das Dach, auf dem sie einen Freudentanz aufführten. In dem Wagen mußten wir uns für die nächsten Tage einrichten. Vom Bahnhofe wurde kochendes Wasser geholt, Kaffee-Ersatz hineingetan und getrunken. Einige Frauen hatten ihre Zlotys gerettet und kauften Brot und Semmeln. Auf Veranlassung der Polen war gestern der Wagen mit grünen

Sträuchern geschmückt worden. Jetzt mußten diese auf Befehl der Polen wieder entfernt werden und wurden gleich zu Kehrbesen umgewandelt, wie sie im Lager gebraucht wurden. Dann erhielt jede Gruppe von 33 Personen 8 Brote, 23 Salzheringe und 800 Gramm Zucker. Die Verteilung war äußerst schwierig, doch Fräulein Pfeifer gelang dies Kunststück, weil einige sich Salzheringe mitgebracht hatten und verzichteten, so daß jeder einen ganzen Salzhering erhielt. Der Zucker wurde löffelweise abgegeben. Eine Sanitäterin streute jedem vorne und hinten am Halse noch Insektenpulver ein. Es wurden mit diesem Transporte 1479 Ausgetriebene, darunter etwa 500 Rügenwalder und das Sanitätspersonal befördert.

Um 12.00 Uhr begann die Abfahrt, und Regen setzte ein, der durch die Löcher in der Decke und die Risse in den Seitenwänden drang. Schirme wurden aufgespannt und Gefäße zum Auffangen des Regens aufgestellt. Es nutzte wenig, bald waren wir völlig durchnäßt. Von der Umwelt sahen wir wenig durch eine zurückgeschobene Schiebetür; viele zerstörte Gehöfte als Ruinen, unbestellte Äcker, keine Viehherden, nur vier einsame Kühe zwischen Köslin und Stargard. In Belgard aßen wir den Salzhering, hatten aber kein Wasser. Dann hielt der Zug auf freiem Felde, um Bedürfnisse zu befriedigen.

Um 7.00 Uhr waren wir in Stargard und sahen viele ausgebrannte Häuser, auch den ruinenhaften Dom. Heftiger Platzregen setzte ein, der wieder alles durchnäßte. Das Wasser floß durch die Löcher im Boden ab. Der Zug verfolgte jetzt nicht mehr die Richtung nach Stettin, sondern südlich über Arnswalde mit seinen Ruinen durch die Neumark.

Freitag, den 11. Juli: Die Fahrt ging weiter durch (die Provinz) Posen. Viele Züge fuhren in der Nacht an uns vorüber. Die Stationen glitten so schnell an uns vorüber, daß ich ihre Namen nur schwer entziffern konnte, doch konnte ich Mokoz und Wronke lesen. Ohne Frühstück und Mittag – nur einen Eimer Kaffee bekamen wir – ging es auf Poznań, wo wir einen langen Aufenthalt hatten.

Die Not um Trinkwasser wird immer größer, nur ein Eimer für 33 Personen. Dagegen haben wir drei neue Regengüsse aushalten müssen. Der Zugführer gibt selber zu, Nr. 13 ist der schlechteste von allen Wagen. Es beginnt ein großes Rätselraten: Wann werden wir die Reichsgrenze erreichen.

Sonnabend, den 12. Juli: Morgens die Sachen wieder umgestellt und getrocknet, um 8.00 Uhr eine ärztliche Besichtigung, diesmal ohne Insektenpulver, und dann heißes Wasser zum Kaffeetrinken. Dann ist Grünberg erreicht. Für 30 Zloty kann man hier eine Tasse heißen Kaffee kaufen, aber wir haben keine Zloty mehr, die hat der Pole in Schlawe. In Treplage gibt es um 1.00 Uhr heißen Kaffee. Hier findet eine Kontrolle der Personenzahl durch Zollbeamte statt.

Von den 54 Wagen sind einige für das Sanitätspersonal und zur Mitnahme von Lebensmitteln bestimmt. Über die Versorgung mit Lebensmitteln gibt es nur eine einzige Klage. Es hieß: Säcke mit Lebensmitteln wären vor Überfahren der Görlitzer Neiße abhanden gekommen.

Um 6.00 Uhr waren wir endlich auf deutschem Boden in Forst angekommen. An den Häusern hießen uns Plakate »Herzlich willkommen!« Ein reichliches Mittagessen, für Kinder Grützsuppe mit Milch, war vorbereitet. Ein Gewitter mit Wolkenbruch und Hagel richtete eine kleine Überschwemmung an, ein zweites von kürzerer Zeit folgte. Doch daran hatten wir uns gewöhnt. Überall bot man uns zum Kaufe an: deutsche Briefmarken, Kalender, Landkarten und auch Ersatzbier. Dann erhielt jede Gruppe zugewiesen: Brote, ein Kilo Butter, Margarine, zwei Kilo Fleischkonserven, 800 Gramm Zucker und Salz. Kaffee konnte jeder trinken, soviel er wollte. Endlich wurden wir in dieser Woche satt. Nun konnte ich auch zeigen, daß ich ein Tagebuch führte, was ich bisher in der größten Heimlichkeit hatte tun müssen, nur einige Rügenwalder wußten darum und umgaben mich immer wie eine Schutzwache, wenn Polen nahten.

Lehrer R. P. aus Sellin, Kreis Rummelsburg

Der »Rummelsburger Totentransport«

Der Transport von etwa 2500 Deutschen, die aus dem polnisch besetzten Kreis und (der) Stadt Rummelsburg (Ostpommern) über die Oder befördert werden sollten, war für den 4. Januar angesetzt, die vorgesehenen Teilnehmer hierzu für 9.00 Uhr vormittags auf den Bahnhof bestellt. Am 3. Januar 1947 wurden plötzlich alle Teilnehmer noch für denselben Abend an den Bahnhof beordert und mußten hier auf dem Sammelplatz in ausgebrannten Häusern ohne Türen und Fenster, also gewissermaßen im Freien, bei grimmiger Kälte von 25 Grad die Nacht zubringen. Dabei wurden während der Dunkelheit von polnischen Banditen zahlreiche Raubüberfalle auf die wehrlosen Deutschen gemacht und ihr Gepäck gestohlen, wobei die polnische Miliz, die eigentlich für Ordnung sorgen sollte, wie immer diese Dinge stillschweigend duldete und förderte oder sogar dabei mithalf. Diese Beraubungen während der Nacht waren auch der eigentliche Grund, weshalb die Deutschen einen Tag zu früh an den Sammelplatz bestellt worden waren.
Durch die grausame Kälte waren viele Menschen, besonders alte Leute und kleine Kinder, schon bei Beginn der Reise mit der Bahn, die am 4. Januar nachmittags endlich erfolgte, völlig verklammt und dem Tode nahe. Auf der zweitägigen Bahnfahrt bis Stettin gab es in den ungeheizten Viehwagen eine ganze Anzahl Erfrorene. Bei der Ankunft in dem großen polnischen Durchgangslager Stettin-Frauendorf mußten die Transportteilnehmer nochmals einen vollen halben Tag bei grimmiger Kälte und ohne warme Verpflegung nach allen diesen Strapazen der Reise im Freien stehen, bis ihre Einweisung in ebenfalls wieder ausgebrannte Häuser ohne Fenster und Türen oder zementene Luftschutzkeller erfolgte. Bis zum Abend des Ankunftstages waren so bereits 28 Menschen an reiner Erfrierung gestorben. Drei Tage lang mußten die Transportteilnehmer in diesen kalten Räumlichkeiten ohne Verabreichung von Verpflegung hausen, bis ihre Registrierung und Einweisung in die eigentlichen Gebäude des Flüchtlingslagers erfolgt war.

Bis hierher beruht der Bericht auf den übereinstimmenden Aussagen und Erzählungen der Reiseteilnehmer, da ich selbst die Fahrt bis Stettin nicht mit dem Transport mitgemacht habe. Ich selbst kam am 3. Februar, also etwa vier Wochen später, durch Vermittlung des polnischen Roten Kreuzes als Einzelfahrer bis in das Flüchtlingslager Stettin-Frauendorf und wurde hier dem beschriebenen Rummelsburger Transport zugeteilt. Von hier ab berichte ich also aus eigenem Erleben.

Die Flüchtlinge lagen im Stettiner Lager, immer in Erwartung ihres Weitertransports, in völlig überfüllten Räumen, die nur notdürftig heizbar waren, bei dauernder starker Kälte und ganz unzureichender Verpflegung und sehr trüben sanitären Verhältnissen (eine einzige Wasserentnahmestelle für 4000 Menschen, schlechte Latrinenverhältnisse, mangelnde Medikamente usw.). Unter diesen traurigen Umständen sind in dem einen Monat bis zum 7. Februar an den Folgen des Transportes bei der grausigen Kälte, der Unterernährung und den sonstigen Lagerkrankheiten etwa 200 Menschen gestorben. Diese Zahl beruht auf einer mir persönlich gemachten Angabe des amtlichen Lagersanitäters und kann als authentisch angesehen werden, zumal sie angegeben wurde, um überspannten Lagergerüchten entgegenzutreten.

Inzwischen war durch die britische Militärregierung die Durchführung weiterer Transporte wegen der großen Kälte gesperrt worden. Trotzdem wurden durch die Polen am 7. Februar – wieder bei grimmiger Kälte – etwa die Hälfte der Lagerinsassen des Lagers Stettin-Frauendorf, im ganzen etwa 1700 Personen, zu einem Transport zusammengestellt und etwa 100 Kilometer nach Osten in das Flüchtlings-Durchgangslager der mittelpommerschen Stadt Schivelbein gebracht. In der Hauptsache wurden hierzu die Familien mit vielen Kindern und wenigen arbeitsfähigen Personen, alte Leute usw. ausgewählt, hierbei auch die gesamte Sanitätsstation des Lagers, soweit die Patienten irgend transportfähig waren, ferner die gesamten Insassen des Altersheimes der ehemaligen Kückenmühler Provinzial-Heil- und Pflegeanstalten (rund 50 Greise und Greisinnen). Der Grund, weshalb diese Rückführung nach Osten erfolgte, ist uns nie gesagt worden. Wir vermuten jedoch wohl nicht mit Unrecht, daß die Zustände im Lager Stettin-Frauendorf, die vor allem wegen der Überfüllung immer unerträglicher wurden, seitens der englischen Kontrollkommission, die jede Woche einmal das Lager kontrollierte, zu stark beanstandet wurden. Deshalb mußten die ärgsten Steine des Anstoßes

verschwinden, und hierfür war es auf einmal nicht zu kalt, obwohl wieder eine grimmige Kältewelle herrschte.
Die Abfahrt erfolgte am 7. Februar nachmittags, die Ankunft in Schivelbein etwa um Mitternacht. Die Waggons konnten nicht beheizt werden, da wohl kleine eiserne Öfen und Kohlen, aber kein Anmacheholz in den Waggons vorhanden war, so daß die Steinkohlen nicht in Glut zu bekommen waren. Dies war beabsichtigt, da die zugeteilten Kohlen seitens der Transportleitung verschoben werden sollten, was durch spätere amtliche Untersuchung, bei der ich als Zeuge vernommen wurde, festgestellt wurde. Ebenfalls wurden große Teile der mitgegebenen Transportverpflegung verschoben, so erhielten drei Waggons (150 Menschen) überhaupt keine Transportverpflegung, und von 60 Zentnern mitgegebenen Heringen langten nur ganze sechs Zentner im Lager Schivelbein an, die übrigen 54 Zentner wurden verschoben. Doch dies waren nur die kleinen Blüten am Rande. Was diesen kurzen Transport zu einem wahren »Totentransport« machte, waren viel grausigere Ereignisse.
Als wir um Mitternacht auf dem Bahnhof Schivelbein ankamen, herrschten 22 bis 25 Grad Kälte. Die Menschen wurden sofort nach Ankunft von der Miliz aus den Waggons gejagt, obwohl der Zug nachher bis zum Morgen auf dem Gleis stehen blieb. Es zeigte sich bald, daß seitens der Leitung des Lagers Schivelbein keinerlei Vorkehrungen für den Empfang des Transports getroffen waren, denn diese war, wie mir der Lagerleiter später persönlich sagte, überhaupt nicht von unserem Eintreffen in dieser Nacht benachrichtigt worden. Die vielen alten und kranken Leute, die nicht allein gehen und ihr umfangreiches Flüchtlingsgepäck die drei Kilometer bis zum Lager schleppen konnten, blieben einfach auf dem Bahnsteig liegen und waren der grausigen Kälte schutzlos ausgesetzt. Was ich in dieser Nacht an grauenhaftem Elend bei den hiervon betroffenen Kranken, Gelähmten und 70- bis 90jährigen Greisen miterlebt habe, ist nicht zu beschreiben. Viele sind buchstäblich so, wie sie auf die Landstraße des Güterbahnhofs hingesetzt wurden, erfroren.
Ich selbst habe bis zum Morgen zusammen mit den beiden Diakonen des Altersheims, die als Pfleger mitgekommen waren, zu retten versucht, was in unseren Kräften stand, aber wir standen diesem Massenelend hilflos gegenüber. Von denen, die sich zu Fuß aufgemacht hatten, um das Lager zu erreichen, brachen viele vor Entkräftung und Kälte unterwegs zusammen, eine willkommene Beute für polnische Diebe und Räuber,

die den hilflosen Leuten ihre letzten Habseligkeiten raubten. Immer wieder wurden sie dabei von der begleitenden Miliz mit dem Gummiknüppel weitergetrieben, bis sie schließlich gänzlich zusammenbrachen.
Etwa um 4.00 Uhr oder 5.00 Uhr morgens erschien ein Einspännerwagen aus dem inzwischen alarmierten Lager auf dem Bahnhof, der jedoch nicht die vor Kälte sterbenden, hilflosen Kranken und Greise abtransportierte, sondern nur die von Stettin mitgekommenen Verpflegungsvorräte abfuhr. Erst von 8.00 Uhr morgens ab wurde dann mit dem Abtransport der hilflosen Menschen begonnen, wiederum nur mit diesem einzigen Einspänner-Panjewagen. Bis nachmittags um 15.00 Uhr hat es so gedauert, bis die letzten Menschen endlich ins Lager gebracht wurden. Auf dem ganzen Wege dorthin lagen alle 50 bis 100 Meter die Elendshaufen der zusammengebrochenen Menschen mit oder ohne ihr Gepäck, stöhnend oder nur noch schwach wimmernd oder bereits erfroren, eine Straße des Grauens. Das Ergebnis dieser Nacht waren 26 Tote, die an reiner Erfrierung starben (amtsärztlich festgestellte Todesursache auf dem Totenschein) und ein Massensterben, das in den folgenden Wochen an den Folgekrankheiten der Kältenacht vor sich ging, unterstützt durch die im Lager Schivelbein selbst herrschenden trostlosen Zustände.
Hier lagen die Flüchtlinge noch enger zusammengepfercht als in Stettin in leicht gebauten Baracken, die undicht und nur schlecht zu beheizen waren, so daß das blanke Eis auf dem Fußboden, auf dem man liegen mußte, stellenweise wochenlang nicht auftaute. Die durchschnittliche Belegung betrug in einer Barackenstube von vier mal fünf Meter 30 Personen mit ihrem gesamten Flüchtlingsgepäck. Die Räume waren damit so vollgepfercht, daß nicht einmal nachts sich alle Menschen zum Schlafen hinlegen konnten, sondern immer ein Teil die Nacht auf dem Gepäck sitzend zubringen mußte. Was dies bedeutet, wenn Männer, Frauen und Kinder, Gesunde und Kranke Tag und Nacht so zusammengepfercht hausen mußten, besonders nachts, wenn die vielen an Ruhrdurchfall Erkrankten fünf- bis sechsmal austreten mußten und dies wegen der Kälte nicht draußen tun konnten, vermag man sich nicht vorzustellen. Unter diesen Verhältnissen haben die Menschen zweieinhalb Monate leben müssen.
Die Verpflegung im Lager betrug: Täglich morgens Kaffee und 200 Gramm Brot, mittags einen halben Liter Wassersuppe, abends lediglich einen Becher Kaffee. Ab und zu wurde je nach Person ein halber Eßlöffel

Zucker und alle ein bis zwei Wochen einmal auf sieben Personen ein Hering verausgabt. Brotaufstrich und Fleisch fehlten gänzlich. Daß hierbei jeder Mensch bald verhungern muß, liegt auf der Hand. Wer noch irgend etwas besaß, was er an die Polen im Schwarzhandel verkaufen konnte, mußte hier sein Letztes versetzen, um sich die notwendigsten Nahrungsmittel zukaufen zu können. Wer sich nichts nebenbei besorgen konnte, mußte glatt verhungern, wie ich es in vielen Fällen miterlebt habe. Diese Zwangslage der deutschen Flüchtlinge wurde natürlich von den Polen gründlich ausgenutzt, am schamlosesten jedoch von dem polnischen Amtsarzt des Lagers, Dr. Adamski. Dieser veranlaßte die Sperrung der bis dahin in beschränkter Zahl ausgegebenen Stadtausgangsscheine und ordnete gleichzeitig an, daß nur noch an ihn von den Deutschen Sachen verkauft werden dürften. Daß er bei diesem Zwangsmonopol den Flüchtlingen lächerliche Preise zahlte und Riesengeschäfte machte, ist selbstverständlich.

Die sanitären Verhältnisse im Lager spotteten jeder Beschreibung. Auch hier wegen Einfrierens der Leitungen nur eine Wasserentnahmestelle für 3000 Menschen. Als Latrine diente eine einzige genau vier Meter lange Sitzstange im Freien, die bei ständig 15 bis 22 Grad Kälte dem Ostwind ausgesetzt war und von Männern, Frauen und Kindern gemeinsam benutzt werden mußte. Erst nach drei bis vier Wochen wurde eine behelfsmäßige Latrine fertiggestellt. Daß unter diesen Umständen im Lager kein Typhus ausgebrochen ist, dürfte wohl nur auf die andauernde strenge Kälte zurückzuführen sein. Um so mehr starben die Leute aber an Erkältungskrankheiten wie Lungenentzündung, Grippe, Bronchitis usw., häufig verbunden mit Herzschwäche infolge der Unterernährung. In drei Fällen wurden Frauen irrsinnig infolge der katastrophalen Verhältnisse im Lager. Medikamente mangelten auch hier stark, so daß der deutsche Lagerarzt und die deutschen Schwestern bei aller aufopfernden Mühe oft genug machtlos dastanden.

Zu den üblen geschilderten Zuständen im Lager kamen dann noch die andauernden kleinen und großen Schikanen der polnischen Lagerbeamten und besonders der Miliz, die hier nur flüchtig nebenbei mit erwähnt werden können. Aber hier war man ja vor einem Besuch durch alliierte Kommissionen sicher und konnte sich daher alles erlauben. Besondere Erbitterung hat z. B. die Vorschrift seitens der Lagerverwaltung ausgelöst, daß bei Beerdigung von Verstorbenen immer nur ein Angehöriger je Leiche mit zum Friedhof gehen durfte. Auf diese Weise konnten Eltern nicht einmal gemeinsam ihr verstorbenes Kind zu Grabe tragen. Alle Bitten der Flüchtlinge und des Lagerpfarrers, doch wenigstens zwei Angehörige mitzulassen, wurden rundweg abgelehnt.

Die Hoffnung, Anfang oder Mitte März aus diesem Elend erlöst zu werden und abtransportiert zu werden, wie es zuerst geheißen hatte, erfüllte sich leider nicht. Auch in der ersten Hälfte des April rührte sich noch nichts. Scheinbar wurde das Ergebnis der Moskauer Konferenz abgewartet, denn erst nach deren Beendigung, am 20. April, gingen die Transporte wieder los, nunmehr jedoch mit großer Beschleunigung, so daß sämtliche Lagerinsassen bis zum 1. Mai abtransportiert waren. Sämtliche Transporte gingen in die russische Zone.

Das traurige Endergebnis der Leidenszeit in Schivelbein waren im ganzen 183 Tote. Rechnet man die eingangs erwähnten 200 Toten aus Stettin dazu und rechnet ferner für die in Stettin verbliebene Hälfte des Rummelsburger Transportes für diese Zeit nur zwei Drittel unserer eigenen Totenzahl, obwohl dort im März der Typhus tatsächlich ausbrach, so ergibt sich für den beschriebenen Rummelsburger Transport eine Gesamtzahl von rund 500 Toten, das sind 20 Prozent des Anfangsbestandes von 2500 Personen. Eine solche Zahl dürfte ... es erklärlich machen, daß wir Teilnehmer hierfür die Bezeichnung »Rummelsburger Totentransport« geprägt haben.

Soweit die nüchternen Tatsachen und Zahlen, für die ich volle Bürgschaft hinsichtlich der Richtigkeit übernehme und die durch die Aussagen der anderen Teilnehmer erhärtet und von mir und anderen in tausend Einzelheiten ergänzt werden können, die hier zu weit führen würden.

Anna Kientopf

Vertreibung aus dem Netzebruch

Ende Juni kam die Parole auf: »Die Deutschen müssen raus.« Wir wollten es nicht glauben. Die Nachricht wirkte lähmend auf uns, keiner hatte mehr Lust zur Arbeit. Das Pferd, welches ich vom Gut geliehen hatte, wurde fortgeholt, und schon beunruhigte uns eine neue Botschaft. Die Gemeinde Althaferwiese war abgerückt. Einen Handwagen durfte jede Familie mitnehmen und pro Person 40 Pfd. Gepäck. Netzbruch ist heute auch ausgewiesen worden. In einer halben Stunde mußte jeder Haus und Hof verlassen haben. Wir wollten es nicht glauben, man konnte doch Familien, die seit Jahrhunderten ansässig waren, nicht einfach in einer halben Stunde von ihrem Besitz fortjagen. Aber es stimmte, in den letzten Junitagen des Jahres 1945 sind diese Orte ausgetrieben worden. Es waren die Ortschaften, in denen meine Brüder wohnten. Wir gingen nun daran, einiges in Säcke zu verpacken. Man hatte uns gesagt, daß dies sicherer sei als Koffer. Herr Wagner baute von den Rädern eines alten Kutschwagens zwei kleine zweirädrige Wagen. Wenn die Sachen richtig gepackt wurden, konnte man eine Menge aufladen.

Am Sonntag, den 1. Juli 1945, nachmittags um 5.30 Uhr erschien der polnische Bürgermeister der Gemeinde Gottschimmerbruch, begleitet von zwei polnischen Polizisten und der russischen Wache vom Gut, und als Mitläufer eine Menge Ukrainer-Jungen, und überbrachte uns den Befehl: »Raus in dreißig Minuten!« Meine damals 7 Jahre alte Tochter Rosemarie lag mit 39° Temperatur krank zu Bett, Brigitte hatte ich eben zu Bett gebracht, da auch sie sich nicht wohl fühlte, sie war 2 ½ Jahre alt, das Zwillingsschwesterchen von Ulrich. Wolfgang, mein Ältester, damals 15 Jahre alt, war zu seiner Oma gegangen, und die beiden Schwestern Mittag zu Frau Kronberg, unserer Nachbarin. Meine älteste Tochter, damals 13 Jahre alt, mußte umherrasen und alle zusammenholen.

Ich aber ging daran, den Rest einzupacken und hinauszuschleppen. Auch der Handwagen war noch nicht da. Herr Wagner baute noch daran. Ich bat darum, einen ganz leichten Ackerwagen, einen Einspänner, nehmen zu dürfen. Der Russe wollte es nicht gestatten, aber der Pole erlaubte es. Mit der Uhr in der Hand standen sie dabei. Wir hatten gewußt, daß dies kommen würde, und doch waren wir überrascht. Vieles ist vergessen worden. Auch meine Wertsachen sind auf dem Balken im Hausflur liegengeblieben. Die Abwesenden waren endlich auch gekommen. Zuletzt holte ich meine beiden Kinder, die im Bett lagen, heraus, nur in Mäntel gehüllt. Einiges an Kleidung warf ich noch über die Säcke, dann waren die dreißig Minuten herum. Wir zogen mit unserem Wagen los, und der Russe sowie die Polen mit ihrem Gefolge ebenfalls.

Wir wunderten uns, daß sie so schnell davonfuhren. Später erfuhren wir, daß diese nicht das Recht hatten, uns hinauszuwerfen, wir gehörten ja zur Gemeinde Friedebergschbruch. Diese Gemeinde mußte erst am Montag, dem 2. Juli, geräumt werden. Aber es war geschehen. In dieser Stunde wußten wir nicht, daß es ein Irrtum war. Es war schwer, den Wagen zu schieben, da sagte Wolfgang: »Ich hole das Pferd, vielleicht kommen wir damit bis nach Neumecklenburg, wo Wagner unseren Handwagen wohl inzwischen fertig hat.« So machten wir es. Wolfgang fuhr querfeldein, um das Pferd nicht vorzeitig loszuwerden. Ich blieb ein wenig zurück und ging langsam hinterher.

Oft blieb ich stehen und sah mich um. Im Abendschein lag der Hof da; unser alter Hof. Dort war ich geboren worden. Meine Eltern hatten dort vor uns gelebt, geschafft und waren von dort hinausgefahren worden zu ihrer letzten Ruhestatt auf dem Friedhof. Jetzt kamen Fremde und jagten uns davon. Friedlich gingen Schafe und Kühe auf der Weide. Wer würde sie heute abend melken und all die folgenden Tage? Und die Kinder, was sollten sie essen? Die Milch würde ihnen fehlen. Brot, etwas Speck und Schmalz, auch Fleisch hatte ich mit. Aber wenn das zu Ende war, was dann? In dieser Stunde ging mir eine kleine Ahnung auf von dem Elend, dem wir entgegengingen, aber in seinem ganzen Umfang habe ich es nicht erfaßt. In mir war noch immer viel Zuversicht und Mut.

Hinter einem reifenden Roggenfeld hatte Wolfgang angehalten. Dort habe ich dann die Kinder angezogen, und wir selbst haben uns auch umgezogen. Dann ging es weiter. Hinter uns lag ein sicheres, warmes Heim, lagen reifende Getreidefelder, blühende Kartoffeläcker, weidende Kühe mit strotzendem Euter. Vor uns lag die endlose, graue Straße, die Ungewißheit. Noch ahnten wir nicht, was an ihrem Rande unserer wartete. Wenn wir nach Deutschland kamen, fort von den Polen und Russen zu

deutschen Menschen, die mußten uns doch verstehen, mußten uns helfen, diesen letzten, schwersten Schlag zu ertragen.
Die erste Station war der Ort Neumecklenburg, um Frau Lenz und Herrn Wagner zu treffen. Dort verbrachten wir die erste Nacht. Wir packten unsere Sachen auf den Handwagen, den Wagner inzwischen fertig hatte. Auch Frau Lenz und ihre Familie machten sich zur Fahrt bereit. Frau Bohne, in deren Haus wir diese erste Nacht verbrachten, hatte eine Tochter von 30 Jahren, die bettlägerig war, und eine andere von 30 Jahren, die im Wachstum zurückgeblieben und auch geistig auf der Stufe eines Kindes stand. Für diese Frau war es sehr schwer, von ihren Töchtern konnte sie keine Hilfe erwarten, das Gegenteil war der Fall. Nur ein 17jähriger Sohn half ihr ein wenig. Die kleine Verwachsene ist dann auch noch vor der Oder abhanden gekommen, später verloren wir diese Familie aus den Augen.
Am Montag, den 2. Juli 1945, war der ganze Ort Neumecklenburg bei der Kirche angetreten. Alle mußten warten, bis die Polen und Russen alle Wagen kontrolliert hatten. Was die Polen gebrauchen konnten, behielten sie zurück. Die Säcke mußten geöffnet werden und bald türmten sich die Betten am Straßenrand.
Neumecklenburg war eine ziemlich große Ortschaft; die Kolonne war daher ziemlich lang. Wir hielten ganz am Ende des Zuges. Pferd und Wagen waren das erste, was sie uns nahmen, aber damit hatten wir gerechnet. Oben auf dem Handwagen hatte ich ganz offen ein Bett liegen. Darauf saßen meine 2½ Jahre alten Zwillinge Ulrich und Brigitte. Als die Kontrolle an unseren Wagen kam, fragten sie nach Betten. »Ja«, sagte ich, »diese hier für meine beiden kleinen Kinder.« Sonderbarerweise ließen sie sie mir und sahen auch davon ab, die Säcke zu durchsuchen; vielleicht hatten sie auch schon genug.
Endlich konnte sich der Zug in Bewegung setzen. Ein Russe mit einem Fahrrad begleitete ihn bis zur Oder, einige Polen gaben ihm das Geleit bis zur nächsten Ortschaft; aber nur, um gewiß zu sein, daß auch keiner der noch zu guter Letzt ausgeplünderten Deutschen zurückblieb ...
War es denn immer noch nicht genug?
Hatten wir nicht schon genug ertragen müssen? Immer neues Leid, immer neue Last senkte sich auf uns herab. Ob wohl alle deutschen Menschen so viel leiden mußten, nur weil sie Deutsche waren?
Wir mußten durch ein Spalier von polnischen Soldaten hindurch. Aus

der Kolonne wurden Menschen herausgesondert. Sie mußten die Reihe verlassen und auf die an der Straße liegenden Höhe ziehen. Keiner wußte, was das zu bedeuten hatte, aber keiner ahnte Gutes. Manchmal waren es auch einzelne Personen, besonders junge Mädchen, die zurückgehalten wurden.

Die Mütter klammerten sich an ihre Töchter und weinten. Die Soldaten wollten sie mit Gewalt an sich zerren. Als das nicht ohne weiteres ging, begannen sie mit Gewehrkolben und Reitpeitschen blind auf die armen, gehetzten und geängstigten Menschen einzuschlagen. Die Schreie der Geschlagenen hallten weithin. Es war ein entsetzliches Bild, das wohl keiner, der es gesehen hat, jemals vergessen wird. Auch zu uns kamen polnische Soldaten, die Reitpeitsche in der Hand. Mit erhitzten Gesichtern bedeuteten sie uns, aus der Kolonne heraus auf einen der Höfe zu fahren. Else und Hilde Mittag begannen zu weinen. Ich sagte »Kommt nur, es nützt nichts, sie schlagen uns kaputt. Wir versuchen nachher zu entkommen.«

Russen standen mit höhnischen Gesichtern dabei. In unserer Verzweiflung baten wir sie um Hilfe. Sie zuckten die Achseln und bedeuteten uns, daß die Polen die Herren seien. Als alles schon aussichtslos schien, sah ich einen höheren polnischen Offizier. Ich zeigte auf meine drei kleinen Kinder und fragte, was ich denn soll, ich hätte drei Kinder! Er sah uns an und sagte: »Dawei Chaussee!«

Wir griffen unseren Wagen und machten, daß wir fort kamen. Die Treckwagen stauten sich. Wir waren sonst geordnet in einer Reihe gefahren. Jetzt hielten drei, vier Reihen nebeneinander. Aus der entgegengesetzten Richtung kamen die großen Lastautos, welche die Russen fuhren. Rücksichtslos bahnten sie sich ihren Weg durch die Kolonne. Wir versuchten weiterzukommen, und es gelang uns, in die zweite Reihe zu kommen. Da wurden wir wieder aufgehalten.

Vor unseren Augen vollzog sich ein grauenhaftes Schauspiel, das uns alle tief beeindruckte. Vier polnische Soldaten versuchten, ein junges Mädchen von ihren Eltern zu trennen. Verzweifelt klammerten die Eltern sich an dem Mädchen fest. Die Polen schlugen mit Gewehrkolben auf die Eltern, besonders auf den Vater, ein. Dieser taumelte, da stießen sie ihn die Straßenböschung hinunter. Er fiel hin. Ein Pole riß seine Maschinenpistole von der Schulter. Eine Reihe von Schüssen knatterte. Einen Moment war alles totenstill, dann gellten die Schreie der beiden Frauen auf.

Sie eilten hin zu dem Sterbenden. Die vier Polen aber verschwanden im Walde.
Als wir endlich weiterfahren konnten, schallte das verzweifelte Weinen der beiden Frauen, gemischt mit dem Schreien der geschlagenen Menschen hinter uns her. Endlich, gegen 17.30 Uhr, erreichten wir die Oderbrücke. Wir waren bereit, alles an Wertsachen zu opfern, was wir noch besaßen, wenn wir nur über die Oder kämen. Dort waren noch deutsche Menschen, die würden uns helfen, uns verstehen. Nur fort von diesen Räubern und Mördern. Der Schrecken lag uns noch in den Gliedern. An der Brücke standen polnische Soldaten, jeder Wagen wurde noch einmal kontrolliert.
Als nur noch sechs bis acht Wagen vor uns standen, wurde die Schranke geschlossen. »Schluß für heute«, sagten sie uns. Was nun? Unsere Enttäuschung war grenzenlos. So kurz vor dem Ziel, und wir kamen nicht mehr durch. Wo sollten wir bleiben?
Da hieß es: »Weiter fahren in Richtung Frankfurt/Oder.« Was sollte das bedeuten? Wollte man uns nach Sonnenburg ins KZ bringen? Wir waren ihnen ja wehrlos und schutzlos ausgeliefert, Frauen, Kinder und Greise, daraus bestand unser Zug nur. Männer waren nur ganz wenige dabei. Also weiter, an den zum Teil gesprengten Festungsanlagen vorbei auf die schmale Dammstraße. Nach der Hitze des Tages bezog sich der Himmel mit schweren Wolken. Fern grollte Donner. Wir fuhren auf der schmalen Straße des Oderdammes dahin, Wagen hinter Wagen. Wieviel? Ich weiß es nicht. Der Zug war unabsehbar. Es waren wohl Tausende.

Margarethe Hackbarth

Pommernland, leb wohl!

Am 3. Mai 1946 begaben sich Frau Rohbeck und ich wie gewöhnlich – also ganz ahnungslos – auf die Mühle. Es sollte dieser Tag eigentlich ein polnischer Feiertag sein, und wir sollten deshalb, wenn wir wollten, im Hause Säcke flicken. Ich aber mußte zuerst den Spargel stechen, den ich mit nach Hause nehmen und zu Mittag kochen durfte, blieb danach aber länger im Garten und pflanzte am Hauptsteig entlang Vergißmeinnicht, Margeriten und echte Kamille, die ich mir zusammengetragen hatte. Auch das Soldatengrab, zu dessen Kopfende ich drei Tannen gesetzt hatte, wurde noch mit Blumen bepflanzt. Da es zu regnen begann, saß ich noch mit meiner Arbeitskameradin beim Säckeflicken so lange, bis es Mittag war. Nach dem Essen gingen wir wieder zur Mühle und jäteten ein wenig im Steingarten zwischen den Maiglöckchen und Steinbrechgewächsen. Da stand plötzlich Charnecki ganz aufgeregt neben uns und sagte: »Ich komme soeben vom Bürgermeister, alle Deutschen müssen fort, sofort!« Seine Reklamation, unser Dableiben betreffend, hätte nichts genützt. War das nun der letzte schwere Schicksalsschlag, der letzte Verrat an uns, der möglich war, diesmal von der neuen, von der international anerkannten polnischen Regierung? Noch vor drei Wochen hatte der Soltis meinen Vater beruhigt: »Deutsche im Kopf dumm, nicht weggehen. Polnische Regierung will nicht, daß Deutsche raus!« Und nun hieß es doch: »Raus.«

Wir sollten sofort packen, um 2 Uhr sollte der Abtransport festgesetzt sein. Wo nun in unserer kleinen Wohnung anfangen, was von dem wenigen mitnehmen, wo den Rest unserer kleinen Habe lassen? Ich lud meiner Mutter Bild, einen Reisekorb mit Büchern und andern Dingen, eine kleine Kiste mit Akten und Aufzeichnungen auf eine Karre und stellte all dieses letzte, liebe Gut in die Mühle, auch wenn es der Kommissar nicht gern sah, denn er wollte nichts von uns haben und besitzen. Dann schnürte ich für jeden ein recht gebrauchtes Bett mit Kissen, ein paar alte Wäschestücke in eine Decke und dann in einen Leinensack, suchte meine

Bibel, mein Gesangbuch, zwei Broschen, von denen eine mir meine Großmutter aus einem ihrer Ohrringe hatte anfertigen lassen, eine Korallenkette und noch ein paar Kleinigkeiten, auch noch ein Sparbuch, das mir geblieben, und versteckte sie in unserm kümmerlichen Gepäck. So sehr nachdenklich alles überschauend, auch noch in einem Beutel eine Emailleschüssel, 2 Teller und 2 Tassen und ebenso viele Messer und Gabel und Löffel in alle Sachen einwickelnd und zusammentuend, unterbrach Charnecki mein Sinnen und Handeln; er bot mir seine Hilfe an, übergab mir Zlotys, einen Kanten Brot und ein Stücklein Speck und betonte sehr, nichts von den zurückbleibenden Dingen und Möbeln haben zu wollen. Während ich mit Vater den Rucksack packte, ließen sich auch wieder andre Polen und der im Dorfe gebliebene kleine Ukrainer sehen und eroberten sich sofort wieder die letzten Dinge unseres Eigentums. Ich bat sie, uns wenigstens in diesem letzten Augenblick des Hierseins allein zu lassen.

Um 14 Uhr fuhr dann tatsächlich ein recht kleiner Ackerwagen vor, der die Alten und das Gepäck nach Freudenfier bringen sollte. Es war wahnsinnig bitter, als ich unsere armselige Habe auf den Wagen lud und Vater beim Aufsteigen half und ihm eine alte Decke zum Warmhalten über die Knie legte, da er sich ja noch immer nicht so ganz von seiner Krankheit erholt hatte und noch recht schwach war. Dann wagte ich mich noch einmal ganz schnell mit einigen Bildern und Büchern auf den Mühlenboden, weil das Herz an diesen alten Familienandenken besonders hing, stellte sie dort ab, betrat danach noch einmal unsere kleine Dorfwohnung, die unsere letzte Heimatzeit mit uns erlebt hatte. Und dann sah ich noch einmal hinunter auf die geliebte Mühle, auf mein Geburtshaus, auf den Garten, in dem der alte Birnbaum mit vielen weißen Blüten, die grünenden Beerensträucher, die langen Spargelbeete, noch einmal zurückgrüßten! Alle und alles hatten wir noch in den letzten Wochen pflegen und in Ordnung bringen dürfen! Lebt wohl! Wäre ich nicht geblieben, ständen Heimathaus und Hofgebäude nicht mehr! Nun bleibt ihr zurück, bleibt dem Feinde, oder hoffentlich den Menschen, der Familie, die wie Freunde zu uns waren. Dann schloß ich die Haustür und ging aus dem elterlichen Besitz, als wäre er ein Heiligtum, eine Gottesstätte gewesen! »Die Heimat ist die Erde, aus der Gott uns schuf, die Erde ist das Schicksal, aus dem Gott uns schlug!« Vater, vergib ihnen, denn sie wissen nicht, was sie tun, wissen nicht, daß wir bluts-, besitz- und geschichtsmäßig seit

Jahrhunderten im Osten, in Polen, Posen, Pommern, Schlesien und Brandenburg gelebt, gebaut, gesät und geerntet haben, und daß Vorfahren sogar bedeutende Männer in der Geschichte Polens und Pommerns und dem gotischen Weichsellande gewesen waren. Aber es war längst vorbei mit jenem historischen Denken, mit jeder Tradition, mit jeder Anerkennung von Heldentum und Erfolgen und Verdiensten, jetzt sprach nur noch Terror, nur rohe Gewalt, nur noch Verrat und Totschlag. Wie kurzsichtig, wie unwissend, wie maßlos unklug, wie schrecklich brutal sind die angeblichen neuen Machthaber! Sie wollen von den Menschen nichts wissen, denen Gott einmal dies Land, diese Erde zu Lehen gab! Sie werden noch einmal diese unsere Ausweisung sehr bereuen! Denn dies Land, unser Feld und Wald, wird ohne unsre Herzen und Hände veröden und zur Steppe werden! Ohne Gerechtigkeit, ohne Liebe, ohne Fleiß kann ja doch kein Segen werden! Ob ich noch einmal wiederkehren, noch einmal alles wiedersehen werde?
So in Gedanken erreichte ich langsamen Schrittes den Wagen, der noch vorm Starkschen Hofe die Sachen der anderen Ausgewiesenen auflud; zu Vater stiegen die alte Frau Stark, das Ehepaar Krause und die Kinder auf das Gefährt; wir andern, Rohbecks, Martin und Schwester Hedwig, Schuhmacher Hahn, der Enkel Stark sollten und wollten zu Fuß nebenher wandern. So verabschiedete ich mich vom guten Charnecki und dem Schuster Stephan, nickte den andern Polen zu, die uns auch recht nachdenklich ansahen und ging – ging aus meinem Heimatdorf, bog aber am Dorfende noch zum Friedhofe ein, zu Mutters und der Großeltern Gräber, auf die ich noch einige Tage vorher selbstgezogene Stiefmütterchen gepflanzt hatte. Leb wohl, du stiller Friedhof am Waldesrand, der du die sterblichen Reste der liebsten und treuesten Menschen unseres Lebens birgst! – Als ich auf die Landstraße zurückkehrte, stieß ich auf Nawroths und gemeinsam, ohne ein Wort zu sprechen, gingen wir auf Schöntal zu.
Auf der Chaussee, in der Höhe des letzten Waldes vor Freudenfier, war die Ruhe zu Ende, es begann erneut die Quälerei durch die junge Miliz, die die begleitende Ausweisungskommission abgelöst hatte. Sie befahl: »Alles Gepäck vom Wagen, jeder muß absteigen, jeder muß seins tragen!« Der Vater, noch sehr von der Krankheit geschwächt und blaß aussehend, hatte kaum die Kraft zum Absteigen, viel weniger zum Tragen; und doch faßte er den Bettpacken an und half mir so gut und so langsam er konnte.

Der 82jährigen Großmutter Stark wurde ein schwerer Bettsack weggenommen und in den Wald geworfen und dort versteckt. Alle protestierten und murrten, besonders auch die alten Krauses, die beide sehr elend und gebrechlich waren. Es war allen zumute, als sollten sie zu Tode gehetzt werden! Während wir so unter dem Druck der Treiber dahinschleppten, hielt Charnecki mit dem Rade neben mir, mich fragend, ob ich nicht zurückkehren wollte. Er würde beim Woid versuchen, den Vater und mich vom Transport zu befreien. Ich überlegte. Es war so verführerisch, das Zurück angesichts des Mordgrimms der Verfolgung, hier auf der Chaussee, angesichts des schweren gebeugten Ganges von Vater, und ich bat den Guten, den Vater entscheiden zu lassen. Der wollte so wie ich handeln, und so dankte ich Charnecki für sein freundliches Anerbieten und bat ihn, uns den nun begonnenen Weg weitergehen zu lassen. Wir waren ja den unberechenbaren Schicksalsmächten längst gram und hatten ja bis jetzt von der polnischen Behörde keinen Beweis von Entgegenkommen und Gleichberechtigung.
Nachdem wir uns noch ein wenig von unserm Brot gestärkt hatten, zogen wir mutig los, Sagemühl zu. Wie oft, wie oft waren wir diesen Weg mit dem Wagen, mit dem Auto, mit der Post gefahren; zu Fuß, nein, zu Fuß hatte mein Vater diesen Weg noch nie zurückgelegt. Ganz langsam ging es vorwärts. Martin karrte die schwere Last für sich und seine Schwestern und uns. Der Schweiß stand ihm bereits vor Anstrengung auf der Stirn, und ganz blaß wurde er. Ich meinte, er würde zusammenbrechen und löste ihn ab; 200 m weiter habe ich es auch nur geschafft – dann hatte ich genug und wußte mit einem Male, wie es ist, wenn das Kreuz überbelastet ist und zusammenbrechen will. Und doch löste ich unsern sich aufopfernden Helfer noch einmal ab!
Kurz vor dem Dorfe Sagemühl, als ich es nicht mehr ertrug, die Alten ihre schwere Last schleppen zu sehen – Krauses hatten ihren Bettsack unterwegs schon zurückgelassen –, bat ich alle, auszuruhen, und bis zu meiner Rückkehr zu warten; dann suchte ich die Wohnung des dortigen Soltis auf und schilderte ihm unsere Notlage. Er zeigte Verständnis und nannte mir den Namen eines Hofbesitzers, der uns nach Dt. Krone transportieren könnte. Der wies mich aber an einen andern Polen, in dessen Haus unter Heiligenbildern viele Blumen in Vasen aufgestellt waren; er hatte ein Einsehen, erhörte meine Bitte, und ich versprach ihm von mir aus 300 Zlotys. Ich selbst half ihm Saatkorn und Egge vom Wagen neh-

men, half anspannen, weil ich wußte, wie ungeduldig die anderen warteten. Wie waren sie überrascht, wie atmeten sie auf, als der gutmütige Bauer die Alten und Kinder und das Gepäck auf seinem Gefährt unterbrachte, Frau Krause und Hahn waren bereits nach Neufreudenfier mit der Karre gezogen, um das zurückgelassene Bettzeug zu holen. Wir pilgerten nun Dt. Krone zu ohne Last, sie war doch gar so schwer gewesen! Auf dem Bahnhofe erfuhren wir, daß sich das Sammellager im früheren Kreiswehrkommando, also in der Bahnhofstraße befände. Unser guter Pole fuhr dorthin und half uns dort unsere Bündel und Säcke abladen, ließ sich das Herbringen bezahlen und sich von uns bedanken. Vor dem großen Hause war ein großer Betrieb, auch noch andere Ausgewiesene kamen an; ich betrat das ehemalige Wehrkommando mit eigenartigen Gefühlen, im Gedanken an seine früheren Inhaber und Mitarbeiter; schon auf den Gängen und Treppen trafen wir auf viele Menschen, ich meldete unsere Gruppe in einem Büro an, die danach in ein Zimmer beordert wurde. Fast zwei Stunden hatte die Registrierung bei der Fülle der Ankommenden gedauert. Diese waren aus den Dörfern Plietnitz, Wissulke, Schrotz, auch aus Dt. Krone und waren wie wir zur Ausweisung aufgefordert und nun hier untergebracht.

Das Haus der Wehrmacht, ein moderner Bau, war nicht wiederzuerkennen. Die Räume waren auch leergeräubert worden und jetzt von den heimatlos gewordenen Menschen und ihren jämmerlichen Habseligkeiten gefüllt. Im Keller stand das schmutzige Wasser fußhoch, auf ganz dicken Bohlen gelangte man notdürftig zur Wasserleitung. Verpflegung gab es nicht, deshalb kochten viele Frauen im Hofe auf selbstgebauten Feuerstellen eine Suppe oder Kaffee. Da ich keinen Kochtopf eingepackt hatte, erlaubte ich mir, von einer Polin in einem der Nachbarhäuser eine kleine Kanne mit Malzkaffee für den Vater schenken zu lassen und kaufte auch in einem Geschäft für meine Zlotys etwas Butter und Käse. Wie gut, daß ich diese verdient und von Charnecki noch welche dazu bekommen und noch nicht in Reichsmark umgetauscht hatte. Auch ein wenig Alkohol und ein paar Zigarillos erstand ich für den Vater zu seiner Erfrischung und Aufrechterhaltung. Das waren seit 15 Monaten meine ersten Einkäufe von noch eigenem verdienten Gelde. Ob man ahnt, was das bedeutete, ein wenig, ein ganz klein wenig unabhängig und frei zu sein und befreit zu handeln?

Bei all diesen kleinen Unternehmungen traf ich allerlei Bekannte und lie-

be Menschen von früher. Ich sprach mit einigen ehemaligen Schülerinnen, erlebte einen Augenblick herzlichen Wiedersehens mit Kluges, Medenwalds, Ewerts aus Dt. Krone und mit so tüchtigen Landleuten, auch mit unserer Mathilde Krause, die vor Jahren uns so vorbildliche und treue Dienste geleistet hatte. Alle waren so ernst, so traurig, so elend, kaum zu kennen, kaum wagend, etwas zu sagen. Alle waren wie wir von der Miliz aus ihren Wohnungen, von ihren Beschäftigungen abberufen worden, denn bis zum 31. Mai – so hieß der Regierungsbefehl – sollten alle Deutschen über die Oder abtransportiert sein. So grauenvoll schwer auch den meisten die Ausweisung war, so sahen sie diese doch als eine Notwendigkeit an und hofften auf das Wiedersehen und Zusammenleben mit ihren Angehörigen und auf die Freiheit und bessere Ernährung im Westen. Viele gingen zum zweiten Male aus der Heimat und empfanden nach allen Verfolgungen das diesmalige Fortmüssen als ein Geschenk des Himmels.
Die Nacht verbrachten wir sitzenderweise auf dem Fußboden. Ruck- und Bettsack dienten als Lehne, zum Langlegen war kein Platz, auch nicht die rechte Ruhe. Als der Morgen graute, und die Sonne grad am Horizont auftauchte, schlich ich mich aus dem Zimmer, stieg die Treppe abwärts an der schlafenden Wache vorbei und tappte mich auf dem Hofe an den Feuerstellen und dann an den Zäunen entlang, bis ich die Schneidemühler Straße erkämpft hatte, und ging dann gemächlichen Schrittes die Königstraße hinauf zum Friedhof! Wie dankbar war ich für manch unversehrtes Haus, in dem früher Freunde gewohnt hatten, für das erhaltene Gymnasium, für die katholische Kirche, den Marktplatz, das Krankenhaus, und immer wieder wanderten die Gedanken zu den Menschen und Erlebnissen der Vergangenheit. Auf dem Friedhofe waren noch fast alle Gräber so schön gepflegt, es war mir, als wenn unsre Deutschen hier den Verstorbenen noch ihre ganze Liebe und Fürsorge hatten anvertrauen dürfen. Nun mußten sie auch dieses blühende Stücklein Erde verlassen, und doch packte mich ein Grauen, als ein Grab, das ich im Spätsommer noch selbst ein wenig geordnet hatte, jetzt verschwunden war und die Grabstätte für zwei Polenkinder geworden war. Wie eine Grabschändung kam es mir vor, war ich doch selbst auf der Beerdigung des dort Ruhenden gewesen! Auch deshalb war es mir unfaßbar, da grad die Glocken zu läuten begannen und die Polen zur Messe riefen. Wieder war der Gegensatz, der Widerspruch allen Lebens

und Denkens unbegreiflich, unbegreiflich die Schwäche, die Würdelosigkeit des Christseins und seiner Gemeinschaft im Glauben und Wollen und Handeln. Es sollte doch längst so sein, daß jeder Christ vor den heiligen und geheiligten Stätten, ganz gleich zu welchem Volk und zu welcher Konfession er auch gehörte, Ehrfurcht haben sollte!
Nach 2 1/2 Stunden Fortsein war ich wieder im Sammellager, wo alles am Aufstehen war. Man wusch sich, man kochte auf dem Hofe den Kaffee, man machte etwas Ordnung. In meinem Schlafraum saßen schon alle so ganz gehorsam und brav auf ihren Plätzen. Ich half Vater beim Aufstehen und überredete ihn, mit mir in eins der Häuser am Schlosse gegenüber der Pietagruppe zu gehen. Er willigte ein; wir betraten dort den Hof und ließen uns von dem neuen Besitzer, einem Polen, eine Schüssel und einen Eimer mit Wasser geben, und dann wuschen wir uns langsam, ich auf dem Laufsteg, vor mir den spiegelblanken, still ruhenden See, gegenüber dem Amt, der evangelischen Kirche, die zum Dom erklärt worden war. Da jagten erneut die Erinnerungen durch den Kopf! Wie oft war ich als Schulmädel auf dem Amt bei Borchardt-Otts gewesen und hatte die Freundin Mirjam besucht oder im Gottesdienst seiner Kirche. Wie ich noch an dieses und jenes dachte, war Vater fertig mit seiner Toilette; die Polen sahen auch gewiß einen längeren Aufenthalt nicht gern, so bedankten wir uns bei ihnen und gingen in ein Restaurant, wo wir um Kaffee und Brötchen baten. Auch dort wurden wir freundlich, fast liebenswürdig bedient, man hatte wohl Mitleid mit uns, die wir nun von Haus und Hof aus der Heimat mußten; vielleicht war auch jemand unter ihnen, der auch noch nach Hause wollte und hoffte, daß die europäische Politik sich nochmal zu Vernunft und Gerechtigkeit bekehren würde; ohne Recht und Gerechtigkeit, ohne Ordnung und Gesetz würde es sehr schwer werden, einen Neustaat aufzubauen.
Schweigend, aber wohl in Gedanken an frühere Zeiten, lenkten wir unsre Schritte zum Lager zurück, unterwegs wieder Leidensgenossen treffend und mit ihnen schnell ein paar Worte wechselnd. Das gemeinsame Schicksal, das Aufgeben der Heimat, und das Wissen um alles, was jeder dalassen mußte, stimmte die Herzen so treu zusammen und ließ so oft einen Händedruck tauschen. Ich war innerlich recht gleichmütig geworden bei allem hilfreichen Entgegenkommen, auch bei allem Wiedersehen und Erinnern! Gab es doch im Orte der Schulzeit, im schönen Dt. Krone kaum ein Haus, eine Gasse, eine Straße, eine Promenade, die man

nicht gesehen, die das aufnahmefähige Herz nicht in sich eingeschlossen, nicht in das Buch seines Lebens eingeschrieben hatte: alle Bilder, die kamen, waren durch den Schleier der Vergangenheit nun noch abgeklärter, noch harmonischer geworden, und sie kamen und gingen mit jedem Menschen, mit jedem Haus, das man sah! Und wo waren die vielen andern, die mal das Leben in Schule und Heim, in Kirche und Feierstunde bereicherten und es füllten mit Liebe und Freude, mit Wissen und Glauben, mit Leid und Schmerz, mit Glück und Enttäuschung? Wer wird von ihnen noch zu finden sein, wenn wir wirklich in die westlich besetzten Gebiete unseres Vaterlandes kommen sollten und sie suchen würden? Ich gehörte zu den wenigen, in denen die Begriffe Heimat und Vaterland noch ganz tief in der Seele verwurzelt waren; es waren ja auch schon solche unter uns, die sich fast schämten, als Deutsche noch angeredet zu werden! Mit diesen und ähnlichen Gedanken und Feststellungen, auch mit neuen Begrüßungen verging der Sonntagvormittag unter den Wartenden im engen Raum.
Dann verbreitete die Lagerleitung die Nachricht, daß ein Zug für einen Transport von 2 400 Menschen wieder eingelaufen wäre. Da machte ich mich sofort wieder auf den Weg zum Bahnhof und sah gerade, wie über 50 Waggons ihre Nummern erhielten und von deutscher Jugend reingefegt wurden. Also konnte die Abfahrtstunde früher kommen, als wir dachten. Kaum war ich wieder im Lager, als auch schon der Befehl zum Fertigmachen und zur Aufstellung gegeben wurde. Da Vater nichts tragen konnte, schleppte ich schnell vorher heimlich unsern Bettsack zum Bahnhofe und versteckte ihn dort hinter einem Gebüsch beim Eingang der Anlagen. Wieder zurückgekehrt, waren schon viele unserer Leute in Reih und Glied mit dem Gepäck in der Hand oder auf dem Rücken auf der Straße aufgestellt; ich holte auch meinen Rucksack und trat dann neben Vater auf das Pflaster! Schier endlos dünkte das Warten. Die Russen, die in ihren Kutschen im Laufe des Vormittags vor dem Wehrkommando auf und ab gefahren waren und reklamiert hatten, um ihre Wirtschaftshelferinnen von der Ausweisung zu befreien, waren jetzt verschwunden. Schon wurden die Nebenstehenden vom Tragen und Ausharren und wohl auch vom Hungern blaß und müde! Mir war es kaum möglich, in all ihre Gesichter zu sehen, so furchtbar, so demütigend war mir ihr Anblick mit all den bleischweren Lasten, die das Kreuz immer tiefer beugten. Man hätte aufschreien mögen ob dieser geschlagenen und

gepeinigten Menschenreihe! Ob wohl Christi Weg nach Golgatha schwerer gewesen ist als dieser Weg zum Bahnhof? Endlich durften wir ein paar Schritte weitergehen, begleitet von sehr nervösen und aufgeregten Milizsoldaten. Nach mehreren kurzen Haltepausen erreichte der lange Zug dann doch den Bahnhof, wo ich noch meinen Bettsack da vorfand, wohin ich ihn gelegt hatte. Da unsere Dorfgruppe die Nr. 52 hatte, mußten wir in einen großen Verladewagen klettern und fanden darin in einer Ecke neben Einwohnern aus dem Dorfe Schrotz ein Plätzchen auf unsern Sachen.

Gegen 20 Uhr zog die Lokomotive den Zug an. Heimat lebe wohl! Aus einem Nebenwaggon scholl Gesang: »Großer Gott, wir loben dich!« Wie eine Befreiung, wie eine Erlösung, wie ein Aufatmen von monatelangem Joch empfand man dieses Fortgehen; wenn es auch für die meisten so war, so begriff ich das Singen doch nicht; ich hätte nicht singen, nicht loben, nicht preisen, auch nicht das Lied anstimmen können: »Ade, du mein lieb Heimatland.« Mir war viel, viel zu weh zumute; es war einer der Augenblicke wieder im Leben, da das Herz schweigt, weil's der Wunden, die es schier zerreißen, nicht Herr wird. Wer hatte ein Recht, uns aus der Heimat zu jagen, die seit Jahrhunderten unser war? Warum, warum ließ Gott der Herr dieses Gehenmüssen zu? Warum mußten wir es dulden?

In unserm Wagen herrschte ein freundlicher, kameradschaftlicher Ton; so weit es möglich war, lehnte sich jeder auf einem Packen mit dem Rücken an die Waggonwand; der Zug fuhr langsam in Richtung Stettin. Beleuchtung hatten wir nicht, der eine oder andere versuchte wohl zu schlafen, trotz der Mädchen, die mit den Begleitpersonen schäkerten. Aber die 22 Kinder benahmen sich mustergültig und nickten bald ein und die Älteren wohl vor Übermüdung.

Gegen Morgen eroberte ich mir einen Platz an der Schiebetür. Pom/Stargard war erreicht, die Stadt bot vom Zuge aus einen trostlosen Anblick mit all den zerstörten und zerschossenen Häusern. Nun begann das Warten auf die Grenze, auf die Oder. Ich war diese Strecke doch so oft gefahren, als Provinzialjugendpflegerin des pommerschen Landesverbandes für die ev.-weibliche Jugend, und hatte gehofft, daß der erste große Oderarm, über den die Eisenbahnbrücke führte, die Grenze des von den Polen besetzten Gebietes wäre, aber es war wohl nicht so, es war alles so unübersichtlich! Der Zug mußte bremsen und sehr langsam fahren, denn das Passieren der notdürftig hergestellten Brücken war noch le-

bensgefährlich! Auch die Zerstörungen und Folgen von Beschießungen und Bombenangriffen erschütterten maßlos: »Tand! Tand! ist das Gebilde von Menschenhand!« Ihr stolzen Baumeister, seht, was aus euren Kunstwerken, aus euren gutdurchdachten Bauplänen, aus eurer Friedensarbeit geworden ist; aus euren Ideen und Taten zum Segen der Menschheit! Zerbrochen, verbogen, zerschunden, ein Spiel der Wellen und des Wetters lagen die schweren Eisenträger der Oderübergänge da, ein Anblick, den nur der Teufel gutheißen konnte. Von unserer Provinzialhauptstadt, die mir in der Pension von Fräulein Marianne Jahn ein paar Jahre Heimat gewesen war, sahen wir zuerst kaum etwas, da der Zug um die Stadt geleitet wurde; er hielt zuerst in dem berüchtigten Scheune, in der schon bekannten Grenzstation, wo den Deutschen, wie es hieß, die letzten mitgenommenen Werte genommen würden! Wir durften den Zug nicht verlassen und erhielten einen neuen Schlag gegen unsre Ehre: Ein Riesengüterzug mit den Maschinen einer abmontierten Flugzeugfabrik stand auf dem Nebengleis! Mit dem feinsten, glänzenden Aluminiumblech waren die vielen gutnumerierten Kisten sehr säuberlich beschlagen und auch vernagelt. In dieser Stunde stürzten sich auch wieder die Hühnergeier auf unsern Zug und wollten schachern und räubern, wurden aber diesmal daran gehindert; gutgesinnte Männer dagegen tauschten uns das polnische Geld um; ich erhielt sogar für 100 Zlotys 100 RM. Hätte ich das gewußt, dann hätte ich all Hab und Gut, das wir zurückließen, auch verkauft; aber verschachern, feilschen, verhandeln, ich hatte es bisher nie gemocht, es regte so auf.
Um die Mittagszeit setzte sich der Zug wieder in Bewegung. Wir fuhren an Stettins großem Friedhof vorbei, passierten Neu-Torney und Bredow! Ich wurde stiller und stiller. Mein geliebtes Stettin! Kaum ein Haus war ganz, zerstörte Häuser, leere Fensterhöhlen, kein Mensch war zu erblikken! Grauen-Grauen und Abscheu-Abscheu vor diesen Taten an uns Pommern, an unserm Land, an unsern Menschen! Über den vielen, vielen Trümmern wehte auf einem Gebäude in der Ferne, wohl auf der Hakenterrasse, die polnische Flagge. Greifenherzöge, was sagt ihr wohl dort oben im Himmel zu eurer Stadt?
In Frauendorf lief unser Zug gegen 17 Uhr ein, über einen halben Tag hatte er sich um Stettin geschlichen und uns immer neue Blicke auf die zerstörte Stadt gezeigt. In dem Vororte der Stadt hieß es nun: »Aussteigen!« und dann: »Antreten zum Marsch ins Übernachtungslager!« Wie-

der war uns unser so kümmerliches Gepäck viel, viel zu schwer. Ich ließ meinen Bettsack am Wegesrand liegen, bis Frau Krause sich meiner erbarmte und mir ihn tragen half. Es war ein unangenehmes Drängen, Schubsen und Schelten, bis wir Jagdhäuser auf dem Boden unter dem Dache des Johanna-Kittel-Heimes saßen, ganz beengt unter recht rücksichtslosen Leuten. Man fror innerlich und äußerlich, war so abgespannt und dazu todtraurig ob aller Unbarmherzigkeit und lautem Geschwatze ringsum!

Aber auch diese unbarmherzige Nacht mit aller Unruhe, ohne Licht und Rücksichtnahme, ohne Gnade ging vorüber. Ich stand schon früh auf und begegnete schon andern Leidensgefährten an den Kochstellen im Garten, wo man sich auch im nicht gerade sauberen Bächlein wusch. Da mich wieder die Unternehmungslust packte, entfernte ich mich aus dem Hause, kam an die Anlegestelle der Dampfer, wo gerade schon ein Transport Vertriebener für die Abfahrt bereitgemacht wurde, und suchte mir eine Bäckerei, in der ich für die letzten Zlotys Brot kaufte. Kaum war ich wieder im »Heim«, als wir auch schon wieder antreten mußten zum weiteren beschwerlichen Gang, die Treppen hinab, die Straße aufwärts und dann wieder abwärts auf den Hof des Riesenkomplexes ehemaliger neuer Beamtenhäuser. Dort standen und standen wir und sahen zu, wie eine früher eingetroffene Gruppe unter dem Schlagbaum hindurch zur Registrierung und zur »Entlausung« in eins der Gebäude geführt wurde. Dieser Marterweg setzte sich zur Kontrolle des Gepäcks fort; am Eingang war dort – weithin leserlich – ein Plakat mit folgenden Worten angebracht: »Jeder darf nur so viel Gepäck bei sich haben, wie er tragen kann.« Am Schlagbaum war ein andauerndes Schelten wegen großer Unzufriedenheit, und die Miliz verbitterte alles aufreibende Warten und Stehen noch mehr. Als wir auch die ersten Entlassungsstationen hinter uns hatten, begann für mich wieder die Not, wie ich Vaters Sachen am besten durch die Zollstation schaffen könnte. Es gelang mir wieder, es neben einer andern Gruppe bis zum Eingang vorwärts zu bringen, jeder half sich selbst, so gut er konnte. Wie auf einem deutschen Zollamt war dort alles eingerichtet; wir mußten unser Gepäck vorzeigen; es wurde aber nur betastet, bis auf meinen Rucksack, der genau ausgepackt und durchsucht wurde. Man ließ mir die kümmerliche Wäsche, durchblätterte meine Bibel und das Gesangbuch, durchschnüffelte eine Hülle mit Fotos und nahm nichts von diesen Dingen bis auf mein noch mit mir geführtes Sparkassenbuch. Also war auch dieser Beweis meiner Sparkassenkonten dahin. Auch des Vaters Mantel und Geldtasche wurden genau geprüft, ihm aber zurückgegeben. Wie atmete man auf, als diese Strapaze vorbei war, und als wir mit der Dt. Kroner Gruppe Nr. 14 in unsere Aufenthalts- und Schlafräume gewiesen wurden. Der einzelne hatte dort in einem Zimmer so viel Platz, daß er sich ein Lager auf dem Boden zurechtbauen konnte. Unter einem Dache auf dem Hofe war ein einfacher Herd mit einer Doppelreihe von Feuerstellen hergerichtet. An dem waren Frauendorfer Frauen tätig und kochten für uns in Riesenkesseln das so ganz einfache Mittagessen, auf Anordnung der Ausweisungsbehörde eine Erbsensuppe, ohne Fleisch und Fett natürlich. Ich freundete mich mit den netten Köchinnen an und bot meine Hilfe an und durfte beim Austeilen helfen. In langen Reihen traten unsere Leidensgefährten an, und dann erhielt jeder einen halben Liter Essen in seine Schüssel gefüllt. Mir tat der Arm fast weh, als ich Hunderten dieses Maß von Suppe zugeteilt hatte.

Nach dem Mittagessen wagte ich wieder einen Ausflug in die wundervoll blühenden Obsthänge von Frauendorf und traf unterwegs noch andere Deutsche, die mir – ich weiß nicht, wie es kam – den Weg zu einer noch am Orte weilenden deutschen Familie empfahlen. Ein lieber, sehr höflicher Knabe öffnete mir, nachdem ich geklingelt hatte, die Tür und meldete mich bei der Mutter an; nach freundlicher Begrüßung erlaubte sie dem Jungen, für mich eine Tüte Bonbons zu besorgen. Sie hatte auch bereits ihr Geschäft auf der Lastadie in Stettin aufgeben und hierher flüchten müssen und lebte nun hier von dem Erwerb als Schneiderin. Nach meinem kurzen Bericht des Herkommens schenkte mir die herzensgute Seele noch zu dem Süßen eine Flasche Kaffee für den Vater, so daß ich sie mit herzlichem Danke und guten Segenswünschen verließ. Auf dem Rückwege passierte ich nochmal den Hafen und stellte dort das Anlegen eines neuen Transportschiffes fest; täglich, so hieß es dort, gingen in diesen Wochen ein bis zwei Schiffe mit ausgewiesenen Deutschen ab, um sie über den Seeweg gen Westen zu schaffen und auf dem Rückweg Polen in ihre Heimat zurückzubefördern.

Zwei Tage und zwei Nächte dauern recht lange in einem Lager, und doch füllte sich die Zeit mit allerlei Hilfeleistungen und der Fürsorge für den Vater und mit dem Treffen und Unterhalten mit den alten Bekannten aus Dt. Krone. Am zweiten Morgen wurde ich mit noch anderen zum

Reinemachen des Lazaretts und der Milchkühe kommandiert, wo wir auch für die Kleinkinder die Milch heiß machten; des Mittags konnte ich wieder bei der Ausgabe des Essens, diesmal einer dicken Suppe von Mehl, das in großen Säcken herangeschafft worden war, und bei der Verteilung des Kaffees helfen. Die Haltung und Fassung hier in unsern Gruppen war bewundernswert, einer unterstützte den andern, jeder so zufrieden, daß die Formalitäten glücklich überstanden und erledigt waren, und still in der Hoffnung, daß der Übergang der Ausweisung bald zu Ende wäre. Nur die Miliz beunruhigte ab und an die Stillen und Harrenden in den Zimmern und vergrößerte so die Sehnsucht nach dem Weiter, nach dem Westen!
Am 9. Mai wurde in der Frühe bekanntgegeben, daß wieder ein neuer Dampfer, die »Spree« eingetroffen, und daß nun unser ersehnter Transport an der Reihe wäre. So wurden sogleich nach dem Frühstück die Habseligkeiten zusammengeschnürt und auf dem Hofe in Reihen angetreten; wieder war es, als wenn man schweres Blei in seinen Bündeln hatte, so furchtbar wogen sie in den Händen und auf dem Nacken. Ich wurde zu meiner großen Erleichterung beim Tragen unterstützt von dem so gutherzigen jungen Lange aus Dt. Krone-Abbau, der mit der Mutter und seiner Lehrerin-Schwester auch zu unserer Gruppe gehörte, bis zum Kai. Niemals werde ich ihm diese Ritterlichkeit vergessen angesichts des so langsam, gedrückt und einsam vorwärtsschreitenden Vaters unter den vielen so gebückten Menschen!
Am Anlegesteg des Dampfers änderte sich plötzlich die Welt für uns! Es war fast so, als wenn wir aus der Gefangenschaft in die Freiheit, aus der Hölle in den Himmel kämen! Es wurde mit einem Male alles so leicht, so einfach, so selbstverständlich für uns. Ehemalige Matrosen nahmen uns das Gepäck ab, es war, als wenn Zentnerlasten von uns allen fielen (beim Weiterbefördern haben sie allerdings auch meine Teller zerschlagen!). Man sprach höflich, ja liebenswürdig mit uns, führte die Alten über den Landungssteg und half den Kindern. Wir waren mit einem Male wieder Menschen, vollwertige, wenn auch sehr bedauernswerte Menschen geworden, waren Heimatlose, von der Scholle Vertriebene, die wieder in ein besseres Leben sollten! Würden wir wirklich irgendwo Zuflucht finden, würde noch jemand drüben im Vaterland sein, der uns aufnahm und sich unser in unserer Armut erbarmte?
Auf dem Schiffe wiesen unsere Gruppenleiter jedem eine Koje an, und

bald darauf stießen wir von Land. Sofort wurde das Mittagessen verteilt, jeder durfte sich an einer guten, kräftigen, reichlich zugemessenen Gemüsesuppe stärken, die Kinder wurden mit Milch, Keks und süßer Suppe gefüttert, und wir Großen konnten den Durst mit wirklich wohlschmekkendem Kaffee löschen. Auch Brot wurde verteilt! Es geschah alles auf dem Dampfer unter der Obhut und Führung englischer Soldaten, es klappte alles bei der Unterbringung und Verpflegung vorzüglich, alles war mit Humanität, mit Freundlichkeit durchdacht, es war endlich alles um uns und mit uns so manierlich, so ordentlich, so gut, so ... deutsch! Da man durch all diese materielle Fürsorge so erleichtert und befreit war, hatte man Zeit für die Welt ringsum! Ich stand am liebsten auf Deck und schaute viele Bilder vergangener Tage, von früheren Oder-Haff-Fahrten. Und doch waren die Fabriken, früher am Uferrand rauchend, hämmernd, ratternd, jetzt stillgelegt oder gar – ein Trümmerhaufen! Aber der Mai mit seinen zauberhaften, lichtgrünen Farben und seiner Sonne verschönte die Landschaft, und die Lichtbahn auf dem Wasser begleitete uns wie schimmerndes Gold. Ruhig und sicher fuhr die »Spree« in das Haff ein, auch hier am Ufer des Dammschen Sees war alles so abgebaut, so unheimlich still. Da kam kein Ausflugsdampfer mit fröhlichem Lachen, da war nirgends ein Kran in Tätigkeit, da war kein Fischerkahn zu sehen, da war auch überall Leere, diese furchtbare Folge eines Krieges oder verlassenen aufgegebenen Landes. Empört waren wir über die Tatsache, daß 7 Dörfer – auch Swinemünde – an der linken Seite der Oder auch noch zum polnischen Besatzungsgebiet geschlagen worden waren. Also war die Oder ja doch nicht die klare Grenze! Als wir die sogenannte Kaiserfahrt passierten, sahen wir zu unserem Schrecken aufgeschichtete Bomben, zerkrachte Tanks und Flugzeuge. Und dann im Hafen von Swinemünde lag eine ganze Anzahl unserer kleinen Kriegsschiffe, bewimpelt mit den Farben und Flaggen der Völker und Länder im Gedenken an die erste Wiederkehr des Waffenstillstandes im Mai 1945.
Das Meer nahm uns auf, immer noch schien die Sonne über unserem Pommernland! Wie weit, wie groß ist Gottes Welt, wie reich sein Licht, seine Wärme, sein Leben! Und wie haben wir uns den Raum Seiner Erde so häßlich, so gemein, so eng, so unerträglich, so zur Hölle machen lassen! Mich schauderte! Immer noch fielen die Sonnenstrahlen goldenschwer ins weite, weiter werdende tiefe Meer, bis der rote Lichtball in der Richtung über Misdroy verschwand! Mehrere Freizeiten hatte ich an der

pommerschen See mit der Jugend erlebt und dann angesichts der großen irdischen Sonne sie etwas ahnen lassen von der Lichtfülle der ewigen Welten: »Brich herein, süßer Schein sel'ger Ewigkeit!«
Immer breiter wurde der Blick auf unsere pommersche Küste, und dann verschwand sie mit dem gehenden Tage ganz, ganz allmählich! Heimatland, Pommernland, leb wohl ...

V

»Pommerland ist abgebrannt – Maikäfer flieg ...«

Letzte Tage in Pommern in Romanen und Erzählungen

Herbert Reinecker

Kinder, Mütter und ein General

Der General sah sie an.
»Liebe Frau –«, begann er.
»Ich bin nicht Ihre liebe Frau. Ich heiße Bergmann. Elfriede Bergmann aus Stettin. Ich habe zwei Söhne, Karl und Leo. Schüler. Verstehen Sie, Schüler sind das und keine Soldaten. Sie sind nicht eingezogen. Nicht einmal gemustert. Die können Sie nicht einfach an die Front schicken.«
»Es kommt nicht mehr darauf an, was ich darf oder nicht darf. Ich trage jede Verantwortung –«
Die Ärztin lachte. Es war ein sonderbares, grelles Lachen. Nicht zu laut, aber sehr verächtlich. So verächtlich, daß der General rot im Gesicht wurde und ganz steif vor Widerwillen stand.
»Sie tragen überhaupt keine Verantwortung«, sagte die Ärztin wieder sehr leise. »Sie sagen es nur. Vielleicht glauben Sie es wirklich, daß Sie Verantwortung tragen oder fühlen, aber Sie spüren sie gar nicht.«
Mit dieser Stimme der Ärztin begann ein ganz neuer Abschnitt der Unterhaltung.
Sie erhielt plötzlich einen anderen Charakter. Nur durch eine Stimme, eine ganz blasse, farblose Stimme, die scharf und deutlich und doch leise wie ein Hauch war.
»Von der Verantwortung ist nur das Wort übriggeblieben.«
»Ich muß Sie sehr bitten –«, sagte der General scharf.
»Bitten Sie nicht«, sagte die Ärztin schlaff und so wie vorher, »und nicht mit dieser Stimme. Ich weiß, daß es Ihre Generalsstimme ist –«
Der General stand steil aufgerichtet, und die Röte wich aus seinem Gesicht, daß es bleich wurde wie die Wand.
»Mit dieser Generalsstimme können Sie manches erklären. Mit solch einer Stimme wird vieles glaubhafter, aber ich sage Ihnen, daß Sie nicht mehr wissen, was Ihre Verantwortung ist. Es ist nur noch ein Wort. Sie ahnen es, und ich sehe, daß Sie Angst haben, daß es nur ein Wort sein könnte –«

Der Hauptmann sagte mit schneidender Stimme: »Unerhört.«
Aber der General, so bleich er war, hob die Hand und der Hauptmann klappte den Mund zu.
»Lassen Sie nur«, sagte er.
Die Ärztin aber war unaufhaltsam. Sie redete nicht lauter als vorher, aber auf eine schrecklich eintönige Weise.
»Beherrscht sind Sie. Das gebe ich Ihnen zu. Auf eine großartige Weise beherrscht. Aber das hat nur etwas mit Ihnen selbst zu tun. Das ist uns nicht wichtig. Ihre Beherrschung ist eine Privatangelegenheit. Ihre Verantwortung nicht, Ihre Verantwortung geht auch uns etwas an. Uns und unsere Söhne –«
»Herr General«, rief der Hauptmann, »soll ich –«
»Lassen Sie –«, winkte der General wieder ab.
»Ich begreife«, wandte er sich an die Ärztin, »daß Sie Mütter sind. Ich halte Ihnen alles zugute. Ich gebe zu, daß ich nicht daran gedacht habe, daß Sie Mütter sind. Wenigstens nicht in diesem ausschließlichen Sinne. Ich bin ein verantwortlicher Truppenführer. Ich habe es mir abgewöhnen müssen, an die Mütter zu denken –«
Die Bergmann machte eine wilde Bewegung, aber der General sprach gleich weiter.
»Ich bin dazu gezwungen. Kein Offizier kann an die Mütter denken. Es ist unmöglich, an die Mütter zu denken. Ich kann nicht Befehle erteilen und an die Mütter meiner Leute denken. Ich kann nicht angreifen lassen und an die Mütter denken. Kein General der Welt kann an die Mütter seiner Soldaten denken Es gibt für ihn einfach keine Mütter –«
Die Bergmann riß mit einem Ruck ihre Tasche vom Tisch, aber jetzt hob die Ärztin die Hand.
»Sie sind sehr ehrlich«, flüsterte sie.
»Sie sehen, daß ich Ihren Vorwurf ernst genommen habe«, lächelte der General abwesend.
»Aber –«, setzte die Ärztin hinzu, »Sie sind noch nicht ehrlich genug. Sie haben Angst, ganz und gar ehrlich zu sein. Wie sehr Sie Angst haben, beweist die Tatsache, daß Sie sich überhaupt mit mir auf diese Weise unterhalten.«
Der General schwieg.
»Hören Sie doch zu«, rief er dann plötzlich heftig, »was tue ich denn? Was tun wir denn, wir Soldaten? Wir verteidigen unsere Heimat. Wir verteidi-

gen sie mit unserem Leben. Und wie wir sie verteidigen. Wir verteidigen sie im Augenblick mit fast nichts in den Händen. Mit unseren Nägeln und Zähnen. Wissen Sie, was das heißt? Was das auch für einen General heißt?«

Er flammte die Frauen an.

»Ich will Ihnen mal etwas sagen. Es sieht so aus, als verlieren wir den Krieg. Wir werden nach Deutschland hineingeprügelt. Wir sind schwächer als Ohnmächtige. Wir werden an der Front einfach niedergewalzt. Überall werden wir geschlagen. – Und wie wir geschlagen werden! Und weil wir geschlagen werden, weil wir verlieren, weil wir nicht mehr imstande sind, den Krieg von euern Häusern wegzuhalten, weil wir ganz armselig sind, wir Soldaten, deshalb plötzlich solche Vorwürfe. Das ist es. Das ist es allein.«

Er schwieg.

Alle Frauen schwiegen.

Die Ärztin lächelte bleich und strich ihre Haare wieder zurück. »Nein«, sagte sie einfach. »Das ist es nicht. Es spielt eine Rolle. So im großen und ganzen spielt das auch eine Rolle, aber in diesem Falle nicht. Ich würde so auch denken, wenn mein Sohn General wäre.«

Der General starrte sie an.

»Es ist etwas ganz anderes«, sagte die Ärztin leise. »Sie verstehen es nicht. Sie können es gar nicht verstehen. Nur Ihre Mutter würde es verstehen.«

Die Ärztin lächelte ihn an.

»Jetzt stehen Sie da wie ein Junge, obwohl Sie so eine große Uniform tragen. Ich will Ihnen etwas sagen«, flüsterte sie eilig, »werfen Sie uns hinaus. Das ist die einzig mögliche Reaktion. Sie müssen uns hinauswerfen, sonst taugen Sie als Soldat gar nichts. Sie müssen jetzt wieder Ihre Generalsstimme gebrauchen und uns mit Getöse hinauswerfen, am besten durch einen bewaffneten Posten, sonst wird dieses Gespräch Sie zugrunde richten.«

Der General antwortete bleich: »Sie haben recht. Ich werde Sie hinauswerfen.«

Die Bergmann hatte dem Gespräch mit offenem Munde zugehört.

»He, he«, sagte sie, »mich wirft niemand hinaus. Ich will wissen, wo meine Jungens sind. Sie können mich hier erschießen lassen, aber ich will wissen, wo meine Jungens sind.«

Der General ging an das Feldtelephon.

»Wohin?« fragte er kurz den Hauptmann.
»Zwote Kompanie.«
Der General drehte mit so heftiger Bewegung, daß der hohe, schmale Kasten sich bewegte.
»Zwote«, verlangte er kurz.
»Klinger«, rief er in den Apparat, »da müssen dreißig junge Leute gekommen sein. Ja. Wo sind sie?«
Die Bergmann lächelte. Alle Frauen, so aufgeregt sie waren, lächelten. Der General sah sie abwesend und kurzatmig an.
»Ja. So. Nein, es ist gut.«
Der General preßte die Lippen aufeinander.
»Ihre Söhne befinden sich seit heute morgen im Einsatz.«
»Befehlen Sie sie zurück«, bat die Pastorin, »Sie sind ein General. Sie müssen es doch befehlen können.«
»Nein«, sagte er, »das kann ich nun nicht mehr. Auch als General nicht mehr.«
Die Bergmann flehte ihn an.
Sie schluchzte fast.
»Können Sie nicht?«
»Nein. Und jetzt muß ich Sie bitten, mich allein zu lassen. Wenn Sie wollen, lasse ich Sie mit Wagen zurückfahren.«
»Danke«, brach die Bergmann los, »gehen Sie zum Teufel mit Ihren Autos. Wenn Sie denken, Sie könnten mir mit Ihrem Lametta da oben imponieren, dann sind Sie aufm Holzweg. Da spuck' ich drauf. Daß Sie's wissen. Auf den ganzen General spucke ich. Auf den Krieg. Auf alles spucke ich, auf den Krieg und auf den General –«
»Raus«, sagte der Hauptmann. Er öffnete weit die Tür. Sie schlug krachend zurück und prallte gegen die Wand.
Die Bergmann lachte grell. Es war so etwas wie ein Trompetenstoß.
Sie ging hinaus, und alle Frauen gingen ihr nach.
Nur die Ärztin blickte den General an und sagte: »Vergessen Sie nicht, das Wort ›hysterisch‹ zu gebrauchen.«
»Sehr richtig«, schrie der Hauptmann, »sehr richtig.«
Er wandte sich an den General, der totenbleich dastand.
»Sollen wir etwas gegen sie unternehmen?«
»Nein –«
»Sie sind hysterisch. Das ist das richtige Wort. Hysterische Weiber –«

»Ja«, sagte der General, »durchgedreht, einfach 'n Knacks haben die weg. Ich hätte so etwas nie für möglich gehalten.«
»Bei Gott nicht, Herr General.«
»Die Russen, Herr General, hätten sie an die Wand gestellt. Oder nach Sibirien verschleppt.«
»Ja«, sagte der General und setzte sich ganz schlaff. Er starrte mit völlig leerem Gesicht auf die Karte.
»Was glauben die denn –«, schrie er plötzlich, »in was für einer Lage ich mich befinde? Die wissen ja gar nicht, wie das hier aussieht.« Er schlug mit der Hand auf die Karte. »Ganz Pommern geht verloren. Meine Leute werden in den Löchern totgeschlagen –«
Er griff mit der Hand an den Hals.
Er feuerte mit einer wilden Handbewegung die Karte vom Tisch. »Da steht die reine Verzweiflung auf der Karte. Wie kann ich da an dreißig Jungens denken? Wie kann ich das?« schrie er und sein Gesicht war krebsrot. »Es ist mir doch egal, wie alt sie sind. Und wenn sie zwölf wären. Das ist doch egal, angesichts dieses verdammten Elends.«
Er starrte den Hauptmann an.
»Aber sie sind natürlich durchgedreht. Ich bin ja schließlich auch ganz durchgedreht.«
Es war inzwischen dunkel geworden.
Die Frauen waren eilig durch die Zimmer hindurchgegangen und betraten die Straße.
»Rasch«, sagte die Bergmann und humpelte hinaus, sie keuchte etwas und rief: »Die bringen es fertig und halten uns fest.« Sie ging so eilig in die Dunkelheit hinaus, daß die übrigen Frauen ihr kaum folgen konnten. Die Bergmann atmete schwer, und ihr ungefüger Schatten schwankte elefantenhaft vor den anderen.
»Kommt«, rief sie heiser und dabei triumphierend, »daß sie uns nicht festhalten.«
Sie standen bald in völliger Dunkelheit. Alle atmeten schwer. Sie fühlten einander und faßten sich an.
Es war ganz still, und die Einsamkeit und Fremdheit der Nacht und der Umgebung senkten sich auf sie herab.
Die Bergmann japste immer noch.
»Ich hab's ihm gesagt, was? Ich konnte nicht anders. Wenn mein Mann das gehört hätte, der wäre umgefallen. Der wär' einfach umgefallen. Ich

hab' gedacht, 'n General is was Hohes. So'n Mensch, mit dem man reden kann. Aber mit dem konnte man ja gar nicht reden.«

»Was machen wir denn jetzt?« fragte die kleine Inge Maltzahn beklommen. Sie schauderte, als stände sie im Regen.

Ganz plötzlich hörte man die Schneiderin weinen. So, als könne sie es nicht mehr zurückhalten.

»Was denn?« fragte die Bergmann, »was ist denn los? Was heulste denn?«

Die Seliger flüsterte: »Ich dachte, es wäre alles gut. Wenn ich ihn mitgebracht hätte, wäre alles gut gewesen, aber ich kann nicht ohne den Jungen nach Hause kommen.«

»Warum nicht?« fragte die Bergmann.

Die Seliger schluchzte und ihre dünne Stimme bebte: »Mein Mann würde es nicht verstehen. Nur mit dem Jungen kann ich zurückkommen. Wenn ich ohne ihn komme, wird er es nicht verstehen. Er würde –«

»Laß man«, murmelte die Bergmann, »wir kommen nicht ohne. Gehen wir los.«

»Wohin denn?« fragte die Pastorin.

»Zwote Kompanie«, brummte die Bergmann, »hat er doch gesagt. Da hab' ich aufgepaßt. Sowas hört die Bergmann. Zwote Kompanie.«

Und sie gingen durch die Nacht, die immer kälter wurde, um die zwote Kompanie zu suchen, von der sie nicht wußten, wo sie lag, nur, daß sie sich im Kampf befand.

Der Horizont erleuchtete sich ab und zu in hellen Widerscheinen, und Leuchtkugeln stiegen auf. Irgendwo schien ein Feuer zu brennen, denn ein roter Schein blieb minutenlang.

Sie gingen und schwiegen. Nur die Ärztin sagte plötzlich: »Ich hasse — ich hasse die Männer.«

Ihre Stimme schien wie von einem Taumel erfaßt.

»Sie sind zum Hassen. Wozu anders als zum Hassen? Ich hasse und verachte sie. Blödsinn, den sie machen. So, als gäbe es nichts anderes als Blödsinn auf der Welt. Kein Blödsinn, den sie nicht machen. Kein verdammter Blödsinn, mit dem sie nicht noch stolz wären. Es ist einfach alles blödsinnig. Und man sieht's nicht, man sieht's einfach nicht. So als ob wir die Blödsinnigen wären –«

Diese seltsame, taumelige Stimme der Ärztin hatte etwas Erregendes. Alle Frauen gerieten ins Sprechen.

Die Bergmann durchdrang mit ihrem knarrenden Organ die Nacht. Sie lachte dabei und alle Worte kamen wie im Gelächter, als schleuderte sie ihre Stimmbänder mit hinaus: »Verrückt sind sie, alle verrückt. Ich hab's immer gewußt, daß sie verrückt sind. Aber so wie jetzt habe ich es nie gewußt. Jetzt weiß ich es, wie verrückt sie sind. Habt ihr sie gesehen? Habt ihr sie angesehen? Wie sie dastanden? Wie sie nicht wußten, was sie sagen sollten? Die haben uns gar nicht verstanden. Die verstehen uns einfach nicht! Als ob es das Einfachste der Welt wäre, Kinder umzubringen. Denn sie bringen sie um! Sie bringen sie glattweg um. Da denken die gar nicht darüber nach. Die schicken sie hin und sagen, da habt ihr was zum Umbringen –«

Die Pastorin rief: »War es ihnen nicht vollkommen egal, ob sie vierzehn sind oder sechzehn? Er hörte gar nicht, daß ich sagte: Meiner ist erst vierzehn. Die schicken auch noch jüngere weg. Und wenn sie zehn sind oder acht. Wenn sie wüßten, daß sie es aushielten, würden sie auch noch jüngere hinschicken. Ich versteh's nicht. Ich kann's nicht begreifen, wie sie so sein können. Ich denke immer, ich hätte vielleicht unrecht. Ich denke immer, ich weiß vielleicht nicht Bescheid. Man hat mit so etwas nichts zu tun. Nichts mit dem Kinderumbringen –«, brach ihre Stimme haltlos und flatternd ab.

Die kleine Schneiderin lachte gellend. »Nur mit dem Kinderkriegen. Das lassen sie sich gefallen. Kinderkriegen darf man, und dann machen sie, was sie wollen. Ich weiß, daß mein Mann zu Hause sitzt und brüllt. Er brüllt mich an, er schlägt mich tot, wenn ich komme und sage, daß ich bis an die Front gefahren bin. Aber –«, ging ihre Stimme schrill hoch, »ich lasse es mir nicht mehr gefallen. Ich laß mir nichts mehr gefallen.«

»Gar nichts«, rief die Bergmann, »das ist richtig, Kindchen, wir lassen uns gar nichts mehr gefallen. Ich hör' gar nicht mehr auf so'n Mann. Auf gar keinen höre ich mehr. Ich gehe zu der zwoten Kompanie, und wenn ich meine Jungens treffe, nehme ich ihnen das Gewehr weg. Ich hau's ihnen um die Ohren. Ich hau's noch anderen um die Ohren. Ich hau es jedem um die Ohren, der mir noch was sagen will. Ich sag: Halt den Mund, Mensch. Halt die Klappe, verdammt nochmal, mit eurem verdammten Zeug. Ich will's nicht hören. Ihr könnt mir den Buckel runterrutschen. Ihr könnt mich – alles könnt ihr mich. Das sage ich. Und ihr werdet's alle erleben, daß ich das sage. Und ich sag's ihnen so, daß sie's verstehen –«

Die Ärztin lachte. Sie schritt stürmisch aus, und man hörte ihre Stiefel auf dem Schotter der Straße.

»Nur zu. Es ist Zeit. Wir werden es alle sagen. Nur zu, verdammt nochmal. Nur zu, daß wir nicht vergessen, ihnen alles zu sagen. Alles, versteht ihr, alles, einfach alles. Daß sie auch begreifen, was das ist – alles. Die haben keine Ahnung, was alles ist. Die sind zu blöd, um zu begreifen, was wir meinen, wenn wir alles sagen –«

»Ich mach's ihnen klar«, schrie die Bergmann, »ich kann sowas. Ich hab' schon immer jemandem was klarmachen können. Gift könnt ihr nehmen, wenn ich's ihnen nicht klarmachen kann, goldklar –«

Die Ärztin war von großem Triumph erfaßt. Man hörte es ihrer Stimme an, die blechern, unschön, heftig klang.

»Jetzt haben wir mit den Leuten nichts mehr zu tun«, rief sie, »wir fragen nicht mehr. Das wißt ihr alle? Wir fragen einfach niemanden mehr. Daß uns nicht einfällt, jemanden zu fragen. Das mit dem Fragen ist jetzt vorbei. Wenn man fragt, hat man schon verloren. Das ganze Elend kommt daher, daß wir zuviel fragen, weil wir denken, wir müßten es tun und sonst Fehler machen. He –«, wandte sie sich an Helene Asmussen, »was denken Sie, Frau Asmussen?«

Helene fühlte sich in eine merkwürdige Laune versetzt. Sie fand alles etwas unglaubwürdig. So als lebe sie in einem Traum. Als sei diese kühle, finstere Nacht mit den Leuchtzeichen am Himmel etwas ganz Unwirkliches. Aber sie fühlte sich zugleich sonderbar erhoben und von einer Stimmung erfaßt, die sie nie gekannt hatte. Sie verlor immer mehr ihre Fassung, ihre kühle Beherrschtheit. Blindlings stieß sie hervor und wunderte sich selbst über ihre Stimme: »Ich denke genau wie ihr alle. Ganz genau so. Ich kann es nicht so ausdrücken, aber ich denke ganz genau so –«

Die Ärztin lachte aus vollem Halse. Sie umfaßte die Asmussen zärtlich. »Wir«, sagte sie, »wir komischen Frauen, wir verrückten Dinger, wir elenden, traurigen Figuren, wie verwundert sind wir, wenn wir merken, was wir plötzlich in uns haben, nicht wahr? Was an Kraft.«

»Wenn man uns hier sähe, so wie wir hier neben- und hintereinander über eine unbekannte, dunkle Straße gehen, um ein paar weggelaufene Kinder zurückzuholen, was man wohl sagen würde? Was meint ihr? Man würde sagen: Sie waren entschlossen wie Männer, furchtlos wie Männer, tapfer wie Männer. Sie fanden den Weg wie Männer, sie gingen an die Front wie Männer.« Ihre Stimme war ganz laut geworden. Plötzlich brach sie ab und flüsterte: »Ich hasse – ich hasse die Männer –«

Christine Brückner

Auf dem Treck

»Maikäfer, flieg,
mein Vater ist im Krieg,
meine Mutter ist in Pommerland,
Pommerland ist abgebrannt,
Maikäfer, flieg.«
Kinderlied aus dem 30jährigen Krieg

Flucht, Enteignung, Deklassierung, Verschleppung, Ausmerzung, Verelendung: von diesen Möglichkeiten des Schreckens, die das Kriegsende bot, hat Maximiliane, als der Quindtsche Treck auf die Chaussee einbog, vermutlich noch den besten Teil erwählt: die Flucht. Eine von dreizehn Millionen Deutschen, in einem breiten Strom, der sich von Osten her über Deutschland ergießt, sich verdünnt, später versickert.
Ob Maximiliane die drei Schüsse gehört hat, ist ungewiß, umgedreht hat sie sich jedenfalls nicht. Kein Blick zurück. Umgedreht hat sich nur Joachim, das Herrchen, ein Kind, das sich immer umdrehen, immer etwas zurücklassen wird. Diesmal war es die Perücke. Er weint leise vor sich hin. Seine Mutter zieht ihn an sich. »Mosche, mein Mosche! Bald werden wir zurückkehren, dann bekommst du deine Perücke wieder.«
»Versprichst du mir das?« Er braucht Versprechungen, braucht jemanden, der ihm zu seinem Recht verhilft. Dagegen sein Bruder Golo: für ihn beginnen die besten Jahre seines Lebens, ihm muß keiner zu seinem Recht verhelfen, eher müßte man ihn daran hindern, Unrecht zu tun. Für ihn bedeutet die Flucht ein einzigartiges Abenteuer. Um Edda muß man sich ebenfalls nicht sorgen: ein Sonntagskind. Nur Viktoria wird immer und überall zu kurz kommen, obwohl jeder ihr etwas zusteckt und jeder zu ihrer Mutter sagt: »So passen Sie doch auf das Kind auf!« Mehr denn je gerät sie in Gefahr verlorenzugehen, erdrückt oder totgetreten zu werden.
Vormärsche lassen sich besser organisieren als Rückzüge. Auch die Be-

siedlung eines Gebietes geht planvoller vor sich als die Räumung, trotz der vorgedruckten Durchführungsbestimmungen, die wildes Quartiermachen verbieten und Rasttage nur bei Erschöpfung der Zugtiere gestatten, trotz der Marschbefehle, die von einer Treckleitstelle zur anderen führen, wo Lebensmittel und Futtermittel aufgeteilt werden, soweit vorhanden. Sobald Truppenverbände der deutschen Wehrmacht die Straßen beanspruchen, fahren die Trecks an den Straßenrand und machen halt.

Spät in der Nacht erreicht der Poenicher Treck sein Tagesziel. »Die Quindts von Poenichen sind da!« ruft man und fragt: »Und wo ist der Freiherr von Quindt?« Keine Zeit, die Antwort abzuwarten, der eigene Treck wird bereits zusammengestellt. »Vier Kinder? Werden zwei Betten genügen?« Immer noch Unterschiede. Strohlager für die Gutsleute, Betten für die Gutsherren. Martha Riepe zählt zu den Leuten.

Wie schon am ersten, kommen sie auch am zweiten Tag mit ihrem Treck nur zehn Kilometer weiter – eine größere Strecke schaffen die langsamen Zugochsen nicht –, bis zu der Ortschaft Bannin, wo sie in der Schule nächtigen. Als Maximiliane nach frischen Windeln für Viktoria sucht, entdeckt sie in einem der vollgestopften Bündel die rote Perücke von Pfarrer Merzin. Joachims Gesicht hellt sich auf. Er stülpt die Perücke wie einen Wunschhut auf und nimmt sie bei Tag und Nacht nicht mehr ab, ein Gnom, der sich unkenntlich machen will. Die Bündel, die Edda zusammengepackt hat, erweisen sich als Wundertüten, die Buntstifte kommen zum Vorschein und die Schreibtafel und die Blockflöte. Bevor sie einschlafen, zieht Maximiliane ihre vier Kinder an sich und sagt nicht mehr wie früher zu jedem einzelnen »Gott behütet dich!«, sondern: »Gott behütet uns!«

»Versprichst du uns das?« fragt Joachim.

»Das verspreche ich euch!«

Maximiliane läßt, ohne die Anleitung eines psychologischen oder pädagogischen Lehrbuches, ihren Kindern zukommen, was sie als Kind am meisten entbehrt hat: Nähe, Zärtlichkeit, Zusammengehörigkeit.

Wenn der Treck stundenlang am Straßenrand stehenbleibt, auf offenem Feld, bei eisigem Ostwind, und ihnen nur der große Teppich aus dem Saal, der als Plane über den Wagen gelegt ist, ein wenig Schutz gibt, erzählt Maximiliane Geschichten oder malt Bilder auf die Schreibtafel, malt »unser Haus mit den vielen Fenstern«, und wieder setzt sie keine Fen-

sterrahmen und keine Türrahmen ein, was zu dieser Zeit bereits der Wirklichkeit entspricht. Sie malt Wege, die auf das Haus zu oder von ihm fort führen. »Wohin geht es denn dort?« fragt Golo, und sie sagt: »Dort geht es nach Kolberg und dort nach Berlin.« Und Joachim fragt: »Wohin führt dieser Weg?«, und sie sagt: »Alle Wege führen nach Poenichen!« Noch immer malt sie, wie als Kind, auf jedes Bild zuerst eine Sonne, und zum Schluß malt sie auch noch in jedes Fenster des Hauses ein Kind, nicht ahnend, daß sie die Zukunft vorwegnimmt.
Alles, was Maximiliane in ihrem bisherigen Leben gelernt hatte, zu Hause oder in der Schule, Englisch, Französisch, ein paar Sätze Polnisch, ein paar Worte Russisch, Rilke-Gedichte, Hühnerzucht, Reiten, Rudern und das Rühren einer Cumberlandsauce, nutzt ihr nichts mehr. Eine Zeit war angebrochen, in der Cumberlandsaucen an Wichtigkeit verloren hatten, nicht einmal das Rezept für die berühmte Poenicher Wildpastete, bereits von Bismarck in einem Brief erwähnt, war gerettet worden, es war mitsamt der Mamsell Pech verlorengegangen, aber der Bismarck-Brief war als Beweis für jene sagenhafte Pastete erhalten geblieben. Eine Zeit für Eintopfessen und Fußmärsche und für Choräle war angebrochen. Neue Geschichten mußten ausgedacht werden, ohne Prinzessinnen und Schlösser.
Während der Treck in einem Kiefernwäldchen haltgemacht hat, um feindlichen Tieffliegern kein Ziel zu bieten, erfindet Maximiliane einen kleinen Jungen namens Mirko, der Vater und Mutter im Krieg verloren hat und nur noch seinen kleinen Hund besitzt. »Wie soll der denn heißen?« fragt sie. »Texa!« sagen die Kinder einstimmig. »Der Hund ist so klein, daß Mirko ihn auf dem Arm überallhin mitnehmen kann, und immer bellt Texa zweimal, wenn es für Mirko gefährlich wird. Überall wird geschossen, und Mirko weiß nicht, wo der Feind steht, vor ihm oder hinter ihm. Er spricht polnisch und deutsch, er lügt und er stiehlt und schlägt sich durch und findet immer jemanden, der ihm eine warme Ecke zum Schlafen, und jemanden, der ihm zu essen gibt. Und immer teilt er alles mit seinem kleinen Hund.«
Joachim fürchtet sich abwechselnd vor den Flugzeugen am Himmel und vor den Flugzeugen in der Geschichte von Mirko. Viktoria kaut an ihren Fingernägeln und träumt vor sich hin. Nur Golo und Edda lernen von Mirko. »Warum macht er sich denn kein Feuer?« – »Das Feuer würde ihn verraten!« – »Warum dreht er der Gans nicht den Hals um?« – »Er besitzt

keinen Topf, um die Gans zu kochen!« – »Warum schießt er denn nicht?« – »Warum baut er sich kein Floß, wenn er über den Fluß will!«
Das Ziel des Trecks heißt Mecklenburg, die Richtung Westen, aber es geht nicht schnurgerade, sondern auf großen Umwegen westwärts, mit jedem Tag langsamer. Unter den schweren Teppichen, auf denen der Schnee lastet, brechen die Wagenmaste. Die Hufe der Ochsen bluten, sie sind nicht mit Eisen beschlagen, früher gingen sie auf sandigen Sommerwegen und nicht auf vereisten Asphaltwegen. Aus den Seitenstraßen münden ständig weitere Trecks in den Flüchtlingsstrom ein. Da die Lager und Lazarette aufgelöst werden, mischen sich Gefangene und verwundete Soldaten darunter, die die Heimkehr selbständig antreten, an Krükken, mit Kopfverbänden. Tag und Nacht sind die dröhnenden Abschüsse der deutschen schweren Artillerie und ihr dumpfer Einschlag zu hören. Und das Bellen der russischen Panzerkanonen. Die Hufe der Ochsen können nicht beschlagen werden, die Tiere müssen zurückbleiben, das Gepäck muß umgeladen werden. Nur die Alten und Kranken dürfen noch auf den Wagen sitzen, alle anderen müssen nebenhergehen.
Martha Riepe hält den Poenicher Treck, so gut sie kann, zusammen, läuft in ihren schweren Männerstiefeln vom letzten zum ersten Wagen und wieder zurück und gibt Anordnungen; sie sorgt vor allem dafür, daß abends nur abgeladen wird, was unerläßlich ist. Es kommt zu einer Auseinandersetzung zwischen ihr und Maximiliane wegen des Handwagens, der an einem der Pferdefuhrwerke angekettet ist und den Maximiliane abhängen will. Martha Riepe läßt nicht zu, daß noch Ausnahmen gemacht werden. »Gemeinnutz geht vor Eigennutz!« sagt sie. – »Sie sitzen auf einem Treck, der den Quindts gehört, Martha!« antwortet Maximiliane in einem Ton, der an den alten Quindt erinnert.
Eine Volksgemeinschaft, durch Propaganda und Terror zusammengehalten, bricht auseinander.
Am nächsten Abend wurde ihr Treck auf einem kleinen Landsitz in der Nähe von Kolkwitz einquartiert, den die Besitzer bereits verlassen hatten. Maximiliane hatte sich mit den Kindern zum Übernachten in einen kleinen abgelegenen Salon zurückgezogen und verschlief in der Frühe den allgemeinen Aufbruch. Martha Riepe war mit dem Poenicher Treck ohne sie weitergefahren, ob mit, ob ohne Absicht, wer wollte es wissen. Vielleicht aus Trotz und Auflehnung – sie war schließlich die Schwester von Willem Riepe –, vielleicht auch aus unterschwelliger Eifersucht auf

Maximilianes Mann und die Kinder. Als festgestellt wurde, daß die junge gnädige Frau mit den Kindern fehlte, bestand keine Möglichkeit mehr umzukehren.
Nur der hochbeladene Handwagen stand noch vor dem verlassenen Gutshaus. Viktoria, noch nicht dreijährig und schlecht zu Fuß, wird in eine Pelzjacke gesteckt und oben auf dem beladenen Handwagen festgebunden. Joachim und Golo an der Deichsel, Edda und Maximiliane schieben, wie früher, wenn sie zum Blaupfuhl zogen.
Manchmal geraten sie in einen der Flüchtlingsströme und dürfen ihren Handwagen an ein Pferdefuhrwerk binden, müssen ihn aber bald wieder losmachen, weil sie nicht Schritt halten können. Einmal nimmt ein Lastkraftwagen der Wehrmacht sie samt ihrem Wagen ein Stück Weg mit. Dann reihen sie sich wieder in die Wagenkolonnen ein.
»Wo kommt ihr denn her?« werden sie gefragt. Wenn Maximiliane antwortet, daß sie eine Quindt aus Poenichen sei, blickt sie in verständnislose Gesichter; sie hat den Wirkungsbereich ihres Namens längst verlassen.
»Wußten die Leute denn nicht, wer wir sind?« fragt Joachim. Erstaunen und Erschrecken schwinden nicht mehr aus seinem Gesicht, das täglich kleiner wird.
Da sich die Personalausweise, Quartierscheine und Lebensmittelmarken gesammelt bei der Treckführerin Martha Riepe befanden, besitzt Maximiliane keine Unterlagen, die sie berechtigen würden, irgendwo zu nächtigen oder etwas zu essen zu bekommen. Abends suchen sie Unterschlupf in verlassenen Bauernhäusern, nehmen sich, was sie benötigen. Wenn eines der Kinder etwas anbringt, was sie nicht brauchen, läßt Maximiliane es zurücktragen. In den Milchkammern stehen noch Töpfe mit Milch, in der Küche Töpfe mit Marmelade und Sirup. Sie kriechen in Betten, die noch warm sind, brauchen oft nur ein Holzscheit aufs Herdfeuer nachzulegen. Die Kinder wissen: Wo Hühner herumlaufen, gibt es Eier, und wo Hühner ihre Nester anlegen, wissen sie ebenfalls. Edda sucht in den Kammern Äpfel für die Mutter, runzlige Boskop, die für alle Zeiten nach Poenichen schmecken. Bevor sie einschläft, bindet Maximiliane die Kinder an sich fest, damit keines verlorengeht, bindet sie noch einmal an die Nabelschnur. Wenn sie im Heu schlafen müssen, legen sie ein Nest an: Maximiliane zieht die immer frierende Viktoria in die warme Kuhle ihres Leibes, eines der anderen Kinder legt sich hinter ihren Rücken, das

nächste hinter dessen Rücken und so fort. Das letzte beklagt sich, daß sein Rücken von niemanden gewärmt wird, klettert über die anderen hinweg nach vorn, näher an die Mutter, dann beginnt das letzte zu jammern, erhebt sich ebenfalls, tut dasselbe, bis alle übereinander und durcheinanderkugeln, warm werden und einschlafen.
Sie überqueren im Strom der Flüchtlinge Bäche und kleine Flußläufe; noch immer haben sie die Oder nicht erreicht, und noch immer ist morgens und abends der Himmel hinter ihnen rot, ist der Geschützdonner zu hören, einmal näher, dann wieder ferner. Der Flüchtlingsstrom wird länger und breiter, immer mehr verwundete Soldaten darunter. Wenn einem von ihnen der Rockärmel lose von den Schultern baumelt, ruft Joachim: »Papa!« Manchmal kommt ihnen ein Treck entgegen, der kehrtgemacht hat und wieder nach Osten zieht. Jemand sagt: »Das sind ja selber halbe Polen.« Joachims Kopf, schwer von Gedanken und Müdigkeit, schwankt unter der großen Perücke hin und her. »Den Arm verloren«, »ein halber Pole«. Solche Worte verwirren ihn. Er starrt seine Mutter an. »Welche Hälfte der Leute ist polnisch? Woran kann man das erkennen?« fragt er und »Wo hat Papa seinen Arm verloren?«
»In der Normandie«, antwortet Maximiliane. »Das liegt in Frankreich, im Westen. Bei einem Schlößchen, das Roignet heißt.«
»Kann man den Arm dort suchen, wenn der Krieg aus ist?«
»Nein. Er liegt dort begraben.«
Darüber muß er nun wieder nachdenken, über diesen einzelnen Arm.
»Welche Hälfte von den Leuten war denn polnisch?« fragt er dann noch einmal.
»Was meinst du nur, Mosche?«
»Die Leute haben gesagt, ›das sind alles halbe Polen‹!«
»Manche Leute haben das Herz eines Polen, und andere haben den Kopf eines Polen –«, sie bricht ab. »Mosche, du mußt in die Schule gehen, ich kann dir das nicht alles erklären.«
»Versprichst du mir, daß ich in die Schule komme?«
»Ja, in Berlin!«
Dann stehen sie wieder an einem Hindernis, wieder ein Flußlauf.
»Warum fließen denn alle Flüsse nach Norden?« fragt er. »Warum müssen wir immer an die andere Seite vom Fluß?«
»Im Norden ist die Ostsee, die kennst du doch, Mosche, bei Kolberg! Und in die Ostsee fließen alle Flüsse.«

»Alle?«
»Alle, die aus Pommern kommen.«
»Warum gehen wir nicht am Flußufer entlang, dann brauchten wir uns nie zu verlaufen.«
»Wir müssen nach Berlin!«
Alle Fragen beantwortet Maximiliane mit »Berlin«.
Die Kinder lernen es, vorsichtig zu sein, aber auch, bei entscheidender Gelegenheit, zutraulich. Maximiliane entscheidet, was in bestimmten Situationen am günstigsten ist, ein einzelnes Kind vorzuschicken oder vier kleine Kinder auf einmal oder so einen verschüchterten Vogel wie Viktoria. Golo weiß längst, wo ein »Heil Hitler« und wo »Guten Abend« am Platz ist; er spricht das eine Mal Platt und radebrecht polnisch, wenn plündernde Polen ihr Versteck entdecken. Zu der Fähigkeit, wie seine Mutter im geeigneten Augenblick Tränen in die Kulleraugen fließen zu lassen, kommt seine Fähigkeit, Lachgrübchen in die Backen zu drücken; in hartnäckigen Fällen wendet er beides gleichzeitig an.
Auch die Landkarte ist im Besitz von Martha Riepe geblieben. Maximiliane muß sich am Stand der Sonne und am Stand der Sterne orientieren, beides hat sie von ihrem Großvater gelernt. Flüchtlingskolonnen kreuzen ihren Weg, sie wollen nach Norden, um die Küste zu erreichen, und sich auf Schiffen in Sicherheit bringen.
Unbeirrt zieht Maximiliane mit ihren Kindern nach Westen. Berlin. Sie ist immer nach Berlin gereist, von Pommern führen alle Reisen über Berlin. »Du kannst Dich in Deiner schweren Stunde auf mich verlassen.« – »Ich werde zur Stelle sein.« – »Ich werde Dir beistehen.« Zum ersten Mal scheint sie Viktor beim Wort nehmen zu wollen.
Keine Rundfunkmeldungen erreichen sie, keine Zeitungen, kaum Gerüchte. Der Schnee schmilzt, in der Frühe sind die Pfützen nicht mehr von Eis bedeckt, die Sonne beginnt zu wärmen, es fängt an zu blühen, früher als in anderen Jahren. Es muß längst März sein, auf Eddas Stirn und Nase erscheinen die ersten Sommerprossen. »Kuckuck!« sagt die Mutter und zählt am Abend die Sommerprossen, tupft auf jeden braunen Punkt und singt dazu: »Weißt du, wieviel Sternlein stehen ...« Noch ist ihr das Singen nicht vergangen.

Hanna Stephan

Blick vom Flüchtlingswagen

Die Trecks waren zusammengefahren, und die Flüchtlinge wußten nicht mehr, ob sie weiterfahren oder umkehren sollten. »Ich habe das Gerede satt!« schalt der lahme Merten, »der eine sagt dies, der andere sagt das, und keiner sagt die Wahrheit.«

»Weiß sie denn einer?«

Dann wurden sie alle stumm, denn was sie sahen, verschlug ihnen die Sprache.

Martin, der kleine Junge, hielt es nicht mehr aus. Er drückte sich zwischen Mertens Pferd und dem Wagen an die Räder heran, schwang sich hinauf, kroch unter die Zeltbahn, schob sie auseinander, als er sie dicht genug über dem Kopf hatte. Er hatte Glück, ein Spalt tat sich auf, und er zog sich empor.

Er stand dicht hinter den Männern und mußte sich vorsichtig zwischen ihren Beinen hindurchbücken, um etwas zu sehen. Niemals hätte er gedacht, wie die Welt sich veränderte, wenn man nur hoch genug hinaufkam. Er kletterte weiter, und zuletzt hielt er sich auf dem Gerüst im Gleichgewicht, das über den Wagen gespannt war, saß da wie ein großer Vogel und machte einen langen Hals.

Die Männer, die hier oben standen und Ausschau hielten, waren noch zu keinem Entschluß gekommen. Martin sah ihre vornübergeneigten Rükken, ihre bedächtigen Handbewegungen, mit denen sie über das Land hinstrichen und den Feldstecher gegen die Augen hoben. Sie standen breitbeinig auf den gestapelten Kisten.

Da vorn, wo Land und Eis aneinanderstießen, war eine dunkle Masse zusammengeballt. Das waren Wagen, und dazwischen wimmelten Menschen um die Reste ihrer Habe herum, klein wie Ameisen. Eine riesige Wagenstadt war da entstanden, in der sich Plätze und Straßen gebildet hatten, die, obwohl sie ihre Ordnung hatten, doch in ständiger Bewegung waren.

Die Stadt wuchs und wuchs, denn alle Straßen und Wege, die aus dem weiten Land heranführten, waren vollgestopft mit Wagen, Tieren und Menschen. Hatte es von unten ausgesehen, als zögen sie einsam durch den Schnee, so sah Martin jetzt von hier oben, daß sie nur ein winziger Teil des riesigen Flüchtlingszuges waren, der sich aus dem Land heraus gegen das Meer schob.

»Lauter Menschen!« flüsterte Martin und schauderte. Wo kamen sie nur alle her! Sie hatten alle ein Bett gehabt, einen Stuhl, einen Tisch, Herd und Teller und ein Dach, unter dem sie wohnten. Jetzt war nur der Himmel über ihnen, und die Erde war nichts weiter als schmelzender Schnee.

Von hier oben gesehen, glichen die Wagen großen Insekten, die stoßweise über die Straße krochen, dahineilten, anhielten und weiterliefen. Die unzähligen Menschen dagegen glichen Ameisen, die aufgeregt durcheinander kribbelten, weil eine grausame Hand ihren Bau zerstört hatte. Sie rieselten hin und her, brachen aus, blieben zurück, verloren sich in den Gräben oder Feldern, wenn sie versuchten, sich allein weiterzuhelfen. Einzelne blieben zurück, rührten sich nicht mehr und waren wahrscheinlich gestorben. In die Lücke, die sie hinterließen, stürzten andere und füllten sie aus. Es war einerlei, ob diese oder jene dort liefen, es waren so viele, es kam auf einen nicht an. Von fern war nicht auszumachen, welche von diesen kleinen schwarzen Punkten Kinder, Frauen oder Männer oder gar Russen und Deutsche waren, oder Franzosen und Polen, Tataren, Sibirier, Gelbe. Das alles war ausgewischt.

Es geschah etwas, das war klar, denn ab und zu ballten sich die wimmelnden Haufen zusammen oder sprengten auseinander. Danach lagen die großen Wagenkäfer still und krochen nicht mehr weiter. Der Zug der Wanderameisen schlug eine andere Richtung ein als bisher.

Wieder schüttelte den Jungen ein Schauer. Er war zu klein, um zu verstehen, was er sah, aber er begriff voller Entsetzen, daß auch er und Mette zwei dieser winzigen Punkte waren.

Martin hatte längst die Augen zugemacht. Was er sah, war in ihm, das wilde Leben, in dessen Mittelpunkt er saß, strömte durch sein Herz. Das waren keine Ameisen, das waren Menschen. Er zitterte immer mehr. Auch er war ein Mensch, und Mette war ein Mensch, er hatte es nur noch nicht gewußt. So war das also, so furchtbar und so herrlich. Das also war das Leben der Menschen! Herrgottt, Mette, wer hätte das gedacht!

Das Leben um ihn her bekam eine Stimme, die vielfältig ineinanderschwoll. Zuerst stöhnten die Räder und knarrten die Achsen, auch wenn

die Wagen anhielten, in denen sie saßen. Dann schoben sich zahllose Schritte aus dem Schnee, die kleinen der Kinder, die leichten der Frauen, die breiten der Männer. Die Hufe der Pferde klopften auf und ab, die Eisen stießen aneinander und klirrten. Die Pferde wieherten und schnaubten, die Kutscher redeten ihnen zu, brüllten laut und ließen die Peitschen knallen. Eintönig wie Rankwerk rieselten Frauenstimmen. Kinder lachten, plärrten ungeduldig, weinten oder schrien. Eine Kranke stöhnte schwer.
Von fern grollte das Gewitter fahrender Kolonnen, es rasselte von Ketten und Eisen, dazwischen peitschten einzelne Schüsse, tackte ein Maschinengewehr und rollte das unaufhörliche dumpfe Donnern der Front, die überall war.
Ein Flugzeug warf sich in die Luft, zog seine Bögen, schraubte sich aufwärts und stieß pfeifend herab, es füllte den Himmel aus. Unten trieb irgendwo eine Herde Rinder vorüber, deren schmerzliches Gebrüll aus der Erde heraufzudröhnen schien. Überall bellten Hunde. Ein paar leichtsinnige Mädchenstimmen sangen, ein paar Burschen pfiffen die Takte eines Schlagers.
Martin wußte nicht mehr, ob die große Musik, die in seinen Ohren brauste, in ihm oder außer ihm war. Es war alles vertauscht. Er wußte doch, daß er hier oben auf dem Flüchtlingswagen saß und sich nicht rühren durfte, und doch war er es, der die Bälge trat, die dem großen Orgelspiel den Atem gaben. Er selber war es, der wie im Fieber auf- und abschwoll und brauste und rauschte. Sein Herz klopfte in allen Pulsen, während er dem Gesang zuhörte, der die Welt erfüllte.
Martin umklammerte mit beiden Händen die Stange, auf der er saß. Das Schwingen und Singen in ihm wurde immer stärker. Er riß die Augen auf, da wurde ihm schwindlig vor der Fülle des Lebens. Er hielt sich fest, er drehte sich um, ach Gott, und da war Mette. Sie tauchte eben aus der Menge der fremden Menschen auf, sie kam zu ihm zurück. Sie hob ihr zärtliches Gesicht zu ihm auf und lächelte ihm zu. Daß er sie lieb hatte, das war mehr als alles andere auf der Welt: »Mette, Mette.«
Er riß die Hände hoch, das Glück, sie wiederzuhaben, überwältigte ihn. Er schrie und winkte, es war einerlei, daß Wagen und Pferde um ihn herumtanzten, seine Füßen wußten nicht mehr, wohin sie traten.
Da sah er plötzlich Mertens zorniges Gesicht, das dicht über dem seinen schwebte, Mertens Hand, die ihn packte, Mertens grobmächtiges Schel-

ten, das auf ihn niederfuhr, und Mertens Ohrfeige, die alle Gesänge in ihm zum Schweigen brachten und ein Feuerwerk mit Blitzschlag und Funken in ihm entzündete.
»Verdammter Bengel!« schrie Merten, »was hast du hier zu suchen?«
Aber er ließ ihn nicht los, er hielt ihn fest. Das Gesicht des Jungen war so leer und bleich und blickte ihn aus Augen an, die gar nichts oder alles sahen.
»Stell dich hin, Junge!« sagte Merten, und Martin riß sich zusammen und stellte sich hin. Die sorgenvollen Gesichter der Erwachsenen sahen auf ihn herab, sie waren leer und ratlos wie das seine. Der lahme Merten war gar nicht zornig, er schob den Jungen vor sich hin. An seine krummen Beine gelehnt, stand das Kind und sah noch einmal über das weite Land.
Der lahme Merten räusperte sich, zögerte und sagte:
»Du hast wohl mal sehen wollen, wie groß unser Land ist und wie viele Menschen es gibt?«
»Das wollte ich«, antwortete Martin. Er wartete, denn noch immer schien es ihm, als wolle Mertens ihm etwas Besonderes sagen.
»Hast du es gesehen?« fragte er freundlich.
»Das hab' ich!« antwortete Martin.
»Mach die Augen zu, Junge!« befahl der lahme Merten plötzlich, und erschreckt gehorchte ihm Martin, obwohl er lange genug hier oben gesessen und geschaut hatte.
»Paß auf, was du siehst!« Aber Martin sah nichts als sein rotes Blut, das ihm hinter den Lidern klopfte. Dann merkte er, daß Merten gar nicht zu ihm sprach. Er redete wie einer, aus dem nach langer Mühe hervorbrach, was ihm endlich klargeworden war.
»Unser Land«, sagte Merten, »das ist das Paradies. Merk dir das, Junge, vergiß das nicht. Vielleicht siehst du sowas niemals wieder. Jetzt liegt Schnee im Paradies, aber man sieht doch, daß es das Paradies ist. Und die Todesnot kriecht darüber hinweg, und alles, was Gott geschaffen hat, hat Angst. Alles, sag ich, Junge. Auch die jetzt so gewaltig schreien und mächtig tun, haben Angst. Und das Paradies sieht aus, als ob es die Hölle wäre, aber es bleibt doch das Paradies. Nur wir werden daraus vertrieben.«
Der Junge hatte längst die Augen aufgemacht und starrte den lahmen Merten an, der mit schwimmenden, hellblauen Augen über das Land wegsah, das für ihn das Paradies war. Er war ganz verwandelt. Einer, der

so aussah, wußte, was für ein Land dies war. Der Blick des Lahmen kam zurück und fiel in den des Kindes.

»Ach Gott, Junge«, sagte er, »du sollst die Hölle vergessen, und du stehst und siehst sie dir an! Mach zu, sag ich! Du sollst das Paradies im Sinne behalten, wie es war ohne ... ohne ...«

»Ohne die Schlange«, sagte einer der Männer, nahm die Pfeife aus dem Mund und spuckte in den Schnee, »ohne die Sünde, wenn es das ist, was du meinst, Merten.«

»Das meine ich«, sagte Merten.

Der Junge lehnte mit dem Rücken an den knochigen Knien, und die heimwehkranken Visionen des Alten gingen in ihn ein. Obwohl er sich an keinen Sommer seines Lebens entsann, blühte seine Heimat in sommerlicher Pracht vor ihm auf.

»Siehst du die Weizenfelder, Junge?« fragte der Alte und warf seine Hände wie ein Sämann in die Weite.

»Ich sehe sie wohl!«

»Und die Koppeln und das schwarzbunte Vieh, das darauf geht?«

»Ich sehe sie.«

»Und die Wiesen und Weiden, wenn das Heu geschnitten wird? Siehst du sie – riechst du sie?«

»Ich sehe sie, und ich rieche sie.«

»Hörst du die Sensen, und wie das Gras rauscht? Siehst du die flinken Mädchen mit ihren roten Kopftüchern und weißen Hemdärmeln, und die Knechte mit den Mähmaschinen, die in der Sonne blitzen? Hörst du das Dengeln und das Singen? Die Mädchen und die Lerchen singen schön.«

Der lahme Merten berauschte sich immer mehr. Er glich einem Propheten. »Und die Garben im Herbst, und die Erntewagen und die schweren Pferde, die sie auf die Tenne ziehen. Und die Kartoffelfelder und die Rübenfelder, wenn es neblig ist, und all die Arbeit, all die Mühe und Arbeit! Siehst du sie?«

Der Junge atmete tief auf und lauschte.

»Und die Scheunen im Winter, und das starke Brot, und Mann und Frau und Kind, und Herd und Bett, und Morgen und Abend, und Beten und Arbeiten – das Paradies ist schön, Junge, das sag ich dir!«

»Es ist genug, Merten, hör auf«, sagten die Männer und traten unruhig hin und her. »Wir müssen weg, denn es ist ja nicht das Paradies.«

»Die Ohrfeige, Junge, die du bekommen hast«, fuhr der lahme Merten unbeirrt fort, »die hat dir gutgetan! Dabei wirst du das Paradies niemals vergessen! Hörst du, vergiß es nicht, erzähl es den anderen, die es nicht gesehen haben. Und jetzt werden wir ausgetrieben. Du kannst gern die Augen wieder aufmachen, Junge, es ist vorbei. Es gibt viele, die Adam und Eva heißen, und der Engel mit dem Schwert schlägt zu, wenn ihn auch keiner sehen kann! Er steht am Hoftor vom Paradies und sagt: ›nun treckt man los und kehrt niemals wieder, Menschenkinder‹!«

Klaus Granzow

Der Tanz auf dem Gardersee

Diese Geschichte sollte eigentlich in der Form einer klassischen Novelle geschrieben werden, da sie die Forderung Goethes erfüllt, eine »sich ereignete, unerhörte Begebenheit« zu sein: eine junge Frau bewahrte durch einen Tanz auf dem Eis mehrere Dörfer am Garderssee vor der Zerstörung und rettete unzähligen Menschen das Leben.
Zeugen waren auf der einen Seite des Sees die Bewohner der Dörfer Wittstock und Groß Garde sowie deutsche Flakartillerie-Soldaten und auf der anderen Seite die Bewohner des Fischer- und Künstlerdorfes Rowe sowie sowjetische Panzergrenadiere. Außerdem malte Max Pechstein diese Szene.
Die militärische Lage: Am 9. März 1945 stieß das 3. Korps der 1. sowjetischen Panzerarmee an der Ostseeküste von Rügenwalde aus in Richtung Stolpmünde-Leba-Hela vor. Die Vorausabteilung der 18. Panzerbrigade erreichte bereits vormittags das Dorf Rowe an der Lupow, auf der schmalen Nehrung zwischen Gardersee und Ostsee gelegen. Brigade-Kapitan Gregor Maximowitsch Stankin, ein 25jähriger, draufgängerischer Weißrusse, hatte den Auftrag, die in Richtung Lebasee-Gdingen fliehende Kavallerie-Ersatz-Abteilung der Stolper Husaren, die versprengten Truppen der Flakartillerie-Abteilung des Schießplatzes von Stolpmünde und die Soldaten des LV. Korps unter Oberst Gürk auszumachen. Die Nachhut der ausweichenden deutschen Einheiten wurde auf der anderen Seite des Gardersees vermutet, und Stankin bekam den Befehl, bei Widerstand in den Dörfern sogleich Verstärkung von Schützenpanzern des 10. motorisierten Bataillons anzufordern und die Ortschaften sofort mit Feuer zu belegen und zu zerstören.
An diesem Morgen zogen so viele deutsche Soldaten durch unser Dorf, daß wir Kinder sie gar nicht alle zählen konnten. Noch vor wenigen Wochen waren sie in Richtung Westen marschiert, nun flohen alle gen Osten, um die Schiffe in Danzig, Gdingen und Hela zu erreichen. Ihnen folgten die Treckwagen der ost- und westpreußischen Flüchtlinge. Der

Menschenstrom, der sich auf der Dorfstraße in Richtung Osten bewegte, schien nicht mehr abreißen zu wollen.
Viele Flüchtlinge rasteten auf unserem Hof, der direkt zwischen Hauptstraße und See lag. Meine Mutter stand seit dem frühen Morgen in der Küche und verteilte Brot, Eier und Milch an die Hungrigen. Meine gelähmte Großmutter überwachte von ihrem Rollstuhl aus die gerechte Einteilung aller noch vorhandenen Lebensmittel.
Gegen 10 Uhr kam eine junge, schwarzhaarige Frau ins Haus, die ein buntes Kopftuch, einen leuchtend roten Mantel und ein Paar schwarze Trainingshosen trug. Sie setzte sich an den Kachelofen und versuchte ihre steifgefrorenen Hände und Füße zu wärmen. Durch ihr leises Wimmern wurde ich auf sie aufmerksam und beobachtete, wie sie ans Fenster der Wohnstube trat und lange auf den See hinausschaute. Die Sonne spiegelte sich auf der weiten, hellblauen Eisfläche, auf der nicht ein einziger Mensch zu sehen war.
In diesen Stunden war jeder mit sich selbst beschäftigt, jeder versuchte aus dem Chaos zu entfliehen, jeder dachte nur ans Überleben. Doch meine Mutter teilte unerschütterlich weiter ihre Gaben aus und suchte allen Wünschen gerecht zu werden.
Da trat auf einmal die schwarzhaarige Frau mit dem roten Mantel an meine Mutter heran und fragte:
»Können Sie mir ein Paar Schlittschuhe geben?«
»Schlittschuhe? Was wollen Sie damit?«
»Ich möchte auf den See hinauslaufen und tanzen!«
Meine Mutter ließ das Brot, das sie gerade anschneiden wollte, sinken und zeichnete drei Kreuze auf die Unterseite.
In diesem Augenblick fiel der erste Kanonenschuß von der anderen Seite des Sees herüber und schlug in den nahen Birkenwald ein.
»Die Russen sind schon in Rowe, auf der anderen Seite des Sees! Und Sie wollen auf dem Eis tanzen?«
»Ja«, sagte die junge Frau, »ich habe auf der Flucht über das Haff meine Familie verloren. Ich habe niemanden mehr. Deshalb bedeutet mir ein Kanonenschuß nichts. Ich möchte nur noch einmal das tun, was ich in meinem Leben am liebsten getan habe: tanzen!«
Meine Mutter wußte nichts mehr zu sagen, dafür aber ergriff meine Großmutter das Wort. Sie erhob sich erregt in ihrem Rollstuhl und drohte der jungen Frau mit dem Krückstock:

»Dich hat Pikoll geschickt, du schwarze, dünne Hexe, du bist besessen von Pikoll, dem alten Gott der Pruzzen!«
Die Frau mit dem asketischen Gesicht wich dem Stock meiner Großmutter mit einer tänzerisch anmutenden Drehung aus und lief auf den Hof. Ich rannte hinter ihr her, blinzelte ihr zu und zeigte heimlich auf das Backhaus. Sie schaute mich lächelnd an und begriff sofort, daß dort meine Schlittschuhe lagen. Ich sah noch, wie sie hinter der Backhaustür die Schlittschuhe fand und in Richtung des Sees ging. Dann rief mich meine Mutter ins Haus, denn alle Dorfbewohner begannen, ihre Häuser zu schließen und die Tore der Vierkanthöfe abzuriegeln.
Nachdem der erste Kanonenschuß von der anderen Seeseite her im Birkenwald eingeschlagen hatte, war die Hauptstraße wie leergefegt, die Treckwagen wichen auf Nebenwege aus und die Nachhut der Stolpmünder Flakartillerie suchte im Nadelwald auf dem breiten Rücken des Revekolberges Schutz vor Feindeinsicht. Um möglichst vielen deutschen Soldaten und Flüchtlingen die Flucht auf die rettenden Schiffe in den Häfen von Gdingen und Danzig zu ermöglichen und die Rote Armee wenigstens für ein paar Stunden aufzuhalten, entschloß sich der Führer der deutschen Artillerieeinheit, Leutnant Eberhard Manzke, das Feuer der sowjetischen Panzer zu erwidern. Damit war das Schicksal der Dörfer rund um den Gardersee besiegelt, denn Kapitan Stankin hatte den Befehl zum vernichtenden Gegenangriff bereits erhalten.
Bevor Gregor Maximowitsch das Schießkommando gab, schaute er noch einmal durch sein Scherenfernrohr, um die deutschen Truppen auszumachen. Er sah jedoch lediglich Menschen auf Treckwagen in die Wälder flüchten und konnte nicht erkennen, ob sich zwischen ihnen militärische Einheiten befanden. Da jedoch vom Berghang auf die sowjetischen Panzer geschossen worden war, ließ er alle Schützenpanzer in Stellung bringen und rechnete die Entfernung zur Kirchturmspitze des Dorfes Groß Garde aus.
Als er noch einmal zur Kontrolle durch sein Fernrohr schaute, sah er plötzlich eine Frau in einem roten Mantel auf Schlittschuhen auf das Eis des Sees hinauslaufen und beobachtete staunend, wie sie zu tanzen begann. So selbstvergessen und ganz der Schönheit der Bewegung hingegeben zog die Frau ihre Kreise, drehte ihre Pirouetten und zeichnete Halbmonde in das blanke Eis, daß es dem sowjetischen Kapitan nicht möglich war, die Darbietung zu unterbrechen. Er winkte seine Panzer-

grenadiere herbei und ließ sie nacheinander durch das Fernrohr schauen und die Frau beobachten. Belustigt lachend setzen sie das Prismenglas vor ihre Augen, schwiegen dann plötzlich beeindruckt und setzten das Fernrohr fast ehrfürchtig wieder ab.
Auf der anderen Seite des Sees sahen die deutschen Soldaten ebenfalls die Frau im roten Mantel auf dem Eis tanzen. Oberst Gürk beschloß angesichts dieses friedlichen Bildes, jeglichen weiteren Beschuß der sowjetischen Panzer aufzugeben, und befahl den heimlichen Rückzug in Richtung Danzig. Im Schutze des Revekolrückens gelang es ihm, sämtliche militärischen Verbände der deutschen Wehrmacht und viele Treckwagen auf die Chaussee nach Osten zu schleusen und dem Zugriff des Feindes zu entziehen.
Da von deutscher Seite kein Schuß fiel, stellte Kapitan Stankin ebenfalls das Feuer ein. Die Stärke der deutschen Kampfverbände schien ihm unbedeutend zu sein, denn wie wäre es sonst möglich, daß eine Frau unermüdlich auf dem Eis des Gardersees tanzte.
Als die Frau am Nachmittag immer noch auf dem Eis ihre Kreise zog und immer neue Figuren erdachte, ging Gregor Maximowitsch in das reetgedeckte Haus am See, das ihm wegen seines bunten Außenanstrichs besonders auffiel. Hinter einem klobigen Tisch saß ein Mann mit einem weißen Drosselbart.
»Du Fischer?« fragte der Kapitan.
»Nein, Maler«, sagte der Mann.
»Wie heißt du?«
»Max Pechstein«, antwortete der Mann ruhig.
Stankin schaute auf die Seebilder und Fischerporträts an den Wänden. Sie schienen ihm zu gefallen, denn er sagte freundlich:
»Komm mit, Maler Pechstein!«
»Wohin?«
»Komm, komm!« befahl der Kapitan und zeigte zum See hinunter.
An der Uferböschung, wo die sowjetischen Panzer hinter Stroh- und Holzhaufen verborgen waren, ließ Gregor Maximowitsch den Maler durch das Scherenfernrohr schauen. Pechstein blickte lange auf die ihm so vertraute Landschaft, die er oft gemalt hatte.
»Du siehst Frau?«
»Nein. Wo?«
»Mitten auf See tanzen!«

Nun sah Pechstein das Bild, das er nie mehr in seinem Leben vergessen würde. Es war für ihn der »Augenblick des Friedens«, auf dem Höhepunkt des Krieges, als die Front zwischen der deutschen und der sowjetischen Armee mitten durch den Gardersee verlief, tanzte dort im Niemandsland eine junge Frau in einem roten Mantel selbstverloren auf dem Eis und gab sich ganz ihrer Kunst hin.

»Mal das!« befahl der Kapitan.

Pechstein zog die Schultern hoch: »Ich kann nicht, ich habe schon seit Jahren Berufsverbot.«

»Kein Verbot«, rief der Rotarmist, »Du malen, los!«

Pechstein gehorchte. Wie in Trance ging er in sein Haus, packte Farben und Stifte ein und stellte die Staffelei an das Ufer des Gardersees, wie er es früher oft getan hatte. Er spürte die Kälte nicht mehr, genauso wie die Frau, die vor ihm tanzte, sie wohl nicht mehr wahrnahm.

Die Rotarmisten schauten zu, wie der Maler Weiß, Blau und Grau auf die Leinwand trug, die Farben vermischte und verteilte, schließlich Violett auftrug, das dem Bild eine unwirkliche Zartheit gab. Pechstein befand sich in einem Schöpferrausch wie schon lange nicht mehr. Zwei – drei Stunden hielt er die unerbittliche Maschinerie des Krieges an, so wie die Tänzerin fast einen halben Tag die Walze des Todes bezwang.

Wo mag das Bild der »Tanzenden Frau auf dem Gardersee« heute hängen? Der 30 Jahre älter gewordene Gregor Maximowitsch Stankin in seinem weißrussischen Dorf ahnt nichts von dem ungeheuren materiellen Wert des Bildes, das er einem Maler von der Staffelei nahm. Aber er weiß, daß die tanzende Frau auf diesem Bild vielen Menschen das Leben gerettet hat und mehrere Dörfer vor der Zerstörung bewahrte.

Ich sah die schwarzhaarige Frau mit dem asketischen Gesicht zum letzten Mal, als sie mir am Abend des 9. März 1945 meine Schlittschuhe zurückbrachte und mir dankbar über das Haar strich.

Meine Großmutter aber, die als erste die ganzen Zusammenhänge begriff, sagte noch immer: »Pikoll hat sie geschickt, die Schwarze; Pikoll hat sie gesandt; Pikoll, der alte Gott der Pruzzen! Er hat ihr befohlen, für uns zu tanzen!«

Rita von Gaudecker

»Ja, ich würde dich segnen!«

Es war im März 1945 und in den allerersten Tagen nach unserer Vertreibung aus dem eigenen Haus am Ostseestrand. Wir waren in das Nachbardorf zu unserem Pfarrer geflüchtet und wurden mit selbstverständlicher Wärme und Treue aufgenommen, so daß eine leise Hoffnung keimte, hier dürfe man, zunächst doch nahe der eigenen Heimstatt, in Ruhe bleiben. Diese Hoffnung wurde schon am folgenden Tage jäh zerstört, denn auch hier tauchten feindliche Gestalten auf, und neue Furcht überwältigte unser Herz. Auch andere Verjagte hatten im Pfarrhaus Zuflucht gefunden, und noch sehe ich uns alle um den Mittagstisch sitzen. Zum ersten Male an fremdem Tisch ohne das ruhige Wissen: »Du bist hier Gast, bald geht es unter das eigene Dach zurück.«
Nein, man saß da beieinander um das tägliche Brot, dessen Fraglichkeit drohte, zugleich mit der plötzlichen Erkenntnis, daß wir nicht sichere Erdenbürger sind, sondern Wanderer, von denen es, wie von den Blumen auf dem Felde heißt: »Wenn der Wind darüber weht, so sind sie nimmer da und ihre Stätte kennet man nicht.«
In diese Mahlzeit hinein klang plötzlich das Hupen eines Autos. Zwei russische Offiziere traten ein mit einem polnischen Jungen, der Dolmetscher spielte. Wir saßen schweigend, allen Unheils gewärtig. Es wurde gefragt, wo der »Pope« sei, und unser Pastor stand sofort auf. Man winkte ihm mit dem Befehl, allein zu folgen. Uns wurde unbeschreiblich bange. Da wandte er sich uns zu, segnete uns alle und ging ruhig mit hinaus. Ich sehe noch die Pfarrfrau dastehen, neben ihr die zwei Pflegesöhne, Söhne der kürzlich im Nachbardorf verstorbenen Frau des im Felde stehenden Pastors. »Nun heißt es beten«, sagte leise die Pflegemutter, und sowohl sie wie die zwei Kinder hoben betend die Hände empor.
Wir warteten in zitterndem Schweigen auf einen Schuß, auf irgend etwas Furchtbares. Aber nach etwa zehn Minuten trat der Pastor mit den drei Fremden wieder ein und sagte: »Sie wollen Gold haben, viel Gold. Zwar habe ich Ihnen gesagt, daß in einem Pfarrhaus keine Reichtümer zu

finden sind, aber sie wollen mir nicht glauben ...« Sogleich löste seine Frau ihre einzige goldene Nadel vom Kleid und reichte sie hin, während ich hinauf in unsere Schlafkammer lief, die kleine goldene Armbanduhr zu holen, die ich hatte bewahren können. Beides wurde den Fordernden übergeben, die durch den Dolmetscher ihr großes Erstaunen äußern ließen über die Dürftigkeit dieser Ernte und, sich zu uns an den Tisch setzend, allerlei Fragen laut werden ließen.

Dann aber stand der jüngere der Offiziere wieder auf. Er winkte dem Pfarrer und verließ mit ihm das Zimmer.

Es mochte fast eine Viertelstunde vergangen sein, da traten die zwei wieder ein. Der Dolmetscher mußte übersetzen, daß wohl ein Irrtum vorliege in der Mitteilung, deretwegen man hier großen Reichtum gesucht habe. Ja, man wolle die zwei gegebenen Sachen wieder zurückerstatten. So geschah es auch. Wenige Minuten später war das Auto verschwunden. Jetzt sahen wir erst, wie tief bewegt der Pastor war. Wir erfuhren, was sich ereignet hatte. Der junge Offizier, der zum zweitenmal mit dem Pfarrer hinausging, hatte, als sie allein drüben im Studierzimmer waren, stokkend gefragt:

»Kannst du noch beten?«

»Ja, ich kann beten.«

»Auch für mich?«

»Ja, auch für dich kann ich beten.« –

»Würdest du mich auch segnen?«

»Ja, ich würde dich segnen.«

Dann ist dieser junge Offizier niedergekniet und hat sich segnen lassen und ein Gebet gehört für das Heil seiner Seele. Schluchzend und in überströmender Dankbarkeit und Freude hat er dem Pastor immer wieder die Hände geküßt, in fassungslosem Staunen stammelnd: »Daß du mich segnest!« Dieses Geschehen ergriff uns tief. Es wurde Mahnung am Beginn jener langen Monate voller Furcht, jener langen Monate voll der Grausamkeit und des Hasses.

ANHANG

Zu den Beiträgen und ihren Quellen

Marion Gräfin Dönhoff: Ritt durch Pommern.
Aus ihrem 1962 im Eugen-Diederichs-Verlag, Düsseldorf/Köln, erschienenen Buch »Namen, die keiner mehr nennt«.

Katharina Below: Die letzten Schreckenstage in Thurow.
Erstveröffentlichung mit Genehmigung ihrer Tochter Helga Witt.

Cordula Koepcke: Im Osten ist der Himmel rot.
Aus ihrem Buch »Blaue Wälder – weiße Dünen«, Verlag Gerhard Rautenberg, 2950 Leer.

Ramon Gliewe: Flucht aus Stolp zur Westerplatte.
Mit Genehmigung des Verfassers.

Ebby Baronin Maydell: Der Untergang der »Wilhelm Gustloff«.
Mit Genehmigung der Verfasserin (erste Buchveröffentlichung).

Fritz Brustat-Naval: Der Untergang der »Steuben«.
Aus seinem Buch »Unternehmen Rettung«, erschienen 1970 in Koehlers Verlagsgesellschaft mbH, Steintorwall 17, 4900 Herford

Jürgen Thorwald: Zwischen Weichsel und Oder.
Aus seinem Buch »Die große Flucht«, erschienen 1979 in der Droemerschen Verlagsanstalt Th. Knaur Nachf., München.

Erich Murawski: Die Folgen der Frontzertrümmerung ostwärts der Oder.
Aus seinem Buch »Die Eroberung Pommerns durch die Rote Armee«, erschienen 1969 im Harald-Boldt-Verlag, Boppard; vergriffen.

Peter Neumann: Letzte Kriegstage in Vorpommern.
Aus »Baltische Studien«, Band 68, 1982, Verlag N. G. Elwert, Marburg.

Käthe von Normann: Vom Gutshof zum Unterstand.
Aus ihrem »Tagebuch aus Pommern«, das in der »Dokumentation der Vertreibung« als Beiheft 1 und als Taschenbuch in der Reihe dtv-Dokumente erschienen ist.

Erwin Krüger: Grenzenloses Leid einer Familie.
Aus dem Band »Nach zwei Jahrzehnten«, der 1965 vom Bundesministerium für Vertriebene, Flüchtlinge und Kriegsgeschädigte herausgegeben wurde. Mit Genehmigung des Verfassers.

Ursula Pless-Damm: Weg ins Ungewisse.
Aus ihrem gleichnamigen Buch, das 1964 im Carl-Schünemann-Verlag, Bremen, erschienen ist.

Pommersche Passion: Verschleppung nach Graudenz.
Aus dem Band »Pommersche Passion« von Dr. Hans Edgar Jahn, der in Neuauflage im Verlag Gerhard Rautenberg, 2950 Leer, erschienen ist.

Pastor i. R. Alexander Behrend: Not und Hunger in Stettin.
Aus seinem Band »Stettiner Tagebuch 1945«, das 1969 in der Freimund-Druckerei

Neuendettelsau als Manuskript gedruckt und von seinem Enkelsohn Prof. Dr. Friedrich Wilhelm Kantzenbach herausgegeben wurde.

Klaus Granzow: Bei Nacht gingen wir fort.
Aus seinem Buch »Der Tanz auf dem Gardersee«, das 1981 im Verlag Gerhard Rautenberg, 2950 Leer, erschienen ist.

Eleonore Henning: Ein schrecklicher Überfall und seine Folgen.
Aus ihrem Buch »Aus Deutschlands dunklen Tagen. Erlebnisse in Pommern am Ende des Zweiten Weltkriegs«, das 1982 im Verlag der Liebenzeller Mission, Bad Liebenzell, in der Reihe TELOS – Wege zum Leben Nr. 2522, erschienen ist.

Walter Görlitz: Das große Sterben des pommerschen Adels.
Aus seinem Buch »Die Junker – Adel und Bauer im deutschen Osten«, C. A. Starke-Verlag, Limburg, vierte erweiterte und ergänzte Auflage 1981.

Anna Kientopf: Vertreibung aus dem Netzebruch.
Aus ihrem Buch »Das friedensfeindliche Trauma. Die Rote Armee in Deutschland 1945«, das 1984 in der Askania-Verlagsgesellschaft mbH, Lindhorst, erschienen ist.

Margarethe Hackbarth: Pommernland, leb wohl!
Aus ihrem Buch »Unter dem Feind«, das 1970 in der Verlagsdruckerei J. M. Klopp, Lütjenburg, erschienen ist. Es wurde geschrieben im Sommer 1946.

Herbert Reinecker: Kinder, Mütter und ein General.
Aus dem gleichnamigen Buch, das 1982 in der F.A.-Herbig-Verlagsbuchhandlung erschienen ist.

Christine Brückner: Auf dem Treck.
Aus ihrem Buch »Jauche und Levkojen«, das 1975 im Verlag Ullstein, Frankfurt/M. und Berlin, erschienen ist.

Hanna Stephan: Blick vom Flüchtlingswagen.
Aus ihrem Buch »Engel, Menschen und Dämonen«, das 1951 im C. Bertelsmann-Verlag, Gütersloh, erschienen ist. Gekürzte Fassung. Abdruck mit freundlicher Genehmigung der Erbengemeinschaft Dr. Hanna Stephan, vertreten durch Prof. Dr. J. Anton-Lamprecht, Heiligkreuzsteinach.

Klaus Granzow: Der Tanz auf dem Gardersee.
Aus seinem gleichnamigen Buch, das 1981 im Verlag Gerhard Rautenberg, 2950 Leer, erschienen ist.

Rita von Gaudecker: »Ja, ich würde dich segnen!«
Aus dem Band »So gingen wir fort« (J. F. Lehmanns Verlag, München, 1970). Mit freundlicher Genehmigung der Nachlaßverwalterin Frau Thea Lönnies, Norderstedt.

Alle anderen Berichte stammen aus der »Dokumentation der Vertreibung der Deutschen aus Ost-Mitteleuropa. In Verbindung mit Adolf Diestelkamp, Rudolf Laun, Peter Rassow und Hans Rothfels bearbeitet von Theodor Schieder.« Bonn, o. J. (1954). Ein besonderer Dank gilt dem Bundesministerium des Innern in Bonn, das die Erlaubnis erteilte, Berichte aus der bereits in den fünfziger Jahren erschienenen, vom damaligen Bundesministerium für Vertriebene, Flüchtlinge und Kriegsgeschädigte herausgegebenen Dokumentation zur Vertreibung der Deutschen aus dem Osten zu übernehmen.